北京大学优秀教材

名家通识讲座书系

中国美学十五讲（第二版）

朱良志 著

北京大学出版社
PEKING UNIVERSITY PRESS

图书在版编目（CIP）数据

中国美学十五讲 / 朱良志著. -- 2版. -- 北京：北京大学出版社，
2025.1. --（名家通识讲座书系）. ISBN 978-7-301-35861-0

Ⅰ. B83

中国国家版本馆CIP数据核字第2024GM8777号

书　　　　名	中国美学十五讲（第二版）
	ZHONGGUO MEIXUE SHIWU JIANG（DI-ER BAN）
著作责任者	朱良志　著
责 任 编 辑	艾英
标 准 书 号	ISBN 978-7-301-35861-0
出 版 发 行	北京大学出版社
地　　　　址	北京市海淀区成府路205号　100871
网　　　　址	http://www.pup.cn　新浪微博：@北京大学出版社
电 子 邮 箱	编辑部 wsz@pup.cn　总编室 zpup@pup.cn
电　　　　话	邮购部 010-62752015　发行部 010-62750672
	编辑部 010-62756467
印 　刷 　者	北京中科印刷有限公司
经 　销 　者	新华书店
	650毫米×980毫米　16开本　25.75印张　395千字
	2006年4月第1版
	2025年1月第2版　2025年1月第1次印刷
定　　　　价	89.00元

未经许可，不得以任何方式复制或抄袭本书之部分或全部内容。
版权所有，侵权必究
举报电话：010-62752024　电子邮箱：fd@pup.cn
图书如有印装质量问题，请与出版部联系，电话：010-62756370

"名家通识讲座书系"总序

本书系编审委员会

"名家通识讲座书系"是由北京大学发起,全国十多所重点大学和一些科研单位协作编写的一套大型多学科普及读物。全套书系计划出版100种,涵盖文、史、哲、艺术、社会科学、自然科学等各个主要学科领域,第一、二批近50种将在2004年内出齐。北京大学校长许智宏院士出任这套书系的编审委员会主任,北大中文系系主任温儒敏教授任执行主编,来自全国一大批各学科领域的权威专家主持各书的撰写。到目前为止,这是同类普及性读物和教材中学科覆盖面最广、规模最大、编撰阵容最强的丛书之一。

本书系的定位是"通识",是高品位的学科普及读物,能够满足社会上各类读者获取知识与提高素养的要求,同时也是配合高校推进素质教育而设计的讲座类书系,可以作为大学本科生通识课(通选课)的教材和课外读物。

素质教育正在成为当今大学教育和社会公民教育的趋势。为培养学生健全的人格,拓展与完善学生的知识结构,造就更多有创新潜能的复合型人才,目前全国许多大学都在调整课程,推行学分制改革,改变本科教学以往比较单纯的专业培养模式。多数大学的本科教学计划中,都已经规定和设计了通识课(通选课)的内容和学分比例,要求学生在完成本专业课程之外,选修一定比例的外专业课程,包括供全校选修的通识课(通选课)。但是,从调查的情况看,许多学校虽然在努力建设通识课,也还存在一些困难和问题:主要是缺少统一的规划,到底应当有哪些基本的通识课,可能通盘考虑不够;课程不正规,往往因人设课;课量不足,学生缺少选择的空间;更普遍的问题是,很少有真正适合通识课教学的教材，有时只好用专业课教材替代，影响了教学效果。一般来说，综合性大学这方面情况稍好，其他普通的大学，特别是理、工、医、农类学校因为相对缺少这方面的教学资源，加上很少有可供选择的教材，开设通识课的困难就更大。

这些年来，各地也陆续出版过一些面向素质教育的丛书或教材，但无论数量还是质量，都还远远不能满足需要。到底应当如何建设好通识课，使之能真正纳入正常的教学系统，并达到较好的教学效果？这是许多学校师生普遍关心的问题。从 2000 年开始，由北大中文系系主任温儒敏教授发起，联合了本校和一些兄弟院校的老师，经过广泛的调查，并征求许多院校通识课主讲教师的意见，提出要策划一套大型的多学科的青年普及读物，同时又是大学素质教育通识课系列教材。这项建议得到北京大学校长许智宏院士的支持，并由他牵头，组成了一个在学术界和教育界都有相当影响力的编审委员会，实际上也就是有效地联合了许多重点大学，协力同心来做成这套大型的书系。北京大学出版社历来以出版高质量的大学教科书闻名，由北大出版社承担这样一套多学科的大型书系的出版任务，也顺理成章。

编写出版这套书的目标是明确的，那就是：充分整合和利用全国各相关学科的教学资源，通过本书系的编写、出版和推广，将素质教育的理念贯彻到通识课知识体系和教学方式中，使这一类课程的学科搭配结构更合理，更正规，更具有系统性和开放性，从而也更方便全国各大学设计和安排这一类课程。

2001 年年底，本书系的第一批课题确定。选题的确定，主要是考虑大学生素质教育和知识结构的需要，也参考了一些重点大学的相关课程安排。课题的酝酿和作者的聘请反复征求过各学科专家以及教育部各学科教学指导委员会的意见，并直接得到许多大学和科研机构的支持。第一批选题的作者当中，有一部分就是由各大学推荐的，他们已经在所属学校成功地开设过相关的通识课程。令人感动的是，虽然受聘的作者大都是各学科领域的顶尖学者，不少还是学科带头人，科研与教学工作本来就很忙，但多数作者还是非常乐于接受聘请，宁可先放下其他工作，也要挤时间保证这套书的完成。学者们如此关心和积极参与素质教育之大业，应当对他们表示崇高的敬意。

本书系的内容设计充分照顾到社会上一般青年读者的阅读选择，适合自学；同时又能满足大学通识课教学的需要。每一种书都有一定的知识系统，有相对独立的学科范围和专业性，但又不同于专业教科书，不是专业课的压缩或简化。重要的是能适合本专业之外的一般大学生和读者，深入浅出地传授相关学科的知识，扩展学术的胸襟和眼光，进而增进学生的人格素养。本书系每一种选题都在努力做到入乎其内，出乎其外，把学问真正做活了，并能加以普及，因此对这套书的作者要求很高。我们所邀请的大都是那些真正有学术建树，有良好的教学经验，又能将学问深入浅出地传达出来的重量级学者，是请"大家"来讲"通识"，所以命名为"名家通识讲座书系"。其意图就是精选名校名牌课程，实现大学教学资源共享，让更多的学子能够通过这套书，亲炙名家名师课堂。

本书系由不同的作者撰写，这些作者有不同的治学风格，但又都有共同的追求，既注意知识的相对稳定性，重点突出，通俗易懂，又能适当接触学科前沿，引发跨学科的思考和学习的兴趣。

本书系大都采用学术讲座的风格，有意保留讲课的口气和生动的文风，有"讲"的现场感，比较亲切、有趣。

本书系的拟想读者主要是青年，适合社会上一般读者作为提高文化素养的普及性读物；如果用作大学通识课教材，教员上课时可以参照其框架和基本内容，再加补充发挥；或者预先指定学生阅读某些章节，上课时组织学生讨论；也可以把本书系作为参考教材。

本书系每一本都是"十五讲"，主要是要求在较少的篇幅内讲清楚某一学科领域的通识，而选为教材，十五讲又正好讲一个学期，符合一般通识课的课时要求。同时这也有意形成一种系列出版物的鲜明特色，一个图书品牌。

我们希望这套书的出版既能满足社会上读者的需要,又能有效地促进全国各大学的素质教育和通识课的建设,从而联合更多学界同仁,一起来努力营造一项宏大的文化教育工程。

2002 年 9 月

目　录

引　言　生命超越的美学 / 1
第 一 讲　游鱼之乐 / 5
　　　　　一、通：会通物我 / 8
　　　　　二、大：以物为量 / 15
　　　　　三、全：大制不割 / 18
　　　　　四、爱：忘情融物 / 21
　　　　　五、游：朝阳初启 / 25
第 二 讲　不二法门 / 31
　　　　　一、不二之义 / 32
　　　　　二、去有无——超越现象本体结构 / 37
　　　　　三、泯能所——超越主客关系 / 45
　　　　　四、弃判断——关于是、在、比 / 49
　　　　　五、任圆成——水流花开之境 / 55
第 三 讲　逝者如斯 / 61
　　　　　一、创造 / 63
　　　　　二、新变 / 71
　　　　　三、流动 / 80
第 四 讲　骚人遗韵 / 89
　　　　　一、感伤 / 91
　　　　　二、唯美 / 100
　　　　　三、远游 / 105
　　　　　四、物哀 / 111

第五讲　气化宇宙 / 119
　　一、气韵 / 121
　　二、吞吐 / 125
　　三、氤氲 / 130
　　四、龙脉 / 138

第六讲　落花无言 / 143
　　一、大美不言 / 144
　　二、妙契无言 / 150
　　三、无言之美 / 157

第七讲　灵的空间 / 163
　　一、疏处走马 / 164
　　二、蹈虚蹑影 / 177
　　三、无色之色 / 183
　　四、疾涩之道 / 188

第八讲　四时之外 / 195
　　一、撕开时间之皮 / 196
　　二、刹那永恒 / 204
　　三、静里春秋 / 210
　　四、乱里世界 / 216
　　五、古意盎然 / 220

第九讲　以小见大 / 225
　　一、心性的伸展 / 227
　　二、体验的真实 / 237
　　三、月印万川，处处皆圆 / 245

第十讲　大巧若拙 / 251
　　一、拙的智慧 / 252
　　二、枯槁之美 / 260
　　三、艺之老境 / 265
　　四、天饰原则 / 269

第十一讲　华严境界 / 275
　　一、境与世界 / 277
　　二、境作为媒介 / 286
　　三、以境显理 / 293
　　四、境作为审美标准 / 298

第十二讲　饮之太和 / 305
　　一、和与位 / 307
　　二、适度原则 / 310
　　三、协调原则 / 316
　　四、天和原则 / 318
　　五、平和原则 / 325
　　六、艺术中两种和谐境界 / 329

第十三讲　妙悟玄门 / 335
　　一、妙悟是否为一种审美认识活动 / 337
　　二、妙悟与其他审美认识活动之区别 / 341
　　三、妙悟是一种慧的直觉 / 346
　　四、妙悟的核心在回到世界中 / 352

第十四讲　形神之间 / 357
　　一、以形写神 / 358
　　二、重神轻形 / 368
　　三、形式之外 / 373

第十五讲　颐养情性 / 381
　　一、养气说的哲学基础 / 382
　　二、养气说的基本理论构架 / 389
　　三、讨论三个与养气相关的问题 / 395

第一版后记 / 403
第二版后记 / 404

引　言

生命超越的美学

在西方，美学作为一门学科，成立时间并不长。德语中"Äethetik"一词原意是感性学或感觉学。美学是哲学的分支学科，在西方哲学看来，研究人的认识有逻辑学，研究人的意志有伦理学，研究人的感性经验则有美学。感性学是关于情感或者感性认识的一门学科。它以感性经验为基础，人欣赏自然、人生或艺术，产生某种情感的变化，引起快感的经验，这是美学研究的中心。西方美学关注的是审美经验、感性、感情、快感等。

中国和西方原属不同的文明，其

思想也有根本的差异。粗而言之，中国哲学重在生命，西方传统哲学重在理性、知识。中国哲学是一种生命哲学，它将宇宙和人生视为一大生命，一流动欢畅之大全体。生命之间彼摄互荡，浑然一体。我心之主宰，就是天地万物之主宰。人超越外在的物质世界，融入宇宙生命世界中，伸展自己的性灵，是中国哲学关心的中心。所以远在古希腊之时，西方哲学家勠力向外追求，探索知识，而中国圣哲们则推崇"反己之学"，强调穷理尽性以至于命，强调生命的超越。西方贤哲长于思辨，中国哲人长于证会。西方哲学是知识的、思辨的，而中国哲学则是生命的、体验的。生命超越是中国哲学的核心。

在这样的哲学背景下产生的美学，不是西方感性学或感觉学意义上的美学，而是生命超越之学。中国美学主要是生命体验和超越的学说，它是生命超越哲学的重要组成部分。中国美学纯粹体验中的世界，不是物质存在的对象，不是所谓"感性"（sensibility），而是生命体验的真实（truth）。或者可以这样说，中国美学的重心就是超越"感性"而寻求生命的感悟。不是在"经验的"世界认识美，而是在"超验的"世界体会美，将世界从"感性""对象"中拯救出来，是它的基本思路。在中国美学中，人们感兴趣的不是外在美的知识，也不是经由外在对象"审美"所产生的心理现实，它所重视的是返归内心，由对知识的荡涤，进而体验万物，通于天地，融自我和万物为一体，从而获得灵魂的适意。中国美学是一种生命安顿之学。

像明张岱《湖心亭看雪》短文中所叙述的生命体验：大雪三日，与友人相约于西湖湖心亭看雪。他们来到此亭，此时，"天与云、与山、与水，上下一白。湖上影子，惟长堤一痕，湖心亭一点，与余舟一芥、舟中人两三粒而已"。乾坤同白，在这白色的世界中，亭中的我，只是一点，这一点置于莽莽宇宙、皑皑上国中，是会归，也是伸展。这一点是小的，但当它融入茫茫世界，就伸展了性灵，获得了深心的安适，人在心灵的超越中拥有了世界。虽是一心，却与造化同流。中国美学追求的是身心的安顿，它并不在意一般的审美快感，而是力图超越一般意义的悲乐感，所谓"纵浪大化中，不喜亦不惧"（陶渊明《形影神三首·神释》），在超越的境界中，获得深层的生命安慰。

正因如此，本书探讨中国美学的基本内涵，扣住"生命超越"的主线来论述。这里从中国传统美学论述的吉光片羽中提炼出的十五个问题，我以为都是生命超越美学的重要问题。本书的十五讲可分为三个意义单元：

前五讲分别从道、禅、儒、骚以及气化哲学五个方面，追踪生命超越美学产生的根源及其流变，这是根源论。就美学而言，道家哲学要在齐同万物、冥然物化；禅宗确立世界本身的意义，"青山自青山，白云自白云"中，就包含这样的思考；楚辞具有唯美和感伤的传统，给中国美学注入特别的气质；儒家哲学强调创造新变；传统的气化哲学强调天地自然为一生命流荡的世界；等等。这些对确立中国美学的基本特点起到了关键作用。

中间五讲集中讨论中国美学在知识之外（无言之美）、空间之外（灵的世界）、时间之外（永恒之美）、自身之外（以小见大）、色相世界之外（大巧若拙）追求美，体现出独特的超越美学旨趣，这是生命超越美学的形态论。

后五讲则是对生命超越美学范畴的讨论，涉及境界、和谐、妙悟、形神和养气五个基本范畴。这是生命超越美学的范畴论。

中国传统超越美学含摄的内容很多，这里选讲的若干重要问题，只是对其基本情况作一粗略的勾勒。

关于中国美学的研究，我以为不是中国有没有美学的问题，而是中国到底有什么样的美学。从内在逻辑中把握中国美学的特点，不把中国美学当作论证西方美学的资料，是当今中国美学研究不可忽视的方面。我这部讲稿只是一个初步尝试，欢迎方家有以教之。

第 一 讲

游鱼之乐

庄子和惠子的濠上之辩,是《庄子》中最发人深省的故事之一:庄子和惠子在濠梁之上游玩。庄子说:"白鱼从从容容游动,这真是鱼的快乐啊!"惠子说:"你不是鱼,怎么知道鱼的快乐?"庄子说:"你不是我,怎么知道我不知道鱼的快乐?"惠子说:"我不是你,本来不知道你的快乐;你本来也不是鱼,你也不知道鱼的快乐。其中的道理是一样的。"庄子说:"请把话题转到开头吧,你说'你怎么知道鱼的快乐'的话,就已经知道我知道鱼的快乐而来问我的。我是在濠河的桥上知道鱼的快乐的呀。"[1]

这段对话反映了两位哲学家看世界的不同方式。惠子是逻辑学家，庄子是诗人哲学家。惠子看问题抱持理性和科学的态度，他学富五车，遇到问题喜欢辩论。庄子是个诗人，他的哲学是诗的哲学。或许可以这样说，惠子的智慧属于白天，用的是知识的眼；庄子的智慧属于夜晚，用的是生命的眼，看起来很冷，却充满了生命的温情。庄子对惠子的理智游戏不感兴趣，他要做一种生命游戏。

惠子站在大地上，发现这世界的问题，"遍为万物说"。在中国哲学史上，惠子是较早将物作为研究中心的。在他之前，孔子、墨子的兴趣都在研究人，老子的兴趣在宇宙本体。惠子以理性的态度分析外物，归纳出"历物之意"的十个命题，提及卵有毛、鸡三脚、火不热、飞鸟的影子不动、飞箭不走等，很有思辨意味。其中有不少问题也具科学价值。如飞鸟影子不动之说，很容易使人联想到芝诺的飞箭静止的观点。李约瑟谈到惠子时甚至感叹："倘若环境条件有利于它的生长的话，中国科学无需通过亚里士多德的逻辑学这门学科可能发展成什么样子。"[2]

庄、惠这段著名的辩论，反映了两种看世界的方式——诗意的和逻辑的，可以用《庄子》中的一句话来概括，叫作"物物而不物于物"。庄子是物物，即融于物，人在诗意的境界中回到世界。惠子是物于物，"物"是知识和情感的对象，在对象化存在中，人和物互为奴隶。而在"物物"中，我与物相融为一体，没有分别，"我"自在优游，如果还有"我"

---

[1] 这段话的原文为："庄子与惠子游于濠梁之上。庄子曰：'儵鱼出游从容，是鱼之乐也。'惠子曰：'子非鱼，安知鱼之乐？'庄子曰：'子非我，安知我不知鱼之乐？'惠子曰：'我非子，固不知子矣；子固非鱼也，子之不知鱼之乐，全矣。'庄子曰：'请循其本。子曰"汝安知鱼乐"云者，既已知吾知之而问我，我知之濠上也。'"（《庄子·秋水》）

[2] 〔英〕李约瑟《中国科学技术史》第二卷《科学思想史》，北京：科学出版社、上海：上海古籍出版社1990年版，第215页。

的话。惠子"倚树而吟,据槁梧而瞑",整天忙于辨析万物的名理,而庄子说"辩无胜",名理的辨析不能最终解决问题,只会离真实世界越来越远。他批评惠子"骀荡而不得,逐万物而不反",说惠子是"逐物"之夫——一个耽于研究万物名理的人。在庄子看来,他自得于融物之境,而惠子自溺于逐物之旅。[1]

惠、庄之辩,一逐于物,一融于物;一是人的,一是天的;一是知识的推论,一是非知识的妙悟;一处于与人全面冲突的物欲世界,一是人在其中优游的大全世界。惠子关心的是"我思",庄子关心的是"我在"。庄子哲学要申说人直接存在于世界中的意义,而惠子却要通过人的解释去寻找世界的意义,研究物,分析物,主宰物,也占有物。

惠子的哲学是理性的、认知的、科学的,而庄子哲学是诗意的、体验的、美学的。庄子将天地自然当作一个大作品,欲将被儒、墨、名等家通过知识努力所遮蔽的世界彰显出来。庄子的哲学立脚处,在与美相关的境界中。

我们不能说庄子的哲学就是美学,传统中国学术浑沦一片,没有纯粹的美学学科,庄子的努力也不是为了建立一种美的学术。但他要建立一个真实的世界,通过纯粹体验,揭示被人类知识系统所遮蔽的世界的秘密。庄子所建立的这个世界是关乎美的。

美,是庄子哲学讨论的核心问题之一。在他的"朴素而天下莫能与之争美""原天地之美而达万物之理""天地有大美而不言"等论述中,"美"都是一个专门概念。庄子哲学有两种不同的"美",一是作为知识存在的美,它与"恶"(丑)相对,受美丑标准、情感欲望等制约,庄子以其为虚妄的知识形式;一是超越知识分别见解、"澹然"而存的美,它是本原的、自然的,如庄子所说的"天地之美""朴素之美""大美"等。后者乃是庄子所提倡的美。这种美,既不是客观存在、供人们去审视的对象(客观美),也不是

---

[1] 道不同不相与谋,但这两位持论大相径庭的学者,因为有清澈的本性、狷介的个性,都有不为时俗所灭没的精神,却成了一对辩论的朋友。以至惠子死后,庄子凭吊而有"无质"之感伤。

纯然主观的知识形式（主观美），而是人在体验中，超越主观与客观、超越知识、一任世界依其原样呈现的浑朴状态（这也不能称为主客观统一的美）。

游鱼之乐的辩论里，潜藏着攸关中国美学的大问题，在中国美学中具有重要意义，也在一定程度上体现出中国美学的倾向性和基本特色。我想围绕游鱼之乐这个故事，就庄子哲学的美学价值谈一些认识。

一、通：会通物我

游鱼之乐所体现的思维，是一种会通万物的思维，在诗意的心灵中，打通我与世界的界限，通世界以为一。这一理论在中国美学中占有重要位置。

在鱼乐之辩中，庄子以知游鱼之乐，发出会心的感慨，惠子以"子非鱼，安知鱼之乐"而诘难之，透露出道、名二家的不同思想指向。"子非鱼，安知鱼之乐"，惠子的问难若从理性角度看，是完全合理的。鱼的快乐是鱼的体验，人不可能知道鱼的快乐。"出游从容"，是鱼游动的样态，并不表示鱼有快乐的情绪体验。庄子与鱼别而为二，二者都是孤立的存在，并没有相通的物质因缘。因此，从科学角度看，庄子的论断不成立；从逻辑上看，庄子的推论也无根据。

游鱼之乐这个论题的要点之一，就是"知"。惠子认为，鱼之乐不可"知"，但庄子说"我知之濠上也"——正像清初宣颖所解释的："我游濠上而乐，则知鱼游濠下亦乐也。"[1] 正因我来到这河边，徘徊在濠河的桥梁上，观鱼而心情"从容"，在这从容游荡中，感到无拘束的快乐，所以我"觉得"（这"觉得"不是意识，而是纯粹体验）鱼游是快乐的，山风是快乐的，白云是快乐的，鸣鸟是

---

[1] ［清］王先谦《庄子集解》卷四，北京：中华书局1987年版，第148页。

☙ 寄畅园一角

"时有落花至,远随流水香。"

在世界的"水"中游弋,方有澄明和洒落。

快乐的。这是诗意的目光、审美的目光。

庄子所说的游鱼之乐,绝不是对游鱼之乐的理性之"知"——从认知的角度看,不存在游鱼之乐——而是对游鱼之乐的体验,他体验鱼会如此,其实鱼并不如此,但他根本不在乎鱼非如此。惠子所诘难的"知",是科学认知的"知";而庄子的"我知之濠上"的"知",则是生命的体验。

惠子虽然"泛爱万物",但在他的理性思考中,万物是分离的,物与物之间是孤立的,他所谓联系,是以人的知识谱系将万物连接,并非万物自身所具有的联系。他是"看"世界,人在万物之外,人是世界的观照者;他是分析世界,世界是人的"理"的对象,世界被"理"所征服。

庄子看到了惠子守其孤明而不与万物相通之心,致力于凿通人与孤立世界之间的界限,是人与物关系的"绝地天通"。庄子以诗意的眼光超越"人"的态度,超越科学、功利的视角,以天心穿透世界。他在桥上看鱼,鱼在桥下优游,在他的感悟中,桥没有了,水没有了,鱼和我的界限没有了,世界即如一大河流,他和鱼都在这河流中优游。鱼非我眼中所见之鱼,而是在我生命中游荡之鱼;我也非故常之我,在"神遇"而不是"目视"中,与世界会通合一。

庄子说:"天地与我并生,而万物与我为一。"(《庄子·齐物论》)如果从人与天分离的角度看,天是天,物是物,我是我;如果站在诗意的立场看,我与世界的界限打破了,融为一体,还归于世界的大本。我们通常所说的诗意眼光,就是从生命的角度看世界。庄子所反复强调的"天地与我并生""磅礴乎万物以为一"云云,即是说"人在世界中",并不在世界之外。人在世界中,是世界的"在"者,而不是"观"者。[1]

人本来就是世界的一分子,人用理性的目光看世界时,似乎

---

[1] 《庄子》一书,是庄周及其后学所作,一般认为,内篇为庄周所作,外篇和杂篇乃其弟子或再传弟子所作,虽偶有与内篇思想不同之内容,然大体上与内篇思想为同一体系。本书引述《庄子》之语,为表述方便,咸以"庄子"名之。

从这世界抽离出来,世界是我的"对象"。在"对象化"中,世界丧失了本身的独立意义,变成了人的知识、价值的投射,人也撕裂了自己和世界密合的整体。庄子所反对的就是人为自然立法的做法。庄子认为,这合于"人"理,并不合"天"理。因为,在人为世界立法的关系中,人是世界的中心,握有世界的解释权,世界在人的知识谱系中存在。庄子认为,这是一种虚假的存在。庄子哲学的总体旨归正是将世界从对象性中拯救出来,还世界以自身的本然意义——不是人所给予的意义。

庄子将会通物我的纯粹体验境界,称为"物化"。"化"于物,没有了物我之间的界限。"物化"的概念是由《齐物论》结尾处一个关于梦化蝴蝶的故事中引出的。"物化"是和"对象化"相对的一个概念,它将人从"对象化"中拯救出来,让生命自在显现。庄子讲了一个关于影子的故事。有一个人讨厌自己的影子,他行动,影子跟着他,他跑,影子也随之而跑,他拼命地奔跑,试图摆脱影子,但还是不成,最后累死了。庄子说,世人其实就是与影子竞走,与一种虚幻不实的目标角逐,世界是与自己相摩相戛的对象,从而形成全面的冲突。庄子曾经说惠子:"形与影竞走也,悲夫!"(《庄子·天下》)依庄子,你为什么不到大树下去休息,大树下面不就没有了影子?这"大树下",就是自然天全的物化世界。

大树下的悠闲和濠梁上的快乐,都是非"对象化"的境界。这一思想在后世中国美学中得到了丰富。如苏轼评文同的竹画:"与可画竹时,见竹不见人。岂独不见人,嗒然遗其身。其身与竹化,无穷出清新。庄周世无有,谁知此凝神。"(《书晁补之所藏与可画竹三首》其一)在苏轼看来,文同的竹之所以出人意表,就在于他解除了人与竹的物质关系,人不在竹外看竹,而物化于世界中,与竹相优游,对象化的世界被忘己忘物的纯然一体所取代。

庄子哲学充满了"去除的智慧","忘""丧""去""除""斋""堕""黜""外"等,就是把一切非自然、非本真、非原初的心灵尘埃都荡涤干净,将人从对象化中解脱出来。对象化在于"隔",庄子哲学着眼于"通":"喜怒通四时,与物有宜而莫知其极"(《庄子·大宗师》);"堕肢体,黜聪明,离形去知,同于大通,此谓坐忘"(《庄子·大宗师》);"以虚静推于天地,通于万物,此之谓天乐"(《庄子·天道》)。人与万物相通,世界向人开放,万物都打开了生命的窗户。在这通的世界中,人"与物有宜"——无所不在的相融相即。以知识的角度看世界,表面的知性掩盖了深层的隔阂。在庄子看来,这正是惠子哲学的缺憾之处。

"与物有宜",是中国美学的重要观点之一。《世说新语·言语》有这样的记载:"简文入华林园,顾谓左右曰:'会心处不必在远,翳然林水,便自有濠、濮间想也,觉鸟兽禽鱼自来亲人。'"这位简文帝当然不是"曳尾于途",但并不影响他对庄子所描绘的境界的体悟。他在山水中"会心",体悟到濠上快适、濮水自由的境界[1],感受到大自然中原有的亲和,如果"放下身心与万物一例看",原来鸟兽禽鱼也来亲人。

后来"濠濮间想"成了中国艺术的一种境界。如在园林中,苏州留园,北京北海、圆明园旧景等都有以此为名的景点。明李日华题画云:"惨淡存山格,凄迷见野情。谁将濠濮趣,一枕到华清。"[2]当代画家唐云题八大山人鱼画云:"点笔写游鱼,活泼多生意。波清乐可知,顿起濠濮思。"[3]"濠濮间想"就是一种会通的境界,一种与世界相与优游的体验。

濠濮的境界,解除了人精神的"套",因为人在"套"中,就很难真正感受到欢乐。山林之想、云水之乐,其实,并不在山林、云水本身,而在人的心态。说心态并不是说庄子哲学强调主体性,相反,他是要放弃这种主体性。心态自由平和,当下即是云水,庙堂即为山林。

---

1 濮水的故事,见《庄子·秋水》:"庄子钓于濮水,楚王使大夫二人往先焉,曰:'愿以境内累矣!'庄子持竿不顾,曰:'吾闻楚有神龟,死已三千岁矣,王巾笥而藏之庙堂之上。此龟者,宁其死为留骨而贵乎?宁其生而曳尾于涂中乎?'二大夫曰:'宁生而曳尾涂中。'庄子曰:'往矣!吾将曳尾于涂中。'"后人将此与濠梁观鱼故事相合,谓之"濠濮间想",表达一种物我相通的境界。
2 [明]李日华《画扇》,[清]陆绍曾《古今名扇录》卷十二,清抄本。
3 八大山人此图见于2004年嘉德冬季拍卖会。《八大山人全集》第一册收有此作,南昌:江西美术出版社2000版,第182页。

正如宗白华所说:"你看一个歌咏自然的诗人,走到自然中间,看见了一枝花,觉得花能解语,遇着了一只鸟,觉得鸟亦知情,听见了泉声,以为是情调,会着了一丛小草,一片蝴蝶,觉得也能互相了解,悄悄地诉说着他们的情,他们的梦,他们的想望。"[1]元赵子昂有《落花游鱼图》,后人多有仿作,画的就是庄子之意。他题有一诗云:"溶溶绿水浓如染,风送落花春几多。头白归来旧池馆,闲看鱼泳白沤波。"[2]他通过落花游鱼发现了和自己久已疏离的世界,那一人自在优游的世界。

"料得青山应似我"——物与我相通,是一种诗意的预设,是走进世界、感受世界、与世界相优游的中国体验美学的精髓。

《庄子·大宗师》中有个相濡以沫的故事:"泉涸,鱼相与处于陆,相呴以湿,相濡以沫,不如相忘于江湖。"泉水干涸后,鱼儿被困在陆地上,它们用自己的湿气互相嘘吸,用口中的唾沫互相湿润(这是庄子所讽刺的儒家的德性主张);与其这样,还不如相忘于江湖之中,自由自在地游。回到生命的水中,回到自然而然的状态中,不是让你向鱼表现出亲和的态度(有态度,就是情),不是"像"鱼那样存在(有比喻,就是知识),也不是有意与世界去沟通(那是一种目的性的活动),而是相"忘"于江湖,浑然素朴,从干涸的暂寄生命之所,回到本然的生命存在之"江湖"。你要做的就是"游",哪里有什么理性的分别、目的的求取、欲望的挥洒!

李白说,"相看两不厌,只有敬亭山"(《独坐敬亭山》);李清照说,"水光山色与人亲"(《怨王孙》);沈周说,"鱼鸟相友于,物物无不堪"(《题南湖草堂图》)。世界中的一草一木都成了人的朋友。这种与万物相融相即的心理状态,在中国人的审美生活中荡漾。谢灵运有诗云:"白云抱幽石,绿筱媚清涟。"(《过始宁墅》)李白有诗云:"当其得意时,心与天壤俱。闲云随舒卷,安识身有

---

[1] 《宗白华全集》第1卷,合肥:安徽教育出版社1994年版,第334页。
[2] [明]汪砢玉《珊瑚网》卷三十二,清《文渊阁四库全书》本。

无?"(《赠丹阳横山周处士惟长》)王维有诗云:"流水如有意,暮禽相与还。"(《归嵩山作》)刘长卿有诗云:"过雨看松色,随山到水源。溪花与禅意,相对亦忘言。"(《寻南溪常山道人隐居》)诗人们就像鱼,在生命的海洋中优游。在诗意的氤氲中,白云拥抱着山石,清风摇曳着绿林,山月与弹琴人相与优游,流水荡漾着人心灵的轻柔。

唐刘眘虚诗云:"道由白云尽,春与青溪长。时有落花至,远随流水香。"(《阙题》)盘山的曲径在白云间盘旋,盎然的春意随着蜿蜒的溪流流淌,偶尔有落花随水而至,又顺着水流飘向远方,飘到人目所不及的地方,唯留下淡淡的香意氤氲。虽未有一字着人,却处处在写人,人融于物中,人在世界的"大通"中。

中国美学的著名文本《二十四诗品》[1],第三品"纤秾"云:"采采流水,蓬蓬远春。窈窕深谷,时见美人。碧桃满树,风日水滨。柳阴路曲,流莺比邻。乘之愈往,识之愈真。如将不尽,与古为新。"开始八句写阳春之景,这是一个美的世界,但如何把握它,不外乎两途:一条是知识的道路,那是外在的认识,必然会导致与世界的分离;一条是纯粹体验的道路,是内在的冥合,与物相"乘",融入世界,与世界实现大通。后者就是一条审美的道路。

天下的美景自在,人人可观之,重要的不是外在的景、物、形,而是心与世界构成的"境"——一个当下此在所构成的世界。因为你来了,你和世界就发生了关系,你和世界浴于一片光明中,这个世界于是有了意义,有了生命。在真实的生命体验中,即使景物是"故"("古",通"故")——旧的,人人熟悉,但在我的观照中,也会是新的,因为有我心灵的晕染。此所谓"与古为新"!这正是"知之濠上"的精髓。

---

[1] 旧托唐司空图所撰,然据相关材料判断,当为元虞集所撰,参拙著《二十四诗品讲记》,北京:中华书局2017年版。

二、大：以物为量

游鱼之乐，齐同万物，独与天地精神往来，从而形成一"大"的格局，别造一大的世界。

惠子就是从"大"上批评庄子的。他说，庄子的主张是"大而无当"，大而无当于理，大而不堪其用。像一大而无用的瓠瓜，用来盛水，坚不能举；用来做物品，一无所用。但庄子却感到犁然有当于心。惠子有一次对庄子说："你所说的话实在无用。"庄子说："知道无用才可以和他谈用啊。天地多么广大，人所用者只是容足而已。如果除了你脚踩的，其他地方都挖空了，那有用的地方还有用吗？"惠子答道："无用。"庄子说："无用是为大用啊。"

庄惠哲学都是为了"存雄"，即克服人的渺小而同于天地之广阔，这也是当时哲学讨论的热点问题。庄子认为惠子陷入了目的论陷阱，心想其大，而愈见其小，执着于"当于理"，一落理窟，即失本真。正因此，惠子面对天地雄阔变化，无能为力，欲穷天地之精神，但"存雄而无术"。但庄学认为，如果超越知识分别，在体验中，在心灵的飞跃中，就可存天地之雄，就可以"万物与我为一"。庄子强调的"无用之用，是谓大用"，其实就是要救人于目的论的束缚之中。在《天下》篇中，庄子后学称庄子之学是"无端崖之辞"，横无际涯，没有边际，"其于本也，宏大而辟，深闳而肆"，着眼点就是将人从知性的"小"中解放出来。

惠子从量上看大和小。《天下》篇引惠子语道："至大无外，谓之大一；至小无内，谓之小一。"大一，是无穷大的宇宙；小一，是无穷小的世界。而庄子的大不是数量上的大，而是精神境界上的扩充，那是一种自由、超越的境界。惠子是博物学家，泛爱万物，渴望天地一体，他感叹道："天地其壮乎！"他肯定天地的"大"，这"大"是体量上的，是科学意义上的，与庄子有根本区别。庄子的哲学核心也在"大"，不过这是一种超越的宇宙人生情怀。正是这"大"，使他超越世俗的功利眼光，来重新思考生命意义；正是这"大"，使他摆脱理性的羁绊，以一丝不挂的精神重新打量宇宙人生；正是这"大"，使他能融于天地之中，以夜莺的声音啼唱，伴山风的节奏跳舞。庄子的大是"无际"的世界，他总是说游于"广漠之地""无穷之门""无极之野""无何有之乡"，不是说飞得远，而是性灵超越的无极。

人处于"洞穴"中，中西哲学家都不回避人的这一存在现实。柏拉图认为，这"洞穴"的事实，是由人的知性缺席所造成的。蒙田说："你看到的只是你所居住的小洞里的秩序和政治。"房龙《宽容》的开篇就是描写一个闭塞的深山，山里人有其闭塞的思维，知识的小溪干涸，使他们处于洞穴中。在西方传统哲学中，强调通过人的知性力量走出"洞穴"。这思维与惠子很相似。而庄子认为，知性非但不能引领人奔向洞穴之外的广阔世界，而且会使人封闭于知性之中。庄学的思想是：知性使人困于洞穴，体验使人走向广远。因为知识的小溪充沛了，生命的清泉则断流了。"相濡以沫"故事说的就是这样的窘境。对于人的真实生命来说，知识的岸是无水的岸。

《德充符》篇说："眇乎小哉，所以属于人也！謷乎大哉，独成其天！"人是小的，天是大的。人为什么会小？不是体量上小，而是人处于无所不在的束缚中。被束缚的人，处处局促，处处狭隘，捉襟见肘，左冲右突。知识的俘虏，欲望的俘虏，习惯的俘虏，这样的境况下，怎能不小！尼采在《查拉图斯特拉如是说》中说："走出你的洞穴吧，世界如一座花园等待着你。"但很多人看不到这花园。庄子的"存雄"之术，其实是无"术"，克服一切知识上的"术"，彻底解放自己。大鹏逍遥而游，那位博学的知北游问道，那位自得的河神快乐地随着水流流向大海，都还不能称为"大"，还有小大之别，还有所依待，还有追问的兴趣，还有"术"。而作为自由之游的心灵，一无依傍，横无际涯，无所期待，自能成其大。

《庄子》中有另一个关于影子的故事：罔两是影子的影子，他问影子说："刚才你在行走，现在你却停了下来；刚才你坐着，现在却又起来；你怎么这么没有自己独立的意志呢？"影子回答说："我是因为必须有所依待才这样的，而我所依附的东西又有所依附呀！"[1]这个影子的故事与上面所说的影子故事侧重有所不同，这是就知识上来说的。从知识上看，庄子认为有待的人是影子的影子，闪烁不定，因为有所依附，有所执着，有所求，有所贪欲，必然就有所拘束，心灵必然不能大，大是一种突破束缚的心灵境界。

"大"在庄子哲学中，被形容为"与物为量"，这一命题在中国哲学史上具有重要地位。

在庄子的哲学系统中，存在着两种不同的"量观"：一是"以人为量"，一是"以物为量"。前者是以人衡天，后者是以天合天；前者是人为的，后者是自然的；前者为分别之见，后者为大道之见。庄子要以"以物为量"去取代"以人为量"，就是要人放弃知识和有为，还世界以自然之本性。

《齐物论》篇说："天下莫大于秋毫之末，而泰山为小；莫寿于殇子，而彭祖为夭。天地与我并生，而万物与我为一。"泰山、秋毫是空间上的等同，殇子、彭祖是时间上的等同。"天地与我并生"，是说我放弃了知识的努力，回到世界中，与万物共存共生。"万物与我为一"，即齐同万物，无短长，无高下，由知识的分别进入道的"一"中。

由此，我们看庄惠之别，惠子对庄子的质疑，其实就是"以人为量"，而庄子是拉起"以物为量"的大帜，走出知性的洞穴。庄子将以物为量的哲学概括为"秋水精神"。

董其昌有诗云："曾参《秋水》篇，懒写名山照。"[2]参透了《秋水》的道理，就懒得去画名山图。这里的"名"颇值得注意。有名山，就有无名之山；有有名、无名，就有美与不美，就有高下差等之分；有高下差等之分，就会以分别心去看世界，这样的方式总

---

1 《庄子·齐物论》："罔两问景曰：'曩子行，今子止；曩子坐，今子起；何其无特操与？'景曰：'吾有待而然者邪？吾所待又有待而然者邪？'"
2 ［清］陆时化《吴越所见书画录》卷五著录《董文敏为王奉常画山水立轴》，并录有董其昌所题一诗："曾参《秋水》篇，懒写名山照。无佛地称尊，大方家见笑。"元马定国《读庄子诗》云："吾读漆园书，《秋水》一篇足。安用十万言，磊落载其腹。"《秋水》虽在外篇，论者认为，以此一篇即可见《庄子》全书之精华，不是没有道理的。

要受到先入的价值标准影响，总会有知识的阴影在作祟。在知识和美丑的分辨中，真实世界隐遁了，世界成了人意识挥洒的对象。董其昌从《秋水》中悟出的，乃是放弃对"名"——知识分别、高下尊卑价值评判的追求，所在皆适。因为依庄子所言，万物一体，心与天游，无分彼此。秋水精神，是一种平等精神。以道观之，大道如一，这就是秋水精神的精髓。沈周有题画诗云："高木西风落叶时，一襟萧爽坐迟迟。闲披《秋水》未终卷，心与天游谁得知。"[1]说的就是这种精神。

在中国哲学史上，儒、道、佛三家都说"大"，都重视"大"的提升性灵的特点，但在哲学趋向上各不相同。道家的"大"是以物为量的"大"，反映的是融于物的哲学精神。这也是中国美学的重要生长点。像阮籍的"大人先生"，刘伶"幕天席地"的"酒德"，苏轼"纵一叶之所如，凌万顷之茫然"的心灵超越等，都是一种"大"。其中显然具有道家的哲学气质，这是颇富中国特性的美学观点。

三、全：大制不割

游鱼之乐，反映了道家重视天全之美的思想。天之美是不可分别、浑然整全的美，是之谓"大全"。石涛说："混沌里放出光明。"[2]此一语最得庄学要义。混沌，不是糊里糊涂，幽昧不明，其要义在于：关起外在认知的窗口，打开生命体验的门。

庄子的"大全"，不是全部，全部是与部分相对的称谓，这样的全部还是量上的观点。任何量上的观点，都与庄子的诗性思维相违背。大全不是大而全，而是即物即全。当人放下分别见时，哪里有总类和部分的区分？一花一世界，一草一天国，圆满俱足。

---

1 ［明］沈周《卧游图册》十七开，其中一开题诗。此册今藏故宫博物院。
2 见《石涛画语录·氤氲章》："在于墨海中立定精神，笔锋下决出生活，尺幅上换去毛骨，混沌里放出光明。"

庄子所描述的游鱼之乐的境界，其根本特点是不分别，人与世界浑成一体。而惠子的质疑，则是从知性出发，于分别上立论的。

老子说："大制不割。"这是一个富有深邃智慧的观点，是一个与"大巧若拙""大成若缺"等一样，对中国美学艺术产生深远影响的命题。《老子》第二十八章论此云："知其雄，守其雌，为天下溪。为天下溪，常德不离，复归于婴儿。知其白，守其黑，为天下式。为天下式，常德不忒，复归于无极。知其荣，守其辱，为天下谷。为天下谷，常德乃足，复归于朴。朴散则为器，圣人用之则为官长，故大制不割。"[1]

幽暗、混茫、空空落落、无边无际的道的世界，是朴，朴是没被打破的圆融，在这里，没有知识分别，没有欲望争斗，万物自生听，太空恒寂寥。没有知识，如同婴儿一样自然存在；没有争斗，保持着永恒的雌柔；就像天下的溪涧，就像清气流动的山谷，空灵而涵有一切，流动而不滞塞。这个天下莫能与之争的世界，乃素朴之制，为"大制"，最大的"制"就是不分别的"制"。

老子并非强调原始和谐，而是要以自然取代人为，以纯朴代替矫揉造作，以平和平等代替世界的你争我夺，以空灵而无边际的心灵涵泳天下的美。大制不割是一种大智慧，一种充满圆融的美。

庄子对老子"大制不割"思想有深刻的理解。《在宥》篇中讲了一个故事：云将到东方去漫游，碰到了鸿蒙。云将问了许多关于知识的问题，鸿蒙避而不答。最后，鸿蒙告诫云将：安处自然，任性无为，合于造化。忘掉你的形体，抛弃你用耳目感受世界的方式，与外物泯除界限，与自然元气混同一体，去除对心神的任何束缚，漠然处之，这样，万物都归其本然状态，浑然质朴。[2] 云

---

[1] 此段从通行王弼本。易顺鼎《读老札记》、马叙伦《老子校诂》和高亨《老子正诂》等均认为自"守其黑"至"知其荣"六句，为后人窜入，帛书甲、乙本也无此六句。张舜徽《老子疏证》、党圣元《老子析义》咸以为古人引书常有省略之习，《淮南子·道应》篇就引作"知其荣，守其辱，为天下谷"。通行本义理通畅，故从。
[2] 《庄子·在宥》："汝徒处无为，而物自化。堕尔形体，黜尔聪明，伦与物忘，大同乎涬溟，解心释神，莫然无魂。万物云云，各复其根，各复其根而不知；浑浑沌沌，终身不离。"

将是活泼、流动的，而鸿蒙是浑沌、混茫的，云将有知，鸿蒙无知。鸿蒙示云将之法，是不问不求、无知无欲，浑然忘己忘物，与物融而为一。

《庄子》内篇的最后一篇是《应帝王》，《应帝王》最后一段说了一个故事，我以为带有总内篇之成的意思。南海的帝王叫儵，北海的帝王叫忽，中央的帝王叫浑沌，儵与忽到浑沌那里去，浑沌对他们很好，儵与忽就谋划着报答浑沌。他们商量道："人有七窍，能够看、听、吃、闻，混沌没有，我们就为他凿七个洞吧。"他们每天凿一窍，七天后，浑沌被凿死了。这个故事意味深长：浑沌是"一"，儵与忽两个聪明的家伙为他打开七窍，即打开感受外在世界的通道，知识的窗口就打开了，打破了这个"一"，进入分别的世界。分别的世界是"二"，"二"是浑成世界的死亡。郭注以"为者败之"来求解，可谓一语中的。有为、机心、知识的剖析，是美的破坏者。而浑全质朴、至淳无为的境界，乃是大全的境界、至美的境界。

老子有"明道若昧"的思想，庄子有"光而不耀"的哲学，这样的思想照耀着中国美学和艺术创造的历程。在道家的先驱者看来，知性的世界是清晰的，浑沌的世界是幽暗的，但他们认为世人所认为的清晰世界，是真正的混乱无序；而浑沌世界虽然幽暗不明——没有以知识去"明"——却是清晰、纯粹的，有空寂明觉之心（空而能容，寂而不乱，明而能照，觉而无惑）。石涛的"混沌里放出光明"，所承继的正是这一思想。

庄子所说的大全之美，为美的基本特性的判断提供了一条重要思路，影响深远。"心与天壤俱，安识身有无"——当人融入世界之中时，就进入了一个混沌的大全世界。科学的分析不能带来美，功利的目的没有美，美不依赖于外在具体的认识，而来源于内在生命的体验：关起认识的窗口（七孔不通），打开生命体验的门。但美不是来自感性经验，甚至是对感性经验的排除。混全的美，不是胡里糊涂、浑浑沌沌，而是对生命的清晰印认。浑沌之美，不是模糊美学，而是对生命的发现。庄子的混沌大全的美，就是让世界自在兴现。由此我们也看到，庄子关于世界大全之美的观念，和西方建基于感性之学上的美学思维是有根本区别的。道家哲学的强势，禅宗哲学对道家哲学的发扬，都强化了中国美学重超越、重体验的传统。[1]

四、爱：忘情融物

庄子说他知道鱼的快乐，鱼的快乐是什么样的快乐呢？是鱼的固有之乐，还是人所赋予的？这涉及庄子哲学的重要思想。

庄惠之辩中，涉及一个"情"字。人观鱼而知鱼之快乐，朱光潜等以为，这是一种"推己及物""移情于物"的观物模式[2]：万物无情，人有情，人观万物，万物都染上人情感的色彩。但朱先生这个广为人知的观点却是值得商榷的。

庄子妻子去世了，惠子去吊唁，庄子盘腿而坐，敲着盆子唱歌。惠子说："和自己的妻子生活在一起，她为你生儿育女，现在老了，去世了，你不哭也就罢了，还敲着盆唱着歌，这不是有点过分吗？"庄子说："她的生命来自自然之气，现在又归于自然，归于生命之大本。生死相替就如同四季更替。她现在安然睡在天地巨室中，而我却在这里嗷嗷哭叫，不是太愚蠢了吗？"[3]惠子所持为人之常情，而庄子所持为天地之情。

鸟兽犹爱其类，何况人乎？何况其妻乎？只是庄子看到，世所谓爱者，多为一己之私怀，亲亲则爱之，类同则悲之，有用则

---

1 参本书第六讲"落花无言"第三节八大山人等关于浑全之美的论述。
2 朱光潜《谈美》，《朱光潜全集》第二卷，合肥：安徽教育出版社1987年版，第20—25页。
3 《庄子·至乐》："庄子妻死，惠子吊之，庄子则方箕踞鼓盆而歌。惠子曰：'与人居，长子老身，死不哭亦足矣，又鼓盆而歌，不亦甚乎！'庄子曰：'不然。是其始死也，我独何能无概然！察其始而本无生，非徒无生也而本无形，非徒无形也而本无气。杂乎芒芴之间，变而有气，气变而有形，形变而有生，今又变而之死，是相与为春秋冬夏四时行也。人且偃然寝于巨室，而我嗷嗷然随而哭之，自以为不通乎命，故止也。'"

爱之，无用则弃之，于是便有差别，便有等级，便有偏私。有爱恨情仇，便有弃取予夺，世态便起峥嵘。

《山木》篇讲了一个故事：庄子到雕陵的栗园游玩，看到一只异鹊从南面飞来，翅膀有七尺宽，眼睛大得出奇，差点碰到庄子的额头，停在栗树林中。庄子想到："这是什么鸟啊，翅膀这样大，却不能远飞；眼睛这样大，却连人都看不清楚。"于是提起衣服，小心走过去，张起弹弓，窥伺它的动静。这时他看见一只蝉，正得着一片美叶隐蔽，忘了自身的危险，而正有一只螳螂藏在叶子背后，举臂抓住它。螳螂有所得，也忘记了身陷危险，异鹊乘机攫取了螳螂。异鹊只知贪利，也忘记了自己的性命之忧——正有人张弓欲射呢。庄子见此，不仅打了一个寒颤，心里暗暗想道："物类相互牵累，这都是贪利所引起的啊。"[1]

螳螂捕蝉，黄雀在后，庄子看到的不是一国一地的隐忧，他看到的是人类的致命弱点：情感的恣肆，欲望的翻腾，正在毁灭人类。爱恨情仇中所裹挟的贪婪的本性、满腹的机心、嗜血的狰狞，在毁灭着人类存在的家园。如那只异鸟，空有高飞的翅膀，却重重地砸在地下；枉具那双大眼睛，为欲望遮蔽，竟然看不清眼前之物。

正因此，庄子提出"不近人情"的观点。"不近人情"后面隐含的是"独重天情"，在相忘于江湖中，各任天情。在《逍遥游》中，他虚拟一个与俗世情感相违背的人接舆，所谓"犹河汉而无极也，大有径庭，不近人情焉"。

庄、惠有段关于情感的著名辩论：

> 惠子谓庄子曰："人故无情乎？"庄子曰："然。"惠子曰："人而无情，何以谓之人？"庄子曰："道与之貌，天与之形，恶得不谓之人？"惠子曰："既谓之人，恶得无

---

[1]《庄子·山木》："庄周游于雕陵之樊，睹一异鹊自南方来者，翼广七尺，目大运寸，感周之颡而集于栗林。庄周曰：'此何鸟哉，翼殷不逝，目大不睹？'褰裳躩步，执弹而留之。睹一蝉，方得美荫而忘其身；螳螂执翳而搏之，见得而忘其形；异鹊从而利之，见利而忘其真。庄周怵然曰：'噫！物固相累，二类相召也！'"

情?"庄子曰:"是非吾所谓情也。吾所谓无情者,言人之不以好恶内伤其身,常因自然而不益生也。"惠子曰:"不益生,何以有其身?"庄子曰:"道与之貌,天与之形,无以好恶内伤其身。今子外乎子之神,劳乎子之精,倚树而吟,据槁梧而瞑。天选子之形,子以坚白鸣!"(《庄子·德充符》)

人本质上都是有情的,庄子和惠子在这一点上没有不同,但他俩所说的"情"却有不同。惠子问"人本来是没有情的吗",庄子以"是"答之,令惠子大为吃惊。庄子并非否定人有情,但庄子肯定的是人的"天情",惠子肯定的是人的"人情"。人之情,具有一定的倾向性、目的性,也有盲目的知识性,人的喜怒哀乐之情一般是与功利欲望等联系在一起的。情感与人先入的态度有关,人由于先天承继和后天习染,形成了一种看世界的态度,即所谓"好恶"——喜欢什么,不喜欢什么,需要什么,不需要什么,等等。这样的情感在庄子看来,等同于俗念。庄子认为,这样的情会"内伤其身",故说"不益生"。庄子所推崇的"天情",就是因顺自然之情,独守精、神,以自然之情融入世界。庄子批评惠子劳心劳神,倚树而吟,据槁梧而瞑,喋喋不休地辩论,失却的是天情,心灵为俗世之情所充满。这不合养生之道,难有天全之想。态度决定一切,庄子要惠子放下知识的、功利的、欲望的态度,而以无情感倾向性的态度去对待世界。

我们可以联系另一个概念"爱"来看。这两位哲学家都被人们称为"泛爱万物"之人,但"爱"的方式却有不同,一是以理性去爱,一是以诗意去爱。以理性去爱万物,那是一种德性主张,如同墨子所说的"兼爱",《乐记》所说的"易直子谅",张载所说的"民吾同胞,物吾与也"等,"爱"表现的是一种情感的倾向性。庄子认为,人们留恋于一般的喜乐爱恨,满足于一般的取与(如儒家哲学满足于仁爱慈善),终究不能获得真正的快乐。《人间世》篇说了一个故事:爱马的人,用竹筐去盛马粪,用盛水器具去装马尿，对马真是好极了；有牛虻叮在马身上，养马人扑打牛虻，却被发怒的马踢伤，爱马而为马所伤。[1] 相呴以湿救不了不在水中的鱼，不在于慈爱少，而在于鱼丧失了自然之性；爱马反为马所伤，不在于你没有做好，而在于片面的爱是没有用处的，它不能带来心灵的最终安适。

《知北游》篇说："山林与！皋壤与！使我欣欣然而乐与！乐未毕也，哀又继之。哀乐之来，吾不能御，其去弗能止。悲夫，世人直为物逆旅耳！"山林啊，原野啊，使我欣欣然而乐。然而乐还没有完，悲哀就接着袭来。哀和乐的感情向我袭来，我又不能抵御；它离开的时候，我又不能阻止。可悲啊！世人的心简直像是物的旅店！庄子不是否定山水之美，他也爱物，但是超越了具体的情感倾向，融入世界中，与世界相与优游，以生命贴近世界，在世界的江湖中游。他认为，这才叫"爱"。"爱"不是占有，那样心灵就会成为万物的旅店。

正因此，我以为，庄子游鱼之乐，并非"移情于物"，而是"忘情融物"。因为在庄子看来，忘己忘物，始能入于天；入于天，就是融于物，就是"物物"；在"物物"的境界中，世界方自在、自由。哀乐不入于心，正是庄子哲学的起点。庄子的至乐无乐、忘适之适思想，也与此有关。在"游鱼之乐"的辩论中，庄子所说之"乐"，是鱼之"乐"——所谓"儵鱼出游从容，是鱼之乐也"，而不是人之乐，不是人的情感满足所带来的快感，是人在纯粹体验中所发现的优游境界——人无喜乐，以世界之乐为乐。

在中国美学中，的确有类似于利普斯所说的移情理论，但同时也存在着一种不同于移情的审美体验理论，这就是以庄子为代表的虚静理论。虚静理论的起点就是虚廓心灵，荡涤尘埃，以不沾一丝的心灵进入妙悟的状态，所谓"虚则静，静则动"。苏轼所谓"静故了群动，空能纳万境"（《送参寥师》），就是对此的概括。在

---

[1]《庄子·人间世》："夫爱马者，以筐盛矢，以蜄盛溺。适有蚊虻仆缘，而拊之不时，则缺衔毁首碎胸。意有所至而爱有所亡，可不慎邪！"

诗意的境界中，不入于哀乐之情，以纯然的心灵融入世界中，不以"他在"而以"自在"之心与万物相融相即，这是中国美学中的重要思想。庄子把它叫作"忘适之适"，禅宗把它叫作"非喜非乐"。忘适之适，是为真适；非喜非乐，是为真乐。

庄子忘情融物的哲学，将人从情感的施与和获得、目的的占有和攫取中拯救出来，强调哀乐不入于心，强调忘适之适，人既不是施舍者，也非利益获得者，在纯然物化之中，不爱不与，是为大爱。庄子的哲学不是"物皆着我之色彩"，而是"物皆无我之色彩"。庄子不是冷然扁舟孤海中人，而是在相忘于江湖中独守天真。庄子哪里是要将冷漠射入世界，他是提醒人们：裹挟着功利占有欲望、爱有差等观念的所谓"爱"，正在毁掉文明的大厦。

如陶渊明所说，"纵浪大化中，不喜亦不惧"，方是归途。

五、游：朝阳初启

"游鱼之乐"的"游"同样也是庄子哲学中的关键词。当庄子说游鱼之乐时，他不是外在的观照者，而是参与者，他是与鱼同游；庄子说鱼有快乐，他不是陈述一个事实，说的是自己心灵的体验。"游"是对体验过程的形容，这是一种纯粹体验过程。

黑格尔哲学和庄子哲学相差甚远，黑格尔鄙视中国哲学，也说明中国哲学与他"相凿枘"处太少。不过，黑格尔所说的"审美带有令人解放的性质"的观点，用来评价庄子倒是颇恰当的。"游鱼之乐"乃至庄子的整个思想体系，都在强调一种自由的品格。濠上观鱼，而感到鱼之乐，就是没有任何拘限，与世界融为一体。他的游，是生命的游戏，是人在与真实的性灵做游戏，"夫乘天地之正，而御六气之辩，以游无穷者"——在无穷、无形的世界中游。庄子的游，将人从知性中解放出来，释放生命动能，追求真正的意义世界。一如黑格尔所说，美的概念带有自由与无限的性质。

《庄子》一书痛感于人存在的不自由，欲望的蛊惑和知识的羁

◉ [南宋] 佚名 虎溪三笑图

儒者陶渊明、道士陆修静去庐山看望高僧慧远，慧远送客，谈笑间，不觉破了自己所定的送客不过虎溪之例。三教原本相融。

绊，使人丧失了真实的生命意义。庄子认为，自由即生命。没有自由，人的生命意义是晦暗而无光彩的；没有自由，生命便是一次虚假的旅程。《养生主》说："泽雉十步一啄，百步一饮，不蕲畜乎樊中。神虽王，不善也。"草泽里的野鸡十步啄一口食，百步饮一口水，非常辛苦，但即便如此，也不期望被畜养在笼子里，过安逸的生活，因为那样它失去的是自由。

自在之游，由属他回归自我。知识上的依他而起，存在中的无处不"待"，如无所不在的绳索。庄子的自由，其实就是"由自"，自己获得主宰自己的权利，而不是将权利交给知识，交给内在世界的"成心"。这有点相当于斯宾诺沙所说的"自因"——以自身为原因的自由，但又有区别。庄子的自由，是由被奴役到主宰的哲学回归，由"由他"到"由自"。

庄子是在寻找自我生命的引擎。《齐物论》说："子游曰：'地籁则众窍是已，人籁则比竹是已，敢问天籁。'子綦曰：'夫吹万不同，而使其自己也，咸其自取，怒者其谁邪！'""怒者"，就是发动者。"咸其自取"可以说是庄子自由学说的核心：发动就在自己，自己是自己生命的引擎。此谓"真宰"。

庄子痛感于人被"虚假的主宰"控制的存在方式。什么是天？天的核心含义就是自发自生，自己主宰自己，没有一个外在的主宰者，这是庄子哲学的重要起点。那种将"天"当作一种外在于我的广远存在、神秘存在的观点，是对庄子哲学的绝大误解。"天"就在自己心里，它是一种态度，不是外在物理世界。庄子对"人在他人中存在"的宿命作了淋漓尽致的揭示。游鱼之乐，就是"是有真宰，与之沉浮"，在"游"中实现万物一体，由"人"的态度而归于"天"的态度。[1]

---

[1]《庄子》关于"游"有丰富的表述，如《齐物论》："乘云气，骑日月，而游乎四海之外。"《应帝王》："乘夫莽眇之鸟，以出六极之外，而游无何有之乡……""游心于淡，合气于漠……"《在宥》："故余将去女，入无穷之门，以游无极之野。吾与日月参光，吾与天地为常。""出入六合，游乎九州，独往独来……"《天下》："上与造物者游……"

庄子认为，只有当人是自然之人时，才是真实的人；只有人是真实之人时，心灵才能真正自由；只有在自由的境界中，心灵才能真正游戏。庄子的游是合于天、融于物的。庄子常说乘云气、乘物，其实并不是说有物质上的凭借而高飞远骛，而是形容心灵与万物相互缱绻。庄子说游是一种独往独来的活动，并非形容游作为一种体验活动本身是孤独的，物我了不相应，而是强调人游离于一切束缚之外，孤光自照，一无所系。

在自由游戏之中，生命沐浴在一片神圣的光芒之中；自由游戏之心，由黑暗走向光明。《庚桑楚》篇说："宇泰定者，发乎天光。发乎天光者，人见其人，物见其物。"器宇安泰、心定神闲的人，发出的是自然的智慧之光。发出自然智慧之光者，人便自显其为人，物便自显其为物，人与物都在光亮中自由自在地存在。庄子说："生者，德之光也……"这是庄子哲学中最重要的界定之一。庄子认为，每个人的生命都是一盏灯，都有自己的光芒——真性之光。欲望、知识等重重黑幕，挡住了这光，但并不意味着这光从生命中消失。从知性中解放出来之后，心灵重浴光明。

庄子说，纯粹的体验能达到"朝彻"——朝阳初启的境界。站在濠水的桥上，一缕朝阳正从庄子心空中升起。

讽刺的是，庄子是反对分别的，而今，我们不分别又何以见出庄子的智慧！以上我们通过分别的方式，咀嚼"游鱼之乐"中不分别的思想，从五个方面尝试复原深藏于这次对话中的庄子思想：会通物我、以物为量、大制不割、忘情融物和自由优游。大体可以看出，庄、惠的根本之别在于，庄子远离知性的道路，开启生命的灵蠲，返归内在纯粹体验，重视当下鲜活的自由。这些都成了后世中国美学和艺术创造思想的精髓。

庄子是一条游回世界的鱼！

第二讲

不二法门

清叶燮在《百家唐诗序》中谈到"中唐"的概念时说:"今知此'中'者也,乃古今百代之'中',而非有唐之所独得而称'中'者也。""中唐者,百代之中也"的观点,在近现代为很多学者所提及(如内藤湖南、陈寅恪、包弼德等),其实,中唐也是中国美学观念的大转换时期。

中国美学在唐代以后的发展进入一个新时期,审美风尚发生了很大变化,美学理论本身也显现出很多新质。从总体趋向上看,追求空灵淡远的境界,重视古拙苍莽的气象,推崇冷逸荒寒的意味，以宁静精澄代替粗莽扩大，以平和幽深代替激昂蹈厉，以淡逸素朴代替绚烂堂皇，至如理论上对境界的重视，强调妙悟而贬斥技法，等等，都是这种审美风气变化的表现。

导致这种变化的根本原因，来自哲学观念的影响。佛学传入中国，乃中土思想史上的一大因缘。东汉末年中土始有佛经翻译，经魏晋，到隋唐时，中国佛学蔚为大盛，三论、华严、法相、天台、禅宗等佛学派别相继出现。尤其是禅宗，这个结合中国道家学说和印度大乘佛学所形成的新型哲学，"最亲切，最微妙"[1]，它思考的问题本身就具有美学价值，它所强调的单刀直入、不立文字、如人饮水冷暖自知等的思维路径，冲击着旧有的审美规范和艺术观念。禅宗给中国美学和艺术带来一个新颖的世界。

这一讲拟从南宗禅基本哲学观念"不二法门"入手，尝试对禅宗和美学艺术的深层联系谈一些看法。"不二法门"不仅是南宗禅的重要哲学原则，也是禅宗对中国美学和艺术起决定作用的思想。

一、不二之义

不二法门是大乘空宗的重要思想。比较系统的表述是《维摩诘经》，此经大致成于公元一至二世纪，汉译有多种版本，比较流行的是后秦鸠摩罗什的三卷名为《维摩诘所说经》的译本。这部经叙述毗耶离城有一位居士，叫维摩诘，十分富有，深通大乘佛法，经中记载了他与文殊等人讨论佛法的很多细节，阐扬大乘般若性空的思想，提倡"菩萨行"——

---

1 熊十力答牟宗三语，见《十力语要》卷三，沈阳：辽宁教育出版社1997年版，第224页。

一种自利利他的圆满境界,以不立文字为根本,树立绝对平等观,以不二法门达至这一崇高境界。

一日,维摩诘与诸菩萨坐而论道,维摩诘问道:什么是不二法门?三十二位菩萨根据自己的理解一一作了回答,回答的内容包括超越分别智的若干方面。诸菩萨都说完[1],维摩诘请文殊说,文殊答道:"如我意者,于一切法,无言无说,无示无识,离诸问答,是为入不二法门。"然后说:"我等各自说已,仁者当说何等是菩萨入不二法门?"请维摩诘谈谈对不二法门的理解。经书上说:"时,维摩诘默然无言。"这就是著名的"维摩一默"。文殊菩萨赞叹说:"善哉!善哉!乃至无有文字语言,是真入不二法门!"[2]

不二之法超越主客二分模式,超越菩萨、声闻的非平等思维,超越善恶的道德界定,超越有和无的区隔,超越色与空的分野,等等,一句话,不二法门,就是超越一切"分别智",建立一种大智慧。这智慧就是"般若智"。分别智是"二",般若智是"一"。这"一",在南宗禅看来,是摩诃般若波罗蜜——一种到彼岸的大智慧[3]。

不二法门作为不可思议、不可言说的最高智慧,以破除分别智为依归。简洁地说,就是破"二"而臻于"一"。二是分别,是差异,是对待。一切"二"的分别法,在佛学被概括为"边见"。"不二法门"的核心意思,是不落边见。不二法门,超越"有"的肯定,又超越"无"的否定,而进入"不有不无"的独特的哲学思维。这"不有不无",就是"一"。"一"不仅至高,而且绝对无所对待;"一"是不沾一丝,有沾染就是二;"一"是不可分

---

1 如德守菩萨说要超越我和我所,就是不二法门,德顶菩萨说要超越垢、净,妙臂菩萨说要超越菩萨心、声闻心的二分,弗沙菩萨说要超越善与不善的分别,师子意菩萨说要超越有漏与无漏,净解菩萨说要超越有为与无为,那罗延菩萨说要超越世间和出世间的分别,电天菩萨说要超越明和无明的分别,喜见菩萨说要超越色与空的分别,等等。
2 所引文字据〔姚秦〕鸠摩罗什译《维摩诘所说经》,《大正新修大藏经》第14册。
3 摩诃般若波罗蜜,是音译:摩诃,意为大;般若(读bōrě),意为智慧;波罗蜜,意为到彼岸。

析的，一切分析之见，都是知识的，都与不二法门相违背；"一"是绝对平等的，禅门所谓平常的、平和的哲学，其实都是不二法门的体现。

康德在《纯粹理性批判》中提出的十二范畴，其中属于质的方面的，有肯定、否定和无定，肯定的逻辑词为"是"，与之相对的先验范畴是实在性；否定的逻辑词为"非"，与之相对的先验范畴是虚无性；而无定的逻辑词为非A非B，与之相对的范畴是限制性，它是处于是与非之间的范畴。在不二法门中，要彻底超越这种是是非非、非是非非的逻辑判断。不二法门是非逻辑的，不落两边，超越是与非。而其非有非无，并不是康德所说的无定，无定的非有非无还是一种判断，是一种不确定，不落两边是对两边的超越。康德的无定是逻辑的，不落两边则是对逻辑关系的彻底超越。

大乘佛学的不二之法对三论、天台、华严诸宗均有影响，但若论领会得最为透辟，当推禅宗，尤其是南宗禅。南宗禅所阐述的不二法门思想，既融汇了大乘空宗的思想，又结合了庄子的齐物哲学，可以说是庄子"秋水精神"在新时代的阐扬。南宗禅的核心在不二，它与北宗禅的本质区别，就在于认为北宗禅在不二法门的贯彻中有不彻底性。

传为南宗禅三祖僧璨所作《信心铭》，在南宗禅发展史上有重要价值。这篇文字融庄学和大乘中观之学，力倡破边见的不二之法。其开篇即道："至道无难，唯嫌拣择。但莫憎爱，洞然明白。"所谓"拣择"，就是分别。而禅的"至道"是一而不二的无边之见。不二法门，是《信心铭》的哲学基石。这篇文字所提倡的无美丑、有无、断常、一异、利害、明暗、人我等分别见的智慧，是一种般若智。它将这一智慧概括为平常之道，说："一种平怀，泯然自尽。"平灭一切冲突，就是不二。它既反对有的攀缘，又反对无的"空忍"，去除有无之别，就是"平常"。文中认为"遣有没（读mò，淹没）有，从空背空"，排除有则沉没于有中，追求空则背离空的主旨，这样的观点在禅宗发展史上具有重要意义。[1]

《坛经》（宗宝本）在《自序品》中就独标不二，作为此书的根本准则。慧能说："佛法是不二之法。"凡夫见到的是"二"，佛见到的是"一"。慧能在韶州法性寺与印宗法师的辩论，说"不是风动，不是幡动，仁者心动"的道理，说的就是不二法门。一位学生问："如何是大乘见解？"惠能说："明与无明，凡夫见二；智者了达，共性无二，无二之性，即是实性。"慧能将不二之法作为常住不迁的佛性，不二之心就是如来藏清净心体。

《坛经》强调的三无（无念、无相、无住）之说，就是以不二法为基础的。不是分出念与非念、相与非相、住与非住，不是去排除念想，坚守不住，而是于念中达到不念，于相中达到非相，于住中达到无住。念与非念，相与非相，住与非住，相即而不离。说无念就是有念了。南宗禅将其禅法比喻为无边身菩萨，没有边际，浑成一片。"边"就是分别，"际"就是界限，禅是一种没有边见、界限的浑成之道，所谓无边身菩萨不见如来顶相。

在禅宗，这不二之法是绝对、纯粹、原本的，禅宗把这叫作"两头都截断，一剑倚天寒"。两头为二，截断两头，就是破除一切分别，心灵如一把慧剑在苍天间放出凛凛寒光。唐代诗僧贯休有诗道："贵逼身来不自由，几年辛苦蹈林丘。满堂花醉三千客，一剑霜寒十四州。"[2] 所表达的就是这种境界。希运说自己的禅不是五味禅，而是一味禅。赵州说自己只有一个牙，但在在咬住。一个和尚问百丈怀海："世间最奇特的事是什么？"他答道："独坐大雄峰！"[3] 所谓妙高顶上，不容商量，没有分别。这都是不二法的不同表达。

---

1 《信心铭》，文见《景德传灯录》卷三十，敦煌写本（伯4638、斯4037）也录有此文，文字略有差异。旧题僧璨所撰，日本学者柳田圣山认为乃伪托之作。然即使是伪托，其内容符合禅宗发展早期的思想，成文时间当在初唐前后。
2 ［宋］计有功撰，王仲镛校笺《唐诗纪事校笺》卷七十五，北京：中华书局2007年版，第2438—2439页。
3 ［宋］赜藏主编集，萧萐父、吕有祥、蔡兆华点校《古尊宿语录》卷一，北京：中华书局1994年版，第8页。

南宗禅将与分别智相对的般若智形容为一种大海的智慧。小河一下雨，就起泡沫，就奔腾，忽起忽灭，这是常人之心。领会了大海的意味，也就领会了禅。进入不二境中，如在大海中优游，"譬如天龙下雨于阎浮提，城邑聚落，悉皆漂流，如漂草叶；若雨大海，不增不减。……令一切众生，一切草木，有情无情，悉皆蒙润，百川众流，却入大海，合为一体"（《坛经·般若品第二》）。大海不增不减，有永恒的安宁。这里可以看出庄子"齐物论"的影子。

不二之法作为南宗禅的基本观念，有几个要点：

第一，它是超越知识的。禅不在（空间），不是（判断），不似（比拟），无法通过语言关系来表达，"不立文字"是南宗禅的第一法则。

第二，它强调平等。这是一种绝对的平等，没有主体与客体、观照者与对象、现象与本质的区分。南宗禅推崇的平等觉慧，是一种"平常心"。

第三，它是非生灭的。禅将此称为"无生法忍"，一种不在时间中看世界的大智慧。马祖和怀海关于野鸭是否飞过去的讨论，慧能"不是风动，不是幡动，仁者心动"的说法，都表达了类似的意思。

第四，它要证成实相世界，返归真性，反映出它的真理观。《般若经》曾将这一思想概括为：实相一相，所谓无相，即如如相。诸法实相即是佛性，它是"一相"，不执着于有，又不执着于物，这种超越有无的毕竟空相，就是如相。这如如不动的世界，蕴藏着让世界自在兴现的智慧。

南宗禅的这些思想，在中国哲学史、美学史上具有重要意义。中国哲学讲对待关系，两物相对待故曰文，若相离去则不成文。《周易》的一阴一阳之谓道，就是典型的对待哲学。张载《正蒙》说："两不立则一不可见，一不可见则两之用息。两体者，虚实也，动静也，聚散也，清浊也，其究一而已。感而后有通，不有两则无一。"两一观，从对立中探讨问题的本质。而不二之法与这种相对而成的思想截然相反，它显现出一种不同于传统哲学的新思路。

南宗禅以不二之法作为最高原则,在中国哲学发展史上,具有特殊意义。

在中国佛教哲学史上,大乘空宗的引入,对中国哲学产生了难以估量的影响。不二之法在中国哲学中留下很深的印迹。大乘空宗传入中国后,僧肇注《维摩经》,以"无为大道,平等不二"为思想武器。隋唐以来,天台、三论诸宗推崇中观说,也肯定不二法门的崇高地位,但并没有完全摆脱"分别见"。南宗禅以不二法门为最高原则,重新解释三宝的地位,修正传统的修行方式,提出当下就是西方的思想,以心灵当下一悟作为悟入佛性的根本途径,带来了中国哲学的思想变革。

在中国哲学史的讨论中,有论者认为,中西哲学的根本区别在于:中国哲学强调一元论,西方传统哲学是二元论。这种说法并不确切。因为看先秦以来中国哲学的发展,主导倾向还是二元,天人分别、道器分别、主客分别等,仍然是哲学的主流。天人合一哲学作为中国哲学的精髓,主要还是在分别的前提下谈合一的,明天人之分,而会归一体。在不二之法中,则是破这种对待关系,没有分别,也没有天人之别。禅宗彻底超越分别见,强调"分别是魔境",这在中国哲学史上卓具意义。虽然像道家哲学也存在着对分别智的怀疑,如老子由事物的相对性导向价值的怀疑,但并未怀疑相对本身。老子的"知不知,不知知"的反对知识主张,仍然持有道与知的对立。而庄子思想也没有导入真正的不二。

禅宗带来中国哲学的变革,这对中国美学与艺术产生了重要影响。在一定程度上可以说,正是南宗禅思想的流行,改变了中国美学与艺术发展的方向。

二、去有无——超越现象本体结构

一个夏天,赵州大师和弟子文远在屋内闲坐,赵州对文远说:

"让我们比赛，看谁能用比喻把自己比得最低。"文远接受了师父的挑战。最先是赵州说："我是一头驴。"文远接着道："我是驴的胃。"赵州又说："我是驴的粪。"文远却说："我是驴粪中的虫。"赵州不说了，反问文远："你在粪中做什么？"文远说："我在那里度暑纳凉啊。"文远已经低得没法再说了，赵州只好认输。[1]

《庄子》中也有一段类似的对话，东郭子问庄子："你所谓道，究竟在哪里？"庄子说："无所不在！"东郭子说："指出一个地方来！"庄子说："道在蝼蚁身上。"东郭子说："怎么这样卑下呢？"庄子说："道在细小的米粒中。"东郭子说："怎么更加卑下了？"庄子说："道在瓦甓里面。"东郭子又问："怎么愈说愈卑下了呢？"庄子索性说："道在屎溺里面。"[2]

表面看来，庄子与禅宗所谈的大体相似，庄禅都强调"道无所不在"。在庄子，他继承老子的思想，认为道无所不在，天下万物都是道的体现，象中寓道，所谓"无逃乎物，至道若是"。物是道的载体，故目击而道存。道没有具体的形态，虽是无象，却是决定世界意义的根本。南宗禅所持思路与此完全不同，在南禅中，不存在一个现象和本体的结构，禅宗的不落边见、无生法忍的思想，与中国传统哲学中以道见器、器道合一、目击道存的思路根本不同。

我们可以禅宗中一段对话来看。《五灯会元》卷四记载一则赵州与弟子的对话：

问："如何是祖师西来意？"师曰："庭前柏树子！"

曰："和尚莫将境示人。"师曰："我不将境示人。"

---

[1] [宋]普济著，苏渊雷点校《五灯会元》卷四："师与文远论义曰：'斗劣不斗胜。胜者输果子。'远曰：'请和尚立义。'师曰：'我是一头驴。'远曰：'我是驴胃。'师曰：'我是驴粪。'远曰：'我是粪中虫。'师曰：'你在彼中作甚么？'远曰：'我在彼中过夏。'师曰：'把将果子来。'"北京：中华书局1984年版，第203页。
[2] 《庄子·知北游》："东郭子问于庄子曰：'所谓道，恶乎在？'庄子曰：'无所不在。'东郭子曰：'期而后可。'庄子曰：'在蝼蚁。'曰：'何其下邪？'曰：'在稊稗。'曰：'何其愈下邪？'曰：'在瓦甓。'曰：'何其愈甚邪？'曰：'在屎溺。'东郭子不应。"

曰："如何是祖师西来意？"师曰："庭前柏树子。"[1]

在这三境中，第一境是否定问，问就是以语言说道，但道不可说；第二境是否定比，道不可比，学生错误地以为这是比喻，所以称为以境示人；第三境是合，这是青山自青山、白云自白云的境界。第一层是超越是非判断，超越知识；第二层是超越人、境相对等分别见解；从而进入第三层，也就是即事而真的境界。佛法原无多子，就在当下，就在眼前，自在圆成。

在第三境中，"庭前柏树子"不是道的载体，也不是以物比道的工具。在万物之外，不存在一个抽象的绝对精神本体；世界的意义即由其自身决定，不是由道所给予的（他因），靠外在光源照亮的世界，是无意义的世界。

禅宗这方面的问答很多，《五灯会元》中多有记载。有人问大梅法常禅师："如何是佛法大意？"他说："蒲花柳絮，竹针麻线。"（卷三）有人问周智禅师："如何是龙华境？"他说："翠竹摇风，寒松锁月。"（卷八）有人问真州定山禅师："如何是定山境？"他说："清风满院。"（卷十）有人问智晖禅师："如何是重云境？"他说："四时花蔟蔟，三冬异草青。"（卷十三）

正像石头希迁以"长空不碍白云飞"回答佛法大意一样，佛法大意、道、西方、佛性等等，这一切都不是通过理性的推究而得到的。蒲花柳絮不是道的载体，它的意义就在其自身。禅宗中有"道在道中"的话头，请看《古尊宿语录》的记载：

问："如何是道？"师曰："五凤楼前。"（卷七之《风穴（延沼）禅师语录》）

问："如何是道？"师云："墙外底。"云："不问者个。"师云："问什么道？"云："大道。"师云："大道通长安。"（卷十二之《赵州（从谂）真际禅师语录之余》）

---

[1] ［宋］普济著，苏渊雷点校《五灯会元》卷四，第202页。

> 问:"如何是道?"师云:"家家门前长安路。"(卷二十三之《汝州叶县广教(归)省禅师语录》)[1]

在这里,僧徒所问的是抽象的道,而禅师们则以具体的道路来作答。禅宗认为,道不在何处,关于道在何处以及如何是道的问话,禅师们都回避直接回答,而答以道路在何处。但这并不意味着要从石头、树叶中去寻找道。道不在任何地方,道不是任何东西。禅师们为何选择道路之类的意象来回答抽象的道?如问"如何是道",回答是"高高低低",这当然不是说在高高低低的道路上寻找道。

这里突出了一个问题:具体的物象和抽象的道的关系。有的研究者指出,"祖师正是利用'道'这一词的双关意义暗示了禅宗的观念,即抽象的'道'正蕴含在具体的'道'之中"[2]。也就是说,由禅宗的出门便见、当下即是,可以逻辑地推出这样的结论:道就在具体的现象之中,道无所不在。这样的观点其实还是目击道存式的思路,将现象与本体打为两截。

禅宗中有"立处即真"的著名思想,这一思想受到僧肇的影响,而由马祖明确提出。马祖的再传弟子赵州对这一学说有所发展。《赵州录》中记载了这样一段很有意味的对话:"问:'觉花未发时,如何辨得真实?'师云:'已发也。'云:'未审是真是实?'师云:'真即实,实即真。'"真即实,实即真。这是禅宗关于世界意义的最简洁表述。

在中国哲学中,僧肇曾提出"触事而真""觌目皆真"的观点。僧肇《不真空论》说:"然则道远乎哉,触事而真;圣远乎哉,体之即神。"僧肇虽然颇注意不二之法,他在《维摩经注》中也说"万法云云,离真皆名二",但对不二之法的要旨,似乎尚有一些隔膜。在大乘佛学影响下,三论、天台、华严诸家也触及这一理论。

---

[1] [宋]赜藏主编集,萧萐父、吕有祥、蔡兆华点校《古尊宿语录》,第114、235、432页。
[2] 周裕锴《禅宗语言》,上海:复旦大学出版社2017年版,第39页。

如三论宗之"触事即真",天台宗之"当位即妙,本有不改",华严宗之"当相即道"。这样的思路看起来与禅宗相同,其实大异。此三家都承认有一个精神本体在,这个本体是万千差别相的质,所有现象界的差别事物都是常住真实的显现。这还是一种二分的思维。它和庄子的"目击道存"说并没有本质的差异。

禅宗"立处即真"的思想,涉及存在意义的讨论。世界的意义到底何在,是在世界本身呢,还是在存在背后的那个抽象的道?禅宗有"真即实,实即真"的说法。"真"是一个意义世界,是价值判断,它是和"假""妄"相对的。"实"指实存的世界。真即实,实即真,即强调:没有离开实存的真实意,没有离开真实的存在意。存在即是真实,世界的意义只在其自身,没有一个外在的"无"和"道"来给予其意义。

真即实,实即真,其实就是禅宗所说的青山自青山,白云自白云,青山白云的意义只在其自身。这大体包含以下三层意思:(一)这个真实的世界是"自在"的,不是"他在",不是本体显现之现象;(二)它非观照之对象,而是人心灵体验中所呈现的境界。(三)这种体验境界是圆满俱足的,是一个意义世界。

禅宗说立处即真,当下即成,没有一个飘渺的西方,没有高高在上的佛祖,没有抽象绝对的精神本体,世界依其真性而存在,不因人的态度、情感、意识变化而变化。一句话,实存即意义。

禅宗破除现象本体的二元结构,还存在意义于世界本身。这一思想在中国古代哲学中极富特色,放到世界哲学的范围中看,也有其独特的价值。

我们知道,现代西方哲学的困境,是理性的困境,现代西方哲学的反思就是从对现象本体二元观的思考开始的。从古希腊哲学开始,这种二元结构一直是西方哲学的基石。从巴门尼德、毕达哥拉斯到柏拉图,甚至还有亚里士多德,都有一个共同的思想:世界总是被分成本质和现象两部分。如果以光来作比喻,本质是世界的光源,而现象为本质的光芒所照耀;如果说现象这一边(个别的)还有意义的话,那是因为它是由本质那一边(一般、本质)的光所照耀的。本质比现象重要，现象的意义是由本质决定的。

在中国哲学中也有一个现象与本体的结构，现象世界的意义是本体所给予的，这样的思想与西方一样鲜明。形而上者谓之道，形而下者谓之器，在《周易》哲学中就存在着一个象与道的二元结构；在老子、孔子、庄子、孟子的思想中，这样的思想同样存在（如老子的"道可道"的追寻，孔子的"朝闻道，夕死可矣"，都认定有一个超越于现象界的道的存在，以及庄子的道无所不在，孟子的形色乃天性之显现等）。

两晋以来，中国哲学经历了激烈的变革，佛教般若学说的传入，引起中国哲学的热烈反应。当时般若学形成的六家七宗，在中国哲学史上提出了不少值得注意的见解，但在关于世界意义的判定上，仍然没有摆脱传统的见解，都不离有无二分，只是在有无的侧重点上有所不同。如心无宗，据说创于支愍度，强调"心虚"，而不强调外境之否定。僧肇《不真空论》这样评价："心无者，无心于万物，万物未尝无。此得在于神静，失在于物虚。"并没有超越有无之分。即色宗，据说为支遁所创，其《即色论·妙观章》说："夫色之性也，不自有色。色不自有，虽色而空。故曰：'色即为空，色复异空。'"所谓色不自色者，意思是色法没有自性，是空的，没有自体，所以说"色复异空"，并不是别有一个空，这就是他所说的"色即是空"。他主张色无体，无自性，并不是色相灭坏后才发现空无的本体，所以"非色灭空"。他也没有超越色相二分的观点。道安创立了本无宗，他强调"无在万化之前，空为众形之始"，也强调有一个超言绝象的本体在，主张天地万物有生于无，无为世界之本。其他尚有本无异宗、识含宗、幻化宗、缘会宗，都没有脱出本体现象的分别思路。

我们再看魏晋哲学中的王、郭二家之学。王弼哲学强调体用，无为体，有为用，天下万物为有，有生于无，以无为本是其哲学的核心观点。这是典型的本体决定世界意义的哲学。

倒是郭象的崇有哲学与禅宗似有相近之处[1]。在中国哲学史上，禅宗确立世界本身的独立自足意义，认为世界的意义在其"自性"中，郭象的崇有哲学与其最是相似。但仔细辨析，又有明显的差别。郭象的哲学还是二元论。

郭象哲学的关键字是一个"有"字，"有"是唯一的存在，其存在的根据不在它之外，就在它的"自性"中，世界的事物都依其"自性"而存在。郭象强调，人应该顺物，"常无其心而付之自然"，必"无心"方能"无待"。郭象哲学的最高境界是"独化"，任何事物都是独立自足的生生化化。他的哲学主要讨论"有"存在的可能性。与王弼等传统哲学相反，郭象认为，不存在一个在"有"之外的抽象本体"无"来控制"有"，"无"不能生"有"，"有"之所以生，乃是其自发自生、自本自根，"物物者无物，其自物耳"，"有"之存是"无待"——不需要任何其他条件的。《庄子·齐物论》云："非彼无我，非我无所取。是亦近矣，而不知其所为使。若有真宰，而特不得其眹。可行己信，而不见其形，有情而无形。"郭注："万物万情，趣舍不同，若有真宰使之然也。起索真宰之眹迹，而亦终不得，则明物皆自然，无使物然也。"[2]自己而然，无使之然也。

郭象哲学与传统哲学不同，它在道与器、现象与本体的传统哲学思维中开辟了另外一条道路。但这并不意味着郭象就是"不二"论者。首先，郭象虽然认为"有"存在的唯一理由是自性，并不存在一个抽象的本体来作为存在的根据，但郭之"有"还是作为"无"相对的概念，他只是强调无不能生有："非唯无不得化而为有，有亦不得化而为无。"而禅宗是没有有无的，有有无即有边。其次，郭象虽然强调物存在的理由乃是其自性，但强调物各有不同的"性"，因而显示出差异性，事物之间的区别是绝对的，事物有

---

[1] 当时主张崇有者，尚有裴頠、向秀等，他们都主张物之生自然而然，不知所以然而然，没有一个使之生的本体。此以郭象代之。当然他们的观点也有差异。
[2] ［清］郭庆藩撰，王孝鱼点校《庄子集释》卷一，北京：中华书局2010年版，第56页。

◉◉ 沧浪亭修竹

落花随水去,修竹引风来。

大小、美丑等,"小大之辨,各有阶级,不可相跂"。这与禅宗的平等观有很大区别,禅宗认为这些都属于差别见,而不是般若见。最后,郭象哲学在崇有,而禅宗的非有非无是中道,这是其根本的差异。

正因此,我以为,南宗禅的"真即实,实即真",是一个在中国哲学史上具有崭新意义的命题。真实的世界,是一个实相世界,这个实相世界,乃是"如如",如世界自身而存在,如其自性而存在,不为他法而存在。

这样的哲学,给寻找世界意义的中国人的审美生活和艺术创造,提供了再好不过的滋养。在艺术中超越"山水以形媚道"、超越"德成在上,艺成在下"的观念,确立世界自身的意义,于这样的哲学背景下有了可能。以荆浩为代表的寻找世界"真"的意义的理论,成为唐末五代以来中国美学的重要倾向,他的《笔法记》,似专为演绎"真即实,实即真"的禅宗思想而作。而青山自青山、白云自白云的境界,几乎成了中唐以后中国艺术所追求的至高境界。

三、泯能所——超越主客关系

上一节我们说南宗禅不二之法强调世界的意义就在世界本身,不是由现象背后的"本体"所照亮;同时,不二之法还强调,世界的意义只在其自身,也不是"主体"所照亮的,没有一个给世界以意义的主体在。

唐代的庞蕴居士对禅有精深理解,他是药山惟俨的弟子。一次他到药山那里求法,告别药山,药山命门下十禅客相送。庞居士和众人边说边笑,走到门口,推开大门,但见得漫天大雪,纷纷扬扬,乾坤正在一片混莽中,众人都很欢喜。庞居士指着空中雪花,不由得发出感慨:"好雪片片,不落别处。"有一位全禅客问道:"那落在什么地方?"被庞居士打了一掌。

这是禅宗中最美妙的故事之一。庞居士的意思是,好雪片片,在眼前飘落，你就尽情领纳天地间的这一片潇洒风光。好雪片片，不是对雪作评价——作评价就是将雪作为对象——而是融入雪中，化作大雪片片飘。不落别处，他的意思不是说，这个地方下了雪，其他地方没有下，而是不以"处"来看雪，"处"是空间；也不以时来看雪，如黄昏下雪、上午没下之类的描述。以时空看雪，就没有雪本身，那就是意念中的雪，那是在说一个下雪的事实。大雪飘飘，不落别处，就是当下即悟。它所隐含的意思是，生活处处都有意义，只是我们看不见而已，世界的意义在我们的"看"中、"审"中隐遁了。

这便涉及不二法门泯能所之别的问题。能所之别，是分别见重要的体现之一。能为主体，所为主体所观之对象。《维摩诘经》说，要入于不二法门，必须要超越能所之别。在南宗禅，没有我，也没有我所（我所观照的对象）；没有主体，也没有相对的客体。主客之间的界限消除了。

青原惟信禅师的参禅语道："老僧三十年前未参禅时，见山是山，见水是水。几至后来，亲见知识，有个入处。见山不是山，见水不是水。而今得个休歇处，依前见山只是山，见水只是水。"[1] 这是一段体现南宗禅精髓的话。

在这三境中，第一境与第三境看似相同，其实有根本差异，它是分别智和般若智的差异。在第一境中，物与我是分离的，我站在世界对面看世界，物与物之间横亘着理性的障碍。在第三境中，我回到世界中，我就是山，就是水，我和山水之间的主客关系泯灭了。在第一境中，物与我是冲突的，山水与我互为奴役之关系——在知识的葛藤中纠缠着。在第三境中，解脱了这种冲突，在自由中享受着。山水不是概念的山水，不是理性观照的对象，不是情感宣泄的场所，就是山水本身。此为原样呈现的境界，此即不二法门。

禅宗强调摩诃般若波罗蜜，也就是回到彼岸的大智慧，即回到生命的岸。从世界的对面回到世界中，放下主体的自恋，放下将

---

1 ［宋］普济著，苏渊雷点校《五灯会元》卷十七，第1135页。

◎ 瘦西湖中的小船
流水澹然去，
孤舟随意还。

世界当作对象的迷惑。在这里，再也没有主体与客体的区别，我就是水里的一条鱼、山间的一缕风、林间的一只鸟。

在惯常的思维中，我们面对世界，总有一个观照者态度的问题，有科学的态度，有功利的态度，有审美的态度。所谓审美的态度，就是排除一切功利，对对象作纯然的观照。但禅的态度与这里所说的审美的态度也有区别，因为在所谓"审美的态度"中，对象与我别而为二，对象仍然在"态度"的观照中。禅的无分别见没有这样那样的态度，如果说禅有态度的话，就是放下所有态度，以无态度为态度。禅所发现的是绝对的美，或可称为"不二之美"——世界依其自身而显现的美。

当我们说物象的时候，就肯定其作为对象的特征，是以自我观察的角度为物命名的。在禅看来，物的对象性存在，不是真存在，因为在此有能取，有所取，有能诠，有所诠。有能所必是相对,必是分别;有诠解必有诠说者,有诠说对象,所说必以名,一落名筌即是假。能所分,诠说起,物则不能"如其自身之性"存在,就是虚妄的存在。禅的存在,是"物如其自身而存在"。苏轼所说的"始知造物初无物",所言正是这一基本思想——物还是存在,那个给物名分知识的观照者隐匿了,物返归真性。

禅强调,心外无法,满目青山。这并不能理解为世界是我心灵中的影像,或者说美不自美,因人而彰。那便是:世界因我的意识而一时光亮起来,或者说一时"豁然",我成了世界的光源。般若智的"无生法忍",是一种不生不灭、不起不住的觉性。美不自美,因人而彰,或者我未来看花时,花与我归于寂,我来看花,一时明亮起来,这些理论都不合于禅。禅宗强调,世界不是我照亮的。在般若智中,世界昭昭不昧的显现,原在于人去掉分别心、去掉有住之坏后的全然呈现,所谓一念心清净,处处莲花开。风姿绰约的莲花,并不在意识的主体中开放,只存在于人的纯粹体验中,人的纯粹体验是无主客关系的体验。

禅宗的这一思想对中国美学有重要影响,对中国美学的审美体验论有直接启发。如"外师造化,中得心源",乃是中国画学的纲领,也是中国美学中的重要学说,它的内涵中就有突破主客二分、发现世界意义的重要思想。它本由唐代画家张璪提出。这一纲领根本不是有的论者所说的反映情景交融、主客结合的理论,而是强调任由世界意义自在显现的学说。心源和造化不能作分别解。清代戴熙(字醇士)说:"画以造化为师。何谓造化?吾心即造化耳。"(《习苦斋画絮》卷五)"外师造化,中得心源",就是在心源——生命的源头(真性)中,发现世界的意义。所谓造化,不离心源,不在心源;所谓心源,不离造化,不在造化。造化即心源,心源即造化。脱心源而谈造化,造化只是纯然外在的色相;以心源融造化,造化则是心源的实相。即造化,即心源,即实相。这正是"外师造化,中得心源"的核心思想。"心源"一语来自佛学。佛门的"心源"强调,心为万法的根源,所以叫作"心源"。此心为真心,无念无住,非有非无,而一切有念心、是非心、分别心都是妄心,所以心源是与妄念妄心相对的。同时，心源之"源"，是万法的"本有"，或者说是"始有"，世界的一切都从这"源"中流出，世界都是这"源"之"流"。禅宗强调以心源去映照世界，而不是以主体去观照世界。以心源去照，就是以一而不二的无边见之法去体验，是无分别、无对待之境界。

四、弃判断——关于是、在、比

不二法门要超越寻常的知识结构。是与非，是一种逻辑判断；在与非在，是一种空间存在关系；以物比物，是一种陈述方式。这些都是"二"而非"一"，是分别见的表现。南宗禅试图将人从逻辑判断、时空存在、比喻象征中解脱出来，给生命存在自在、自由彰显的可能性。

南宋绍兴（1131—1162）年间，一文士登焦山风月亭，题诗一首道：

风来松顶清难立，月到波心淡欲沉。
会得松风元物外，始知江月似吾心。

后月庵善果禅师见此诗，将后两句改为：

会得松风非物外，始知江月即吾心。[1]

这里有两处修改，一是将"会得松风元物外"改为"会得松风非物外"，一是将"始知江月似吾心"改为"始知江月即吾心"。这两处修改很微妙，突出了禅门无分别的见解。

先说后一处修改。为什么以"即"去替换"似"？在禅宗看来，

---

[1] ［南宋］仲温晓莹《云卧纪谈》，《卍续藏经》第148册。

"似吾心"的"似"是一种判断,它表述的是江月和我之间具有一种逻辑关系,意味着江月和"吾心"判然为二,江月在我的念中形成。而江月"即吾心","即"表现的是无分别境界,我无心于万物,物我冥然不分,世界在不二境界中真实显现。没有我,没有物,何来"似"的逻辑连接!

禅门有"如何是道""如何是佛""如何是祖师西来意"之类的提问,禅师们在回答这类提问时,多涉及具体的存在物,如以"蒲花柳絮""春日鸡鸣""落花随水去""修竹引风来"之类的具体物象作答。那么这是不是判断呢?

禅宗认为:"有名非大道,是非俱不禅。欲知此中意,黄叶止啼钱。"[1] 对"如何是佛法大意"之类的问题,高明的禅师马上就会发现这个提问本身的问题。在禅宗看来,佛法大意不是什么,它不可以语言文字来表述,大道无形,真理无对,佛法大意是不能以是非来确定的;以是非来探究,就是界定,就是逻辑的。禅不肯定,也不否定,它是一种平怀。

禅宗语录中充满了否定,但其意并不在否定本身,而在使人摆脱是非有无两边。一般来说,禅师不是顺着僧徒的思路回答其问题,而是重在破他的提问,否定他的问题,寻求无解释的解释。禅师们的回答多与提问者的话题无关。"如何是佛法大意",禅师的回答是"春日鸡鸣"。禅师的目的是让人关心当下的体验,而不是无谓地追究,追究就是判断。禅师要告诉求道者:佛法大意是不能用"是"与"不"这样的简单判断来究诘的。当然,禅师让求道者放弃不可究诘的提问,并不意味着强调注目眼前春日鸡鸣之类的具体感性,不存在具体感性比逻辑追问更重要这样的倾向性,禅宗强调的只在纯粹体验。

---

[1]《祖堂集》卷十七载,有人问:"如何是禅?如何是道?"师(东国慧目山和尚)云:"有名非大道,是非俱不禅。欲知此中意,黄叶止啼钱。""黄叶止啼钱"是佛经中的一个故事,据《大涅槃经》卷二十记载,佛陀常将自己应机说法比喻为手上拿着一片黄叶子,哄小孩说这是黄金,其实只是空的,并没有黄金,以此来说明对教佛法不能拘泥于文字名相。《景德传灯录》卷六载,僧问:"和尚为什么说即心即佛?"师(马祖)云:"为止小儿啼。"僧云:"啼止时如何?"师云:"非心非佛。"

禅宗中充满了"不""非"的语汇,但并不意味着禅宗从逆向思维出发,建立一种立足于否定的"负方法"。所谓负方法仍然是逻辑的。冯友兰在《新知言》中指出,禅宗可以说是"以负底方法讲形上学"。他所谓的"负方法"主要指负面的判断,与禅宗所说的超越是非判断的思想也是不合的。[1] 同时,禅宗也超越佛教因明学中的"遮诠"方式[2],因为遮诠本质还是一种判断形式。

在善果禅师的另一处修改中,将"松风元物外"改为"松风非物外",为何将"元"替换为"非"?"松风元物外"的意思是,江月松风,森罗万象,都在我的心外,都不能勾起我的欲望,都不能窒碍我的精神。但在禅宗看来,这还不能算透彻之悟,因为没有摆脱法执。禅宗不赞成这样的判断:万象在我心之外。

在禅宗,物不在心外,心不在物上,无念于心,没有心对之物,更无物对之心,世界自在显现。"松风非物外"解除了物我之间的判隔,也解除了观者和被观者之间的关系。

但"松风非物外",是否意味着"松风在心中"?有的研究者以不在物外却在心中,松风乃我心之松风释之。这走向了另一个极端,即从另外一个角度造成了对禅的误诠。我们看禅门一次有意味的讨论:

> (文益)业已成行,琛送之,问曰:"上座寻常说三界唯心,乃指庭下石曰:此石在心内、在心外?"益曰:"在心内。"琛笑曰:"行脚人着甚来由,安块石在心头耶?"益无以对之,乃俱求抉择。寻皆出世,益住临川崇寿。僧子方者问曰:"公久亲长庆,乃嗣地藏,何意哉?"益曰:"以不解长庆说'万象之中独露身'故。"子方举拂子示之。益曰:"拨万象,不拨万象?"子方曰:"不拨万

---

[1] 冯友兰《三松堂全集》第5卷,郑州:河南人民出版社2000年版,第219—229页。
[2] 遮诠本是佛教因明学之术语,是与表诠相对的一个概念。它特指一种从反面作否定的表述方法,主要是排除对象不存在的属性,在否定之中显示诠释对象之意义。在禅宗中,这种遮诠法的普遍运用并不在于判断(否定也是一种判断),而在于超越判断。

象。"益曰:"独露身尔。"子方曰:"拨万象。"益云:"万象之中尔。"子方于是悟旨。叹曰:"我几枉度此生。"[1]

文益(885—958)是法眼宗宗师,师地藏桂琛(867—928)。这则对话引录了桂琛的重要观点。在桂琛看来,石不在心里,石自寂,心自空,心境都无,何来石,何来心?所以桂琛反问文益:"从哪里安块石头在心里?"这使我想到南岳慧思大师的一首偈语:"天不能盖地不载,无去无来无障碍。无长无短无青黄,不在中间及内外。"[2]禅一悟之后,是绝于对待的,无前无后,无内无外,不将不迎,无古无今,悟后不是将外物融入己心,而是消解其观物的心、映心的物,物不在心外,也不在心内。此一境界就是"万象之中独露身"[3]。

禅门的这个"露",其实就是真性的敞开。既不在心内,又不在心外,心境自空,万象自露;因我无所遮蔽,万象亦自露,万象不在我"看"中,亦是独露身,都沐浴在澄明的境界中。此中的"独"并非对关系性的否定,只是不在我的"看"中形成关系,那样的关系是人心理中的关系,而不是万象的真实关系。传石头希迁(700—790)因阅《肇论》,会"万物为己处",豁然大悟,而作《参同契》。这个"万物为己",就是"始知江心即我心"。

再说比。灵隐寺惠淳圆智禅师有一次上堂说法,举了唐代天台隐士寒山"吾心似秋月,碧潭清皎洁"两句诗,说道:

> 寒山子话堕了也。诸禅德,皎洁无尘,岂中秋之月可比?虚明绝待,非照世之珠可伦。独露乾坤,光吞万象,普天匝地,耀古腾今。且道是个甚么?

---

[1] [宋]慧洪《禅林僧宝传》卷四,《卐续藏经》第137册。
[2] [宋]普济著,苏渊雷点校《五灯会元》卷二,第119页。
[3] "万象之中独露身",为禅宗中一个话头。《五灯会元》卷二十载:"随州大洪老衲祖证禅师,潭州潘氏子。上堂:'万象之中独露身,如何说个独露底道理?'竖起拂子曰:'到江吴地尽,隔岸越山多。'"《景德传灯录》卷十八载长庆慧棱禅师悟道偈:"万象之中独露身,唯人自肯乃方亲。昔时谬向途中觅,今日看如火里冰。"

良久之后说:"此夜一轮满,清光何处无!"[1] 这段话对寒山的诗提出了质疑:一个"似"字就隔了。"似",一如"江月似吾心"的"似",是一种判断,一落判断就不是禅了。因为当寒山在诗中说,他的洁净无尘的心灵,就像("似")秋月映照寒潭的时候,是对自己心理状况的一种界定;当他借用秋月寒潭来比喻自己心灵的时候,寒潭在他的身外,是他观照中的对象,寒潭和他发生的关系是暂时的、偶然的,也是局部的。面对秋月,他没有"独露身";在他的览观中,秋月也没有"独露身"。二者都不是自在独立显现的对象,都不是一种真存在。而禅宗的彻悟境界是一种"圆觉",是整体的览观。虽然是瞬间感受,却不见时间之短;虽然是须臾之物,却没有空间上的缺憾。所以禅师以"此夜一轮满,清光何处无"来形容这一圆满具足的境界。

惠淳圆智禅师提出另外一个值得重视的问题,就是上引他说的:"诸禅德,皎洁无尘,岂中秋之月可比?虚明绝待,非照世之珠可伦。"在他看来,寒山与彻悟之禅稍隔一尘,就是他落入了世俗的"比""伦"之中了。禅宗强调"千般比不得,万般况不及"[2],一切比喻都是不真实的,比喻、象征之法是对世界的解说,是逻辑的、理性的,与禅强调世界"自决"的观点是相违背的。

比喻之法并非一直为佛学所否定。早期印度哲学有四量之说,其中就有譬喻量,即为比喻。小乘佛学本来就有注重譬喻的传统,如《百喻经》。而大乘佛学也并不完全反对譬喻。《大涅槃经》就列出了顺喻、逆喻、非喻、现喻、先喻、后喻、先后喻、遍喻等比喻方法。《大智度论》即以如幻、如焰、如水中月、如虚空、如响、如犍闼婆城、如梦、如影、如镜中像、如化等十喻显示诸现象存在皆无实体,一切皆空。[3]《金刚经》所说的"一切有为法,如梦幻泡影,如露亦如电,应作如是观",就是著名的连喻。但在中

---

1 [宋]普济著,苏渊雷点校《五灯会元》卷十六,第1097页。
2 《五灯会元》卷八载:"问:'如何是学人出身处?'师(清凉休复禅师)曰:'千般比不得,万般况不及。'"
3 〔印〕龙树《大智度论》卷六,《大正藏》第25册。

国佛教流派中,尤其是最具中国特色的华严、天台和禅宗中,大都排斥比喻、象征的存在。隋天台智者大师在《四念处》中,强调念也空,处也空,说处就是有念了,以处来比喻心,更是虚幻不实的。依禅宗的"逻辑"(姑且说是逻辑),"说似一物即不中"。"说似一物"即是比,禅宗一悟之后,不可说,不可比,通过比喻、象征手法来描述的悟不是真悟。禅宗实际上放弃了通过具体形象来比喻禅悟的努力。禅门教学中多有"如何是道""如何是佛""如何是祖师西来意"之类的提问,禅师们在回答这类提问时,多涉及具体的存在物,这很容易使人产生误解,误以为禅宗是通过具体形象说抽象(或者是空无的)的道、佛、真如、法性,让人们关心眼前的真实,这都是对禅精神的背离。

禅宗的这一新思路,给中国美学和艺术观念带来了启发。中国哲学是一种"成人之学",重品是其重要特征,心灵境界的培植比知识的获得更重要。它强调"和顺积中,英华发外""德成于上,艺成于下""有德者必有言",所以"物可以比君子之德"在中国有强韧的传统,这对审美与艺术创造有极大影响。中国艺术从总体上看,是重品的艺术,如在绘画中,梅兰竹菊深受人们喜爱,几乎成为永恒的画题,这倒不是因为它们比别的花卉美,而是因为它们是人格的象征。

宗白华说:"世界上有两部书对后世的艺术影响很大。一部是中国的《诗经》,一部是荷马的叙事诗。"[1]《诗经》重感情,也重比兴,以此物比彼物的传统,由这部经典确定。另外,楚辞有香草美人传统,以香草美人比君子,以杂草野卉比小人。诗骚传统以及《周易》的象征学说,发展为中国艺术哲学特殊的象征传统。

禅宗给唐代以来中国人的审美和艺术观念带来巨大冲击,比喻、象征的方法,比德的功能目的,都在这一冲击中改变了方向。像"空山不见人,但闻人语响。返景入深林,复照青苔上"(王维《鹿柴》)这样的小诗,我们无法以比喻、象征的方法去解释它,因为

---

[1] 宗白华《中国美学史论集》,合肥:安徽教育出版社2000年版,第2页。

它不是写景诗，它是人心灵境界的呈现。

五、任圆成——水流花开之境

禅宗重大的理论贡献是荡尽依他起的思想，从宗教角度看，凡言宗教，必有崇拜之对象，那是意义的最终决定者；而禅的根本命意在于破依他而起，在这里没有佛祖，没有西天，没有祖师西来意，只有自我内在自性这一金刚不坏之身，它是意义的决定者。如果说禅有一个崇拜者的话，这个崇拜者就是自性。禅不以成佛为究竟位，而以自性显露为根本义。禅的呵佛骂祖，在世界宗教史上，即使不是绝无仅有，也是极为罕有的。这不是对崇拜对象不敬，而正是不二法门哲学所决定的，用一句禅门的话说就是：佛告诉你，并没有佛。

不二法门的根本落脚点，就是"世界的意义只在其自身"，真即实，实即真。禅宗解除一切人类习以为常的分别见，点亮生命的灯。没有一个超于现象之外的本体给予其意义，没有一个观者借给它光亮，没有逻辑的判断能使其存在更坚实，没有任何比喻、象征手法能获得对它的诠释，这盏不灭的灯，不在意识时空中，而在生命的体验里。故不二之法，乃是彰显生命意义之法，就是任由生命自由兴现之法。此之谓"出人头地"，此之谓"单刀直入"。当我们打开意识的"锁"，青山自青山，白云自白云，这大千世界中的一切都生机跃露，哪一片山没有绿树，哪一湾水不是清泉！

世界的意义只在其自身，禅宗说：何不任由其自在圆成？！禅宗有"空山无人，水流花开"一境，最当此理。

"空山无人，水流花开"本是苏轼颂诗中的一联，后来被禅家借来说明禅的境界。禅家以"落叶满空山，何处寻行迹"（韦应物《寄全椒山中道士》）为第一境，以"空山无人，水落花开"为第二境。此境是由第一境（初境）升华而来的。

在初境中，空山茫茫，落叶飘扬，四处寻觅，天地苍苍，目无所见,意态荒荒。在外境的强"夺"下,人的欲望意识如落叶飘零。但这是不是就是"空"的境界?禅家认为,这还不够。因为这还是"分别境",在此境界中,人还是个清醒的观照者,还是在"寻",一"寻"就是有目的的活动,有目的就是不自由的,不自由,不能说是真实的人。

而第二境"空山无人,水流花开",则是进入不二之境中。"人"没有了,所谓"空山无人","人"到哪里去了呢?"人"与"境"冥然合契,"人"丢失在"境"中。"人"没有了意识,没有了占有的欲望和追求的念头,这就是意念的"空",是一片生命的清空。在这无所羁绊的世界里,"水流花开"——一切自在兴现,山是山、水是水地兴现。打开了生命的锁,世界没有了妨碍:竹密不妨流水过,山高何碍白云飞!不二是空寂的,在不二中,有真机跃现,又是活泼的。不二是至静的,在至静中有至动,这就是所谓在静穆的观照中有飞跃的生命的含义。

明末清初画家渐江有《画偈》十首,第一首道:"空山无人,

● 瘦西湖之洲
夕阳在山云在水,
高歌人醉杏花天。

水流花开。再诵斯言,作汉洞猜。"[1] 他将"空山无人,水流花开"作为禅道的大法、画道的大法,石涛也是如此。石涛在一幅画中题"空山无人,水流花开"以赠友人。另在一幅设色山水中有题跋道:"夕阳在山云在水,高歌人醉杏花天。"[2] 又有题画诗道:"茅屋无人到,云生谷口田。"风自起,云自飘,不劳人为,云在青天,水在溪流,就任它们自在兴起吧,一个画家所要表达的就是这世界的语言。戴熙也是一位对禅有极高修养的艺术家,他说:"空山无人,水流花开,东坡晚年乃悟此妙。所谓不着一字,尽得风流也。"(《习苦斋画絮》卷六)他有题画跋道:"松影阑干,瀑声淙潺。何以怡颜,白云空山。"他的意思是,人还权力于世界自身,人的意识淡出,人不说了,让世界去说。世界说的就是我说的,落英缤纷,水流淙淙,风轻云淡,春燕差池,那就是我。

空人无人是分别境的退出,水流花开是禅的灵觉的显露。有人想向翠微禅师问道,翠微说这里不好说,到那边再说。弟子就随着他,在园子里转悠,来到一片竹林前。弟子又问:"这里可以说了吗?"翠微说:"这根竹子长些,那根竹子短些。"弟子如堕五里雾中。翠微说了吗?翠微以不说为说,以世界之说为说。又有一弟子问:"如何是佛法大意?"禅师回答说:"春来草自青。"[3] 正所谓无风萝自动,不雾竹长昏,一切自在兴现。

韦应物《滁州西涧》是一首童叟皆知的诗:"独怜幽草涧边生,上有黄鹂深树鸣。春潮带雨晚来急,野渡无人舟自横。"这里所说的正是自在圆成的思想。世界生机鼓吹,我抱琴来,何用弹之!"独坐幽篁里,弹琴复长啸。深林人不知,明月来相照。"(《竹里馆》)"木末芙蓉花,山中发红萼。涧户寂无人,纷纷开且落。"(《辛夷坞》)"人闲桂花落,夜静春山空。月出惊山鸟,时鸣春涧中。"

---

[1] 汪世清、汪聪编纂《渐江资料集》,合肥:安徽人民出版社1984年版,第29页。所辑《画偈》之文,据手钞本,并参以《诗观》《安徽丛书》等校定而成。
[2] [清]庞元济《虚斋名画录》卷十五载石涛《山水花卉册》,其中第三帧题有此诗。
[3] [宋]普济著,苏渊雷点校《五灯会元》卷十五,第928页。

留园一角
水自流,
云自飘,
花自绰约,
藤自窈窕。

(《鸟鸣涧》)"轻阴阁小雨,深院昼慵开。坐看苍苔色,欲上人衣来。"(《书事》)"荆溪白石出,天寒红叶稀。山路元无雨,空翠湿人衣。"(《山中》)王维这些小诗,传达的哲学智慧可不小,清逸的思理,淡远的境界,空花自落的圆成,在无声中,震撼着人的灵根。

禅宗的不二法门思想,对中国美学产生了深远影响,这里想简单谈谈清初独创派画家石涛的"一画"说。石涛以"一画"作为他绘画理论乃至人生哲学的基础。在《画语录》中,石涛在《一画章》开宗明义提出:"太古无法,太朴不散,太朴一散,而法立矣。法于何立?立于一画。一画者,众有之本,万象之根,见用于神,藏用于人,而世人不知。所以一画之法,乃自我立。立一画之法者,盖以无法生有法,以有法贯众法也。"

关于石涛"一画说"有各种不同的解读,归纳起来,主要有两方面,一是画道论,认为石涛的"一画"相当于老子所说的"道",这样的解释与石涛思想不合,石涛毕生致力于破除一切羁束,如果说石涛的"一画说"就是树立体道的原则,那是在为艺术立法了。

画道论也是传统画论中一个比较普遍的观点，如果说石涛的一画说就是画道论，那他如此郑重地提出这一观点，作为其整个画学思想的基石，等于是虚张声势。二是一笔一画说，认为石涛的一画，就是一笔一画，是线条。这种观点尝试从具体的笔法入手，寻求为石涛"一画"找一个落实的解释。但这样的解释也与石涛思想不合。如果说"一画说"就是线条，石涛在其一生理论总结的《画语录》中，就是强调绘画要从一笔一画入手，这无法显现"我之为我，自有我在"的独创思想。绘画当然要从一笔一画入手，那是技法，"一画说"的确与一笔一画有关系，但他说的是一种原则，一种精神，他所寻找的，是怎样使"一笔一画"的权利归于他的心，他的手，他的天生一人自有一人之用的天赋权利。以一笔一画解释石涛的"一画"说，也是不相吻合的。

石涛"一画"说的思想根基就是禅宗不二法门，他提倡"一画"，就是强调一种圆成创造之道。石涛的"一画"，乃是画之一，是绘画创作的最高法则。他的"一画"，是一个不为任何先行法则所羁束的艺术创作原则。世人说的是"有"或"无"，他说的是"一"。他的"一"，不是数量上的"一"，不是一笔一画，是超越有和无、主观和客观、现象与本体等的纯粹体验境界。他的一画之法，就是为了建立一种无所羁束、从容自由、即悟即真的绘画大法。

从石涛的画学观点看，"一画"是无分别、无对待的，它不是一套可以操作的绘画创作法度，那是一般的法则，他要说的是绝对之法。他的绝对之法，没有时间的分际，并不是先有了这个"一"，再有二，以至万有。石涛说"太古无法，太朴不散，太朴一散，而法立矣。法于何立？立于一画"，但这并不等于说，它是一个时间的展开过程，不是由太朴分出一画，由一画分出万有。"一"不是时间在先，而是逻辑在先。同时，一画也不是在空间中延展的序列，如由一点一画推延开去。他说"自一治万，自万治一""自一以分万，自万以治一"，这个"一"，不能以量上观，是当下而圆足的体验，是即事即真的创造精神。

如果说有"法门"的话，这种无分别、无对待、不有、不无的体验境界,是石涛树立的至高"法门";这个"法门",就是由南宗禅所高扬的大乘佛学精髓——"不二法门"。石涛的"一画"说,是吸收南宗禅不二学说,结合中国富有创造品格的画学以及强调生生创造精神的易学,建立起来的绘画大法。

第 三 讲

逝者如斯

子在川上曰:"逝者如斯夫,不舍昼夜。"时光的流逝就像眼前的流水,昼夜不停,激起人悠长的生命感叹。孔子的这一感叹在后代产生强烈共鸣,引发了人们关于生命的思考。

一是叹逝。"志士惜时逝,一宵三四兴"(孟郊《寄张籍》),时光如水一样流逝,人存在的短暂和时间的无限形成强烈的对比,人在与时间的回旋中抚慰生命。所谓"临川感流以叹逝兮,登山怀远而悼近"(潘岳《秋兴赋》),这是一种生命的感叹。临川之叹中有珍惜生命的精神。

二是自勉。大化如流，由汩汩的流水，发现"天之数也"。这"数"——大自然的运转规律，永不停止地运转，永不停止地创造。西晋诗人张协说："川上之叹逝，前修以自勖。"（《杂诗》，勖，读 xù，勉励）这样的感叹中有勉励生命的意味，仰观大造，俯览时物，进而激扬蹈励，放旷高举。临川之叹中含一种精进力。[1]

三是达观。不必羡宇宙，不必叹自己，纵浪于大化之中，自有永恒，自有清风明月的世界。放浪形骸，寄蜉蝣于天地，悠然面对逝者如斯之宇宙，清心把玩盈虚如彼之浮沉，自有一个达观的世界。[2]

珍惜生命是基础，没有对生命的珍惜，就不可能有敏感的宇宙情怀。激扬蹈励和顺时迁移反映了两种不同的生命态度。临川之叹中引发的是关于生命的主题。

这是一份关于水的思考。中国人不仅以"气"的眼光看世界，还以"水"的眼光看世界。中国人说天地一气，又说大化如流。这两方面都不可或缺。以"气"的眼光看世界，世界为一气运化的宇宙，天下万物都生于气，都在一气中浮沉。而以"水"的眼光看世界，这是一种"逝者"的哲学精神，世界在如水的眼光下活了，绵延了，联系了，变化了，永恒了。我们所面对的世界，是运行无已生命流中的一个过程，世界的真实是一种绵延之"流"，而不是固定之"相"。所谓"气"和"水"的眼光其实是相联的，只是侧重有所不同罢了。

---

[1] 孟子解读孔子"逝者如斯"含义，有"原泉混混，不舍昼夜，盈科而后进，放乎四海"（《孟子·离娄下》）的感叹，在他看来，不停地创造，"盈科而后进"，方能合于孔门的水德。张华有《励志诗》："逝者如斯，曾无日夜。嗟尔庶士，胡宁自舍？"

[2] 如苏轼解读"逝者如斯"说："逝者如斯，而未尝往也。盈虚者如彼，而卒莫消长也。盖将自其变者而观之，则天地曾不能以一瞬。自其不变者而观之，则物与我皆无尽也，而又何羡乎？且夫天地之间，物各有主。苟非吾之所有，虽一毫而莫取。惟江上之清风，与山间之明月。耳得之而为声，目遇之而成色。取之无禁，用之不竭。是造物者之无尽藏也，而吾与子之所共适。"（《前赤壁赋》）

气强调一气浮沉，水强调流转不息。中国美学和艺术可以说在气化中氤氲，也在水的流动中焕发新生。逝者如斯，也随之同逝；化者无极，也随之无极；变易为恒常之道，创造就要紧紧握住变易的枢轴。这种"水"的哲学，在原始儒学和易学中体现得最是充分。

大化如流中包含着崇高的哲学智慧，这是一种创造的智慧、存在的智慧，也是人契合宇宙的天人相合的智慧。我这一讲就由水谈起，来谈谈中国美学创造、新变和契合自然的思想。这里反映出以儒家思想为主轴的独创美学思想。

一、创　造

逝者如斯，不舍昼夜，宇宙中蕴含着无边的力量，摧枯拉朽，盈科后进。创造是宇宙的根本特性。这是中国哲学的根本思想之一。

中国美学强调创造，要合造化之功，追求"天趣"，要"笔下闲偷造化功"。"师造化"乃是中国美学有影响力的思想。[1] 师造化，不是模仿说，它与西方美学有根本的不同。

清代艺术家刘熙载曾对东汉书法家蔡邕"肇乎自然"的观点提出不同看法，在他看来，"肇乎自然"，只是强调从自然出发，这是不够的，他认为应该"造乎自然"，就是立定于自然基础的创造，人不是做自然的奴隶，匍匐在自然神明之下，而应以创造显现自

---

[1] 南朝陈姚最说："学穷性表，心师造化。"（《续画品》）唐张彦远说："因知丹青之妙，有合造化之功。"（《历代名画记》卷一《叙画之兴废》）他在评吴道子时又说："守其神，专其一，合造化之功。"（《历代名画记》卷一《论顾陆张吴用笔》）他甚至认为，"体象天地，功侔造化"（《历代名画记》卷四《叙历代能画人名》）才是绘画创作的唯一途径。唐张璪说："外师造化，中得心源。"（《历代名画记》卷十引）孙过庭在《书谱》中说："同自然之妙有。"他强调要"取会风骚之意""本乎天地之心"。传王维《画山水诀》说，水墨画"肇自然之性，成造化之功"，北宋张怀在《〈山水纯全集〉后序》中说："蕴古今之妙，而宇宙在乎手；顺造化之源，而万化生乎心。"明王履《华山图序》说："吾师心，心师目，目师华山。"明董其昌视造化为不二之师，说："画家以天地为师，其次以山川为师，其次以古人为师。"（《自题画稿》，《珊瑚网》卷四十二引）袁宏道也说："师森罗万象，不师先辈。"（《叙竹林集》）清石涛说："黄山是我师，我是黄山友。"（《黄山图》题跋，图今藏日本京都泉屋博古馆）清邹一桂说："夺天地之工，泄造化之秘。"（《小山画谱》）如此等等。

己的特色。只有创造才能做到真正地应乎自然,因为天地的精神就是创造,天地是"创造性的本体"(creative itself)。

在中国人的语汇系统中,"天"既包括是,又包括所以是两层含义。一般所说的天,包括自然中的一切存在,同时,也包括其所以存在的内在机制。后者指的就是创造。天是自然而然,自己就是自己的创造者,所以说它是创造性的本体。在这里不存在一个类似基督教传统的上帝,那是一个来自外在的原始创造本体;也不是以纯思构造出来的至高无上的理念,天就在其本身。赋予自然(或者说天)自发自生、自本自根的创造本性,这是中国哲学的重要特性。"天"乃一真绝对之本体,作为一个哲学概念,它的根本意思就是不依他而起,自己就是自己的主宰,不存在一个超然于外的主宰者。天地大物,无由他生。因此,从天中引发的只能是创造。

《二十四诗品·自然》说:"薄言情悟,悠悠天钧。"意思是:你要真正悟出诗的妙处、美的精神,那就看看无始无终、永恒运转的天地吧。天钧,或叫大钧、洪钧,即神妙无比的造化。[1] 古人制作陶器时所用的转轮叫钧,天地在运行,宇宙在恒转,四时更替,冬去春来,是由天——造化本体——握着它的轮钧。中国人又称天是天枢,或者说是道枢,就是强调它的创造特性。中国人将天地的创造说成一个环。如印度早期哲学《奥义书》所说的悠悠大梵之轮。庄子说,悟自然之道就是"得其环中,以应无穷"(《齐物论》),《二十四诗品》引此作"超以象外,得其环中"。宇宙如一创造环,来往反复,无有穷尽,得天道之秘,就能握住这创造之环。

《大乘起信论》论佛有体、相、用三义之说。体,指本体、体性;相,指相状;用,指作用、创造。中国思想中关于天地创造特性的思考也含有这三义。此即:天地为体,造化为用,万物为相,体、相、用三者一体。

逆而言之,大化如流,永远没有停息,这是其相;从中可以看

---

[1] 前人有诗云:"洪钧陶万类,大块禀群生"(张华《答何劭诗》其二);"大钧无私力,万物自森著"(陶潜《形影神三首·神释》)。贾谊也说"大钧播物"(《鵩鸟赋》)。

出宇宙创化的伟力,这是其大用,大化之流,乃是大用之流行;而这大用是由常而不断、行而不止的天道所发出的,这是其体。儒家哲学所讲的"一体之灿著",一体者,本体也;灿著者,现象也。现象乃本体之显现。一体虽是无,但并非顽空,顽空则无有生理;现象者,流行也,流行乃暂行暂灭,不离其体。中国哲学强调,空寂中有生化之妙。空寂为其本体,生化为其大用。故此,中国哲学言创造,有三义,一是创造性本身,那种使创造成为可能的原始动力,这是发动者;二是创造的相状,如万物孳生,四时运转,变化不已;三是创造的精神,一种永不停息的创造大用。

《庄子·应帝王》中有"今一以天地为大炉,造化为大冶,恶乎往而不可哉"的话。西汉初年的天才思想家贾谊说:"且夫天地为炉兮,造化为工;阴阳为炭兮,万物为铜。合散消息兮,安有常则?千变万化兮,未始有极。"(《鵩鸟赋》)宇宙就是一创造的洪炉,这是其体。其间有个鬼斧神工的造化,它天地的司炉者(大冶),煽动着阴阳二气,永不停息地创造,这是其用。而"万物为铜",就是这大冶的产品,万象绚烂,这是其相。

天道就是创造性的本体,天道之美,就是创造之美。孔子说:"天何言哉,四时行焉,百物生焉。"天道就像一个无所不能、不知疲倦的作手,一刻不停地创造;天道就是一个"创造性本体",如果它是上帝,它就是一个创造的上帝。传王维《画山水诀》中所说的水墨画"肇自然之性,成造化之功",这个"性",就是体;而所谓"功",就是用;水墨之艺术便是其相了。

中国人宗教观念淡漠,我们将无限的景仰献给一个冥冥中的创造者——天。在老子和孔子的哲学中,就已经将天从原始宗教人格神意义上的上帝转化为一个生命流行的创化本体,在天地中虚构了一个神奇的创造者——造化。这个造化又可称为"大造",如孙绰所谓"仰观大造,俯览时物"(《答许询诗》),就是强调其创造功能。天钧,天枢,一种神秘的力量推移着它,一只无形的手摇动天之轴。就像那个掌炉工的比喻一样,这只手,是"化权",就是造化之手、大造之手,或者说是大化之手。

中国哲学对这一大造的功用着意颇多。《庄子·大宗师》中讲了这样一个故事：有个人怕自己的小舟丢失，就将它藏在深壑里，又怕失去了山，就将山藏到渊深的大泽里，以为这样就可以保全。然而半夜里来了个力大无边的怪物，将它们背跑了。这个藏舟于壑、藏山于泽的人还蒙在鼓里，昧然不知呢。[1]

这个故事有很深的含义，变化就是这力大无边的怪物。郭象说："夫无力之力，莫大于变化者也。"[2]这真解说得好。郭象的意思是，变化是无力之力，因为人们很容易忽视这变化，常常以为事物有常形，以为眼前所见就是一个可以把握的存在。其实宇宙不主故常，才生即灭，处在永不停息的变化之中。转眼就是过去，片刻即为旧有。就像我们在这个课堂，说话者在变，我们课堂的空间在变，我们所处的世界也在变。变化是无稍暂息的。藏舟于壑、藏山于泽，以为可以保全，是不了解造化变易的"昧"举。天地变化，亘古如斯，所谓"自其变者而观之，则天地曾不能以一瞬"。一只看不见的巨人之手在播弄着世界，使其难以有一息之停留。这无力之力，是谓大力。

正像我在前面所讲的，中国哲学是以"逝"的眼光来看世界，在这样的眼光审视下，没有固定不变的物。中国哲学重视的是过程，而不是位置，位置是暂时的、不确定的，而过程是永恒的、确定的。清代的一位绘画理论家华琳说："天上浮云如白衣，须臾变化成苍狗。苍狗万变图，固宇宙间第一大奇观也。易云：'穷则变，变则通。'程子曰：'道通天地有形外，思入风云变态中。'则又通于道矣。道既变动不居，则天下无一物一事不载乎道，何独至于画而不然？"（《南宗抉秘》）他用"逝"的眼光来体会艺术。

王夫之说："维天之命，於穆不已，何静之有？"（《思问录·内篇》）天，具有不可知的神秘力量，囊括一切，亘古如斯，"行

---

[1] 《庄子·大宗师》："夫藏舟于壑，藏山于泽，谓之固矣。然而夜半有力者负之而走，昧者不知也。"

[2] ［晋］郭象注，［唐］成玄英疏，曹础基、黄兰发点校《南华真经注疏》卷三，北京：中华书局1998年版，第143页。

之无已,为之不止",无"静"之时。天,就是运动,就是创造,纯洁的创造,朴素的创造。

儒道两家同举天地创造精神,思路却有不同。道家要去人力,推自然之力,以自然之力为力,以自然之创造为创造。而儒家认为,人力可以比天,天不能言,以人代之,人以创造代之,人的秩序要合于天的秩序,人的创造要合乎天造,天地的生、人间的仁是合于一体的。道家是听自然的箫声,儒家是取天地的春意。

中国美学从这天地为体、造化为用、万物为相的哲学中汲取了丰富的滋养。顺着这一思维线索,我们可以进而对中国美学作一些思考,也许有更贴近的解会。

第一,人类为什么要有美的创造?

清代画家布颜图说:"以素纸为大地,以朽炭为鸿钧,以主宰为造物,用心目经营之。"(《画学心法问答》)天地乃创造之本体,人心也是创造之根源。人于宇宙中,只有创造方能德配天地;人的艺术和审美活动,必须以创造的精神为主轴。

刘勰在《文心雕龙》首篇《原道》中指出,人之"文"在于创造,而"文"在一定意义上说,就是美。人只有创造美,才称得上真正意义的"人"。纪昀说此文"首揭文体之尊",其实揭示的是创造之"尊",人的本质意义就是创造。天地由创造显示美,人以美的创造合于天地。刘勰说:"夫玄黄色杂,方圆体分,日月叠璧,以垂丽天之象;山川焕绮,以铺理地之形:此盖道之文也。仰观吐曜,俯察含章,高卑定位,故两仪既生矣。惟人参之,性灵所钟,是谓三才;为五行之秀,实天地之心。心生而言立,言立而文明,自然之道也。傍及万品,动植皆文:龙凤以藻绘呈瑞,虎豹以炳蔚凝姿;云霞雕色,有逾画工之妙;草木贲(读 bì)华,无待锦匠之奇。夫岂外饰?盖自然耳。至于林籁结响,调如竽瑟;泉石激韵,和若球锽:故形立则章成矣,声发则文生矣。夫以无识之物,郁然有采,有心之器,其无文欤?"天地的精神在创造,造化无心,而有此伟力,有此创造。而人乃天地之心,怎么能萎弱于天地之间而不能自立?人只有创造,才配得上做天地之子,才能真正代天地立言。

刘勰将天地的精神归纳为美的创造精神，日月山川均在一个"丽"字，而人作为天地中最有灵气者，若无美的创造何以能与天地鼎立成三！刘勰之"文心"，显然是创造之心，此心由创化中转出。

另外一篇文字，从不同的角度表达了相似的思考，那就是清沈宗骞在《芥舟学画编》中的著名论述，他说："盖天地一积灵之区，则灵气之见于山川者，或平远以绵衍，或峻拔而崒嵂，或奇峭而秀削，或穹窿而丰厚，与夫脉络之相联，体势之相称，迂回映带之间，曲折盘旋之致，动必出人意表，乃欲于笔墨之间，委曲尽之。不綦难哉！原因人有是心，为天地间最灵之物。苟能无所锢蔽，将日引日生，无有穷尽，故得笔动机随，脱腕而出，一如天地灵气所成，而绝无隔碍。虽一艺乎，而实有与天地同其造化者。夫岂浅薄固执之夫，所得领会其故哉？要知在天地以灵气而生物，在人以灵气而成画，是以生物无穷尽，而画之出于人亦无穷尽。惟皆出于灵气，故得神其变化也。"[1] 这里将艺术吮吸造化精神的思想讲得非常清楚。

此二篇文字，堪为美的创造哲学。其中所申说的就是儒家哲学的创造精神。在儒家哲学中，人有裁成辅相之能、参赞化育之功，宇宙为一创造本体，人在宇宙中，不是匍匐于天地之下，而须激发昂奋的创造意欲。儒家美学所具有的崇高精神于此体露无遗。

第二，在美的创造中为什么要重视元创精神？

天有天之创造，人也有人之创造，为什么在中国思想中，对天的创造是如此地倾心呢？

中国哲学和美学讲创造，还讲原创。天的创造既具有根源性，人的一切创造的根源都来自天；又具有本源性，人的一切创造都要以天为最高范式，接受天的"裁剪"，在本源上衡量其价值。如在道家，人的理性活动，于天的本源性创造中就变得荒谬了；在易学中，人的怯懦、狭隘等文化行为，在天的鼓之舞之中，获得

---

[1]［清］沈宗骞著，李安源、刘秋兰注释《芥舟学画编》卷二，济南：山东画报出版社2013年版，第76—77页。

了力量。

儒家强调《周易》的"生生不已之意,属阳"[1]。熊十力指出,《周易》虽言阴阳,但主要落脚点在阳。为什么这样说呢?我以为,这里突出的就是乾阳的"首创"之功。

五代画家荆浩说"须明物象之原",水墨画要"不失元真气象"(《笔法记》)。清代画家恽南田说要"与元化游"(《南田画跋》)。这"物象之原""元真""元化",就是强调本原的真实,强调元创精神。李贽的"童心说"也是强调元创精神。"元",说的是开始,但不是时间上的开始,而是逻辑上的开始。就像老子所说的"有物混成,先天地生"(《老子》第二十五章),表面上看是时间在先,其实是逻辑在先,是哲学上的本原。中国艺术家要酌取元创精神,直溯天地之本原,提倡纯净的创造、真实的创造,可以矫正人类傲慢和盲动的创造。

第三,审美创造为什么要参赞化育?

儒家哲学有"参赞化育"和"德配天地"的观点。《中庸》说:"唯天下至诚,为能尽其性;能尽其性,则能尽人之性;能尽人之性,则能尽物之性;能尽物之性,则可以赞天地之化育;可以赞天地之化育,则可以与天地参矣。"赞是赞襄、帮助,参是参与,与天地鼎立而三,所谓"三才"。参赞化育,意即:天地造化发育,无时无刻不在创造,时时处处都在变易,人最高的道德境界,就是化归于这一流衍变化之中,与天地相融相即,参与赞襄天地的生物化成。天地的精神在创造,人也要牢牢抓住这一创造之轴,与创造同在。儒家认为,只有创造的人才能"德配宇宙",才配得上做天地的儿子。所以《易传》说:"天行健,君子以自强不息。"上句言天,下句言人,天在乾乾创造,人在精进不已。人的精进不已,是天然的、必然的,因为人的文化创造只有在效法自然中才能克臻其善。效法自然,就是要效法其创造不息的精神。正像狄尔泰说:

---

[1] [宋]黎靖德编,王星贤点校《朱子语类》卷七十四,北京:中华书局1986年版,第1897页。

"此我并不是坐在世界舞台之前的一个旁观者,而是纠缠在作用与反作用之中。"在儒家看来,世界不是我认识的对象,而是与我相互交融、彼此互荡的生命,我在这生命统一体中获得力量。"天行健,君子以自强不息"一语,还包含人的无限创造的张力,天以健动不已为德,而人必以自强不息应之,唯有如此,方能成其为人,二者中隐藏着一种逻辑关系,一种生命勃动的欲望。

在中国哲学和美学看来,人要改变世界的旁观者地位,需要排除"自小"和"自大"两种障碍。程颢说:"人与天地一物也,而人特自小之,何耶?"[1]这样的思想在美学中也很普遍。天地与我并生,万物与我为一,我与天地万物均禀天地生生之气而得以生,我的生命与万物是平等的。人融入这个世界,就是恢复自己生命的活力。要从自小的世界中走出,吮吸造化之伟力。[2]至于"大人主义"思想,却与此相反,这种思想将人看得高出万物一等,人与物的平等关系被破坏了,所以人类就很难以仁爱的观念来待物,常常视物为颐指气使的对象,从而导致物与人的分离。这样也就无法去玩味物理、体知万物,人的创造力也掩而不彰。人只有和万物融为一体,欣和合畅,才能真正代天立言,如邵雍所说:"物皆有理我何者,天且不言人代之。"[3]理学特别强调人与万物之间的和融状态,人于天地中,并无窒碍处,人之身体本是天地间无数生命的一种形式,是生物群中和谐之一分子,人必须"放这身来,都在万物中一例看"。宋明理学弘扬"参赞天地之化育"的精神,

---

1 [宋]程颢、程颐著,王孝鱼点校《二程集》遗书卷十一,北京:中华书局2004年版,第120页。
2 明徐渭有《涉江赋》,高扬"自我"精神,颇能体现突破小我,臻于大道之传统哲学精神:"无形为虚,至微为尘,尘有邻虚,尘虚相邻。天地视人,如人视蚁,蚁视微尘,如蚁与人,尘与邻虚,亦人蚁形。小以及小,互为等伦,则所称蚁,又为甚大,小大如斯,胡有定界?物体纷立,伯仲无怪,目观空华,起灭天外。爰有一物,无挂无碍,在小匪细,在大匪泥,来不知始,往不知驰,得之者成,失之者败,得亦无携,失亦不脱,在方寸间,周天地所。勿谓觉灵,是为真我,觉有变迁,其体安处?体无不舍,觉亦从出,觉固不离,觉亦不即。立万物基,收古今域,失亦易失,得亦易得。"(《徐渭集》之《徐文长三集》卷一,北京:中华书局1983年版,第36页)此"一物",就是心灵中的一点合于造化的真精神,一种从自我的"小"中走出的活灵魂。
3 [宋]邵雍著,郭彧整理《邵雍集》,北京:中华书局2010年版,第529页。

沧浪亭飞檐
中国园林"听天"之翼,听造化之神力。

如陆象山强调"我心即宇宙,宇宙即我心",王阳明强调"人之心与天地万物为一体,欣和合畅,原无间隔",天地万物中有了我心这个"灵明",就能仰天之高,察地之广,我这个"灵明"将天地物我整合为一体,宇宙就在我的心中流淌。宇宙乃一创化之空间,人这个"灵明"是在造化的创造性精神激发中诞生的。

二、新变

王羲之有诗云:"三春启群品,寄畅在所因。仰望碧天际,俯磐绿水滨。寥朗无厓观,寓目理自陈。大矣造化功,万殊莫不均。群籁虽参差,适我无非新。"(《兰亭诗二首》其二)诗人在阳春季节,在春光无限中,感受到造化的伟力,感受到一个新变的世界。"群籁虽参差,适我无非新",大自然中的一草一木时时刻刻都在变,人融于世界之中,可以时刻感受到新变,时刻有"适我"——使我愉悦、安顿我性灵——的体验。

天地无处不新,无时不新,乃一创造空间,这一空间充满了新新不停的创造,舍故趋新是大化流衍的根本特点;"新"不是物理意义上的更换位移,而是"适我"的新,是在心灵体验中形成的,它是体验世界,而不是物理世界,是在仰观俯察、寄畅于物中发现的新变。

中国哲学是一种生命哲学。我们说生命,有不同的指谓,有生物学上的生命,有医学上的,也有哲学层面的意思。从哲学上看,生命不仅仅指活的东西。仅仅从"活"上把握生命是不够的。中国人以生命概括天地的本性,天地大自然中的一切都有生命,都具有生命形态,而且具有活力。生命是一种贯彻天地万物的精神,一种创造的品质。《易传》认为,"天地之大德曰生"。此处的"德"作"性"讲,"生"是宇宙的根本特性,生命为宇宙之本体。对此,熊十力有这样的概括:"生命一词,直就吾人所以生之理而言,换句话说,即是吾人与万物同体的大生命。盖吾人的生命,与宇宙的大生命,实非有二也。故此言生命是就绝对的真实而言。"[1] 生命乃人与宇宙同具之本体。

《周易》为"生生哲学",《易传》中的"生生之谓《易》",既可以说是对《周易》生命哲学特点的概括,也可以概括中国哲学的特点,即由"生生之谓《易》",上升到"生生之谓易"。生生哲学,也可以理解为以生命为特点的哲学。

中国哲学所说的"生生",一有孳生化育生命的意思,由生化生。唐李鼎祚《周易集解》引汉荀爽说:"阴阳变易,转相生也。"二有相联义,生生相禅,无稍断绝。孔颖达《周易正义》云:"生生,不绝之辞。阴阳变转,后生次于前生,是万物恒生谓之易也。"生生相续,是谓变易之理。三有永恒义,生而又生,生生不息。

---

[1] 熊十力《新唯识论》(语体文本),《熊十力全集》第3卷,武汉:湖北教育出版社2001年版,第259页。

宋杨万里说："易者何物也，生生无息之理也。"（《诚斋易传》卷十七）凡此都突出了中国哲学的生生化育之理，突出了中国哲学所强调的生命联系的观点，突出了中国人视宇宙为一生命世界的根本精神。

中国哲学强调，生以新为性，新是生的根本特点。清刘宝楠《论语正义》云："天之为道，生生相续，新新不停。"孔颖达《尚书正义》曰："物之生长，则必渐进，故以生生为进进。"张载《横渠易说》谓："生生，犹进进也。"以"进进"说大易之理，"进进"就是"新新"。"进进"有提升义，"新新"有不同义。"新新"是在生生相续的基础上产生的，因此生生相续——生命的联系是新新的前提。

中国哲学是一种联系的哲学，唐君毅早期哲学思想中有这样的观点：中国哲学"将部分与全体交融互摄之精神：自认识上言之，即不自全体中划出部分之精神；自情意上言之，即努力以部分实现全体之精神"[1]。在我看来，联系有多种侧面：有同一生命不同生长过程的联系，此侧重后生续于前生，强调生命常而不断，生命不是断线残珠的或有或无，而是一种"流"，绵延不已，生生不息；有不同生命的交替演进的联系，此侧重新生替于旧生，强调生命之间无限的往复循环，强调"变"；还有不同生命之间的平行联系，此侧重此生联于彼生，强调生命之间彼摄互通，共同织成一生命之"网"，每一生命都是这网中的一个纽结，自一纽结可以反观整体生命的特点；等等。流、变、网这三点，可以概括中国生命哲学的联系观。

中国哲学认为，生命之间存在着无所不在的联系，就是说这个世界是"活"的，无论是你看起来"活"的东西，还是看起来不"活"的东西，都有一种"活"的因素在，都有一种"活"的精神。天地以生为精神。因为"活"，世界即联系；不"活"，世界即枯竭，生命即断流。当然，这并不像柏格森所说的是关于"活的东西的

---

[1] 唐君毅《中国哲学中自然宇宙观之特质》，台北：学生书局1988年版，第8页。

科学",它在人的生命体验中"活"。

正是这种联系观决定了中国人创造新变思想的特点。首先，中国哲学是在生命的联系性上追求新，新是生命连续中的一个环节。它是时间展开过程中的一个点，也是空间连续中的一个纽结，即在时间的流动性中新了，在空间的绵延中新了。生生就是进进，进进是时空二维展开，进进就是新新。

同时，中国哲学联系性的观点，将世界视为一个生命整体，不同生命之间相互联系，彼摄互荡，共成一宇宙空间，每一个有限的生命都是这无限整体性中的一个点。每个生命都有自己质的规定性，都有自己的异质因素，因而每个生命相对于其他生命而言，都是一种新。

中国哲学认为，新从变中来。欲明变的意思，先说变和动的区别。

作为一个哲学概念，"变"（或名"易"）在中国哲学中具有永恒变易的意思。世界万物生生不息，才生即灭，无稍暂息，瞬间即变。变是绝对的。变和动是不同的概念，《庄子·秋水》说："物之生也，若骤若驰。无动而不变，无时而不移。"说明变和动别有二义。

"动"主要有转移意，是和"静"（不动）相对的概念，指在时间维度中所展开的空间位移，它是具体的，是时空界内的。而"变"是超时空的，是对生命处在无限变化状态的一种抽象，强调的是神化幽微的变易之理。中国哲学说"变"，是用来表现大化流衍的永恒功用，造化为体，创化为其用，生生不息的外在现象为其相，"变"就是用来展示造化本体的大用，突出无所不在、无稍暂息的生生宇宙所含有的一种精神。

中国哲学在变、动二者之间，以变为主。《周易·系辞下传》说："《易》之为书也不可远，为道也屡迁。变动不居，周流六虚，上下无常，刚柔相易，不可为典要，唯变所适。"动是暂时的、局部的，而变是永恒的、绝对的。

其实，易学史上有"易名三义"的说法，即变易、简易、不易。这三义可以概括为：以简易的方式说变易为天地不易之理。易学上的"变"(或"易"),不能以动去概括之,它所说明的是宇宙恒常之理。

中国哲学认为,变的根本特点就是"新","变"是和"新"联系在一起的。刘宝楠所说的"天之为道,生生相续,新新不停",可以说是对"变"的特点的很好概括。变则新,变无返回旧有之理(循环往复并不代表变回旧有),变无重复故常之道,变就是新变,无新则无变,无变则无新。新也不是对物体新的状貌的形容,它所凸显的是一种叫作"别故"的特点,是一种不同于往常的生命特点。新既与过往联系,又与过往相异(此过往可从时空两角度来看)。

综上所言,中国哲学和美学在联系中看新,又在变易中看新,变易是联系中的变易,联系是变易中的联系,由此产生中国哲学和美学新变思想的两个重要特点。

一是在复中趋新。新,就意味着不重复,但如何理解它与传统哲学无往不复观念之间的关系呢?

中国哲学强调宇宙运转的循环往复的特点。如《周易·复卦》彖传说:"复,其见天地之心乎!""天地之心",即是"复",即循环往复的生命精神。《易》有"无平不陂,无往不复""无往不复,天地际也"等论述,都强调"复"是宇宙生命的重要特点。《周易》重变通哲学,《系辞上传》打了个比方说:"变通莫大乎四时"。它有两层意思:一是变化义。四季运转,生命随时光不断迁徙。二是流通义。四时运转,从春到冬,又从冬到春,终则有始,始则有终,无穷尽也。变通以"复"为其根本特点。

传统哲学将这种无往不复的哲学观念说成"圜道"。《吕氏春秋·圜道》解释道:"物动则萌,萌则生,生而长,长而大,大而成,成乃衰,衰乃杀,杀乃藏,圜道也。"中国人认为,圜道是自然和人类社会的基本规律,在自然中,物由生到衰,再由衰到生,日夜不停地运转,四时永恒地更替,水流由枯到满,再由满到枯,等等,都是循环往复的。而人类社会也如此,"天地车轮,终则复始,极则复反"(《吕氏春秋·大乐》)。农民把"复"作为种地的依据，医生把"复"当作治病的参证[1]。在中国历法中，也存在着这种循环时间观的影响。如纪年的六十甲子，一位研究者说："甲子纪日，则以六十为一周，周而复始，无间数，亦无奇零，故推算历法者，皆以甲子为不变之尺度。"[2] 古人认为六十年一轮回，三十年河东三十年河西，实际上就是甲子的延伸。又如人有十二属相，十二年一轮。由邹衍所创造，在历史上影响极大的"五德终始说"就是典型表征。

无往不复的观念的确有被滥用的情况，致使出现了类似于循环历史观这样并不符合历史发展现状的臆测。但我们应该看到，中国人看生命、看时间、看大自然，并非一种机械的循环观念。从哲学上看，"循循不已"是奠定在"生生不已"的基础之上的，"复"并不是一种可逆的重复性的运动，从一个开端经过运转后，再回到原点。古人所言"年年仍岁岁，故故复新新"，"复"不是重复，而是新生，是生命永恒展开的显现。王夫之说："天地之德不易，而天地之化日新……今日之日月非昨日之日月也。"（《思问录·外篇》）虽然是无往不复的运动，但并非循环。表面是同样的日月，其实有不同的内核。外在形式上虽然没有什么"变"，但内核上却"变"了。"变"是"圜道"哲学观的内核。有了变，无往不复，就不是重复性的运动了。

但这复中之变是否就是螺旋式的上升运动呢？中国哲学强调在"生生"中"进进"，生命中有"晋"而"升"之的运动（《周易》有两卦专言此义），生命有摧枯拉朽、革故鼎新的特点，这是一种新。但新并不代表它是必然的提升。中国哲学的新更强调的是在"变"中出新。"变"并不一定就是向上的运动。在西方哲学中，柏格森等生命哲学强调，生命是螺旋式上升的运动，这与中国哲学有所不同。当代新儒家有一些论者曾举西方哲学的这种观点附

---

[1] 如《黄帝内经》以阴阳二气为探病之根本，以四时的变化作为诊断和治疗的主要依据。
[2] 高子平《中国历法约说》，转引自董作宾《殷历谱》上编卷一，成都：巴蜀书社2009年版，第7页。

合中国哲学，其实并不切合。宋人有一首诗说得好："江山一夜雨，花柳九州春。过节喜无事，谋欢要及辰。年年仍岁岁，故故复新新。把酒有余恨，无从见古人。"（戴复古《新年自唱自和》）年年岁岁都相似，岁岁年年花不同，表面上看是故故，其实是新新。新是生命连续性的一个环节，生命历程中的一个单元。新是连续性的变化，并不代表它是上升性的运动。钱穆说，中国哲学乃至中国文化，不主独标新异，而主会通和合，是很有见地的。中国哲学主通、主化，认为通、化方是恒久之道。连续性，则是新新之变所依之基础。

中国哲学乃至美学中新新不停的观点，既不是循环论，又不是螺旋式上升的理论。

二是即故即新。《庄子·知北游》说："天下莫不沉浮，终身不故。"即故即新，以故为新，这是中国哲学独特的思想，理解这个问题有两个向度。

首先是从生命的联系性上看故与新的关系。中国哲学以生命联系为其重要特点，更注重从联系中寻求生生不已的永恒精神，并不太注重外在的动——空间的位移所显示出的变化。新是联系中的新。中国哲学是在故与新之间玩味，在故与新、旧有和新生之间，把握生命的新变思想。在中国人的哲学观念中，天地无一刻不在变，"曾不能有一瞬"停息，转眼就是过去，就像我现在说话之间一切都在变一样。

《易传》中说："穷则变，变则通，通则久。"这个"通"非常重要，"通"乃通故有和新生，通因循和变易，在故与新的回环中，方有恒久的生命。在中国哲学中，新虽与故相对，但新不脱故，新并不意味着和故旧的截然断开。一泓清泉在过去和现在之间绵延流淌，这就是生命的连续性。新乃是故中之新，说是故，却与新相连；才说是新，转眼即故。故故即是新新，即新即故。中国哲学将此称为"与故为新"。

中国哲学关心人对生命的体味，重视人融入世界中的体验。在别故致新之论中，故与新的意度回环，正是中国哲学有价值的部分。今日之日月非昨日之日月，但今日之日月又与昨日之日月有关联，必须在生命的往复回环之中看日月，在与过去的联系之中看日月。"流水今日，明月前身"中包含着深邃的道理。

故与新所构成的这种张力关系，独具魅力。新代故，是天地变化之规律。从庄子所说的藏舟于壑、藏山于泽的故事看，藏者以为深藏不露，就可以保持其不变，但山在变，水在变，舟也在变，舟点点滴滴地朽，从里到外地朽，看得见地朽，看不见地朽，虽藏于壑，但还是被"变"这个大力者背走了。郭象在解读这个故事时，就特别注意到以"新"来解"变"，在"故"与"新"的流连中玩味"变"。他说："夫无力之力，莫大于变化者也。故乃揭天地于趋新，负山岳以舍故。故不暂停，忽已涉新，则天地万物无时而不移也。世皆新矣，而自以为故；舟日易矣，而视之若旧；山日更矣，而视之若前。今交一臂而失之，皆在冥中去矣，故向者之我非复今我也，我与今俱往，岂常守故哉！而世莫之觉，横谓今之所遇，可系而在，岂不昧哉！"[1] 郭象以"新"解"变"的观点颇令人印象深刻，这也是郭象哲学的一个重要特点。《庄子·齐物论》曰："日夜相代乎前，而莫知其所萌。"郭注："日夜相代，代故以新也。夫天地万物，变化日新，与时俱往，何物萌之哉？自然而然耳！"[2] 郭象认识到，天地变化，代故以新，这是恒常之道，是不易之理。一句话，不变即变。中国艺术家由此悟出了艺术新变之道，就是"藏山于山，藏川于川，藏天下于天下"（《南田画跋》）。大化如流，亦与之同流。

其次是从体验性上看故与新的关系。庄子认为悟道的过程也就是发现新颖生命的过程。《庄子·知北游》中所讲的一个故事耐人寻味："啮缺问道乎被衣，被衣曰：'若正汝形，一汝视，天和将至；摄汝知，一汝度，神将来舍。德将为汝美，道将为汝居。汝瞳焉如新生之犊而无求其故。'言未卒，啮缺睡寐，被衣大说，行歌

---

[1] ［晋］郭象注，［唐］成玄英疏，曹础基、黄兰发点校《南华真经注疏》卷三，第143—144页。
[2] 同上书，第28页。

而去之，曰：'形若槁骸，心若死灰，真其实知，不以故自持。媒媒晦晦，无心而不可与谋，彼何人哉！'"进入无为不言的境界，一片天和，"不以故自持"，眼睛就像"新生之犊而无求其故"，真是不可思议。对道的体验是一种发现和创造，是敞开被知识遮蔽的世界，世界如朝阳初启，沐浴在一片光亮之中。

中国哲学和美学的以故为新，其实是心灵发现的现实。中国美学尤其注意在故中追新，没有绝对的故，也没有绝对的新，新是生命体验之新，是体验中的境界。新不是外在表象的更替，而是心灵对生命的发现。这一点在美学中意颇大。

《二十四诗品》有"纤秾"一品，其中有云："乘之愈往，识之愈真。如将不尽，与古为新。"此中之"古"通"故"，即是"与故为新"。意思是，如果融入这创造的世界，就能识其真境。常见常新，虽是寻常之景，终古常见，但由我目观心会，新鲜通灵。新是心灵体验的事实。在一个美的心灵中，处处为新，即故即新。美的创造是没有重复的，心灵体验中的世界永远是新的，就像未名湖畔的柳，春天经过湖边的人都可以见到，它是"旧"的。然而，只要你有创造的心胸去领略，柳在微风淡荡中，在淡月清晖中，在夕露朦胧中，在烟雨迷离中，在你的不同因缘际会的心灵中，都会有不同的感觉，真正美的感觉永远是新颖的。

在禅宗中，我们也看到类似的观点。像灵云悟桃花的例子，就是于凡常、故旧中，体验到生命的新境界。沩山的弟子灵云志勤向沩山师问道，苦苦寻求，难得彻悟，一次他从沩山处出，突然看到外面桃花绽放，鲜艳灼目，猛然开悟，并作有一诗偈以记："三十年来寻剑客，几回落叶又抽枝。自从一见桃华后，直至如今更不疑。"[1] 开悟之前，桃花依旧，因凡尘历历，难窥真机；一悟之后，桃花一时敞亮起来，真性显露而出。而当下出现的桃花可以说是开悟的刺激物。

中国哲学玩味于在表面相似的形象中取新，新不是外在的，

---

[1] ［宋］普济著，苏渊雷点校《五灯会元》卷四，第239页。

而是人心灵发现的现实,是在意度回旋之中出现的。对于一个陈腐的人来说,世界无新;而对于一个活泼的人来说,世界无时不新,转瞬即逝,在在为新。新是人的体验,是人的心灵的产物。

这也就是中国艺术少新颖之目,却有新之精神的内在渊源。中国艺术的重复性世所罕有。如在中国画中,山水的面目、四君子的面目,似乎都是故的。但似故而实新,似同而实异,在故中发现陌生,在陌生中追求新变。所以,无一字无来历、脱胎换骨、点铁成金、与故为新等等,这些理论都与即故即新的深层哲学精神有关。中国艺术追求的是内在的张力,内在的活力,内在的生命超越。

三、流 动

中国哲学强调生命的流动性,宇宙为永恒创造本体,永不止息的变化是其精神,而流动是生命之间前后相连、无稍停息的展开过程,是生命的绵延。生生化化,无有断绝,此谓不断;才生即逝,未尝留驻,此谓不常。逝者如斯,不常不断,生灭无已,绵延无尽。永恒的创造本体有无尽的流动。方东美在比较中西哲学本体论差异时说:"希腊人较为着重存有之静止自立性,印度人与中国人则往往赋予存有一种动态流衍的特性。"[1] 流动性,是中国人对宇宙特性的根本认识。在流动中欢畅,在贴近道心处逍遥;在流动中创造,也在流动中生生常新。

中国传统的形而上学,将时间与空间"裹合"为一体,就是不单纯将空间从时间中划出,而是在时间的流动中展示空间。美国的两位汉学家安乐哲(Roger T. Ames)和郝大维(David L. Hall)这样说:中国哲学喜欢将世界时间化,根据现象间的不断转化将之时间化,"将它们更多地理解为'现象'(event)而非'事物'(thing)。

---

[1] 方东美《生生之德》,台北:黎明文化事业公司1987年版,第283页。

这种过程中的世界观，使得每一种现象都成为时间之流中独一无二的'趋向'或'脉冲'"[1]。

他们所说的"过程中的世界观"，很有启发性。中国人所说的"事物"不是静止的固定的点，而是一个展现的过程，一个流动中的存在。这个生命之流，没有一刹那的间断，顿现顿灭，是而为"幻"，"幻"是我们对这种流转不息的世界的形容。"幻"在一定程度上说，就是"活"。大化如流，逝者如斯，就是对这种永恒流动的生命哲学的表述。中国哲学总是强调世界的流动性特征，就与这种特殊的宇宙观有关。庄子妻子去世，他鼓盆而歌，遭到惠子非难，他所作的解释，就是从流动的角度看生死、看宇宙所获得的达观。宇宙就是大化，大化的意思，就是将空间掷于时间的顿进中，空间被时间化、节奏化、流动化。世界是一过程性的存在，我们的生命处于流动的世界中。这样的思想培植了中国人独特的哲学观念，也影响了中国美学和艺术的发展。

逝者如斯，中国人的宇宙是"流"的宇宙，"逝"的宇宙。儒家强调智周万物，以万物皆本体之流行，随物而往，同于大化，方为正道。若是逐物，则粘滞于形相，流溺于欲望，强于为物取解，则不得物。老子的哲学是"水的哲学"，他说"上善若水"，强调水的柔弱，以柔弱胜刚强。老子关于水的智慧还包括"逝"的一面。

老子说："大曰逝，逝曰远，远曰反。"（《老子》第二十五章）这三句话，是关于中国人如何契合宇宙（或曰"与大化同流"）的基本表述。我这里所谈的"周流"的思想，其实都包含在老子这一表述中。做生命的逝者，万化皆流，也与之同流；流之无尽，也与之无尽。我就从老子的这一论述谈起。

大，道之特性。我们悬一个大，强调人事关天，人要同于天，同于自然，而不是摆弄人的技巧。逝，即与自然同逝，逝者如斯，

---

[1]〔美〕安乐哲、郝大维《道不远人——比较哲学视域中的〈老子〉》，何金俐译，北京：学苑出版社2005年版，第19页。

人也同彼，一个超越的过程。反，与远相对，不是飘渺而无所之之，而是往复回环。

道是永恒的、绝对的，超越于具体的时间和空间，空间上无所不包，时间上绵延无穷。世界的广远恒久，归根结底，又都归于大道之中。老子把这叫作"复"。老子说："夫物芸芸，各复归其根。归根曰静，静曰复命。"（《老子》第十六章）也就是他所说的"复其明"（《老子》第五十二章）。道是"远"的，必与之同"逝"，周行而不殆。他又说："玄德深矣远矣，与物反矣，然后乃至大顺。"（《老子》第五十六章）不远不足以成道，不反也不足以尽道之妙韵。

中国人的宇宙观强调生生不已。宇宙就是一绵延生命之流，往复回环。"宇宙"这两个字，按照《尸子》上的解释，"上下四方曰宇，往古来今曰宙"，宇是空间，宙是时间。宇、宙二字的本义都是人所居住的房子，广大无边的空间和恒久绵延的时间概念，就从我们住的房子——我们的眼前说起，自近而远，自小而大，人的心灵就往复于远近小大之间，构成一种流行不殆的关系。

中国人对宇宙的认识，并不强调以科学的态度对待它，而是以心灵去契合它。宇宙是与我生命息息相关的对象，是我生命的统合体。所以，只用外在的眼观察是不够的。我们要用心灵的眼睛，以心灵的节奏去感受它，去契合宇宙节奏。宇宙是运转不息的，外在的表象虚而不实，内在的气脉才是其真实，这就是宇宙的节奏。所以，中国人要抓住宇宙的节奏。沈括的以大观小法，就是在这样的哲学背景下出现的。神化了宇宙，节奏化了宇宙，不利于科学，却在审美方面打上了独特的烙印。

第一，由老子大、逝、反三方面展延开去，可以看到中国哲学、美学关于生命流动的思考线索。

由"大"看中国哲学、美学的天行思想。

道大，天大，地大，人亦大。所谓域中有四大，人之大，不是体量上的大，是人心之大。人心之大，也不是想得多，想得广，而是对人局限、狭隘、闭塞的超越，大是一种超越。人要提升，要超越。老子谈超越人为而达于自然之道，孔子谈超越自己，孟子谈充实而有光辉之谓大，都是谈这个提升（或超越）。

不以人行，而以天行。人法地，地法天，天法道，道法自然。人之为人，为何不以人行？因为人行，即是知行，知行即与天道违，最终人道也失。行人道，必重天道，与天同行，方能彰显人道。

郭象《庄子注》将天行的精神概括为"与变为体"。天地的精神在于变，人要把握造化的变易精神，就要加入大化的流动节奏之中，以天地变化之体为体。人如何加入？就是悉心领会天地的精神，与万物相优游。

《庄子·齐物论》说："至人神矣！大泽焚而不能热，河汉沍而不能寒，疾雷破山、〔飘〕风振海而不能惊。若然者，乘云气，骑日月，而游乎四海之外，死生无变于己，而况利害之端乎？"正如郭象注中所说的，此段之要义在"寄物而行，非我动也""与变为体，故死生若一"[1]。加入大化周流之中，也就是性灵超越之道，此时死生如一，物我齐同；彼是方生之理性努力歇，性灵自由腾挪之势起；不动而动，不以人动，而以天动，我加入天地变化的节奏中。

中国美学师法造化的理论，强调的是对自然精神的体会，吮吸造化精气元阳来创造。孙过庭《书谱》说"取会风骚之意""本乎天地之心"，前者说的引领内在的精神，后者说的是对造化的参取。他又说"阳舒阴惨，本乎天地之心"，用他的话说，这是"同自然之妙有"，说"妙有"而不说"有"，"妙有"即道，即契合大自然阴阳变化之道。刘熙载《艺概·书概》说："学书者有二，曰'观物'，曰'观我'。观物以'类情'，观我以'通德'。""观物"也就是通天地之"情"。天地何以有"情"？即其内在之精神。

天行不是人超越于天，而是同化。中国哲学称天地为"大化"，《荀子·天论》曰："阴阳大化，风雨博施。"大化即天地变化流动

---

[1] 〔晋〕郭象注，〔唐〕成玄英疏，曹础基、黄兰发点校《南华真经注疏》卷一，第50页。

之历程。人加入世界之中，就加入大化的洪流之中，从而伸展其性灵，绵延其精神。

第二，由"逝"看中国哲学、美学中的周流思想。

逝者周流，亦与之同流；逝者无尽，亦与之无尽。中国古代哲学和美学将这种"逝"的心灵运动称为"委蛇"（《庄子·庚桑楚》："与物委蛇，而同其波"）、"绸缪"（《庄子·则阳》："圣人达绸缪，周尽一体矣"）、宛转、徘徊（《文心雕龙·物色》："既随物以宛转，亦与心而徘徊"）、"盘桓"（《画山水序》："身所盘桓，目所绸缪"）、"跌荡"（黄庭坚："跌荡于风烟无人之野"）、"沉浮"（《二十四诗品》："是有真宰，与之沉浮"）、"缱绻"、"容与"（郭频伽《词品》："非无寸心，缱绻自献""跌宕容与，以观其罅"）等等。万物环转不息，循循不已，而人加入它的节奏中去，使精神四达而并流，极天际地，悠悠空尘，尽入我心。这是一种典型的中国式的哲学和美学精神。

这用《黄帝内经》的话说，就是"与万物浮沉于生长之门"，让自己的生理生命、心理生命都与世界同浮沉。万物为一"生长之门"，有节奏的运行，故人契合天地节奏，从而有真正的生命愉悦。在气化世界中浮沉，才能使生理生命调顺。《黄帝内经》注意人的情绪和时间变化之间的感应关系，《素问·四气调神大论》说：春三月，"使志生"；夏三月，"使志无怒，使华英成秀，使气得泄"；秋三月，"无外其志，使肺气清"；冬三月，"使志若伏若匿"。人的生理和四季同跳着一个脉搏。其实，《文心雕龙·物色》中所说的"是以献岁发春，悦豫之情畅；滔滔孟夏，郁陶之心凝。天高气清，阴沉之志远；霰雪无垠，矜肃之虑深"云云，就是强调人的生理、心理与世界节奏同浮沉的特点。

中国诗人喜欢使用"俯仰"一词，《庄子·在宥》云："其疾俯仰之间，而再抚四海之外。"《易传》谓"仰则观象于天，俯则观法于地"，于是《易》之八卦得以产生。《说文解字·序》又以之作为汉字的创造方法。在这里，"俯仰"不是观上看下的简单观察方式，而是用心灵编织天地的网，反映的是一种远逝的精神气质。

◎ [明] 陆治
雪窗见易图
变动不居，周流六虚，
上下无常，易之道也。

魏晋南北朝时将其发展成为一种宇宙人生态度和审美观照方式。[1]

《周易》中的"时位"思想，也反映了与宇宙同流的思想。如前引《系辞下传》："《易》之为书也不可远，为道也屡迁。变动不居，周流六虚，上下无常，刚柔相易，不可为典要，唯变所适。"易有时位之说，每卦的六爻都处于特定的时空之中，六爻之间相互关联，彼摄互荡，宇宙就是流动的实体。把握这样的周流精神，就把握了宇宙的实体。[2]

《二十四诗品》展现了这一常而不断的生命之流的特点。该书以"雄浑""冲淡"冠其首，以"流动"作为二十四品之结末，进而收摄全篇。这明显有模仿《周易》的痕迹。《二十四诗品》的最后一品为"流动"，其辞云："若纳水輨，如转丸珠。夫岂可道，假体如愚。荒荒坤轴，悠悠天枢。载要其端，载同其符。超超神明，返返冥无。来往千载，是之谓乎。"《周易》以乾、坤两卦开始，以既济、未济作终。何名"未济"，《说卦》云："物不可穷也，故受之以未济终焉。"旁通互动、回环往复是《周易》的根本思想之一，在一卦中六爻上下循环往复，所谓"周流六虚"；六十四卦也彼摄互容，相因相生，构成一种内在的"周流"。"原始要终"，就在"周流"中。大道周流，诗道沿时，宇宙万有都在这生生不息、往复回环的运动之中，圆以神而方以智，圆而转是天的精神，是大道的精髓。诗人要同乎大道，就要把握这宇宙运转之轴，这样才能

---

[1] 嵇康《赠秀才入军诗》其十五曰："目送归鸿，手挥五弦。俯仰自得，游心太玄。"魏晋俯仰之说带来了重视性灵远游的美学风气，俯仰是人生超迈境界的显现，从容人生，逍遥周流。孙绰《游天台山赋》云："余所以驰神运思，昼咏宵兴，俯仰之间，若已再升者。"《世说新语·言语》刘注引邓粲《晋纪》云："（周）伯仁仪容弘伟，善于俯仰应答，精神足以荫映数人。"均以"俯仰"为一种精神境界。

[2] 如需，乾下坎上，卦辞："需：有孚，光亨，贞吉。利涉大川。"彖曰："需，须也，险在前也。刚健而不陷，其义不困穷矣。需，有孚，光亨，贞吉。位乎天位，以正中也。利涉大川，往有功也。"（坎为险，乾为健，为张力，遇险则刚。）象曰："云上于天，需；君子以饮食宴乐。"（这是求雨之象。）六爻的爻辞说："初九：需于郊。利用恒，无咎。九二：需于沙。小有言，终吉。九三：需于泥，致寇至。六四：需于血，出自穴。九五：需于饮食，贞吉。上六：入于穴，有不速之客三人来，敬之终吉。"此卦本自求雨之象，引申出等待、需要、严阵以待、藏德待用数义，意思通过"时位"表现出来。

往来千载，生命长存。

第三，由"反"来看中国哲学、美学的回环往复思想。

中国哲学的流动观是一种往复回环的运动，谈超越，要推而远，又要返而近。这也就是老子所说的"反"。为什么说是"反"呢？万物负阴而抱阳，充气以为和。阴阳相摩相荡，展现出一个生命流动的世界。熊十力将此称为"翕辟成变"。一开一合之谓道。推挽，舒卷，这是一种张力形式，玩味它，吟咏它，在回环中变，在回环中新，在回环中蕴含无边的力量。中国人一方面有玄远的思虑，一方面有切实的关怀，通过合于宇宙节奏而表达这种关怀。与宇宙同在既是一种生命提升超越的活动，是远；又是切实的安顿行为，回到自身，回到生命深层。从表象切入，以至于生命深层，与大化同流。

远和返的关系，就是在远的基础上充分地展开生命，使内心的体验自如而优游。生活在狭小的空间中，也不觉得壅塞；处于最困难的时候，也不觉得绝望；上下与天地同流，放大了人的心灵空间，从而获得性灵的安慰。就像苏轼诗中所说的："君看古井水，万象自往还。"（《书王定国所藏王晋卿画着色山二首》其一）在这回还往复的境界中，瞧地下花开花落，看天上云卷云舒，心就像一缕云，自由飘荡；像一片落花，似聚还散；像一丝山风，抚慰着寂寞的灵魂。

第 四 讲

骚人遗韵

谈到楚辞[1],胡适曾说:"我们须要认明白:屈原的传说不推翻,则楚辞只是一部忠臣教科书,但不是文学。"[2]他要打破一切村学究的旧注,从楚辞本身寻出文学的兴味。其实,楚辞的价值不止于文学性。楚辞以天问式的叩问,深究宇宙人生之理;以浪漫的

---

1 这里所说的楚辞(或名"楚词"),一指屈原所开辟的在战国后期流行的诗体,一指诗集之名。作为诗集之名,本为西汉刘向所校定,后为王逸选定,包括《离骚》《九歌》《天问》《九章》《远游》《卜居》《渔父》《九辩》《招魂》《大招》《惜逝》《招隐士》《七谏》《哀时命》《九怀》《九叹》《九思》等。
2 胡适《读〈楚辞〉》,《胡适文集》第3卷,北京:北京大学出版社1998年版,第77页。

吟咏，袒露哀怨感伤的隐微；以自依彭咸之选择，注释着人精神境界的力量；以虽九死其犹未悔的信心，昭示出人意志的强度。楚辞中包含的宇宙人生感和独特的精神气质，对中国人的人格心灵境界产生了深远影响。[1]

楚辞本身并不是美学著作，但却是研究中国美学和艺术不应忽视的角度。[2]一是楚辞本身就具有对美的问题的思考，如其"内美"说；二是楚辞中潜藏的美学气质引发关于美学和人生的思考。当儒家理性主义风行之时，楚辞所带有的超迈、烂漫、自由的情调，为中国人的审美生活注入了新质。《诗经》和楚辞，一南一北，构成了影响战国以来中国人审美生活的两大因素。如果说北风是庙堂的、世俗的，则南骚可以说是自我的、艺术的。楚辞与庄子有很相近的精神气质，古往今来很多学者喜欢将庄骚并列，庄骚是南方审美精神的卓越代表[3]。三是楚辞本身的体式也具有很高的审美价值，它的惊采绝艳的语言形式、回环往复的咏叹风调、缠绵悱恻的情感节奏、要眇宜修的风格体式，体现出独特的审美风范，影响了后代中国人的美的创造。

综此三者，可以说，骚人遗韵，开辟了中国人审美生活的新境界。我这一讲侧重从气质方面，谈楚辞与中国美学艺术的深层勾连。

若说到楚辞的精神气质，"自怜"二字最可当之。前人说，楚辞一言以蔽之，曰"惆怅兮自怜"[4]。楚辞的"自怜"，一是

---

1 楚辞的崇高艺术成就和所显示的境界之美，前人多有赞之。梁启超说："凡为中国人者，须获有欣赏《楚辞》之能力，乃为不虚此国此。"（《要籍解题及其读法》，长沙：岳麓书社2010年版，第70页）楚辞提供了一种独特的看世界的方式。
2 关于楚辞在中国美学研究中的价值，虽也有学者提及，如李泽厚在《美的历程》中认为，中国美学有儒道禅屈的传统，但对其与中国美学的深刻关系，并没有给予足够的重视。
3 这里主要是从广义上与北方以中原地区为中心的文明相对来说，其实出生于宋国蒙地的庄周，也可以说是北方人。
4 《九怀》："惆怅兮自怜。"《九辩》："私自怜兮何极？""惆怅兮而私自怜。"

自怨，哀怨叹惋，惆怅盘桓，楚楚可怜，一种绝望的心灵摩挲，体现了往复回环的格调。二是自爱，自我珍摄，对灵性的护持，有强烈的唯美情调。三是自慰，时不我济，天不我助，唯自己起一种信心，予生命以嘉赏。慰藉，不是躬自安慰，而是寻求解脱，不随波逐流的自我勉励和高飞远骞的情性超越，构成了楚辞独特的解脱之道，从而形成了一种独特的超越哲学。自怜而感伤，感伤不是怨怨艾艾，而是自爱，现实予自爱者以强烈的抗力，那就伸展为性灵的远游。三者一体相联。"自怜"是楚辞精神气质的一条隐在的线，容我沿此一线而从容说之。

一、感伤

楚辞的美是一唱三叹的美，往复回环，迷离恍惚。楚辞的格调是忧郁的，《离骚》者，犹离忧也。"骚人墨客"的"骚"，就有多愁善感的意思，是一种惆怅自怜。《周书》中说楚辞"宏才艳发，有恻隐之美"（卷四十一），这是很有见地的。司马迁说："虽放流，睠顾楚国，系心怀王，不忘欲返……一篇之中三致志焉。"（《史记·屈原贾生列传》）也道出楚辞往复回环的美。

楚辞具有浓厚的感伤色彩。感伤的格调、敏感的情怀、多思的心胸，使楚辞如海洋般倾泻着诗人对宇宙人生的热情、焦虑和绝望。李白诗云："正声何微茫，哀怨起骚人。"（《古风五十九首》其一）说的就是这个意思。王士禛《虞美人》词云："回环锦字写离愁。恰似潇波，不断入湘流。"潇湘，乃楚辞诞生之地，古人多以潇湘暗指楚辞精神。阮亭以哀怨和愁情来说楚辞，颇中肯綮。楚辞是一首如怨如诉的羌曲。刘禹锡《潇湘神》词云："斑竹枝。斑竹枝。泪痕点点寄相思。楚客欲听瑶瑟怨，潇湘深夜月明时。"楚辞如夜晚的潇湘水，幽咽地流淌。前人有所谓"画屏飞去潇湘月，一床夜月吹羌笛"[1]的诗，正含此意。

---

[1] 唐圭璋编《词话丛编》，北京：中华书局1986年版，第1049页。

明人蒋之翘曾说:"予读楚辞,观其悲壮处,似高渐离击筑,荆卿和歌于市,相乐也。已而相泣,旁若无人者。凄婉处,似穷旅相思,当西风夜雨之际,哀蛩叫湿,残灯照愁。幽奇处,似入山径无人,但闻猩啼蛇啸,木魅山鬼习人语来向人拜……"(《七十二家评楚辞》)

这里以荆轲刺秦事比楚辞,很有思致。荆轲在燕国时与一个杀狗屠夫、一个击筑的音乐人(高渐离)相善。荆轲好酒,三人常痛饮于市,喝到高兴处,高渐离击筑,荆轲相和而歌,疯狂于闹市,旁若无人。荆轲受燕太子丹之请,去刺秦王。荆轲出行,燕为其准备了特别的送别仪式。那是一个清晨,秋冬之际的易水之滨,寒风凛冽,白露萧萧,送别的人都穿着白色的衣服,作生离之死别。易水荡漾,冷气逼人,众人捧起血酒,行悲壮之饯别礼。在寂静之中,如怨如诉的音乐划然而起,那是高渐离的击筑声。闻此声,骏马忽然扬蹄嘶鸣。荆轲掷下酒碗,乘着酒气,拔剑起舞,一首绝妙的歌从他的胸腔唱出:"风萧萧兮易水寒,壮士一去兮不复还!"众人也和着这乐声,幽咽地低吟。这深沉的声音在易水上回荡起来,众人的清泪融入了易水之中,化为轻烟在冷风中氤氲。歌罢,荆轲纵身上马,头也不回,消失在凄冷的寒风中。

楚辞传达的就是这样的凄婉之曲。骚人情深,幽咽情愫,蔚成中国艺术凄婉地回旋。清初画家萧云从有《离骚经图》,其上画家自跋云:"秋风秋雨,万木凋摇,每闻要眇之音,不知涕泗之横集……"独对骚人,情之深切![1]

王夫之说,《九歌》妙在"婉娩缠绵""低回沉郁""悱恻内储,含悲音于不觉耳"[2]。"含悲音于不觉耳",准确地概括了楚辞悲的特点。楚辞的悲,不是西方传统意义上的悲剧,它是一种淡淡的忧愁,似淡若浓,似有若无,绵长幽咽。就像游子于途中,当秋风萧瑟之夜,冷雨凄迷,苍林呼号,凄婉之意如影影绰绰的光影,别

---

[1] 在中国艺术史上,情和骚几乎同义,楚辞的传统,就是以情融物的传统。
[2] [清]王夫之《楚辞通释》,《船山全书》第14册,长沙:岳麓书社2011年版,第243页。

有一种缠绵悱恻的意味。它不是昵昵儿女语，也不都是慷慨悲凉声，而是如怨如诉的衷曲。如《九歌·湘夫人》开章云："帝子降兮北渚，目眇眇兮愁予。袅袅兮秋风，洞庭波兮木叶下。"秋风萧瑟，洞庭波起，在浩淼的天际，糅进理想的影像，在迷离的影像中，置入淡淡哀愁。

谭嗣同《画兰》诗云："雁声吹梦下江皋，楚竹湘舲起暮涛。帝子不来山鬼哭，一天风雨写《离骚》。""一天风雨写《离骚》"，真是概括出了楚辞凄美的特点。楚辞中所散发的悠悠愁怨，如洞庭的烟波、潇湘的夜雨，不是也无风雨也无愁，而是漫天风雨写《离骚》。

这里谈几点关于楚辞悲伤格调的思考。

第一，杜鹃啼血。屈骚的传统，包含着一种永恒的期待精神，一种杜鹃啼血式的期待：虽不能实现，却在心中永远地呼唤；明知不可实现，却虽九死其犹未悔地等待。像李商隐《锦瑟》诗所说的"望帝春心托杜鹃"——相传蜀帝杜宇，号望帝，死后魂化为杜鹃。望帝，就是希望之神。杜鹃啼血，是一种永不止息的希望和期待。有希望才会去等待，在等待中有永不泯灭的期待。

元人范梈评李白《远别离》说："此篇最有楚人风，所贵乎楚言者，断如复断，乱如复乱；而辞义反复行乎其间者，实未尝断而乱也。使人一唱三叹而有遗音……"[1] 一唱三叹，似断非断，断而又断，乱而又乱，未尝断，未尝乱，其实正是楚辞之遗音。

前人说，楚辞多乱，多复。楚辞有独特的情感节奏，往复回环，复中有乱，乱中有断。每一顾三回首，每出一语必以三语复之。"瞻之在前，忽焉在后"，构成了楚辞曲折回环的体式。楚辞中有一诗名为《悲回风》，可以说是一个很好的象征。清人刘熙载说："屈子之缠绵，枚叔、长卿之巨丽，渊明之高逸，宇宙间赋，归趣总不外此三种。"（《艺概·赋概》）以"缠绵"概括楚辞，道出了楚辞乱而复的特点。中国艺术中有一种独特的眷顾意识，就与楚辞有密切关

---

1 裴斐、刘善良编《李白资料汇编》，北京：中华书局1994年版，第64页。

傅抱石
山鬼
一个寂寞的
芳菲世界。

系。王夫之说,诗要给人"一意回旋往复"[1]的感觉,楚辞有之。

楚辞这样的精神感染了无数中国艺术家。如石涛,他简直就是两千年后的屈原,读石涛,如阅屈原心迹。石涛是广西全州人,此地位于潇水和湘江的交界处,故石涛号清湘老人、湘源谷口人。他的朋友洪去芜说:"清湘道人出自潇湘,故所见皆是楚辞。其画随笔所到,无不可从《九歌》《山鬼》中想见之。"[2] 石涛故世后,画家闵华在《过石涛上人故居》诗中说:"泽兰丛与潇湘竹,迅扫霜毫忆楚词。"[3] 他们都注意到石涛与楚辞的联系。石涛自己也曾引苏轼诗题画说:"丹青写春色,欲补《离骚》传。"[4] 石涛由潇湘来,他

---

[1] [清]王夫之《姜斋诗话》,《船山全书》第15册,第813页。
[2] 程霖生《石涛题画录》卷四著录《写兰墨妙精册》十二开,其中第十二开题跋。
[3] [清]闵华《澄秋阁诗集》卷三,清乾隆刻本。闵华,字廉风,清前中期画家。
[4] 汪绎辰《清湘老人题记》所录一画册题跋。其册款称:"零丁老人寂坐大涤草堂得罗纹旧纸写此成册。"此册不见传世。

的一生都带有这潇湘精神,他的艺术也带有这浓厚的潇湘遗韵。屈骚传统中的杜鹃啼血式的期待,融入了石涛的禅心艺绪中。

石涛到底期待什么?他期待的是他的故国,那个逝去的"大本"[1]。他期待他的故乡,自离开故乡之后,他再未踏上故乡的路,但心中几乎一刻也没有停止对故乡的呼唤。故国、故乡,都具有有形的空间。更重要的是,石涛期待归返自己生命的"故园"——那种自由的、纯净的、自性的清明世界,这是他理想中的净界。石涛诗、画中所表现出的故国、故乡之思,往往和生命的故园意识混合在一起,或者可以说,他以对故乡、故国有形世界的期待,来表现对理想中心灵净界的追求。他心中永不泯灭的是做一个清湘人,那里是他的"大本"——空间的本原和性灵的原初。石涛在自己的艺术世界中如杜鹃啼血,不停地啼叫。石涛终生画友姜实节在评石涛《写兰册》时说:"湘江万里无归路,应向春风泣鹧鸪。"[2]虽然难归,但心灵深处却在不停地啼鸣。这正是楚辞的精神。

这位明王室的后人,以艺术之心,回味那曾经有过的一切繁华,一切都不可挽回地逝去,一切的影像都在心灵的西风下萧瑟飘零。石涛喜欢玩味这时间的美感。石涛的画如同留住过去影像的相册,他不时地一帧一帧打开,感受时间流动背后的失望、凋落,也在享受过去的斑斑陈迹带给他的冷落中的欣喜。这包括对故国的眷顾(如谒明孝陵),但更多的是对人生的深省,他是在回溯中品味人生的美感。每一顾三回首,构成石涛独特的艺术魅力。这也是楚辞的精魂。

石涛的诗作中充满了不可实现的叹惋,明知不可,还要奋力地回旋,将绝望当希望观,在吟玩绝望中自怜。正像他的朋友张少文在题其画时所说:"寒夜灯昏酒盏空,关心偶见画图中。可怜大地鱼虾尽,犹有渔竿老钓翁。"世界中已经没有了鱼虾,可钓翁还是独自垂竿。屈原将无可实现的理想化作天国的俯瞰,石涛将不

---

[1] 石涛晚年名其堂为"大本堂",而此名正是朱元璋之堂名。
[2] 姜实节(1647—1709),号鹤涧,清初山水画家,为石涛生平至友。

可复原的家国影像糅进他的诗画。郑板桥说石涛的画"墨点无多泪自多",并非说石涛心心念念于他的旧国,要做一个旧国臣子,其实说的就是这深层的回顾意识。

不能实现的,在想象中描画它;破灭的,在心灵中复原它;逝去的,在记忆中追逐它;宇宙永远没有回答,那就化作风,化作云,化作晨曦,化作晚霞,那就是他们——还有很多艺术家,乃至普通人,需要的回答。石涛的画,总是呈现出这样无可奈何的美感,迷离的美感。"可怜大地鱼虾尽,犹有渔竿老钓翁",石涛的艺术可以说念念在楚风,处处出湘韵。石涛一生喜作墨荷,其墨荷堪称自有风格,黑入太阴,玄奥无比。他题墨荷画云:"不见峰头十丈红,别与芳思写江风。翠翘金钿明莺镜,疑是湘妃出水中。"小荷凌波而出,沐浴江风暮霭,如同湘妃从水中跃然而出。他的荷花画的是《九歌》中《湘夫人》的境界。他有《题松竹梅》云:"铁爪攫云起蛰龙,翠葆忽降海山峰。玉箫欲歇湘江冷,素影离离月下逢。"前二句写松,第三句写竹,第四句写梅。斑竹一枝千滴泪,月下梅魂多凄清,石涛就是以这梅魂竹韵,来表达胸中凄楚可怜的情致。

第二,无可奈何。唐代诗人贾岛诗云:"寂寞在潇湘。"(《送李馀往湖南》)楚辞中有一种寂寞无可奈何的精神。楚辞中所展现的是一个芳菲世界,却是一个寂寞的芳菲世界。清沈德潜说:"《天问》一篇,杂举古今来不可解事问之,若己之忠而见疑,亦天实为之,思而不得,转而为怨,怨而不得,转而为问,问君问他人不得,不容不问之天也。此是屈大夫无可奈何处。"(《说诗晬语》卷上)其实,不仅《天问》,整个楚辞都笼罩着这样的色彩,寂寞的怀抱、幽咽的怨情,二分细腻、三分无奈,充盈于楚辞之中。诗人讴歌着,叩问着,坦陈着心扉,诉说着凄楚。楚辞的格调是凄迷萧瑟的,芦荻无花秋水长,淡云微雨是潇湘。这萧瑟的景致,是寂寞的天地,这寂寞的天地中有特殊的美感。前人有句云,"蜀魄哭来春寂寞,楚魂吟后月朦胧"(唐来鹄《寒食山馆书情》),这格调就是楚人之境。

在《庄子》中,有西施颦病处最美的说法;在屈赋,却有山鬼含睇的说法:"若有人兮山之阿,被薜荔兮带女萝。既含睇兮又宜笑,子慕予兮善窈窕。乘赤豹兮从文狸,辛夷车兮结桂旗。被石兰兮带杜蘅,折芳馨兮遗所思。"(《九歌·山鬼》)这真是微妙玲珑,不可方物,充满了迷离的美感(当代画家傅抱石把握这样的情愫最是细腻)。在一个不见天日的幽篁深处,神女飘然而至,披着薜荔,身系女萝,衣裙上缀满石兰、杜蘅等香物,坐着香车,由远方的云霓向这山的雾霭里飘来,将天地也染上了香意。这香气四溢的世界,却是一个寂寞世界,寂寞的思念、无可奈何的情怀充斥在这世界里。这就是我所说的寂寞的芳菲世界。

楚辞为什么将这样的芳菲世界笼罩在寂寞的轻烟中?这正是要眇宜修的楚辞的高妙之处。无可奈何可以说是传统艺术的常境,它有特殊的美感。

无可奈何是无法排遣,此中有性灵的执着,不思量,自难忘,常在心头,挥之不去,自慰自解,惹人怜惜。人被抛掷到一个命运无可避免的境地,面临着命运无法逃避的危险:惜春,而春自离去;悲秋,而秋风正劲;泪眼问花,花儿不语;寄心高飞的征鸟,而鸟儿瞬间消失;时光如水,偏有脆弱敏感的心灵应对;命运难测,而每每忍受着风刀霜剑的撩拨。断云残雨无意绪,寂寞在朝朝暮暮;归路不知在何处,浪迹在无边途中。正是:"今日江城春已半,一身犹在,乱山深处,寂寞溪桥畔。"(无名氏《青玉案》)

人生在世,何人没有寂寞?生命本身或许就是一种寂寞的等待。无可奈何之境,是性灵的怅惘,放不下,又提不起,求不成,又解不得,似悲非悲,似解非解。传刘禹锡作《石头城》云:"山围故国周遭在,潮打空城寂寞回。淮水东边旧时月,夜深还过女墙来。"白居易读后叹道:"后人将无法再作。"诗通过寂寞的情绪创造,泻落历史的忧伤,融入自己的人生感叹。月光撩拨着,似乎有意突出这座古城的萧瑟;潮水激越着,拍打着空城,也点点敲击在人的心扉。诗中不言兴亡,而兴亡在言外矣;不言痛苦,痛苦已深及骨髓。哪里都是王朝兴亡事,其实也敲打着从这历史的星空中掠过的香客——已经走过的,将要走过的。古城,故城,也是空荡荡的心灵孤城。

楚辞的这种寂寞无可奈何之境，在美学上具有很高价值。中国艺术中的楚湘情调多与此有关。清人恽南田提倡寂寞无可奈何之境，就深得楚风。南田在评董源《潇湘图》等时说："偶一披玩，忽如寄身荒崖邃谷、寂寞无人之境。树色离披，涧路盘折，景不盈尺，游目无穷。"他认为云林最得此境："云林通乎南宫，此真寂寞之境，再着一点便俗。"他说："寂寞无可奈何之境，最宜入想，亟宜着笔。"（此处所言"南宫"，指米芾，代指米芾云烟缭绕的墨笔山水。）在寂寞无可奈何之处，他看到的是一种灵气，他嗅到了一种生命的香味，听到了绝妙的音乐。在这燕舞花飞、声情并集的世界里，他悟出绘画艺术的最高境界。他说："秋夜烟光，山腰如带，幽篁古槎相间，溪流激波，又澹荡之，所谓伊人，于此盘游，渺若云汉，虽欲不思，乌得而不思？"（《南田画跋》）淡淡的忧伤弥漫开来，这艺术境界，就是南田心中的"伊人"，那风姿绰约但又渺然难寻的理想境界。

第三，迷离恍惚。翁方刚评《九章》说"极尽迷离"，其实迷离正是楚骚本色，楚辞有镜花水月的美。清人张诗《屈子贯》说："然盲之文吾能知其葩，腐之文吾能知其愤，庄之文吾能知其幻，班之文吾能知其密……若屈子，吾不知其翩飘乎从何而来，从何而往也？此必天半云霞，卷舒于空濛有无之中，或浓或淡，或斜或整，或聚或散，倏忽变化，不可思议，不可摹捉。"[1]这段评论对楚辞迷离恍惚的美极尽形容。

古诗有所谓"西风起边雁，一一向潇湘"，这一片江湖，如斑竹一枝千滴泪的传说，处处透出迷离的神韵。董其昌曾说："画潇湘图，意在荒远灭没……望之模糊郁葱，似入林有猿啼虎嗥者乃称。"[2]潇湘楚韵，在迷离中荡漾。"一片潇湘落笔端，骚人千古带愁

---

[1] 转引自《姜亮夫全集》第5卷，昆明：云南人民出版社2003年版，第145页。这里的盲之文，指左丘明作《左传》；腐之文，指司马迁作《史记》；庄之文，指《庄子》；班之文，指班固作《汉书》。
[2] ［明］董其昌撰，印晓峰点校《画禅室随笔》卷二，上海：华东师范大学出版社2012年版，第66—67页。

第四讲 骚人遗韵

◎ 傅抱石
湘君
迷离的眼、恍惚的韵，幽微的寂寞，茕独的空间，那是一个美丽的等待。

看。不堪秋着枫林港，雨阔烟深夜钓寒。"[1]迷离的江湖之思，从潇湘清景中传出。

迷离恍惚有一种独特的美感。明董其昌对"隔帘看花"之美颇为倾心，李日华谓"绘事必以微茫惨淡"为妙境；清恽南田云"山水要迷离"，布颜图云作画要有"乱里苍茫"，戴熙云画之境应是"阴阴沉沉若风雨杂沓而骤至，飘飘渺渺若云烟吞吐于太空"。迷离微茫能产生比清晰直露更好的美感，不是模糊不清，而是意绪的微茫难明、似有还无、若存若失。

楚辞的杜鹃啼血、无可奈何以及迷离恍惚处，以其独有的感伤气质直刺中国艺术的奥府；中国艺术往复回环的回旋之美，打上了楚辞的深深烙印。

二、唯美

自怜是一种对自我性灵的珍摄。南朝裴子野说："若悱恻芳菲，则楚骚为之祖。"（《雕虫论》）楚辞是中国艺术中的唯美派，它是清香四溢的，又是缠绵悱恻的。楚辞的香中有冷、冷中孕香，可谓一剂冷香丸。在中国这样一个长期的封建社会中，人存在的意义多到社会群体中去追寻，人的"私自之怜"不能说不被允许，至少是不获提倡，楚辞所体现出的这一精神，毋宁说是一种艺术的补偿。

楚辞《渔父》一篇，韵味悠长。屈原被放逐后，游于江潭，行吟泽畔，颜色憔悴，形容枯槁。渔父见到他如此模样，非常惊讶，便问："你不是楚国的三闾大夫吗？怎么会弄成这个样子！"屈原说："举世皆浊我独清，众人皆醉我独醒，我被放逐了。"渔父说："在我看来，圣人应该不凝滞于物，与世推移。世人如果都浑浊不

---

[1] 此为南宋胡铨（号澹庵）自题《潇湘夜雨图》，见丁福保辑《历代诗话续编》，北京：中华书局2006年版，第543页。

清,为什么不随其波而扬其流?众人都醉了,为什么你不也去大醉一场,何苦自己深思高举,弄到这步田地?"屈原说:"这怎么行!古话说:新沐者必弹冠,新浴者必振衣,我的干净清洁的身心,怎么能忍受为这污浊弄脏?我宁愿葬身于鱼腹,也不愿意苟活!"渔父微微一笑,摇着桨走了,从船那边传来他的歌声:"沧浪之水清兮,可以濯吾缨;沧浪之水浊兮,可以濯吾足。"

渔父和屈原都爱性灵的清洁,却选择了不同的道路。屈原有洁癖,史书上说他"瘦细美髯,丰神朗秀,长九尺,好奇服,冠切云之冠。性洁,一日三濯缨"[1],这是外在的。屈原还是个精神上的洁癖者。古语有所谓"振衣千仞岗,濯足万里流",楚辞的精神气魄足可当之。屈原说:"纷吾既有此内美兮,又重之以修能。"(《离骚》)"内美"是他毕生的追求,在蝇营狗苟的楚国,他没有选择随波逐流,没有像渔父那样超然世外,而选择用玉石俱焚的决心来护持自己的高洁理想。董其昌所推崇的"兰虽可焚,香不可灰"的境界,屈原以生命来注解。

屈原的诗满蕴着这种洁净情怀。《离骚》云:"制芰荷以为衣兮,集芙蓉以为裳""高余冠之岌岌兮,长余佩之陆离"。诗人是一位以香为生命滋养的人,他"朝饮木兰之坠露兮,夕餐秋菊之落英",真像《庄子·秋水》中所描绘的"非梧桐不止,非练实不食,非醴泉不饮"的鹓鶵,他用生命护持洁净的精神。在《九歌·湘夫人》中,诗人发挥想象,装点一个芬芳世界,迎接他的新娘。这芳香的世界就是他的理想。香是他的天国,他的乐土,他的众香界。他写道:"沅有茝兮澧有兰,思公子兮未敢言。荒忽兮远望,观流水兮潺湲。"这是何等美妙的世界。明胡应麟甚至说:"唐人绝句千万,不能出此范围,也不能入此阃域。"(《诗薮》内编一)芷、茝、兰等香花异卉,成了楚辞的精神背景。

楚文化中就有香草美人的传统。在那个泽国的水上岸边,生长

---

[1] [唐]沈亚之《屈原外传》,见[清]李元度著,王澧华点校《天岳山馆文钞》卷四,长沙:岳麓书社2009年版,第105页。

着无数的香花异卉,自古以来,采香草以赠美人,悬香花以避邪逆,储异卉以净身心,形成了丰富的楚地风俗。如长沙马王堆出土文物中,有一女子,身旁有薰炉,手上握有香囊,其中有茅香、桂、椒、辛夷、杜蘅、佩兰等香物。楚人对香物爱入骨髓。楚辞吮吸着这样的文化,将其变成一种精神的寄托,出落为一种自珍的精神。

唐李善说:"楚国词人,御兰芬于绝代。"(《上文选注表》)王国维说,楚辞的传统在"要妙宜修"(《人间词话》)。这样的评价很有见地。从美学观念的发展看,楚辞确立了内美和外美相融的美好世界,一个美人香草和美意灵心融合的传统。在这个意义上说,楚辞的"自怜",就是"自爱"。庄子也追求性灵的独立高洁,但庄子并不强调内美与外美的统一。

清人赵翼有句云:"地为三闾草亦香。"[1] 屈原曾官三闾大夫,他所走过的路,连草也散发出香味,真是不可思议。这是对楚辞洁净香魂的生动概括。

在中国,楚辞几乎成为美的化身。这是中国美学发展史上的重要现象。在美与丑的拔河中,在净染、污染两种力量的较量中,楚辞强化了中国文化中美和净的力量。楚辞对后代中国艺术的影响,首先是一种精神气质的影响。从美学上看,它启发后人的不是喜欢香草美人,而是珍摄自己的精神,也就是宗白华所说的中国文化的"美丽精神"。在《红楼梦》中,我们也可以看出楚辞的影响,木石因缘中,总有楚辞的影子。

李贺《咏竹》诗云:"斫取青光写楚辞,腻香春粉黑离离。无情有恨何人见,露压烟啼千万枝。"他从楚辞中窥出了清洁精神。李商隐《木兰花》小诗云:"洞庭波冷晓侵云,日日征帆送远人。几度木兰舟上望,不知元是此花身。"驾着一叶小舟,日日在凄冷的洞庭湖上远行,去追求理想中的木兰花。然而自己所驾的就是

---

[1] [清]赵翼《浮湘》:"碧天无际水茫茫,泛楫遥临楚塞长。不比逐臣须裤岳,从来词客例浮湘。路经九曲帆频转,地为三闾草亦香。怀古高吟到分夜,一声清瑟数峰苍。"(《瓯北集》卷十三,清嘉庆刻本)

木兰舟，自己原来就在这木兰舟中。这首诗表达的就是楚辞中清香的精神境界，那种对真实生命的信心。

赵子昂在《洞庭东山图》（今藏上海博物馆）上跋诗云："木兰为舟兮桂为楫，渺予怀兮风一叶。"他以楚辞的格调来作画，以楚辞的精神深化画意。为什么以木兰为舟、以桂花为楫？很显然，香木异卉表达的是对性灵护持的态度。在中国很多艺术家那里，艺术创造，其实就是精心结撰的性灵香舟。一如辛弃疾词云："千古离骚文字，芳至今犹未歇。都休问，但千杯快饮，露荷翻叶。"（《喜迁莺》）

楚辞的精神，化为中国艺术的芳菲世界。楚辞吮吸着楚风中的爱香传统，楚辞的爱香传统又影响着中国艺术的香世界。"但千杯快饮，露荷翻叶"，艺术家何尝不是这样吮吸着楚辞的精魂！两晋时期士人的清逸追求，元代艺术家心目中的清清世界（在他们那里，"清"成为一个反映时代思想倾向的关键词），明末清初士人以楚辞的香意精心呵护着内在的灵蹊，都受到了楚辞香意的熏陶。

辛弃疾《蝶恋花》词云："九畹芳菲兰佩好。空谷无人，自怨娥眉巧。宝瑟泠泠千古调，朱丝弦断知音少。　冉冉年花吾自老。水满汀洲，何处寻芳草？唤起湘累歌未了，石龙舞罢松风晓。"宝瑟泠泠，芳草萋萋，真是一个很好的象征。它展示了这位乱世诗人的性灵追求。谭嗣同《洞庭夜泊》诗云："帝子遗清泪，湘累赋远游。汀洲芳草歇，何处寄离忧？"芳草，是楚辞的精魂，诗人将忧愁就寄托在潇湘的芳草里。楚辞的香草美人传统，对中国艺术的发展有潜在影响。如花鸟画在中唐以后作为独立画科出现，两宋时已然形成与人物、山水鼎立而三的局面。从花鸟画发展的整体情况看，大致可以分成两类，一是写实型的，如五代时黄家富贵之作、徽宗朝的写实花鸟等；一是寄托型的，就是通过花鸟寄托精神。在后一点上，楚辞的影响至为明显。

苏轼《春兰》题画诗云："春兰如美人，不采羞自献。时闻风露香，蓬艾深不见。丹青写真色，欲补《离骚》传。对之如灵均，

[清]恽寿平
山水芙蓉
地经三间
草亦香。

冠佩不敢燕。""丹青写真色,欲补《离骚》传",可以说是中国艺术的一种传统,中国艺术家的花鸟情思,与追求高洁的情怀密不可分。元人张翥《楚兰》诗云:"鹈鸠声中花片飞,楚兰遗思独依依。春风先自悲芳草,惆怅王孙又不归。"他所申说的就是这种精神。

南宋赵孟坚(字子固)是王室画家,擅画花鸟。他将自己的故国旧梦,融进了颇为擅长的墨梅、兰、竹、石中。他的画主调就是楚辞的清净精神、唯美情怀。元邓文原《题赵子固墨兰》诗云:"承平洒翰向丘园,芳佩累累寄墨痕。已有《怀沙》《哀郢》意,至今春草忆王孙。"元韩性《题赵子固墨兰》诗云:"镂琼为佩翠为裳,冷落游蜂试采香。烟雨馆寒春寂寂,不知清梦到沅湘。"他们的题诗中,抓住了楚辞的精神,点出了子固梅兰等的清魂。

郑思肖也是一位南宋末年的花鸟画家,他的画寄托的也是故国情思。倪云林《秋风蕙兰》诗云:"秋风兰蕙化为茅,南国凄凉气已消。只有所南心不改,泪泉和墨写离骚。"以香意表现故国之思,传达了故国虽不在,精神却长存的清净气质。他画画,就是在写《离骚》。

"扬州八怪"多以花鸟称世，金农、郑板桥、李方膺、李鱓等都是画兰画梅的高手。楚辞的内美精神成为他们的共同追求。李方膺《兰友》诗云："平生交友数兰亲，潦倒风尘情更真。作客廿年寻旧梦，往来多在楚江滨。"李鱓《清影》诗云："清影相看墨数痕，是谁能返屈骚魂。此生若在山中住，勾引兰花长到门。"他们是以骚人风韵来作画，画的是心中的内美、自己的清净精神，他们的精神永远徘徊在楚江之滨。

三、远　游

楚辞的"自怜"还深藏着一种超越情怀，这是一种独特的情怀。

东晋王恭说："名士不必须奇才，但使常得无事，痛饮酒，熟读《离骚》，便可称名士。"（《世说新语·任诞》）楚辞是狂放的、飘逸的。仅从哀惋的角度看楚辞是不够的，楚辞满溢着飞越的情怀。前人云"上马横槊，下马作赋，自是英雄本色；熟读《离骚》，痛饮浊酒，果然名士风流"，说的就是楚辞的狂放精神。

明末清初画家陈洪绶有《痛饮读骚图》，今藏上海博物馆。图画一人于案前读《离骚》，满目愤怒，而又无可奈何。图本为康熙时孔尚任所藏，孔尚任是《桃花扇》的作者，画上有孔尚任四跋，从跋中看，此画几乎伴随他的后半生。他在跋中说，自己常常"兀坐空堂"，郁郁对图，不禁怅然。画中所体现的精神，给了他极大安慰。

老莲此图作于1643年，正是明亡前夕。图中所画的石案上左侧有铁如意，铁如意旁的古器皿是晋人喜欢用的唾壶。《世说新语·豪爽》云："王处仲每酒后辄咏'老骥伏枥，志在千里。烈士暮年，壮心不已'。以如意打唾壶，壶口尽缺。"王处仲，即东晋丞相王敦。王敦喝酒后，常一边唱着曹操的诗，一边以铁如意敲打唾壶，以致壶沿被敲得多有缺口。这正是此画所本。

清翁方纲题此画云："今此读骚者，貌即其人焉。丰颐目曼视，

[明] 陈洪绶
痛饮读骚图
痛饮浊酒，狂对《离骚》，把几案拍遍，玉壶击碎，无人会，此时意。

意与万古言。"此图有一种高古的气息，有透过历史、直视万古的气势。图中的金如意似乎都活了，右侧的铜瓶中，锈迹斑斑，其中插着白梅和红竹，色调特别灼目。主人双目圆睁，眼前放着打开的书，正读到痛快处，一手举杯，如孔尚任第二跋中所说的"手把深杯须烂醉"的样子，一手拍着石案，无不透出一种豪气。图中的每一件物品，似乎都是他的精神"道具"。正所谓"骚人情深"。

王逸《楚辞章句》说《远游》一篇"托配仙人，与俱游戏。周历天地，无所不到"，王国维评楚辞为"凿空之谈"，都触及这一点。楚辞蕴含着一种放旷高蹈的精神。

楚辞重"远游"，"远游"反映出一种穿透世界的方法。"神游远观"是屈赋的一大特点，楚辞有大量关于这方面的描写。[1] 屈原要摆脱"竞进贪婪"的浊世而荒天求女，不畏漫漫长路，执着地作精神的远足。"驷玉虬以乘鹥兮，溘埃风余上征"（《离骚》），楚辞中多洋溢着这种跃跃于飞的格调。楚辞有云："将往观乎四荒""远逝以自疏""荒忽兮远望"……通过远游，给寂寞的心灵以从容舒展的空间，在纵肆烂漫中将息内心的纠结。

屈赋中的远游是一种心灵的"流观"，不滞一点，不着一相，目光如霞云流动，远览近收，此尽彼现；或者是身置想象中，乘飞鸟、云车而遨游太虚，从远处投视大千世界。

南方的楚文化其实就有这种"游观"意识。1973 年长沙子弹库楚墓出土的《御龙人物帛画》，画面中央为一男子，着冠，有须，身穿袍服，腰佩长剑，手执缰绳，其脚下有一巨龙，正被缰绳牵引，呈飘飞状态，龙头高昂，龙身平伏，龙尾翘起，上方为一舆盖，人被置于"龙车"中，三条飘带迎风摆拂，和人物衣裙飘动方向一致，体现出龙车运动的特征。画面表现的是乘龙引灵魂升天的内容。此图与楚文化的"游观"精神颇相合。屈原所说的"驾八龙之婉婉兮，载云旗之委蛇"（《离骚》），在此获得直观的印证。

---

[1] 如："忽反顾以游目兮，将往观乎四荒。""览相观于四极兮，周流乎天余乃下。""何离心之可同兮，吾将远逝以自疏。"（以上《离骚》）"荒忽兮远望，观流水兮潺湲。"（《湘夫人》）"曼余目以流观兮，冀壹反之何时？"（《哀郢》）

此图体现了"周流乎天"的精神,反映了楚人突破身观、向往无限的理想。

楚辞的这一超越意识,在先秦作品中,只有《庄子》可与之媲美。明陈继儒《郭注庄子叙》说:"哀者毗于阴,故《离骚》孤沉而深往;乐者毗于阳,故《南华》奔放而飘飞。"刘师培在《南北文学不同论》中说:楚辞"叙事记游,遗尘超物,荒唐谲怪,复与庄、列相同"。遗尘超物、奔放飘飞,这是庄、屈最重要的共同点。"其思甚幻,其文甚丽"(鲁迅《汉文学史纲要》第四篇《屈原及宋玉》),可用来评屈,也可用来论庄。

楚辞的这一超越精神,受到道家哲学影响。这在《远游》中表现至为明显。此篇之要旨在"览方外之荒忽"。诗中写道:"道可受兮,不可传。其小无内兮,其大无垠。无滑而魂兮,彼将自然。壹气孔神兮,于中夜存。虚以待之兮,无为之先。庶类以成兮,此德之门。"这段话几乎全是道家的口吻:悟道是由内在心性发出,必须虚以待物,顺乎自然,使内德充盈。在道的宇宙中,至大无外,至小无内,齐同万物,上下与天地同体。远游,就是性灵贴近自然的心路旅程。

远游的历程,意味着性灵的解放。与《庄子》一样,楚辞同样将性灵的自适作为根本的追求。如《离骚》中所说的"折若木以拂日兮,聊逍遥以相羊""和调度以自娱兮,聊浮游而求女。及余饰之方壮兮,周流观乎上下"。不过这样的逍遥,不像《庄子》那样超迈,带有"孤沉而独往"的意味。

这里就以"孤沉而独往"为切入点,来谈谈楚辞和庄子乃至儒家的不同超越精神。

中国哲学是生命哲学,强调内在的超越。儒道两家有不同的超越途径,儒家是"君子之道费而隐"(《礼记·中庸》),造端夫妇,至于天地,这是一种不脱人伦日用之超越。道家追求逍遥无待的境界,方东美说,这是一种类似"太空人"式的超越。而楚辞提供了一条独特的超越道路,我将其称为"悬在半空"式的超越。

什么叫"悬在半空"式的超越呢?《九章·思美人》说:"登

高吾不说（悦）兮，入下吾不能。"九天求女，上而不可，下也不能，在飞旋和现实之间流连。挣脱现实，又不离现实；志在飞旋，又不在飞旋本身。

张世英曾借康德语，将超越比喻为一种鸽子，他说："真正哲人的鸽子应该既不安于作洞穴中的爬虫，也不要为真空的自由而诱惑。哲人们还是作一个现实的鸽子吧，在天和地之间乘着气流飞翔。"[1] 号称"登高而赋"的楚辞，却是一只苦难的鸽子。这只鸽子的魅力在于，它不是以挣脱现实苦难作绝尘之飞为特点，而是在飞翔中眷顾，在眷顾中又落到生命的枯枝上。《远游》结尾写道："经营四荒兮，周流六漠。上至列缺兮，降望大壑。下峥嵘而无地兮，上寥廓而无天。视倏忽而无见兮，听惝恍而无闻。超无为以至清兮，与泰初而为邻。""下峥嵘而无地兮，上寥廓而无天"，诗人被悬在半空，理想无法安慰现实，宗教的超越、哲学的超越都不能解脱他的现实之苦，他是在霞光中看着血淋淋的沃野，在云雾中打量他无法忘怀的群生。《离骚》结尾写道："陟升皇之赫戏兮，忽临睨夫旧乡。仆夫悲余马怀兮，蜷局顾而不行。"上而无天，下而无地，天不能容，地不能容，这就决定了楚辞在独往中孤沉的超越精神。

梁启超在《屈原研究》中说："屈原脑中，含有两种矛盾元素：一种是极高寒的理想，一种是极热烈的感情。"[2] 这说法很好。壮志烟高的楚辞就是以这两种元质为基础展示其艺术魅力的。屈赋感情热烈，如火山般迸发；而屈赋的理想又是高远、冷峻的，梁启超所谓"高寒"即就此而言。他说："若屈子一面既以其极莹彻之理性，感'天地之无穷'；一面又以其极热烈之感情，念'民生之长勤'，而于两者之间不得所以调和自处，故在苦闷乃不可状。屈子固饫闻老氏之教者，常欲向此中求自解放……"[3] 楚辞带有强烈的自我解放意识，一方面诗人如困兽在笼中嘶鸣，一方面又如云雀在高天

---

[1] 张世英《进入澄明之境》，北京：中华书局1999年版，第100页。
[2] 梁启超、王国维等著，胡晓明选编《楚辞二十讲》，北京：华夏出版社2009年版，第6页。
[3] 梁启超《老子、孔子、墨子及其学派》，北京：北京出版社2018年版，第273页。

轻飞。二者是相联在一起的。楚辞的超越与飞舞情怀，是由冷酷的现实这一引擎启动的。汉人说屈原之作"蝉蜕秽浊之中，浮游尘埃之外"（刘勰《文心雕龙·辨骚》），即是就这两方面而言的。一方面是极热烈的现实挣扎，一方面是极高寒的理想期待。"上下而求索"，下，指现实人生，上，指天地宇宙。正因此楚辞才显示出独特的审美追求。所以说，楚辞不仅有一种哀怨凄丽的美，还有一种奇幻纵肆的格调。

楚辞中所描绘的现实世界是"雷填填兮雨冥冥""风飒飒兮木萧萧"（《九歌·山鬼》），一片凄厉，风刀霜剑，雷电闪烁，众芳芜秽。诗人在现实的挣扎中，作性灵的飘飞。《山鬼》开头写一个巫山神女身披薜荔，腰上束着女萝，含情脉脉地微笑着，等待着她的幽人。诗人写道："余处幽篁兮终不见天，路险难兮独后来。表独立兮山之上，云容容兮而在下。"这四句诗活化出屈原的精神状态：诗人就处在一个路险绝而不见天日的现世，但他有独立不迁之意志，因而能不为世染，作性灵的远游，自我腾迁，如独立于高山之上，下有云霭漫漫，他荡着万顷波涛，感受意绪的天花自落。

《卜居》一篇，意在寻找生命的归处。诗人提出很多问题请占卜师詹尹为之占，其中有："宁昂昂若千里之驹乎？将泛泛若水中之凫，与波上下，偷以全吾躯乎？宁与骐骥亢轭乎？将随驽马之迹乎？宁与黄鹄比翼乎？将与鸡鹜争食乎？"虽然詹尹并未为之占，但问者的态度是明确的：他要做一匹千里之马，纵横驰骋；做一只高飞的黄鹄，翻飞于高空。所谓"形穆穆以浸远兮，离人群而遁逸"（《远游》）。这是楚辞"登霞"的动力，飘飞的依据。

"登高吾不说（悦）兮，入下吾不能"，楚辞的超越包括希望的升腾和绝望的摩挲，它没有《庄子》的忘己、忘物、心斋、坐忘式的心灵解脱，而是在寻求解脱、在无限的拓展中，将自身掷入痛苦的深渊。这样的超越有慷慨悲凉的气氛，不胶滞，也不空茫。

楚辞的超越精神，对后代影响深远。司马相如的"大人先生"式的超越、郭璞式的游仙历程，都多少打上了楚辞的烙印。但我以为，楚辞这种带血的超越、悬在半空式的超越给中国人的审美生活带来了崭新的气象。像刘邦《大风歌》所云："大风起兮云飞扬，威加海内兮归故乡，安得猛士兮守四方。"既超迈阔远，又慷慨悲凉，很有骚人之风。我们在三曹的作品中看到了这样的境界。这种超越是带有风骨的超越，楚辞之所以被李白称为"大雅"，即与这独特的超越精神有关。

四、物 哀

自怜是人生命的觉悟，是自我警醒，由哀我，到哀人生，哀天地，哀万物，自怜中传达的不仅是现实之叹，更是宇宙之思。从哲学和艺术观念上看，楚辞对后代的重大启发之一，是关于时间的咏叹。此称为"物哀"意识。

日本江户时代的儒家学者室鸠巢（1658—1734）《骏台杂话》中有《离骚秘事》一节，他说读到屈原"往者余弗及，来者吾不闻"（《远游》），深会屈子之心，不禁感慨系之，觉得屈原这两句诗中含有深沉的宇宙悲歌、直接的人生咏叹。他所发现的就是楚辞关于时间的觉悟。

楚辞的感伤，是一种时间性的感伤。我觉得这个问题可以分为两个层次来看，一是在急速流转的时间中，诗人感到美政理想无法实现所引起的悲剧性感受。这是屈赋的基调，屈赋中有关这方面的内容极为丰富。《离骚》中吟道："日月忽其不淹兮，春与秋其代序。惟草木之零落兮，恐美人之迟暮。"时光流淌，"恐年岁之不吾与"，故而化为性灵的上下求索，急速地行进。理想不可实现，时光则空自蹉跎，进而悲从中来，像一匹疲惫的老马，最后踯躅在历史的时空中。但我觉得仅仅停留在这个层次是不够的，楚辞往复回环的咏叹调子并非都为了现实政治而发，楚辞的时间性咏叹还有第二个层次，那就是对人的存在命运的咏叹，在个人与宇宙的直接对峙上，显示人的生命张力和生命趣味。楚辞是一种现实的焦虑,更是一种存在的焦虑。而且以后者更根本,更隐在。

楚辞中充满了急促的时光流转的调子。细心体会屈赋,可以发现其中有强烈的压迫感,就是时间对人的压迫,时间的步步进逼和人对时间延长的渴望,构成强大的张力,形成屈赋独特的节奏。在楚辞中,以"朝……夕……"构成的句式多见。[1]这一句式,动态性很强,紧迫如鼓点阵阵。楚辞将人放到时光的急速流转中回旋,正像魏晋诗人在诗中反复使用一个意象"转蓬"——在楚辞看来,人生也就是这样的转蓬,西风摧折,恍惚幽渺,命运不可厘测,没有个安顿处,正所谓"欲问孤鸿向何处,不知身世自悠悠"(李商隐《夕阳楼》)。楚辞将人放到绵邈宇宙之中,与其直接照面,在时光的鞭打之下颤抖、痛楚,也在这种力的作用下,与之沉浮,受其冲击,逆之而争进,顺之而飞旋。

楚辞中突出了时光流转带来的恐怖感。时间的帷幕布下了弥天的网,让你无所逃脱。陶渊明有诗云:"古人惜寸阴,念此使人惧。"(《杂诗十二首》其五)人在时间面前的这个"惧"字,被楚辞渲染得非常浓重。"惟草木之零落兮,恐美人之迟暮"(《离骚》),这是美好的事物衰落的恐惧;"老冉冉其将至兮,恐修名之不立"(《离骚》),这是美名不立的恐惧;"恐鹈鴂之先鸣兮,使夫百草为之不芳"(《离骚》),这是在与时光的冲击中,丧失自己的恐惧;"岁忽忽而遒尽兮,恐余寿之弗将"(《九辩》),这是年岁不吾与的恐惧;"欲容与以俟时兮,惧年岁之既晏"(《九叹》),这是打破人与宇宙和谐节奏的恐惧;等等。

人随着时间流转而茫然不觉,因这惊异和恐惧,从时间之门中,探出头来,打量这陌生的世界,虽然是痛苦的,但却是由茫然走向醒觉的关键。时间触动着人深心的感悟,唤醒那被厚厚事

---

[1] 如:"朝搴阰之木兰兮,夕揽洲之宿莽。""朝饮木兰之坠露兮,夕餐秋菊之落英。""朝发轫于苍梧兮,夕余至乎县圃。""夕归次于穷石兮,朝濯发乎洧盘。""朝发轫于天津兮,夕余至乎西极。"(以上《离骚》)"朝骋骛兮江皋,夕弭节兮北渚。"(《九歌·湘君》)"朝驰余马兮江皋,夕济兮西澨。"(《九歌·湘夫人》)"朝发枉渚兮,夕宿辰阳。"(《九章·涉江》)"朝濯发于汤谷兮,夕晞余身兮九阳。""朝发轫于太仪兮,夕始临乎于微闾。"(以上《远游》)

◐ [明] 陈洪绶
拈香图
一点残红手自拈，
人自怜花人谁怜？

务沉埋的个性自我，勾起人最隐微的渴望。人是未来筵席中永远的缺席者，楚辞把玩着人存在的命运，在时间的维度上叩问人的存在价值。

《九章·悲回风》写道："悲回风之摇蕙兮，心冤结而内伤。物有微而陨性兮，声有隐而先倡。"在诗人的心目中，世界就是一阵回旋的风，凄冷、盘旋、迷离，不可把握，才视处有，忽而即无，秋风起，萧瑟、肃杀，摇动着纤弱的芳草，呼啸着，摧折着大自然中的一切。昨日里韶华满眼，转眼间满目衰城。《悲回风》进而吟道："岁曶曶其若颓兮，时亦冉冉而将至。薠蘅槁而节离兮，芳以歇而不比。""颓""槁""歇"等字眼，都在突出万芳芜秽的景象。岁月流逝，而人短暂的生命就要走到尽头，众芳摇落之中，突出了人生无常的感叹。"似这般都付与断井颓垣。良辰美景奈何天，赏心乐事谁家院"（汤显祖《牡丹亭》）——人在急速流动的时光面前如何展现自我的生命？在楚辞看来，人的存在的命运，就是这样的"悲回风"。

楚辞之伤，伤的不仅是一己之利益，也不仅是一国之利益，扩而广之，应是生命的张扬、宇宙的和谐，真可以说是为天地而悲怆。

明人汪瑗评《九章》中的《悲回风》说："此篇因秋夜愁不能寐，感回风之起，凋伤万物，而兰茞独芳，有似乎古之君子遭乱世而不变其志者，遂托为远游伤古之辞，以发泄其愤懑之情。"（《楚辞集解》）"凋伤万物"这四个字可以说是对楚辞精神的概括。哀众芳之芜秽，是理解楚辞的一大关键。世界在与一种不可抗拒的力量的回旋中，阳衰翠减，如同藏舟于壑、藏山于泽，有大力者将其负去，楚辞的精神也是这样，这里没有无往不复的从容和坦然，有的是绝望的意绪回旋。

楚辞将个人的命运、人类的命运、存在的命运放到时间中审视，从而探讨人生的价值。楚辞的时间性咏叹极富意义的方面是，在过去、现在、未来的时间流中打量人生：一手拉着过去，一手拉着未来，来作现世的思索。其云"吾怨往昔之所冀兮，悼来者之悐悐"（《悲回风》），"往者余弗及，来者吾不闻"（《远游》），正是思往世，悼来者，知当下。"凋伤万物"，是为宇宙而痛惜，不是一种简单的爱人爱物的精神，而是生命的深沉思考。

屈原说，"目极千里伤春心"（《招魂》）。而踵武其后的另一位骚体诗人宋玉，则以悲秋名世，"宋玉悲秋"成为中国文化中感动无数人的母题。才华盖世而又敏感脆弱的诗人宋玉一曲《九辩》，不知感动了历史上多少文人，将他们由墨客变成了骚人——多愁善感的人。杜甫诗云"摇落深知宋玉悲"（《咏怀古迹》其二），此之谓也。[1]

在《诗经》中，由物起兴，自然世界并没有多少哀痛的色彩；而在楚辞中，自然万物每每成为触动人深层隐微的媒介，诗人笔下的万物带有浓厚的叹逝意味。由时光的流逝，引起对人生的关注，对生命不永的感叹，从而构成一种意度回旋的韵律。叹逝，其实就是抚慰生命。楚辞这种物哀精神，在中国艺术中化为深沉的时间性咏叹。

透过时间来思考人生，就像将人置于荒天迥地之中，上下一碧，四面阒寂无人，剥去了人身上附加的一切，人忽然感到强烈的孤独感。在中国诗人看来，这是最真实的感受，是人本来应有的处境，只是被外在文化罩上虚假外衣而茫然不觉罢了。陈子昂"前不见古人，后不见来者。念天地之悠悠，独怆然而涕下"这首著名的关于时间之思的《登幽州台歌》中，就突出了这种孤独感。三曹的作品颇富楚风。曹丕《大墙上蒿行》云："阳春无不长成，草木群类随，大风起，零落若何翩翩！中心独立一何茕！四时舍我驱驰。今我隐约欲何为？人生居天壤间，忽如飞鸟栖枯枝。我今隐约欲何为？……"这是一首含义丰富的诗，诗中由时光流逝，思索人的存在，那是渺渺天地浩浩古今中一个孤独者的形象。由观物而兴叹，叹天地，叹人生，叹人的命运。

《古诗十九首》最得楚辞情调，它用繁弦急管哀呼人的生命短促和脆弱，其中有云："奄忽如飙尘"。[2] "飙"用疾风形容人所占时

---

[1] 悲秋之思，在楚辞中多见，如《抽思》："悲秋风之动容。"《九辩》开章吟道："悲哉，秋之为气也！萧瑟兮，草木摇落而变衰。憭栗兮，若在远行。登山临水兮，送将归。泬寥兮，天高而气清。寂寥兮，收潦而水清。"

[2] 《古诗十九首》中类似的咏叹很多，如第十五首云："生年不满百，常怀千岁忧。昼短苦夜长，何不秉烛游！为乐当及时，何能待来兹？愚者爱惜费，但为后世嗤。仙人王子乔，难可与等期。"第十三首云："驱车上东门，遥望郭北墓。白杨何萧萧，松柏夹广路。下有陈死人，杳杳即长暮。潜寐黄泉下，千载永不寤。浩浩阴阳移，年命如朝露。人生忽如寄，寿无金石固。万岁更相送，贤圣莫能度。服食求神仙，多为药所误。不如饮美酒，被服纨与素。"

间之短暂,"尘"形容人所占空间之微小,只不过是无限绵延时空中的一点。这里充满一种"剥离"的思考,诗人把人从时空中剥离出来。人的肉体存在占据空间中的自然位置,人在群体中存在,那是人的社会位置,人实际上就生活在由"位置"所构成的网络之中,生活在一个个场景情境之中,自然位置的阻隔和社会位置的束缚,使人很容易丧失真实的空间感。人的生命是注定要走向终极的快速展示过程,人往往粘滞于时间绵延的细节中,粘滞于过去的眷恋和当下的迟钝中。人们在一条由古今构成的充满无数历史事件的洪流中泅渡,找不到自我生命的岸。楚辞这一存在之思,撞击着中国诗人的灵府。

游仙诗,是古诗中的重要类型,《昭明文选》列有"游仙"之目。游仙诗中除了少部分表达希望成仙长生不老的臆想之外,大多表达的是关于时间的遐想、精神的游历。其思维路径往往是:诗人感生年不永,伤世道屡迁,心中郁闷,不能解脱,于是想挣脱时空的束缚,然而生命被拘限在牢笼里,那么就作一次精神的远足,聊以慰藉痛苦的心灵。或托意高门,遁迹神府,心同仙鹤,志托王乔;或超迈腾踔,逍遥相羊,心骛八极,神游万仞。用幻化的境界,表达心中的企慕。

游仙诗肇始于楚辞。《远游》乃游仙诗之祖。清朱乾《乐府正义》云:"屈子《远游》为游仙诗之祖。"近人黄节《曹子建诗注》云:"游仙之作始自屈原。"王夫之在《楚辞通释》对此诗的解题中有一段非常精彩的诠说:"幽静之中,思无所寄。因念天地之悠悠无涯,前有古人,后有来者,皆非我之所得见。寓形宇内,为时凡几?斯既生人之大哀矣。况素怀不展,与时乖违,愁心苦志,神将去形。枯鱼衔索,亦奚以为?故展转念之,不如观化颐生,求世外之乐也。"船山点出了世外之游原本来自时间之叹。

《远游》中写道:"惟天地之无穷兮,哀人生之长勤。往者余弗及兮,来者吾不闻。步徙倚而遥思兮,怊惝恍而永怀。意荒忽而流荡兮,心愁凄而增悲。"在楚辞的描绘中,人真是一种凄凉的动物,百年前没有我,百年后没有我,就是在这短暂的百年中,也充满了磨难和挫折。诗人吟道:"超氛埃而淑邮兮,终不反其故都。免众患而不惧兮,世莫知其所如。恐天时之代序兮,耀灵晔而西征。微霜降而下沦兮,悼芳草之先零。"众芳芜秽的世界带给他的是痛苦的体验。从过去,到现在,再到未来,时间和抒情主人公产生了巨大的冲突,诗人既感到时间的催促和紧张,又感到时间将自己抛弃。于是,他笔锋一转写道:"春秋忽其不淹兮,奚久留此故居?轩辕不可攀援兮,吾将从王乔而娱戏。"不是寄心太古,去延长自己的时间,而是斩断和时间的联系,进入无古无今无时无空的仙游世界。

屈子之后,汉末到六朝时期仿屈子《远游》之作很多,其中最得游仙精神气质的当推阮籍的《咏怀诗》。阮籍《咏怀诗》,是一组关于时间的咏叹调。在这组诗中,诗人虽然用语隐晦,但是总不脱"感时兴思"的思维路径。诗人充满了忧愁,诗人之忧,有时代之忧,更有生命之忧。"感往悼来,怀古伤今;生年有命,时过虑深",他咏叹道,生命是脆弱的,时间的车轮将碾碎一切美好的东西,一切人们所倾心的对象都在时间的流转中发生了变化:"朝为媚少年,夕暮成丑老",容颜无可挽回地凋损;"视彼桃李花,谁能久荥荥",落花流水带走了人们无尽的怅惋;"哀哉人命微,飘若风尘逝",摧毁一个充满企望的美丽生命竟然是这样容易……诗人瞪着双目惊异地打量瞬息万变的对象,充满了茫然和无奈:"盛衰在须臾",何其速也!"日月逝矣,惜尔繁华",瞬间的美妙体验只能留在记忆当中。他多么想留住时间:"壮年以时逝,朝露待太阳。愿揽羲和辔,白日不移光"。然而,想抓住时光飞逝的翅膀,只是徒然空想,因为诗人知道,"自非凌风树,憔悴乌有常"?生命就是这样脆弱,时光就是这样无情。时间就这样抛人而去,摧残着人的灵性。《咏怀》组诗侧重表现时间面前人的理想,人的选择。时光无法躲避,那只有挣脱时光,超越时光;时光可以摧毁人的肉体生命,截断向远处延展的欲望,但却无法阻滞人的精神的延展。"游仙"——作精神的远足,就是作者的选择。郭璞继承屈子传统,以清新的游仙诗作享誉诗坛。而唐人借游仙发时间之思,最突出者当推李白和李贺。唐人中最得骚人精神者也当推李白和李贺，二人皆善发浪漫奇想，抽心中锦绣，白明快，贺深幽，白放逸，贺冷峻，白沉着痛快，贺诡谲奇蟠。二位的游仙诗都包含时间意识：白的时间之思仍归于道家，所谓"世间行乐亦如此，古来万事东流水"（《梦游天姥吟留别》），在梦游仙境之后，他得到了解脱；而贺像杜鹃啼血一样，仙游非但没有给他带来任何快乐，却使他走向绝望和破灭。

结　语

　　楚辞触动着中国艺术琴弦的最隐微之处，中国艺术的唯美传统、超越情怀、感伤气质以及对生命意义的追问、存在价值的追寻等，这些艺术世界的核心内涵，都与楚辞有密切的关系。楚辞的精彩绝艳，不仅在其外在形式上，更在其精神上。中国艺术在骚人情韵的影响下，出落为一种独特的风韵，中国美学也在这样的精神影响之下，培植成一种独特的气质。

　　读楚辞，既要读出它的霞光云影，又要读出它的血色黄昏。它就像一片秋末的红叶，飘落在历史寂寞的星空。

第 五 讲

气化宇宙

以上列专题侧重谈道、禅、儒、骚有关的美学思考，若论中国美学形成的思想文化基础，便不能忽视"气"。"气"是体现中国哲学特点的核心范畴之一，中国美学与艺术在长期发展中，也贯穿着气化哲学的基本精神，或许可以这样说，没有气化哲学，也就没有中国美学和艺术的特殊形态。

中国哲学认为，天地万物由一气派生，一气相联，世界就是一个庞大的气场，万物浮沉于一气中。中国人视天地自然为一大生命，一流动欢快之大全体，天地之间的一切无不有气荡乎其间，生命之间彼摄互荡，由此构成一生机勃郁的空间。我们的世界是一气化的世界。气，使得时令、物候、人情、世事等都伴着同一节奏，气的消息决定了生命的有序律动。《庄子》的"通天下一气耳"，《淮南子》的"天地之合和，阴阳之陶化万物，皆乘一气者也"，说的都是这个道理。

气化流行，反映了中国人根本的宇宙观。中国哲学的关键词是"生命"，而不是知识。我们生活在一个气化的世界，这气化的世界，就是生命的世界。一气流行，故生命是整体的、浑沦的；无不有气贯乎其间，故生命之间是相通的，世界因气而相互联系；世界在气化中存在，决定了生命是一个"过程"，一个无限变化着的生命流程；世界因气而浮动起来，没有绝对孤立的存在，也没有绝对静止的实体。总之，生命都在气中生存，流动，变化，生灭。

气化思想也决定了中国哲学对人本质属性的看法。人得气而生，因气而存，与万物处于一气浮沉之中。朱熹说得很形象："天地之间，二气只管运转，不知不觉生出一个人，不知不觉又生出一个物。即他这个斡转，便是生物时节。"（《朱子语类·张子之书》）王夫之说："天人之蕴，一气而已。"（《读四书大全说·孟子》）人与世界具有生命的统合性。人的生命也是一个气化的世界，是一种过程式的展开，人的心灵是个气韵流荡的世界。人与世界的合一，不是通过感官去认识这个世界，而是以"气"去契合这个世界，以气合气，以生命合生命。

中国美学的发展，深受气化哲学影响。人以气而生，文以气为主。气化哲学的影响，决定了中国美学的发展方向；在气化哲学基础上，产生了中国美学独特的重视生命的倾向；也是在气化哲学基础上，出现了以表现宇宙节奏为根本目的的美学观念，并形成了中国美学独特的生命体验理论。

我这一讲侧重从艺术形式创造来谈气化哲学对中国美学艺术的影响。

一、气　韵

中国美学重气，到了六朝时，又与"韵"结合起来，凝固成"气韵"这一重要范畴。在谢赫"六法"中，以"气韵生动"为第一，这是在气化哲学影响下所形成的重要审美标准。没有气化哲学的思想，也不会有"六法"的出现。谢赫的"六法"说[1]，是一个远远超出绘画本身的美学法则。"六法精论，万古不移"（郭若虚《图画见闻志》），气韵生动为"六法"之精髓，重"六法"的核心就是重气韵。

"气韵生动"，强调艺术要有活泼泼的生命感。明汪砢玉说："所谓气韵者，即天地间之英华也。"[2] 中国艺术以"气韵生动"为尚，追求活泼的生命感。在谢赫的时代，"气韵生动"主要针对人物画，至唐宋后，扩大到整个绘画，并化入中国气化哲学的内涵，由生动传神的要求发展为表现宇宙生机的理论命题。艺术表现的任何对象，都是在气化世界中浮沉的，都是一个"活"物，无论是看起来"活"的东西，还是不"活"的东西，都是一个"活"物，即使是枯木怪石，在艺术家的处理中也会转化为一个"活"物。艺术就是要展现这世界活的生机、活的精神。天地因气而生生不息，艺术家手中的这支笔也应该永远为生机所润泽。

中国艺术追求"生生而有节奏"的生命精神。生生世界，不但是"活"的，而且是有节奏的"活"；气化流荡，同时又是富有节奏的流荡，有一种独特的音乐精神。宗白华所说的"一个充满音乐情趣的宇宙（时空合一体）是中国画家、诗人的艺术境界"[3]，正是抓住了这气化哲学的特点。恽南田说："《雍门琴引》云：须坐听吾琴之所言。吾意亦欲向知者求吾画中之声，而知所言也。"（《南田画跋》）画是造型艺术，他将这空间形象放到气化中浮沉，放到有节奏的气化世界氤氲，在空间艺术中听到生命的妙音。元画之秘，

---

1 有关"六法"说的论述，请参本书第十四讲"形神之间"。
2 ［明］汪砢玉《珊瑚网》卷四十三，清《文渊阁四库全书》本。
3 宗白华《中国美学史论集》，第74页。

在南田看来,就在于声情并集,如哀弦急管,传达出生生而有节奏的无上妙音。

"气韵"概念由"气"和"韵"合成,这个概念本身就反映出这种追求生命节奏的倾向性。气侧重指天地生生之气,凡为艺者必以气为重,气化氤氲的世界是艺术的根源。清唐岱说:"画山水贵乎气韵。气韵者,非云烟雾霭也,是天地间之真气,凡物无气不生。"(《绘事发微》)天地中之真气,即生生不息的宇宙精神和生命情怀。韵,则是形式中所包孕的音乐感。宋范温说:"韵者,美之极。"(《潜溪诗眼》)中国艺术以韵为至高境界。黄山谷说:"凡书画当观韵。"(《题摹燕郭尚父图》)明李日华评画云:"凡状物者,得其形不若得其势,得其势不若得其韵,得其韵不若得其性。"(《六研斋三笔》)将韵置于很高位置。气与韵合,气韵飘举,风神晔晔,气以包韵,韵以体气,生生而有节奏。

气韵托形而存,无形则无气韵,然而气韵是形式的统治者。中国艺术有"重气韵轻位置"的传统。这个传统,首先重视的是虚灵不昧的美感。气是一个介于物质和精神之间的概念,从语源上

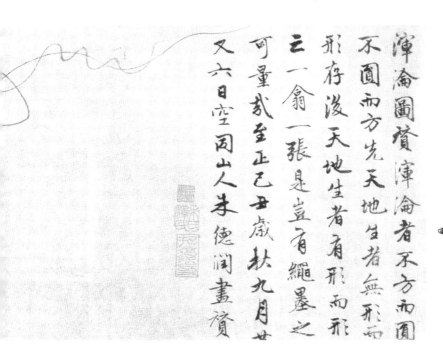

◐ [元] 朱德润
混沦图

中国人视天地大自然为一气流荡之大生命，一欢畅之大全体。

看，它本指一种虚化的物质形态，《说文》中将"气"解释为云气的象形符号。大自然中实存的、可以通过感官把握的对象称为"象"或"形"，而那些飘渺不定、若有若无的对象，如风、云、烟、雾、气息、气味等等，往往被称为"气"。《庄子》中就有"大块噫气，其名为风"（《齐物论》）的话。中国哲学将人的自然生命分为形、气、神三者，气介于形、神之间，形乃包气，气是人的生命气息，也具有物质的成分。显然，"气"是有物质基础的。但作为物质存在的气，它与形是有不同的，形实而气虚。如就人来说，气是生命存在的基础，也是附着于人形貌之上的风神气度，虚灵是其根本特点。在另一方面，从先秦时期，气就被赋予精神性的内涵，像《庄子》中既将气用为物质存在的风，又将其作为精神性的因素，说"气者，虚而待物者也"（《人间世》），气就是一片虚灵空廓的心灵境界。中国艺术重气韵轻位置的传统，其实就是重视超越于形式之外、虚灵不昧的活泼韵致。

其次，这个传统还重视运动的风神。像书法美学中所说的"资运动于风神"（张怀瓘《书断序》），指的就是有气韵之作。气韵

◉〈五代〉董源
潇湘图（局部）
近处是沙白风清、细苇点点，远处是层岩复岭、茂林烟树，中段则是澹荡湖水中舟楫往来，真一平淡幽深的气世界。

是活泼的、生动的。从气的语源上看，气所指之气息、气味、风、云等，都是运动的，与相对固定的存在不同。从人来说，人的内在血气也是运动的。正是在这个意义上，在"六法"中，以"生动"来规范"气韵"。唐宋以来，传统艺术常以"活泼泼地"来释气韵，都体现了这一点。固定的存在是形，形没有气，就没有灵动，就是死的。中国艺术最忌讳的就是"死搭搭地"。中国艺术追求表现世界的"生香活态"。传统哲学的动静理论强调，静者动之，无动，静则空有其静，等同死物；无静，则动也无落实；动静结合，静者动之，形者活之。表现活的世界、动的世界，此为中国艺术的天则。像十八世纪末到十九世纪初年，英国风景画家透纳（Joseph Mallord William Turner）画了一只死的野鸡，在中国绘画中是不可想象的。气是中国艺术的源头活水。

最后，气韵为上，还体现出中国艺术的形而上思考。气韵为天地生生之气，乃宇宙之真气，是人的生命所透升上去的精神，是生命所蕴含的微茫惨淡的韵致。所以，对气韵的把握，必须以生命去契合，而非靠学而至。中国美学史上有"气韵不可学"的理论。北宋郭若虚说："六法精论，万古不移。然而骨法用笔以下五者可学，如其气韵，必在生知，固不可以巧密得，复不可以岁月到。默契神会，不知然而然也。"（《图画见闻志》）董其昌也以为："画家六法，一曰气韵生动。气韵不可学，此生而知之，自然天授。""元季高人，国朝沈启南、文征仲，此气韵不可学也。"（《画禅室随笔》）明李日华说："绘画必以微茫惨澹为妙境，非性灵澄彻者未易证入。所谓气韵在于生知，正在此虚澹中所含意多耳。"（《竹懒画媵》）当然，这里并不是说气韵生动是生而知之的东西，气韵的核心是生命意义的传达，它虽有赖于形，但专注于形则不可得。所以，须以生命去契会，通过默契神会，静静地参悟，以气合气，合于天地之节奏，独得自然之精神。这就是董其昌所说的"自然天授"。在中国哲学中，知识和智慧原就是两个不同的概念，在艺术活动中，重要的是智慧，而不是知识，是那种不可言传的悟性。这绝不是神秘主义思想，而是发自生命深层的体验之力。

二、吞 吐

杜甫《月》诗有云："四更山吐月，残夜水明楼。"《二十四诗品·豪放》说："吞吐大荒。"明李日华有题画诗道："蓄雨含烟五百峰，吞吐常在老夫胸。"（《竹懒画媵》）说到气，我们不能忘记"吞吐"二字。

其实，在中国美学中，审美活动多强调人与世界相吞吐，人的生命与气化的世界相优游。灵襟空阔，风云吞吐，自是一种美的境界。吞吐，是心的吞吐，是气的推宕。由邵雍"月到天心处，风来水面时"（《清夜吟》）诗化出的"月到风来"境界，是中国艺术之重要境界。风月何以来？在人的心灵吞吐中招来。

《周易·系辞下》说："日往则月来，月往则日来，日月相推而明生焉。寒往则暑来，暑往则寒来，寒暑相推而岁成焉。往者屈也，

拙政园芙蓉榭
假山
一窗揽尽西山风。

来者信也,屈信相感而利生焉。"大千世界,生烟万象,都是灵气的往来,都是生命的吞吐。一推一挽、一舒一卷、一往一来,构成生机勃郁的世界。庞大的宇宙就是一气场,人在这个世界存在,不是一个定在,而是一个飘动者,一个活泼的存在,一个世界的参与者,人的自然生命与这气场相浮沉,心理生命也在这气场中优游。

"画栋朝飞南浦云,珠帘暮卷西山雨"(王勃《滕王阁》),艺术是灵韵飘举的世界,这世界是为揽天地之云气而设的,同时也是为人的心灵而设的,它要舒卷西山的云雨,更要舒卷人心灵的烟云。对于外在世界来说,艺术家所创造的世界是收摄,是凝结,以微景而囊众景,以一气而通大千。对于赏鉴者来说,面对艺术作品,又是一个渐次打开的世界,将你心灵中的烟云推出,你的记忆、想象,你的生命体验,在眼前的世界中舒卷。也就是说,大千世界相与吞吐，俨然而成生命世界。艺术创造过程也就是与外在气化世界相与吞吐的过程，艺术家的创造就是表现这样的生命之吞吐。你来观，你便加入这样的世界；你加入了这世界的气场，你与这世界流荡起来。所以，对于中国艺术来说，既随物以婉转，亦与心而徘徊，是整体生命的跌宕浮沉。瞧地下花开花落，看天上云卷云舒，这样的达观，就是在气的吞吐中产生的。你在这世界的气中浮沉，你的命运也交给这气场，因应它的风云际会。

清郑板桥诗云："流水澹然去，孤舟随意还。"（《山色》）他写的不光是流水和孤舟，更是他心灵的优游。随着水流，他的心走得很远很远；望着归舟，他又回到眼前，回到自身。在气的荡漾下，心灵回环裕如，无所滞碍。杨万里有诗云："流水落花春寂寞，小风淡日燕差池。"（《和段季承左藏惠四绝句》其四）在寂寞的春日，寂静的水边，微风轻卷，淡水遥施，杨花飞舞，燕翼差池。我们知道，这不是简单的写景诗，人没有出现，人在何处，在轻风的淡宕中，在柳絮的缠绵中，在春燕的细语中，在流水的悠然中，因为诗人的生命之气正与世界相吞吐。明李日华文心如发，他那敏感的心灵能捕捉这宇宙的妙意，有诗云："独鹤忽不见，悠云自来去。""虚亭落日沧浪远，伴我清吟有白鸥。""水落河渚寒，烟空远山碧。回首夕阳中，树树皆不见。"这里透出的就是生命契入宇宙节奏后的怡然，外在的"官知止"，而心灵的眼则在这流动的世界中逡巡，与宇宙共呼吸，随悠云自往来。

明画家沈周对此有很深体验。他在题画诗中写道："青山间碧溪，人净秋亦净。虚亭藏白云，野鹤读幽径。"[1]"山木半落叶，西风方满林。无人到此地，野意自萧瑟。""石丈有芳姿，此君无俗气。其中佳趣多，容我自来去。""野树脱红叶，回塘交碧流。无人伴归路，独自放扁舟。""扁舟不可泊，任随流水流。东西与南北，人物两悠悠。"[2] 一推一挽、一开一合，盎然演成一生机宇宙。推而远，

---

1 ［明］汪砢玉《珊瑚网》卷四十五，清《文渊阁四库全书》本。
2 ［清］卞永誉《式古堂书画汇考》卷三十五，清《文渊阁四库全书》本。

远则乾坤广大,玄道空渺,无垠的世界都处于我心灵的映照之中,我心随鸟迹、白云、独鹤、流水、虚亭、落日缥缈游荡。同时,又挽而近,生命复返,返入当下此在的世界中。推之于挽,使远则更远,近则更近。空灵又寂寞,心如冰痕雪影,飘渺无着,盎然的生意和无边的春情就在这境界中回荡。

中国艺术家说造艺乃在"卷舒苍翠",不是要将这苍翠席卷而去,而是以性灵的眼抚摩万物,以性灵的气吞吐大荒。世界与我构成了相与回环的关系。中国艺术就是为你造一个吞吐的世界。

如在中国园林赏鉴中,你来到园林,此在此刻,你就是一个点,这是其有限性,但这又是一个可以延伸的点,由这一点推开去,推到广远的世界,推到心灵与其缱绻往复的世界,无边的世界都囊括在此在的心灵中。正是"山翠万重当槛出,水华千里抱城来"(许浑《晨起白云楼寄龙兴江准上人兼呈窦秀才》),由一点推至远处,又由远处回到自身。

中国的园林多是小园,园虽小,但其命意却不小。每一个园都是这宇宙庞大气场的一个点,是世界网络中的一个纽结。于此一园,而推万千天地,一俯一仰、一推一挽,往复回环,豁然可得宇宙真实。宇宙乃一洪流,从一园中而汇入此洪流中。中国人说"江山无限景,都聚一亭中"[1],这就是推挽之力。在一亭中,而坐观万景:我们的眼向远方推去,推到渺不可及的地方,这是推;万千世界的景象又归于一亭之中,这是挽。由近及远,由远及近,彼摄互荡,成一流荡世界。

亭子就好比一个气口,高明的造园者总是将亭子建立在"最宜置亭处",如拙政园十多个亭子各各得其所在。它们是点缀,也是引领;它们是游览线上的一个关节点,收摄众景,使松散的园景有了主题;它们是游人休憩的地方,坐于亭中,呼吸着,使疲劳的步子得到缓解,使迷茫的心结得以解开。在一个亭子里,看着众景,

---

[1] 元末明初张宣题倪瓒《溪亭山色图》,见[明]汪砢玉《珊瑚网》卷三十四,清《文渊阁四库全书》本。

你忽然在不知不觉中，复原着创造者隐藏的世界，并扩大其世界，你借着景，心灵浮现出潜藏的妙色，大脑里暗合天地的声音。你在看，在休息，在呼吸，忽而你感到不是以鼻与肺呼吸，而是以心来呼吸，你就在这气场中呼吸，呼吸天地之精气。好的亭子就是让你这样呼吸的。

前人言，造园要得吐纳之术，这话很值得揣摩。进好园，如进一个好的气场，随之而吐纳自如。若坐亭中，此静也，但见得鸟鸣树巅，花开扑地，此动也，一动一静，见其深矣。桥者静也，然徘徊曲桥，但见得水中红鱼点点，来往倏忽，此动也，心与之往来，境随之愈深。坐在颐和园的长廊中，那昆明湖就是你的吐纳之所，"窗含西岭千秋雪，门泊东吴万里船"（杜甫《绝句四首》其三），此之谓也。姜白石《扬州慢》词最后云："二十四桥仍在，波心荡，冷月无声。"冷月荡波心，我心荡冷月，我心随众景而荡漾，化为层层波纹。秋波穿透横塘路，但汇入，无边苍穹。

所以，中国园林之美不仅在于使你游得闲适，游得快乐，游得合乎心性，还要一石激起千层浪，秋波起，冷月无声。好的园林之景，都有丰富的层次。层层推开，如掷石水中，涟漪一层一层荡出。自己的心灵就在那涟漪的中心，你就是那旋涡处。所以，赏园荡漾其情。如站在扬州个园四季假山前，从水中的影，岸边的花，假山，假山背后的屋宇，再上去蓝天，一层一层推开去，心意随之而展开，再展开，如涟漪荡出。吐胸中之惠气，收天地之精华，这吐纳之术，如同好的戏文让人一唱三叹。

陈从周谈到园林俯仰之法的运用时说："园林景物有仰观、俯观之别，在处理上亦应区别对待。楼阁掩映，山石森严，曲水湾环，都存乎此理。'小红桥外小红亭，小红亭畔，高柳万蝉声。''绿杨影里，海棠亭畔，红杏梢头。'这些词句不但写出园景层次，有空间感和音声感，同时高柳、杏梢，又都把人们的视线引向仰观。"（《说园》）由视线的转换，到心灵的跌宕，"小红桥外小红亭，小红亭畔，高柳万蝉声"。站在小红桥上，在吞吐中汇入宇宙洪荒之中。所谓"虚阁笼云，小帘通月，暮色偏怜高处"（胡

◉ [清] 恽寿平
古木寒鸦图
低徊留得无边在，
又见归鸦夕照中。

原仪释《词旨》），暮色苍茫，淡云微度，初月才起，软风略过，此境寂寞，也缥缈得如烟如雾，最是画处。

三、氤氲

  中国艺术家面对的是一个气化的世界，他与气化世界相优游，又以艺术表现这个世界。如在中国画中，画家与其说在画画，倒不如说在画气。唐代以来，绘画十三科，山水画高居其首，中唐以后花鸟画异军突起，都与中国人的气化哲学思想有关。或许可以这样说，中国画不以人物画为主，而独重山水花鸟，即因为山水花鸟与人物画相比，更能体现气化哲学的精髓。

  在中国画家的心目中，世界充满了气化氤氲的生命感。北宋著名绘画鉴赏家董逌说："且观天地生物，特一气运化尔。"（《广川画跋》)清代画家、绘画理论家沈宗骞说:"天下之物,本气之所积而成。即如山水,自重岗复岭,以至一木一石,无不有生气贯乎其间。"(《芥舟学画编》)这很能反映中国画家对气化世界的认识。清代绘画教育家布颜图说:"庄子曰:'野马也,尘埃也,生物一息相吹也。'夫大块负载万物,山川草木动荡于其间者,亦一息相吹也,焉有山而无气者乎?如画山徒绘其形,则筋骨毕露,而无苍茫纲缊之气,如灰堆粪壤,乌是画哉?又何能取赏于烟霞之士?"(《画学心法问答》)万物都有形,这是外在的;更有气,这是内在的。山水,乃天地之大物,乃天地之间最有灵气者,如果仅仅停留在形的层次上,徒绘其形,筋骨毕露,就不能领略山川之大旨,不能发现山水之意韵。布颜图认为,仅有外在之形的山水画,不是山水。他所说的"苍茫纲缊之气",不是"烟霞之士"的癖好,是决定艺术成败的关键。他的意思是,画画,要画出气,这气不是物质之气,而是生命感。

布颜图《画学心法问答》还有如下高论:"物有死活,笔亦有死活。物有气谓之活物,无气谓之死物。笔有气谓之活笔,无气谓之死笔。峰峦葱翠,林麓蓊郁,气使然也,皆不外乎笔,笔亦不离乎墨。……有气谓之活笔,笔活画成时,亦成活画。"有气谓之活物,有气谓之活笔。

中国艺术所表现的是一个活的、充满生机的世界,强调展现生命的内在节奏,不以表现外在形体为满足,也不是孤立地看待世界。这里从中国画的一些形式原则入手,来看其气化思想。

第一,云烟飘动。董其昌说得好:"画家之妙,全在烟云变灭中。"(《画禅室随笔》)中国画家常常自称"耕烟人",绘画功能被说成"烟霞痼疾",甚至以"云烟"来指代山水画。清盛大士《溪山卧游录》引郎芝田一段话说:"古人以'云烟'二字称山水,原以一钩一点中自有烟云。"山水画不是徒写外在之形态,而要得造化之真气。云烟是造化真气的形式。

山水在云烟之中腾挪缥缈,出落得灵动活络;山水也在云烟笼罩中,俨然而成一个整体。云烟成为联系山水的隐在的线;山水又

◉ [元] 商琦
春山图（局部）
群山在岚气中
飘荡起来了。

因云烟的遮挡、氤氲而显示出特殊的节奏，使形式内部激荡起来。清人范玑《过云庐画论》说："至烟云遮处谓之空白，极体会其浮空流行之气。"可见，中国画家以云烟代山水，不是重云烟本身，而是重整体的生命感。

　　元画家商琦《春山图》是一幅青绿山水长卷，画的是山，但给人的强烈感觉是飘了起来。图画早春之景，群山叠翠，起伏连绵，山脚雾霭迷蒙，山上平坡间绿树成林，清泉滴落，溪涧弯弯曲曲，向远处伸去，茅屋、人点缀其间。山石钩皴严谨精到，墨色渲染层次分明，阴阳向背，富有体积感。树木勾勒点染并用，疏密远近恰当。作者以平远的构图、精丽古雅的笔墨，表现出清旷幽深的意境。一切都在云烟中飘动。这哪里是一幅山水，分明是一幅"云烟"！

　　元画家方从义深受道家思想影响，其画多云烟腾挪，很有韵味。如《云山图》长卷，是一幅很有意思的作品，画面云雾飘渺，山色空蒙，山体卷旋，有一种随云烟飘动的质感。此画笔力细碎，但颇有整体感，有一种碎而不分的感觉。同时，又能将迷蒙氤氲和空阔悠远结合起来，画面的朦胧并不影响其幽深。

第二，元气淋漓。"元气淋漓障犹湿"（《奉先刘少府新画山水障歌》）是杜甫一句题画诗，它表现的境界为宋元以来画家所重视，成为中国画中一境，一种气化氤氲的生命呈现。它强调潇洒磊落，画面水气重，雾霭浓，有鲜活韶秀的生命感。如在迷蒙中，回到生命原初，所谓浮游于物之祖、物之初。清方薰《山静居画论》说："气韵生动为第一义，然必以气为主。气盛则纵横挥洒，机无滞碍，其间韵自生动矣。老杜云'元气淋漓幛犹湿'，是即气韵生动。"元气淋漓彰显了气韵生动的美学观念。

元气淋漓为画界所重，与气化思想有关。在一定程度上，以湿笔渲染的这类图画是模仿天地混沌迷离的特点而创作的，它表现的不是天地中固定的形象，而是虚空流荡的景致。对鉴赏者来说，扑面而来的就是一个"气"字，雨点翻飞，雾霭笼罩，满纸蒸腾，别有滋味。

山水画史上，北宋二米（米芾、米友仁父子）山水最得元气淋漓之妙。二米"云山墨戏"在中国画史上别立一格。米家山水多为云山烟树，总是迷离模糊，历来被当作"云气淋漓障犹湿"的典范。视其画，如同置身于鸿蒙初开的世界中，有灵魂震颤之感。

南朝梁陶弘景隐居茅山，号为"山中宰相"，梁武帝诏书问山中有何物会心，他作诗答曰："山中何所有，岭上多白云。只可自怡悦，不堪持赠君。"（《诏问山中何所有赋诗以答》）这首诗后来成为高逸境界的代语：不慕荣利，翛然林泉之中，与青山白云相优游。

据说米友仁对此诗非常着迷，他说他的云烟图就是受此诗影响的。画山水，要画出云气，画出心里的感觉。如米友仁的《潇湘奇观图》，为一著名的云山墨戏图。清王概《芥子园画传》评曰："友仁盖变其父之家法，而于烟云奇幻，缥缥缈缈，若有楼阁层层藏形于内，一洗宋人窠臼。"（第四章《山石谱》）这幅画富于创格，向左烟云迷幻中露出山顶，似隐若露，又渐渐被厚厚云烟覆盖；中

◎ [元] 方从义
云山图

笔力细碎，在细碎中见整体。山体坚挺，在坚挺中出卷旋。

◎ [宋] 米友仁
潇湘奇观图

山中何所有，岭上多白云。只可自怡悦，不堪持赠君。

第五讲 气化宇宙

段云烟中崛起几座山峰，愈左愈高；再向左，烟云渐淡，次第露出树林屋舍，长卷就此打住。云烟山峦起伏跌宕，蔚为潇湘奇观。虽称墨戏，实具匠心。云烟点点，草草而成，不求形似，唯露性情而已。小米之画不为笔墨所拘，长天云物，怪怪奇奇，得自然之真趣，一派元气淋漓面目。元人邓文原说小米之画有"氤氲无限意"，正道出了小米山水元气淋漓的特点。二米的元气淋漓画风具有很大影响，董其昌以南北宗论画，就以二米的元气淋漓为山水画的范式之一。

第三，气象浑沦。北宋韩拙评范宽画说："峰峦浑厚，气壮雄逸。"（《山水纯全集》）清王原祁说："董、巨全体浑沦，元气磅礴。"（《雨窗漫笔》）而元黄公望画承董、巨之法，以"浑厚华滋"名世。清初"四王"以"峰峦浑厚，草木华滋"为最高追求。现代画家黄宾虹也以"浑厚华滋"为最高画境。

中国画为何以气象浑沦为高格？因为首先，气象浑沦体现了整体的生命美，如董逌所说"一气浑荦"，一气贯通，气象严整，浑然不可分割，收摄众景，化为一气流荡世界。中国艺术强调气象浑沦，其实就是强调生命的整体性。其次，如陈献章所说，"元气塞天地，万古常周流"（《五日雨霰》其二），气象浑沦体现了元气周流贯彻、无所滞碍的精神。再次，气象浑沦反映出一种创化之初的鸿蒙境界，体现出"元气"流淌的内在脉络，有一种苍莽的意味。最后，气象浑沦加强了物与物联系之层次感，使得形式厚而不薄。

五代董源是一位以气象浑成为特点的画家，其画得南宗画空灵淡远的意味，多画南方山水面貌。如其传世名作《龙宿郊民图》（又名《龙袖骄民图》），是其生平杰构。皴以大披麻，大开大合，线条秀润，颇得烟峦出没、云烟显晦之趣。董源的画可以说是气化哲学的衍生物，没有气化哲学，就没有董源的画风。董源非常擅长的"烟景"，所重即在气，将气象浑沦的境界推向新的高度。他好像不是在画山水，而是在画气。

黄公望是元代有个性的画家，号大痴道人。清王原祁说："大痴画，以平淡天真为主，有时而傅彩粲烂，高华流丽，俨如松雪，

［元］黄公望
富春山居图
（局部）
大痴真是人中豪，
浑厚华滋含天矫。

所以达其浑厚之意，华滋之气也。"（《麓台题画稿》）这评价是准确的。

《富春山居图》，为大痴获得较高声望，人以"画中兰亭"来比之。此画入明之后，先后为沈周、董其昌所得，后归一收藏家吴之矩，他死后又传给其子吴洪裕。吴洪裕生平喜爱唐智永的《千字文》和黄公望这幅《富春山居图》，临终时，嘱家人焚之以祭。他在死前一天，亲手将《千字文》烧掉，后烧《富春山居图》，祭完酒，点着火，看到这稀世珍宝在熊熊大火中，他痛哭，当时站在旁边的吴氏之侄实在不忍此宝就这样烟消云散，冲到火中，抢出此图，图当时已烧成两段。现流传的《富春山居图》就是个残本，两部分，主体部分藏于台北故宫博物院，另一部分藏于浙江省博物馆，人称《剩山景》。

据画中题跋称，作者寓居富春山时，有感于这里的山川秀色，整天"云游在外"，画了这幅画。画面上，峰峦起伏，云树苍苍，村落隐映，白帆、小桥以及远处的飞泉历历可辨，境界阔大。绿水环绕，水断山腰，雾笼峰侧，山竞天而上，欲与天公试比高；水消失于山脚，迢递无尽，与莽莽原畴统为一体。一峰一伏，曲折有致；一山一水，相婵相联。此手卷，闲适中有勃动，苍莽中出韶秀，平淡里见天真，沉稳处伏脉龙蛇气吞万里。在董源空阔韶秀之外，又多了一种浑成恣肆的意味。

四、龙　脉

在气化哲学影响下，传统艺术还形成了一种重气脉的思想，强调形式内部的动势。这种理论认为，理想的艺术创造，形式内部如有一条颤动不已的线在绵延，它使形式内部伏脉龙蛇气吞万里，表现出独特的生命律动。

中国历史上有一笔书、一笔画的说法。张彦远《历代名画记》卷二说："或问余以顾、陆、张、吴用笔如何。对曰：'顾恺之之迹，紧劲联绵，循环超忽，调格逸易，风趋电疾。意存笔先，画尽意在，所以全神气也。昔张芝学崔瑗、杜度草书之法，因而变之，以成今草。书之体势，一笔而成，气脉通连，隔行不断。唯王子敬明其深旨。故行首之字，往往继其前行，世上谓之"一笔书"。其后陆探微亦作"一笔画"，连绵不断。故知书画用笔同法。'"

王献之的"一笔书"和陆探微的"一笔画"，在飞舞的线条中，表现一气流动、一脉相通的气势。有气虽笔断而势连，无气则如断线残珠。书法形式内部有一条颤动不已的线，时断时续，但气脉展张，未尝有一丝衰竭。中国艺术讲意在笔先，不是说在下笔前就有先入的意念，这个"先"，不是时间在先，而是意在先，以意为重，笔次之。意，不是概念，而是艺术创作时的生命状态，即生命的张势。笔断势连的"一笔书""一笔画"，来自心灵中那一

第五讲 气化宇宙

◐ [清] 王时敏
仿王蒙山水
一条颤动不已
的线在绵延,
一泓不绝的清
流在流淌。

脉清流。北宋郭若虚推展张彦远之说，其《图画见闻志》卷一说："凡画，气韵本乎游心，神彩生于用笔。用笔之难，断可识矣。故爱宾称唯王献之能为一笔书、陆探微能为一笔画。无适一篇之文、一物之像，而能一笔可就也，乃是自始及终，笔有朝揖，连绵相属，气脉不断。所以意存笔先，笔周意内，画尽意在，像应神全。夫内自足，然后神闲意定；神闲意定，则思不竭而笔不困也。"神闲意定，修得内在气脉畅通，内气充满，灵气飞动。郭若虚的这番生发，是深通中国艺术的行家之论。

这里涉及"气脉"二字。如孙过庭《书谱》在用笔上最重气脉，其笔画多断，但气势流转，一气呵成，真如水流般畅然，跌宕俯仰，别有姿态，俨然而成生命整体。

明清以来，这种气脉说，在画坛发展为独特的"龙脉"说。清代画家王原祁、王翚以及"四王"的后学论画重龙脉，他们从北宋以来的儒家哲学中，得到气化哲学的滋养，又从元人绘画中体会到一种独特的传统，"龙脉"说是体现他们这方面思考的重要观点，是"一笔书""一笔画"在新时代的表现。

王原祁在《雨窗漫笔》中说："画中龙脉开合起伏，古法虽备，未经标出，石谷阐明，后学知所矜式。然愚意以为，不参体用二字，学者终无入手处。龙脉为画中气势，源头有斜有正，有浑有碎，有断有续，有隐有现，谓之体也。开合从高至下，宾主历然，有时结聚，有时澹荡，峰回路转，云合水分，俱从此出。起伏由近及远，向背分明，有时高耸，有时平修，欹侧照应，山头、山腹、山足，铢两悉称者，谓之用也。若知有龙脉而不辨开合起伏，必至拘索失势；知有开合起伏而不本龙脉，是谓顾子失母。故强扭龙脉则生病，开合逼塞浅露则生病，起伏呆重漏缺则生病。且通幅有开合，分股中亦有开合，通幅有起伏，分股中亦有起伏。尤妙在过接映带间，制其有余，补其不足，使龙之斜正浑碎隐现断续，活泼泼地于其中，方为真画。如能从此参透，则小块积成大块，焉有不臻妙境者乎？"

王原祁从中国哲学的体用方面来阐释龙脉。龙脉是一种隐藏在

◎ [清] 王翚 仿古山水图
有断有续,有隐有现,有时结聚,
有时潆荡,峰回路转,云合水分。

有形世界背后的潜在气势，是天地中孕育的开合起伏的潜在动感，或者说是一种创造精神、一种生命勃动，此之谓体。而外在的峰回路转、起伏飞腾、结聚澹荡的形式，则是其用。艺术的外在形式虽是松散的，但必须表现出内在的体势，只有这样的气脉才能使形式具有联系之脉、回荡之势。所以，作画不要拘泥外在的形式是似还是不似，景美还是不美，关键要有气脉。如他所说："奇者不在位置，而在气韵之间；不在有形处，而在无形处。"

"龙脉"本是堪舆学术语。所谓"地脉之行起伏曰龙""龙者，山之脉也"，龙脉是一个表示地脉起伏的术语。《徐霞客游记》卷七说："起伏乃龙脉之妙。"该书卷十三又说："不审龙脉，不辨江源。"山川之走向、起伏、蜿蜒、流转等等，都有龙脉在，龙脉是山川脉动的根源。正因有这条内脉在，山才有腾挪之势，水才有绵延之流。艺术家抓住这条龙脉，就是抓住生命之线。

龙脉，寓涵着一种活泼泼的精神。龙脉体现为一种阴阳开合之势，对此唐岱的论述最为明晰："自天地一阖一辟，而万物之成形成象，无不由气之摩荡自然而成。画之作也亦然。古人作画也，以笔之动而为阳，以墨之静而为阴；以笔取气为阳，以墨生彩为阴。体阴阳以生笔墨，故每一画成，大而丘壑位置，小而树石沙水，无一笔不精当，无一点不生动。是其功力纯熟，以笔墨之自然，合乎天地之自然。"（《绘事发微》）于是，"分龙之脉"成为山水之大要。

中国艺术的龙脉说，是一条虚灵的生命之线。我们知道，中国艺术重视线条，大自然中本没有线条，线条是人对外在物象的抽象。中国艺术重视线条的表现力，是虚灵不昧的哲学精神影响所致。飞舞的线条永远是追踪超越形式的中国艺术的命脉。就像张旭观公孙大娘舞剑而悟草书之妙一样，公孙大娘的剑影游动，若隐若显，在空间中划出一条虚灵的痕，似断实连，似有若无，一脉绵延，难可测知。目不可视，但心可会之。张旭悟出的正是剑之气，公孙剑气久驻于中国艺术的天地中。

第 六 讲

落花无言

　　以上几讲在谈到道、禅和儒家美学思想时,涉及一个共同问题,就是对无言之美的推崇。在"游鱼之乐"中,我们谈到庄子所推崇的浑然整全的美,乃是无言之境。在"不二法门"中,我们谈到禅宗不落两边的无分别见,是"一"之美,"言"受到排斥。在"逝者如斯"中,又涉及儒家以创造、新变的无言之美为天地之大美。这一讲就讲这超越知识和目的、归复自然的"不言"境界。

　　《二十四诗品·典雅》写一种无言独会的境界:"玉壶买春,赏雨茅屋。

坐中佳士，左右修竹。白云初晴，幽鸟相逐。眠琴绿阴，上有飞瀑。落花无言，人淡如菊。书之岁华，其曰可读。"在惠风和畅、竹影森森的氛围中，诗人放弃了知识、欲望的追求，如落花般无言，似秋菊一样恬淡，在无言中契会天地之心，于淡然中饮领自然冲和之气，心灵随意所适，洒洒脱脱，一切过去相、现在相、未来相，一切正确因、错误因都随风荡去，只有一颗平常心去印认万物。这一品是对无言之美的很好概括。

在中国传统美学中，无言之美，被作为最高的美、绝对的美，去除心灵的遮蔽，切入幽深的生命体验，在非知识、非功利的体验中，达到至美之境。如《庄子·在宥》说"渊默而雷声"，无言的深渊中，有惊雷滚动，有生命的飞跃。

一、大美不言

无言之美，不是以沉默的方式去体物；无言不是不说话，乃是放弃"人之言"，而达到"天之言"的境界。"天之言"乃是不以人的知识去言说，而以生命的本然相去呈现。

《庄子·知北游》说："天地有大美而不言。"这句话是传统美学不言之美的一个代表性观点。这句话有几个理论层次：

其一，不言之美作为一种"大美"，不与"小美"相对，它是根本的美，一切森然毕具的美的形态都是其形相。

其二，天地以"不言"为美的根本特点，美的创造就是归复自然之道，所以以"不言"为美的最高准则。"不言"是与人为相对的，人为的美是局限的、片面的，它产生了"言"，由知识所控制。

其三，天地之美并非与人的世界无涉，不能将此理解为：中国美学强调外在自然是最美的，人创造的东西不如自然。因为在中国哲学中，天地不是纯然外在的物质世界，不是西方美学中所说的感性实在，它是人的生命所映照的世界。

"天地有大美而不言"，一言而有三，确立了不言之美作为美的最高体现的地位，确立了自然（包括人生命的自然而然展开）是不言之美的体现者，确立了以不言为美的判断标准。

儒家哲学虽然关心人伦建构，但常将人的道德努力归于天。天是创造的本体，也是美的本体，儒家美学也是以崇尚自然为根本特点的。在儒家，如果说有个大美的世界，这个世界就是天。天是什么？天不是自然对象，也不是遥在天国的至上神，而是绝对之创造本体，显而为万物，从而生生化化，有物有则。在儒家，天是不言的，默然而创造；冲漠无朕，寂然无形，而森然已具。故天之无声无息，是就其本体而言的。"有言"之世界，乃是"无言"本体之显露。无言的冲漠无朕、寂然无形的本体界为一体，而生生化化的生命世界则是"一体之灿著"，一切灿烂的美的形态都是这一体之体现。

当孔子说"予欲无言"，弟子以如果先生不言，何以领教询问时，孔子以"天何言哉，四时行焉，百物生焉"（《论语·阳货》）来作答。在他看来，无言可以合天，天不言，而创造不已。他对逝者如斯的感叹也包含这样的思想。

《周易·系辞上传》云："寂然不动，感而遂通天下之故也。"寂，静寂，无言而渊深的境界。寂然不动，言道体，道体无声无息、无形无相、静而不动。感而遂通天下，即一体之灿著。天下万事万物，生生化化，因一体而生，故而相连。一体为本，万化为相。这是一种本体的美。

《诗·周颂·维天之命》说："维天之命，於穆不已。"这两句诗为儒家所重视，《中庸》将其作为"天之所以为天"的根本特点。天，即本体。命，即本体之流行。"於穆"含有深远、深奥、深透、静穆之义，是对天之本体的形容。正如《中庸》结篇时所说的"上天之载，无声无臭，至矣"。天地无声无息，创造不已，含至深之道，有至美在焉。天之美，是绝对的美，是美本身。儒家树立了一个无言的美的本体,突出其创造特性,也突出对这种美的把握,只能走默然体验的道路。

道家哲学也是将"无言"作为美的本体。老子说:"大音希声。"大音,即体现道的音乐,或者说是至高的音乐、至美的音乐。希声,所谓"听之不闻曰希",这至高至美的音乐是无声的——不是说沉默,没有声音,而是强调,这至高至美的音乐,是不能通过知识的把握达到的,必须以超越知识的"无言"之心去体验。

老子强调这无言的世界,不在于世界本身,而在于观者的态度;不在世界无声无言,而在观者超越言说的欲望。在他看来,知识不真,它是对世界虚假的反映;不美,美在于自然而然的显现,所谓"信言不美,美言不信";依赖知识去认识世界,也不符合自然道德的准则,是不"知"(智)的,所谓"知者不言,言者不知"。世人所说的美和丑都是相对的,老子推崇的是一种绝对的美。这绝对的美就是无言之美。

《庄子》一书共使用"美"52次,其中多处含有哲学意义。[1] 其中将美分成两种类型,一是一般的美,它是相对的、知识的;一是道之美,它是绝对的美。前者属于人理性的视界,是人的语言可以表达的;而后者不涉人的理性,是人类语言所不可分别的浑全之美,是无为之美。前者为人为之美,后者为造化之美。在《庄子》看来,美是不可说的,可说则非美。有言的世界是语言可以描述的,语言的有限性决定它无法真实反映世界;语言的僵化固定的指称,是对世界意义的破坏。所以《庄子》认为有言之美,如果还有美的话,它一定是有限的、相对的、不完全的、片面的;而在不言之美中,没有外在的审美——有外在的审美,就是观照者对

---

[1] 先秦时,"美"已上升为一个哲学概念,从孔子的"尽善尽美",孟子的"充实之谓美""不全不粹不足以为美"等来看,"美"是一个具有丰富内涵的理论概念。从其所说的美善之区别看,"美"这个概念所思考的问题,应该属于美学所讨论的范围。在道家哲学中也是如此。老子说:"天下皆知美之为美,斯恶已;皆知善之为善,斯不善已。"将美看成与恶(丑)相对的概念,又和善相区别。从老子的"信言不美,美言不信""美之与恶,相去若何""甘其食,美其服"诸语中还可看出,美在当时已经包含形式美感的内容。故此,讨论中国美学不能局限于"美"这个概念,也不能忽视这个概念。

对象的认识，不言之美不能经由外在观照者的"审美"活动而获得，它自己以存在言说，以存在的意义显示自身的美。这样的美只能通过体验妙悟而获得，人只有没入存在中，才能领略其大美。人不是通过"思"（概念的知识的把握）认识，而是融入这个世界，从而发现世界的意义。

在《庄子》看来，一般美受制于分别智，而大美是无分别的美。庄子从几个方面谈它们的分别：

第一，一般美受制于人情感的因素，这种被情感控制的美不是真美。《山木》篇说："阳子之宋，宿于逆旅。逆旅人有妾二人：其一人美，其一人恶。恶者贵而美者贱。阳子问其故，逆旅小子对曰：'其美者自美，吾不知其美也；其恶者自恶，吾不知其恶也。'"美丑的判分受制于主观的情感和欲望，所以说是"美者自美"，这样的美"吾不知其美"，其实并不是真正的美。

第二，一般的美受制于主体知识的局限，它所得出的美的结论是不正确的反映。那位因大雨而高兴而跳跃的河伯，"以天下之美为尽在己"，这样的美的结论带有虚幻不实性。一般的美是一种局部的、片面的美，无法达到"共美"。《天下》篇说："天下大乱，贤圣不明，道德不一，天下多得一察焉以自好。譬如耳目鼻口，皆有所明，不能相通。犹百家众技也，皆有所长，时有所用。虽然，不该不遍，一曲之士也。判天地之美，析万物之理，察古人之全，寡能备于天地之美，称神明之容。"一曲之士，本一曲之心，所说之美，只能是曲偏之美，不具有共同性，所谓"寡能备于天地之美"。

第三，一般的美受制于具体的知识标准，在某种知识标准判断下得出美的结论，也是不真实的。庄子《齐物论》说：人睡在潮湿的地方时间长了，就会腰痛，乃至偏瘫，泥鳅却不会。人住在高处的树上，会恐惧不安，猿猴却不会。我们到底怎样来判别舒适的标准呢？毛嫱和丽姬，人们都认为她们美，而鱼见了就潜进水底，鸟见了却高高飞起，麋鹿见了又快速奔避，人、鱼、鸟、鹿四者到底谁知道天下真正的美的标准呢？一切有标准的美，都是知识之美，即"言"之美。

[清] 石涛
兰

中国艺术的境界，如高山大川中几朵幽兰，散发出淡淡的幽香，似有若无，似淡实浓，无言地传递着她的奥韵。

从根本上说，庄子以不言之美为美的本体，援此以诊治人溺于知识理性的痼疾。以知识去解说天下，到底是"小识"；而"岿然"独立，无知无识，心中混茫，葆纯全之志，乃是大识。大识就有大得，大得方有大美。大美便只在无言中。

从以上所言儒道的大美思想看，儒道两家都承认有一个绝对的美的本体，而美的创造应该循此为道。这个大美被许之于天地：天地何以有大美，在于天地以"不言"而得此名。顺乎言，不以人言。人言者，乃知识的分别；天言者，自然而然之显现也。一切自然显现的都是美，而这美都根源于"不言"的美的本体。

南宗禅其实也肯定一个无言真美的世界。不立文字，自性显露，闭起知识的口，开启生命的眼，这是南宗禅的基本思路。但南宗禅没有体用之思路，它没有在本体之美与一般之美间作区隔，无言之美在禅宗就是自在兴现的世界。没有一个抽象的绝对的本体存在，一切大美、小美、大音、小音都是分别见。禅宗从这样的角度谈它的不言之美。

临济宗实际宗师黄檗希运的一段话，是这方面思考的概括。他说："语默动静、一切声色，尽是佛事，何处觅佛？不可更头上安头，嘴上加嘴。但莫生异见，山是山，水是水，僧是僧，俗是俗，山河大地，日月星辰，总不出汝心。三千世界，都来是汝个自己。何处有多般？心外无法，满目青山。虚空世界，皎皎地无丝发许与汝作见解。所以一切声色是佛之惠。法不孤起，仗境方生。为物之故，有其多智。终日说，何曾说？终日闻，何曾闻？所以释迦四十九年说，未曾说着一字。"[1]

这段话有四个逻辑点：第一，佛不说。佛说法四十九年没有说一字，不是他的嘴没有张过，他终日说，未尝说，他不以知识去说，没有落入概念。禅宗以"不立文字"为宗门铁限，强调"说似一物即不中"。佛是不可言说的，说一声佛，都要漱漱口。禅门中有这样的话："不堵你口，你说什么？不塞你耳，你听什么？"所谓言无言，不言言。禅宗认为，妙高峰顶，不容商量，一"商量"，即是言说，即破坏了诸法实相。"维摩一默"，才是根本的致思之道。所谓"见则当下便见，拟思便差"，拟思，就是知识活动，就是言。

第二，世界自在说。满目青山，皎皎自在，它们终日在说，却没有说一字，山是山、水是水地说，无概念无分别地说，即"无丝发许与汝作见解"。

第三，以世界之说为说，则是这段话重要的落脚点。就是"一

---

[1] ［宋］赜藏主编集，萧萐父、吕有祥、蔡兆华点校《古尊宿语录》卷三，第42页。

切声色，是佛之惠"，佛不说，佛以世界之说为说，满目青山，皎皎自在，都是在为佛说，法不孤起，仗境方生。这就是佛之"惠"，佛不说，以世界为说，世界是佛之代言者。

第四，这虚空世界皎皎地说，"皎皎"二字值得注意，也就是世界自在地说，灿烂地说。世界之说是一种美的发现。黄檗希运继承了洪州禅的思想，活化了洪州禅"平常心是道"的思想。悟入无言之境，是去除心灵的遮蔽，彰显了处处通灵、处处玲珑的新的世界；悟是发现和创造，发现了一个自在显现、梅香四溢的新世界。"三十年来寻剑客，几逢花发几抽枝。自从一见桃花后，直至如今更不疑"——灵云悟桃花，就是悟出了一个灿烂的美的世界，将生命由晦暗引向清明。

因此，希运的思路，不仅是确立生活本身，更是确立世界本身。山河大地、水鸟树林，自在活泼，不受妄念的支配，只是自由自在地呈现。这自在显现的境界是脱离人的言说的境界，是美的自在呈现的境界。虽然希运这里讨论的不是美学问题，但其最终导入了一个结论：最高的美就是不言的美。无言之境，是为佛境，也为美境。南禅受大乘空宗影响，又扬弃了大乘空宗一味空寂的思想，在这方面吸收了儒学生生化化的哲学，很有创获。

二、妙契无言

以无言之大美为绝对之美，这样的美，是无法通过知识去把握的，唯有以心灵去体验才可达至。王阳明说"无声无臭独知时"（《咏良知四首示诸生》），对待无言之大美，即需要无言的冥会。无言，说的是要关闭知识之途；冥会，说的是无分别的独自默然证会。思辨乃证会的乱源，独认是契合的坦途。这样的思想，在儒道佛三家都有描述。

《老子》第五十六章说："知者不言，言者不知。塞其兑，闭其门，挫其锐，解其纷，和其光，同其尘，是谓玄同。"真正知的人不说，而说的人却不知。堵塞欲望的孔隙，关闭视听的门户，挫掉争辩的锋芒，解除分别世界的欲望，从而玄同物我，默契大道。老子的"涤除玄鉴"，说的就是这个意思。

老子所描绘的以无言之心和光同尘的方式，乃是中国美学中典型的纯粹体验方式，以无言的体验方式去契合无言之大美。天地以不言为美，人以不言应之。对无言之美的体认，就是以生命契合生命，而不是以知识去分解。"无言"的体验方式，其实就是以恬然澄明之心去映照，一丝不挂，虚静空廓。中国审美体验理论中的澡雪精神、疏瀹五脏，就是荡涤"言"，虚则静，静则动，从而获得生命的飞跃。以无言契合无言之大美，乃是落花无言般的契入，是冥然无间的融入，因为解除了"言"，便解除了人与世界的冲突，化归于宇宙的大生命中。这是中国审美体验理论的基本思路。

清代画家戴熙是一位极为敏感的艺术家，他对无言之境的体会堪称深刻。他以为，无言的纯粹体验是艺道的关键，他说："心与造物者游，故动即相合，一落语言文字，便是下乘。"（《习苦斋画絮》卷二）他在一幅墨荷图上题道："彼肆其幻，吾面吾壁；彼矜其捷，吾伏吾枥。蠢然峰起，吾安吾默；轰然雷动，吾守吾寂。兹山之德，吾抱以为式。"（《习苦斋画絮》卷五）艺术家抱素守寂，在无言之中，妙契大道，感受到"渊默而雷声"的境界。他还以动人的诗境传达对无言妙境的向往："高山雄尊，流水潺湲。徜徉其间，心契无言。""山翠袭衣，溪云参座。高人无言，松倡竹和。"（《习苦斋画絮》卷六）以无言之心，融入世界之中，山光水色都是人的性灵显现。

戴熙有一首题画诗写道："万梅花下一张琴，中有空山太古音。忽地春回弹指上，第三弦索见天心。"（《习苦斋画絮》卷六）艺术家说的是一个无言的化境。梅花如雪，一人于如雪的梅花丛中援琴弹拨，弹出了清泉滑落，弹出了淡云微收，弹出了一片生机鼓吹的世界，弹出了沉积在自我生命深层的声音，弹着弹着，似乎整个宇宙的声音都在梅花丛中回荡，空灵的山在回荡，万古之前的声音也来这花海中回荡，弹琴者融入了这一片梅魂花影之中，他淡去了

[元] 盛懋 秋舸听夏图

高山雄尊,流水潺湲。倘佯其间,心契无言。

"人心""人乐",融入"天心""天乐"之中。这就是妙契无言。

明代画家李日华题画诗说:"世缘空尽身无缚,来往翛然似孤鹤。有耳不令着是非,挂向寒岩听泉落。"(《竹懒画媵》)李日华用庄子所说的那双耳朵去听,不着是非,不下判断,世缘空尽,无缚无系,将这双不染世念的耳朵挂向寒岩,一任飞泉溅珠玉。

"落花无言,人淡如菊"(《二十四诗品·典雅》),去除尘世的羁绊,淡去知识的乱源,出一片平淡之心。淡不是木然,而是养素葆真,契合大道。在不长的《二十四诗品》中,有类似的内容来谈这种"落花无言"的契合。

诗道不关乎知识,而关乎生命体验。受知识、欲望左右,就会分别对象,占有对象,与世界相冲突。作者写道:"是有真迹,如不可知"("缜密");"俯拾即是,不取诸邻"("自然");"取语甚直,计思匪深"("实境")。知识的活动是逻辑的、理智的,而无言的契合是非知非思的,就像无言的落花、无虑的清风、无思的明月,只是自然而然运动,只是"俯拾",只是"直取"。诗悟无须"取诸邻"——在时间上为过去、现在、未来所缠绕,在空间上为相互对待所裹挟。作者强调将一片芳心寄于当下直接的感悟,因为一涉知识,即是伪。

"超诣"一品对此阐释最为细微:"匪神之灵,匪几之微。如将白云,清风与归。远引若至,临之已非。少有道契,终与俗违。乱山乔木,碧苔芳晖。诵之思之,其声愈希。"既不是神,也不是几,那是宗教之境。无言契合的方式并非玄不可测,它就是平常自然地契合,清风自清风,白云自白云,乔木森森,就是我的性灵,青苔历历,就是我的心衷,在这样的氛围中,没有了自我,没有了我与物的隔阂,"诵之思之",其实是什么也不思,什么也不想,因为在"诵之思之"中,他的诵归于"希",归于一片庄严的静寂,他的思也归于一片空无。这就是《诗品》的态度。大音希声,故以一片"希"心而归之。

在书法理论中,唐代艺术理论家张怀瓘对此有非常细致的论述。他以为,艺术"不可以智识",唯有心会。其《书断》评张芝书法说：

> （张芝）创为今草，天纵尤异，率意超旷，无惜是非，若清涧长源，流而无限，萦回崖谷，任于造化。至于蛟龙骇兽、奔腾拿攫之势，心手随变，窈冥而不知其所如，是谓达节也已。精熟神妙，冠绝古今，则百世不易之法式，不可以智识，不可以勤求。若达士游乎沉默之乡，鸾凤翔乎大荒之野。[1]

领悟艺术的高妙之境，要有"达士游乎沉默之乡"的情怀，艺术是一"沉默之乡"，在这片天地中，只能心会，不能以喧嚣的心去寻觅，而要以宁静渊澄的心证会。因为这片天地是不可说的，可说即非真，面对不可说的东西，唯有沉默。知识沉默了，思虑沉默了，语言沉默了，永恒的沉默是达到艺术高妙境界的途径。在这片天地中，"窈冥而不知其所如"，随意东西，从容飘游，不粘不滞，率意而为。张怀瓘将这样的艺术家称为"达节士"，将这样的艺术创造过程称为"达节"的行为，所谓"达节"，即无言契合。

张怀瓘《书议》还提出："可以心契，不可以言宣。"[2] 这是中国艺术理论中的一条重要原则。言宣为识，心会为悟，言者存粗，悟者存精。文学需要语言来表现，书画等艺术也需要自己的语言，中国艺术并不是摒弃语言——没有语言（广义之语言），艺术成立的基础也就没有了，它反对的是可能导致理智、概念、欲望产生的语言。

所以对于语言，中国艺术论秉持一种"不立文字，不离文字"的道路。在这一点上，庄子的得鱼忘筌、得兔忘蹄的思想以及禅宗舍筏登岸的思想有很大影响。语言无非为示机之方便而设，以指指月，使人因指而见月，意在月，而不在指；以言教而显示实

---

[1] ［唐］张彦远撰，武良成、周旭点校《法书要录》卷八，杭州：浙江人民美术出版社2019年版，第224页。
[2] ［唐］张彦远撰，武良成、周旭点校《法书要录》卷四，第127页。

第六讲 落花无言

◎ [宋] 梁楷
雪图
琉璃世界，
一片静寂，
深心独往，
孤意自飞。

相，然而语言本身并非实相，舍筏登岸，得月忘指。苏轼诗云:"殷勤稽首维摩诘，敢问如何是法门。弹指未终千偈了，向人还道本无言。"(《和文与可洋川园池三十首·无言亭》)赵孟𫖯说:"始于不言，而至于无所不言，无所不言，而至于无言。夫道非言不传，传而不以言，则道在言语之外矣，是为佛法最上上乘。"(《临济正宗之碑奉敕撰》)无言契会，就是不为外在的形式所拘牵，一任心灵自由腾越。

张怀瓘推崇一种"独闻""独见"的无言独化方式。其《书议》云:"玄妙之意，出于物类之表；幽深之理，伏于杳冥之间。岂常情之所能言，世智之所能测。非有独闻之听，独见之明，不可议无声之音、无形之相。"[1] 至高的书法境界如绝妙的音乐，只能通过心知，不能以言去究诘。在这里，张怀瓘提出"常情"和"世智"两个概念。所谓"常情"就是一般的认识方式、习以为常的价值评判标准；"世智"就是寻常的知识系统。"常情"是我们认识世界时不自觉运用的标准，"世智"是我们把握世界所惯用的分析方法。我们面对外在世界，总是情不自禁地去"说"，"说"所运用的，就是这"常情"和"世智"。我们满以为这样便把握了对象，其实这只是误说、妄测。习以为常的原来如此不可靠，信以为真的原来是一腔妄念。

张怀瓘提倡"独闻之听，独见之明"的体验方式，闭起知识的眼睛，睁开真知的灵明。"独闻""独见"，强调无对待，无知识羁绊，自由空灵，用心灵的耳朵去听，以心灵的眼睛去见，臻于一片气化和合的境界，从而把握其妙处。僧肇说:"然则玄道在于绝域，故不得以得之。妙智存乎物外，故不知以知之。大象隐于无形，故不见以见之。大音匿于希声，故不闻以闻之。"[2] 这里的不见之见、不知之知、不闻之闻，正是中国艺术论中的"独见之见"等所本；"独见"云云，就是以不见为见，由外观而内悟，官知止而神欲行。

明代书论家项穆还将无言视为一种神化之妙，他说:"是知书

---

[1] [唐]张彦远撰，武良成、周旭点校《法书要录》卷四，第125页。
[2] [东晋]僧肇著，张春波校释《肇论校释》，北京:中华书局2010年版，第232—233页。

之欲变化也，至诚其志，不息其功，将形著明，动一以贯万，变而化焉，圣且神矣。噫，此由心悟，不可言传。字者孳也，书者心也。字虽有象，妙出无为，心虽有形，用从有主。初学条理，必有所事，因象以求意。终及通会，无所无事，得意而忘象。故曰由象识心，徇象丧心，象不可着，心不可离。"[1]悟就是无言，无言妙境只能于悟中得来。这神化的境界，当然不是宗教境界，而是微妙的心灵契合。

三、无言之美

不言之美是美的至高境界，中国艺术家以无言之心体验这幽绝的世界，创造无言之艺术世界。这里以八大山人和石涛为例，来谈谈这个问题。

据史料记载，八大山人和其父都有语疾。与八大山人同时代的陈鼎在《八大山人传》中说，八大山人的父亲"亦工书画，名噪江左，然喑哑不能言……甲申国亡，父随卒，人屋承父志，亦喑哑"[2]。意思是明亡之后，其父去世，八大山人继承父志，也哑于言。不过是因国亡而哑口无言，还是因生理哑不能言，陈鼎并没有说清。从他记载的情况看，"左右承事者，皆语以目，合则颔之，否则摇头，对宾客寒暄以手，听人言古今事，心会处，则哑然笑"，则八大山人并非聋哑残疾，只是能听不能说。即使这不能说，也不能遽然而定。与八大山人同时并曾向他索画的张潮说："又闻其于便面上，大书一'哑'字。或其人不可与语，则举'哑'字示之。"[3]这处记载透露出一个消息：八大山人并不是真正哑于言，而是对愿意与之说话的，就不哑；对不愿与之说话的，就挂出免于言的招牌。

---

1 [明]项穆《书法雅言·神化》，见陈涵之主编《中国历代书论类编》，石家庄：河北美术出版社2016年版，第338页。
2 [清]陈鼎《留溪外传》卷五隐逸部上，清康熙三十七年（1698）自刻本。
3 [清]张潮《虞初新志》卷十一录陈鼎《八大山人传》，此系按语。

八大山人晚年画中常有"个相如吃"的款，"个"指的是八大山人自己（八大山人早年在佛门名传綮，号雪个），相如指司马相如，史书载司马相如有口吃的毛病。八大山人的意思是，自己与司马相如一样，都有口吃的毛病。按常理，一个有缺陷的人，不会有意张扬，但八大山人却相反，他似乎非常喜欢张扬仅仅是口吃这并不太重要的毛病。不少研究为八大山人找原因，多从政治的角度入手，正像陈鼎的记载所显示的，他是以不语来表达面对易代的痛苦和愤懑，像张潮所说的，合于心者与之言，不合于心者则沉默，就是一种政治考量。在我看来，这都不是主要原因，他是要通过这样的身体行为，表达自己的思考。这与禅宗有关。江西是洪州禅的发源地，马祖大师驻锡江西开元寺，宗风大盛，被称为洪州宗。唐代著名的居士庞蕴某天问马祖道："禅宗不重万法，是什么意思？"马祖说："等你一口吸尽西江水，就跟你说。"[1] "一口吸尽西江水"于是成了洪州禅最重要的话头。八大山人有《题画西瓜》诗道："无一无分别，无二无二号，吸尽西江来，他能为汝道。"[2] 说的就是这个意思。他的朋友胡亦堂说他："浮沉世事沧桑里，尽在枯僧不语禅。"[3] "不语禅"，是八大山人毕生所奉行的，即使离开了佛门，禅的血脉仍然在影响着他。他的画就是这"不语禅"的体现，他不以知识、理性来分析这个世界，而是用生命来感悟这个世界，他的画就是他的禅、他的哲学，其中所蕴藏的，是他无法用语言来表现的亲知。"哑"，作为八大山人艺术的一个徽记，其实反映的思想正是中国传统哲学的"无言"智慧。

八大山人喜欢画假山，他有一幅玲珑石图，画面中只画了怪石兀立，上面有一首诗："击碎须弥腰，折却楞伽尾。浑无斧凿痕，不是惊神鬼。"须弥山是佛教传说中的世界之巅，即妙高山。而佛

---

1 ［宋］普济著，苏渊雷点校《五灯全书》卷三，第186页。
2 台北故宫博物院所藏《传綮写生册》其中一开的题诗，此册作于1659年，是八大山人存世最早的作品之一。
3 ［清］胡亦堂《过东湖寺同雪公》，见《梦川亭诗集》七言绝，清康熙刻本。

◉ [清] 八大山人
瓜鸟图
这护法的鸟,
护持的是一片
光明的混沌。

教传说中的楞伽山光明灿烂,山中有无数花园香树,微风吹拂,枝叶摇曳,妙香远闻。八大山人以假山来表现浑成而无斧凿之痕的境界,这样的境界不求惊天地泣鬼神,而是浑然一片,自是一片圆足。

八大山人自题《个山小像》有一段这样说:"没毛驴,初生兔,劈破面门,手足无措。莫是悲他世上人,到头不识来时路。今朝且喜当行,穿过葛藤露布,咄!"[1]前四句是说自己进入佛门,为世上人不识来时路而悲伤。八大山人为什么这样说呢?在禅宗看来,人来到世界,欲望、知识、习惯、目的等等,很容易给心灵的白纸涂上颜色,人失去了他的本色,忘记了来时的路。从权威中走出,从知识中走出,从习惯中走出,做个自由人,做个透脱之人,做个真实的人,这才回到真实的生命之路上。禅宗认为,妙悟是回到生命之路的唯一途径。这里的"当行",乃禅门用语,所谓"本

---

1 《个山小像》立轴今藏江西南昌八大山人纪念馆。

色当行",指妙悟。

而"穿过葛藤露布",指超越理性知识。禅宗将人的知识活动称为"葛藤下话"。这个比喻很形象,知识的活动,是啊非啊,有啊无啊,就像葛藤纠缠,没有个止境,没有个准则。

赵州大师有段话说得痛快淋漓:"如今黄口小儿,向十字街头说葛藤,博饭吃,觅礼拜,聚三五百众,云我是善知识,你是学人。"[1] 意思是,如今一些人,年纪轻轻的,就喜欢摆弄口舌,说是说非,就像一个人站在十字街头说着葛藤一样永无结果的话,博得一些吃喝,寻到一些人向他礼拜,聚集一些人,就说:"我是老师,你们是学生。"真是冷峻至极。"露布",古代打仗胜利后,在布帛上写上胜利的文告,挂在竿头,昭告天下,有点类似今天的广而告之。禅宗说:"我宗无语句,徒劳寻露布。"[2] 露布就是宣扬自己有知识。八大山人的"穿过葛藤露布",就是穿过知识分别的陷阱。

有研究者认为,"八大山人"的落款连书成"哭之笑之"之样,这是不假的。据说八大山人在朋友胡积堂家做客,"忽痛哭,忽大笑竟日"。一般认为,八大山人这样做,乃哭笑不得,以此表达失去旧朝的痛苦和愤懑。其实,这也透露出禅家的观点。百丈怀海有一次和老师马祖一道出去散步,看到有一群野鸭飞过。马祖问:"这是什么?"怀海说:"野鸭子。"马祖说:"飞到什么地方去?"怀海说:"飞过去了。"马祖就狠狠拧了怀海的鼻子,怀海痛得大叫起来。马祖说:"你说它飞过去了,我看它还在这里。"怀海回到房间,嗷嗷大哭。有的人就将此事告诉了马祖,马祖说:"他一定是悟了,不信你去问他。"那人回告怀海,怀海又呵呵大笑。那人就奇怪了:"刚才哭,怎么现在就笑了?"怀海曰:"刚才哭,现在笑。"那人弄得一头雾水。[3] 八大山人的哭哭笑笑,意似疯狂,其实表达的是,超越俗世的是是非非,超越俗世的知识理性,以"不言"的体验去创造。

---

1 [宋]赜藏主编集,萧萐父、吕有祥、蔡兆华点校《古尊宿语录》卷十三,第213页。
2 [宋]普济著,苏渊雷点校《五灯全书》卷十二,第759页。
3 [宋]普济著,苏渊雷点校《五灯会元》卷三,第131页。

八大山人的画中充满了一种天心，充满了童趣和幽默，充满了对大自然中一草一木的爱。他在《题梅花》诗中写道："泉壑窅无人，水碓舂空山。米熟碓不知，溪流日潺潺。"[1] 他有一首《无题》诗道："深树云来鸟不知，知来缘想景当时。小臣善谑宿何处，庄子图南近在兹。"云来鸟不知，水来树不知，风来石不知，庄子所描绘的那个"咸取自己"的世界就在这里，因为我无心，世界也无心，在无心的世界中，溪流潺潺，群花绽放。他有诗道：

春山无远近，远意一为林。未少云飞处，何来人世心。（《题山水册》）
无心随去鸟，相送野塘秋。更约芦华白，斜阳共钓舟。（《无题》）
侧闻双翠鸟，归飞翼已长。日日云无心，那得莲花上。（《题莲花翠鸟》）

人心退去，天心涌起，此时但见天风浪浪起长林，芦花飘飘下澄湖。

八大山人的朋友石涛也是一位深通无言至境的艺术家。他曾画《睡牛图》，自跋云："牛睡我不睡，我睡牛不睡。今日清吾身，如何睡牛背？牛不知我睡，我不知牛累。彼此却无心，不睡不梦寐。"[2] 无心就是石涛的大法，于念而不念，牛无念，我无念，无念处大千，不睡不梦寐。我作画如牛儿吃草，自在运行，不秉一念，不受一拘。他的一首小诗写道："流水含云冷，渔人罢钓归。山中境何似，落叶如鸟飞。"[3] 用八大山人的话说，这是"大是懵懂"。上海博物馆藏有石涛《松柯罗汉图》，上有两句诗跋："迷时须假三乘教，悟后方知一字无。"这是石涛对南禅法的把握。言三乘教门，说祖

---

1 《梅花图》题跋，图今藏故宫博物院。
2 《睡牛图》题跋，图今藏上海博物馆。
3 《穰梨馆过眼录》卷三十六录《石涛赠石溪山水册》，其中一开题有此诗。纳尔逊－艾金斯美术馆藏十二开《苦瓜妙谛册》，其中一开也题有此诗。

师法典，动辄某经某典，动辄谁谁谁曾言，这都是拉大旗做虎皮。这样的人是"迷人"，没有得禅之妙法。妙悟之人，通透一切，一法不存，一言不立，《法华》呀《楞严》呀，统统置诸脑后。这就是"一字无"。"我今壁立千峰外，无发无名寄一枝"，无发无名都是外在的形式，关键在于心灵中的"无言""不作"。他壁立于千峰之外，无拘无束，高卧横眠，得大自在。石涛常有"一字钝根"的落款之语，其"一字钝根"，就是"无字灵根"！

在石涛的题画诗中，我们看到他常常优游在这无言之境中："露地奇峰平到顶，听天楼阁受泉风。白云自是无情物，随我枯心飘渺中。"[1]"落叶随风下，残烟荡水归。小亭倚碧涧，寒衬白云肥。""小亭大于豆，高置幽岩巅。镇日来无人，水木空清妍。"[2]一向狂狷的石涛在这里表达了如此悠然从容的心境，枯心随云荡，独意任鸟飞，一如陶潜的恬淡、王维的清幽。石涛认为，这种心灵境界就是无念之境，在这样的境地中，法是难觅着落之地的。不过，石涛达到无念之境有两种方式：一是浪漫的，放意直扫，意绪狂飞，脱略规矩，迥然高蹈，如石涛诗云"大叫一声天地宽，团团明月空中小"；一是落花无言、人淡如菊的境界，悠然地渗入，宁静地参悟，叶落无声，皓月无痕。

八大山人和石涛以及中国很多艺术家，提倡不言，修得一颗"天心"，像一只忘机的海鸥在天地间自由自在飞翔，从世界的观照者回到世界之中，从世界的对岸回到了生命的海洋。在这样的境界中，山是山，水是水，长空不碍白云飞。八大山人有诗云，"空林一叶飞，秋色横天地"；他感到"闻得山人来，正与白云往"，觉得世界的一切彰彰在目。八大山人的老师释弘敏有《吼烟石》诗道："往事不须重按剑，乾坤请向树头看。"[3]八大山人正是从遮蔽的世界走出，在树头，在石上，在微花丛里，在五里云中，在林中的鸟鸣声中，感受一个新乾坤。

---

1 波士顿美术馆藏石涛款山水大册十二开，其中一开题有此诗。
2 录自《清湘老人题记》，当是题山水之作，图已不存。
3 清康熙《进贤县志》卷二十五。

第 七 讲

灵的空间

宗白华对艺术的空间意识非常重视,曾撰《中西画法所表现的空间意识》《中国诗画中所表现的空间意识》等多篇论文,致力于揭示中西艺术在空间意识上的差异。他认为,中国艺术具有一种独特的空间意识,一个充满音乐情趣的宇宙(时空合一体),是中国画家、诗人的艺术境界,也是整个中国艺术追求的灵魂,中国艺术创造的空间不是现实空间(科学意义上的空间),而是一种"灵的境界"。宗先生这些富有启发的观点,对揭示传统艺术的内在世界深有裨益。我这一讲便是在宗先生启发下,对涉及中国艺术空间意识的相关问题作进一步讨论。

清恽南田为其友人、同为画家的唐艾画《设色洁庵图轴》,并题云:

> 洁庵先生以洁名庵,名其所不能名,而以发其隐约,寓其深思。谛视斯境,一草一树,一丘一壑,皆洁庵灵想之所独辟,总非人间所有。其意象在六合之表,荣落在四时之外。[1]

南田认为,洁庵创造一个特别的空间,他所画为意想中的世界。中国艺术其实也是如此,艺术家们以"灵想"来铸造时间和空间,所创造的时空并非"人间所有",不是现实时空,而是超越具体存在的心灵时空。从时间上说,所谓"荣落在四时之外",就是在生成变坏的时间之外把握生命的真实。从空间上说,所谓"意象在六合之表",就是在六合(上下四方)的空间之外,创造永恒的意象。这空间可称为"灵的空间"——在生命的"灵想"中回荡的空间。

这一讲讲超越空间,下一讲讲超越时间。

一、疏处走马

对空白的关注,是中国美学空间意识的核心组成部分。

侯宝林相声中有这样一段,有一个土画家,什么都画不像,还喜欢卖弄。一天一个人拿把纸扇,上等宣纸做的,是把好扇子,想请他画幅画。那人说,我给你画个美人吧。好,

---

[1] [清]陆时化《吴越所见书画录》卷一,清乾隆怀烟阁刻本。唐艾(1626—1690),字子光,号洁庵,又号匹士,善画荷花,常州人,与南田为终生好友。

那就画吧。他画了半天,画好了。一看,不太像。他说:"那我给你改张飞吧。"好,那就画张飞。张飞画好了,那画家说:"这张飞胡子画得太多了,我给你改个怪石吧。"怪石改好,请他画扇的人瞧瞧,说道:"这也太怪了吧。"又不太像。那画家倒干脆,说:"得,我给你涂黑了,你找人写金字去吧。"

　　这个笑话讽刺了一位笨拙的画家,这画家不仅画不像,还犯了中国画的一个大忌,就是太实了,塞得太满了,由美人到改怪石,由怪石再涂黑,越涂越满,终究没有用了。元饶自然有《绘宗十二忌》,第一忌就是忌"布置迫塞",作画要上下空阔,四面疏朗,潇洒通透,自有玲珑之妙,如果充天塞地,画满幅了,便无风致。一个生命体就是一个气场,塞满了,填实了,就没有生气流荡的地方了,这样的艺术就没有活致,就死了。空为活道,塞为死路,"空则灵气往来"。就像下围棋,我们不但要有做实的功夫,更要有做虚的功夫,那回荡无已的宇宙流,是需要我们在虚实二者间细致斟酌的。

　　虚实是中国美学一对重要概念,虚实结合,虚中有实,实中有虚。在虚实二者之间,中国艺术对虚更为重视。这一理论认为,实是从虚中转出的:想象空灵,故有实际;空灵澄澈,方有实在之美。

　　在艺术创造中,强调关心那个无形的世界,有形的世界只是走向无形世界的一个引子、一个契机;强调关心那个无色的世界,无色的世界蕴含着世界的绚烂;强调关心那个无声的世界,大音希声,无声的世界隐含着大音。虚实相生,无画处皆成妙境(清笪重光语),这是画家的感受;密处不透风,疏处可走马(清邓石如语),这是书法家的感受;非园之所有,乃园之所有,非山之所有,即山之所有(清袁枚语),借景成为园林家的拿手好戏;利用程式的隐含表达世界的丰富,这是戏剧家探讨的重要道路,就像京剧中的荡马,没有马,没有布景,一人手执鞭子,一招一式,就走遍了千山万水;词宜清空,清者不染尘埃,空者不着色相,清则丽,空则灵,如月之曙,如气之秋,这是诗人的观点……

清恽南田说得好:"今人用心,在有笔墨处;古人用心,在无笔墨处。倘能于笔墨不到处,观古人用心,庶几拟议神明,进乎技矣。"[1] 艺术的妙境在无笔墨处,在无画处,在清空处。一句话,在白处,白处涵括了一个有意味的世界。

老子谈空,是具有大用之空。《老子》第十一章说:"三十辐共一毂,当其无,有车之用。埏埴以为器,当其无,有器之用。凿户牖以为室,当其无,有室之用。故有之以为利,无之以为用。"[2] 三十根辐条汇集在一个车毂中,因有空虚的地方,才有了车子的用处;揉和陶土做成器具,因中间有空虚,才有了器具的用处;开凿门窗建成房屋,也是因有了空虚之处,才有了房屋的用处。所以说:实体之所以有用处,那是因为空虚在其中起了作用。

老子告诉人们,请注意那个空无的世界,人们都习惯于知道有的用处,其实有的用处是在无的基础上产生的,在有无二者之间无才是最根本的。就像上面我们说到的围棋,妙处往往不在有处,而在无处,在那个空灵的世界中。老子说,他的道就是无。《老子》第四章说:"道冲,而用之或不盈。""冲"就是"空",道虚灵不昧,因其无,所以空;因其空,故能涵容一切。

中国哲学认为,大自然中的一切有形形态,山水草木,都是生生化化真实流的迹象,世界隐藏着流动不已、生生不息的真实流,物的存在只是生命流中的一个暂时状态,是"流"中的一个"点"。所以,我们把握这样的生命世界,不能只看到这一个个"点",更应注意其内在的"流"。中国艺术家以一条颤动不已的线去界破虚空,其实就是要突破表相的"点",去表现那内在的"流"。中国艺术对线条的重视,那若有若无的线,是在"点"与"流"中盘桓的幻影。正因这"流",世界如同从我们的眼前飘忽而过的一个个点,世界被虚灵化,我们在"点"和"流"中,感受到世界的虚实互动的关系。

---

[1] 吴企明辑校《恽寿平全集》中册,北京:人民文学出版社2015年版,第319页。
[2] 辐(fú):古代木车轮中连接轴心到轮圈的直木条。毂(gǔ):车轮中心有圆孔的圆木。共:同"拱"。埏(shān)埴:揉和黏土。牖(yǒu):窗户。

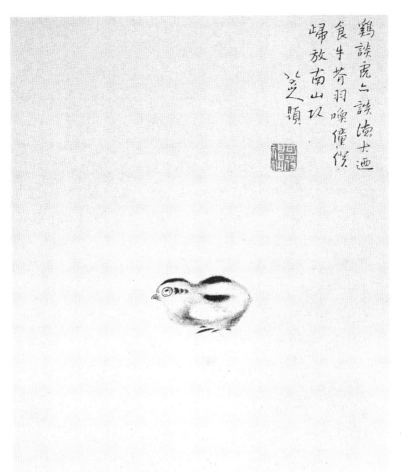

◐ [清] 八大山人
鸡雏图
空则灵气往来。

  中国艺术可以说展尽白的妙用。艺术创造是从无到有的功夫，一张白纸，能画最新最美的图画。前人说"以一管之笔，拟太虚之体"（刘宋王微语），真是说得好。我们用笔或用斫木的斧头、砌墙的刀具等等，在茫茫虚空之中，划出痕迹，划出自己对世界的理解，从而流出一段潺湲的生命感觉，所谓"出笔混沌开，入拙聪明死"（石涛语）。我们的创造依托虚空而出现，我们的生命因有这大白而有追求至美的可能。就像我们打太极拳，身体在太空中划出一条闪烁不已的痕，这条颤动的线若断若续，若有若无，在虚空之中绵延着。我们的身体和虚空世界共同创造了一个有意义的世界。

当我们开了混沌，凿了虚空，出了大白，那个无的世界是不是就和我们无关了呢？传三国曹魏大书家钟繇（151—230）从韦诞墓中得到蔡邕用笔法，悟出"笔迹者界也，流美者人也"的道理。[1] 所谓"笔迹者界也"，意思是：书法艺术成立的根本在用笔，用笔之妙，在以一根颤动不已的线条，去界破虚空，留下迹象。世界上本没有线条，线条是对外物的一种抽象和概括。由外物到图像，由图像到线条，线条的组合，形成独特的骨架结构，于是产生一个充满动势的艺术世界，这就将造化之美——心灵融合的天地万象之美，流注于笔端，即钟繇所谓"流美者人也"。钟繇的这句名言，几乎是在为书画艺术定义。

中国人有天圆地方的说法，《周易·系辞上传》说："蓍之德，圆而神；卦之德，方以知。"艺术也秉持此道，圆而神者谓之天，方以知（zhì）者谓之地，天乃无形，地乃有形。下笔乃有痕迹，所谓地也，而此迹线乃依托于天而存，即是说，艺术有形之迹线是为表现无形之精神而存。一句话，为那个空空世界而存。

董其昌说，下笔自有凹凸之形，这句话意味幽永，可终生受用。清华琳《南宗抉秘》道："轮廓一笔，即见凹凸。"就是申述这个道理。下笔即有线的跌宕、形的顿挫，有墨的氤氲、色的蹉跎，下"笔"即从这虚空的世界"凸"了出来，昂然的生命在沉默的渊海中飞扬，在寂寞的世界中奔腾。"下"笔即"下"了我们精神的定单，为我们的生命找安顿之所，悠远的情愫、丰盈的感受、深邃的哲思，在笔的凹凸中展露。混沌开，左环右顾、处处掣肘的知识死了，并不等于智慧死，当我们不以知识的眼打开这个世界，而以生命契合这个世界时，藏舟于舟，藏山于山，藏天下于天下，

---

[1] 关于钟繇的这句话，有不同表述。北宋朱长文纂辑《墨池编》卷一载："魏钟繇见伯喈笔法于韦诞坐，自捶胸尽青，因呕血。太祖以五灵丹救之，得活。繇苦求之，不与。及诞死，繇令人盗发其墓，遂得之。故知多力丰筋者圣，无力无筋者病。——从其消息而用之，由是更妙。繇曰：'笔迹者界也，流美者人也。非凡庸所知。'"南宋陈思《书苑菁华》卷一引钟繇说："故用笔者天也，流美者地也。"清刘熙载《艺概·书概》云："钟繇《笔法》曰：'笔迹者，界也。流美者，人也。'右军《兰亭序》言'因寄所托'，'取诸怀抱'，似亦隐寓书旨。"

我们便随着这虚空的世界流动，虽划出的是创造的线，却超越了创造的痕。一泓生命的清流在大白中流淌，我们化虚空为实有，转实有为虚空，虚空与实有相与滋育，于是，虚室生了光明。

中国美学认为，大白的世界有大美。我们界破虚空，创造实有，虚空并非仅构成背景，也不仅标示着实有所从来的处所，在实和虚二者之间，正因有实，虚空世界才不落于无意义的顽空，空的意义因有实而彰显出来；正因有空，实有世界才有生命吞吐的空间，有了气韵流荡的可能。虚实相生，非虚则无以成实，非实则无以显空。

如在中国园林创造中，那个虚空的世界永远在造园和品园者心中存在，唯其空，故有灵气往来，非园中之所有，即园中之所有。园林创造或许可以说就是引一湾溪水，置几片假山，来引领一个虚空的世界，创造一个灵的空间。我们目之所见的对象，在虚空的氤氲中显示出意义。

如苏州留园的冠云峰，是这座园林的魂灵。站在这个景点前，我们看到的并不仅是这假山的瘦影，而且可以看到造园者在这里潜藏了一个无限灵韵的空间：冠云峰的实景和虚空之间构成丰富的层次，冠云峰的瘦影颔首水面，戏荡一溪清泉，将它的身影伸到了渺不可及的深潭，潭中假山就是一个有意味的世界。真有苏东坡"庭下如积水空明，水中藻荇交横，盖竹柏影也"（《记承天夜游》）的韵味。假山脚下是或黄或白或红的微花细朵，烘托着一个孤迥特立的灵魂。山腰有一亭翼然而立，空空落落，环衬着它。再往上去，是冠云峰在空阔的天幕中的清影，复往上去，是冠云峰昂首云霄。虽仅一假山，造园者给我们创造了一个"层累的世界"，从水底、水面、山脚、山腰，直到天幕、遥不可及的高迥的天际；虽一山也，汇入层层的世界中去，汇入宇宙的洪流中去，我们在此感受到空潭清影、花间高情、天外云风。暮色里，浣水沼收了云峰的瘦影；晨雾中，一缕朝阳剪开了云峰的苍茫。朝朝暮暮，色色不同；春来草自青，秋去云水枯，四时之景不同，而此山有不同之趣也。我们在冠云峰这个"点"中，看到了世界的"流"。

再如苏州同里退思园,主人在空灵中退而思之。唐刘禹锡有"欲知花乳清泠味,须是眠云跂石人"(《西山兰若试茶歌》)诗句,此园用其意。退思园是一个以水见长的园子。中有一汪水池,水里有锦鳞若许,红影闪烁,若有若无,若静若动,湖的四边驳岸缀以湖石,参差错落,石上青苔历历,古雅苍润,驳岸边老木枯槎,森列左右,影落水中,藤缠腰上,与园中诸景裹为一体。岸边又有水榭亭台。这是一个微型的空间,却是一个活的空间,到此一顾,顿觉凡尘尽涤。正如高明的画家,画得满纸皆活。亭或作舫

☙ 留园冠云峰
　冠云峰的瘦影戏荡着一溪清云。

退思园

水潋荡，轻抚驳岸；鱼潜跃，时戏微荇。檐檐有飞动之势，树树含昂霄之态。

形，所谓"闹红一舸"，带着人凌虚而行。水潋荡，轻抚驳岸；鱼潜跃，时戏微荇。檐檐皆有飞动之势，蹈空而蹑影；树树皆有昂霄之志，超拔而放逸。至如云来卧石，风来缱绻，菰雨生凉意，淡月落清晖，更将这小小的空间在宇宙之手中展玩，玩出一片灵韵。真可谓当其空，有园之用。初视此园，处处皆是实景，但造园者的用心在在都落空处，水空，石空，亭空，向高处，高树汇入苍穹，低视处，苔痕历历，忽然将你带到莽莽远古的空。空为此园之魂，此园因空而活。

陈从周《说园》说："我国古代园林多封闭，以有限面积，造无限空间，故'空灵'二字，为造园之要谛。花木重姿态，山石贵丘壑，以少胜多，须概括、提炼。曾记一戏台联：'三五步，行遍天下；六七人，雄会万师。'演剧如此，造园亦然。"他又用色空观念来解读江南园林，说："白本非色，而色自生；池水无色，而色最丰。色中求色，不如无色中求色。"这两段论述，真非大方之家不能道。由此也可以说，小亭无景，而景最夥；假山非山，而最巍峨；溪涧非海，而有海深。回廊多拥挤，你看它引领你走向宇宙纵深；小桥多可怜，它将你度向另外一个世界。

中国画极尽空白之妙。如八大山人的画，往往画一鸟、一荷、一鱼等，满幅皆空，但活意盎然。画史上的减笔画，其实就是造空的手段。南宋梁楷是一位减笔画的高手，如其《李白行吟图》。画家将一切可有可无的东西全部减去，剩下的就是一个人的轮廓，没有背景，别无长物，但观者却感到满幅活络。

清乾隆年间的华琳，是一位落魄画家，他的画世不多见，但他有一篇《南宗抉秘》，却是中国画学中的妙文章，极具美学意味。他论虚空之妙道，颇有思致，我想结合下面所引这段话，来谈谈中国美学对空白之妙的理论认识：

  黑浓湿干淡之外加一白字，便是六彩。白即纸素之白，凡山石之阳面处，石坡之平面处，及画外之水天空阔处，云物空明处，山足之杳冥处，树头之虚灵处，以之作天、作水、作烟断、作云断、作道路、作日光，皆是此白。夫此白本笔墨所不及，能令为画中之白，并非纸素之白，乃为有情，否则画无生趣矣。然但于白处求之岂能得乎！必落笔时气吞云梦，使全幅之纸皆吾之画，何患白之不合也。挥毫落纸如云烟，何患白之不活也。禅家云："色不异空，空不异色，色即是空，空即是色。"真道出画中之白，即画中之画，亦即画外之画也。特恐初学未易造此境界，仍当于不落言诠之中，求其可以言诠者而指示之。笔固要矣，亦贵墨与白合，不可用孤笔孤墨在空白之处令人一眼先觑着他。又有偏于白处用极黑之笔界开，白者极白，黑者极黑，不合而合，而白者反多余韵。譬如为文愈分明愈融洽也。吾尝言有定理无定趣，此其一端也。且于通幅之留空白处尤当审慎。有势当宽阔者窄狭之则气促而拘，有势当窄狭者宽阔之则气懈而散。务使通体之空白毋迫促，毋散漫，毋过零星，毋过寂寥，毋重复排牙，则通体之空白亦即通体之龙脉矣。凡文之妙者皆从题之无字处作来，凭空蹴起，方是海市蜃楼，玲珑剔透。[1]

这段文字，论述艺术中色即是空、空即是色的道理，有几点值得注意：

其一，有"有情之白"，有"无情之白"。有情之白者，乃是有生趣之白，是生命世界的有机组成部分，是艺术构成的重要环节，虽无形可见，却是空间组成的不可忽视的部分。"无情之白"，如一张白纸，那是绝对的空，是无意义、无生命的。如同佛学中所说的顽空一样，是死寂的。华琳所说的有情之白，就是生命之白。他说："凡文之妙者皆从题之无字处作来，凭空蹴起，方是海市蜃楼，玲珑剔透。"在意想中，构造一个艺术的海市蜃楼。灵的空间由此现矣。

其二，这有情之白，如绘画中的无画处，作水，作天，作云断，作杳冥之山势，如园林之弱水之空亭，等等，都是流动节奏中的一个环节，都归于"通体龙脉"之秩序。艺术的虚实之道，并非多留虚空就可生出灵气，关键是看此白是不是生命整体的有机组成部分。若做不到这一点，空则显其贫乏、单薄和散漫，空空落落，没有实诣；如果处理得好，即使于实中也能见空。尚简逸的南田对此有很深体会，他说："古人用笔，极塞实处，愈见虚灵。今人布置一角，已见繁缛。虚处实则通体皆灵，愈多而愈不厌，玩此可想昔人惨淡经营之妙。"（《南田画跋》）如果处理得好，实处

---

[1] 俞剑华《中国画论类编》上册，北京：人民美术出版社1986年版，第296—297页。

◎ [元] 盛懋
秋江待渡图
长天秋水,一片空廓;色即是空,黑即是白。

也有虚处；处理不好，虚处亦有堵塞。又说："文徵仲《述古》云：'看吴仲圭画，当于密处求疏；看倪云林画，当于疏处求密。'家香山翁每爱此语，尝谓：'此古人眼光铄破四天下处。'余则更进而反之曰：'须疏处用疏，密处加密。合两公神趣而参取之，则两公参用合一之元微也。'""香山翁曰：须知千树万树，无一笔是树；千山万山，无一笔是山；千笔万笔，无一笔是笔。有处恰是无，无处恰是有，所以为逸。"[1]此所谓疏处可走马，密处不透风。不在于疏密，而在于艺术的生长点、气的滋化处。

其三，黑处见白，白处显黑，黑白交相韵和。白和黑构成一推一挽的节奏，黑显而白隐，隐处为挽，为吞，显出为推，为吐，吞吐自如，推挽有致。清人布颜图说得好："大凡天下之物莫不各有隐显。显者阳也，隐者阴也。显者外象也，隐者内象也。一阴一阳之谓道也。比诸潜蛟之腾空，若只了了一蛟，全角毕露，仰之者咸见斯蛟之首也，斯蛟之尾也，斯蛟之爪牙与鳞鬣也，形尽而思穷，于蛟何趣焉？是必蛟藏于云，腾骧夭矫，卷雨舒风，或露片鳞，或垂半尾，仰观者虽极目力而莫能窥其全体，斯蛟之隐显叵测，则蛟之意趣无穷矣。"（《画学心法问答》）虚和实，一阴一阳，阴阳互摩互荡，盎然而成一生命空间。正像老子所说的"当其无，有器之用"。无为有之无，有为无之有，无无也无有，无有也无无，无画处皆成妙境，由无画处引入有画处，方真有韵。

对此，笪重光《画筌》的论述颇有思致：

> 山之厚处即深处，水之静时即动时。林间阴影，无处营心；山外清光，何从着笔？空本难图，实景清而空景现；神无可绘，真境逼而神境生。位置相戾，有画处多属赘疣；虚实相生，无画处皆成妙境。

---

[1] 恽南田的三段论述，见吴企明辑校《恽寿平全集》中册，第324、317、408—409页。香山翁，即南田之叔父、明末著名山水家恽向。

[明]蓝瑛
松萝晚翠图
(局部)
无风萝自动,
不雾竹长昏。

  王石谷、恽南田认为这段论述揭示了中国艺术的深刻道理:"人但知有画处是画,不知无画处皆画。画之空处,全局所关,即虚实相生法。人多不着眼空处,妙在通幅皆灵,故云妙境也。"[1] 允为高论。

---

1 [清]笪重光著,关和璋译解,薛永年校订《画筌》,恽格、王翚评,北京:人民美术出版社2016年版,第7页。

二、蹈虚蹑影

中国艺术这灵的空间，还是一个影的空间。

庄子讲过一个关于影子的故事。有一个人讨厌自己的影子，他动，影子跟着他动，他跑，影子跟着他跑，他拼命地跑，想摆脱影子，但就是摆脱不掉，最后累死了。庄子说，你为什么不到大树底下去悠闲地休息，在大树下还有影子吗？[1] 在庄子看来，世界原来是虚幻的，世人其实就是与影子比赛，与一种虚幻不实的力量角逐。人生天地之间，就像"白驹之过隙"——高山缝隙中透出的一缕光影，不可把握，瞬间即逝。人是天地间一个匆匆的过客，只是"忽然而已"。疲敝的争斗、无休止的追逐，其实是没有意义的。庄子说，你就随世界同在吧，像水一样流淌，像云一样飘渺。没有执着，就有自由。

道禅哲学的色空、无住观念，视世界如幻象的思想，对中国艺术影响深远。这不光是个虚实问题，它是一种人生态度，一种看世界的方法。中国艺术家将世界虚化，抟实成虚，蹈光蹑影，中国艺术中充满了太多的梦幻空花、苔痕梦影。那云烟飘渺、雾霭蒸腾的艺术中藏着的正是这样的哲学深心。

画出世界之"戏影"，石涛评八大山人画所说的这两个字，所反映的就是这样的思考。明清以来，艺术中有很多类似说法。如徐渭提出"舍形而悦影"的观点，他说，他的画是"为造化留影"；陈白阳说，作画要有"捕风捉影"的功夫；八大山人说"禅有南北宗，画者东西影"。这些都是这方面著名的观点。

《维摩诘经》说："是身如影。"中国艺术家看艺术亦是如此。庄子说人生如影，艺术家就要将这看影子的体会写出来，把不粘不滞的感觉写出来。吴历说："人世事无大小，皆如一梦，而绘事独非梦乎？然予所梦，惟笔与墨，梦之所见，山川草木而已。"

---

[1]《庄子·渔父》："人有畏影恶迹而去之走者，举足愈数而迹愈多，走愈疾而影不离身，自以为尚迟，疾走不休，绝力而死。不知处阴以休影，处静以息迹，愚亦甚矣。"

(《墨井画跋》）他作画，就是在写梦。世相如梦幻泡影，画也如此。中国艺术家是在做"蹈虚蹑影"之事。

《二十四诗品·形容》说：

> 绝伫灵素，少回清真。如觅水影，如写阳春。风云变态，花草精神。海之波澜，山之嶙峋。俱似大道，妙契同尘。离形得似，庶几斯人。

"形容"，意思是描绘外在世界。此品提出写诗要超越具体的形象，离形得似，寻求真实生动的传达，将对象的精气神表现出来。所谓"如觅水影，如写阳春。风云变态，花草精神"，山的嶙峋气势、水的波澜跌宕的韵味，这些艺术家要追摹的对象，都是虚而不实的，都是"影"，艺术创造要超越表象，要有"如觅水影"的功夫。艺术不是写"实"，而是写"影"。为什么要写影？因为影比质实的世界更灵动，更有风神意味；因为影能启发人们超越幻象，觅得生命真实。南田说："徂春高馆，昼梦徘徊，风雨一交，笔墨再乱，将与古人同室而溯游，不必上有千载也。"（《南田画跋》）在影影绰绰的世界优游，以梦的眼光徘徊在实在的空间中。

在中国画中，我们看到太多人生如雪泥鸿爪的叹息。闻一多曾说，唐代孟浩然的诗，淡到看不见诗；在中国画中，有的画也淡到看不见画的地步。苏轼说画之妙在"孤鸿灭没于荒天之外"，将有形空间送到寂寞、幽远、深邃的世界里，闪烁不定，影像昭昭。

清初山水画家沈灏在《画麈》中说："称性之作，直操玄化。盖缘山河大地，器类群生，皆自性起。其间卷舒取舍，如太虚片云，寒潭雁迹而已。"空灵如闲云野鹤，去来无踪；如太虚片云，缥缈恍惚，难以确定；如风，如云，如气，似空无一物，又似处处即是，才触处有，一放手无。

中国艺术的迥绝处，如空谷幽兰，在高山大川之间的一朵兰花，不起眼，它的谦卑和微小让人们难以注意到它，但它却散出淡淡的幽香，似有若无，似淡若浓，神秘而不可把握。空灵之至，

[宋] 玉涧
庐山图
巍峨的庐山在画家的笔下，脱略为几丝柔痕。

飘渺之至，它是天际的一点鹤影，是山林中的一缕云烟。

南宋禅僧玉涧是一位诗人画家，他的画多表现禅不粘不滞的特点。如现藏于日本根津美术馆的《远浦归帆图》，用淡墨染出山影，再用浓墨点出参差迷离的树木，用细笔轻勾出一叶小舟。此画初看漫漶一片，细视却别有意味，幽淡、空灵、闪烁，正所谓只存下世界之影。上自题一诗云："西边刹境入毫端，帆落秋江隐暮岚。残照未收渔火动，老翁闲自说江南。"这真是将禅家无住的刹那境界摄入了画端。

在中国画史上，元代倪云林的画可谓"影之画"，他要写出"一痕山影淡若无"的妙处，世界被他幻象化，他将心灵化为虚灵不实的线条律动。

云林画以高逸著称，他的思想中有浓厚的空幻感。他有诗道："戚欣从妄起，心寂合自然。当识太虚体，心随形影迁。"[1]"身世一逆旅，成亏纷疾徐。反己内自观，此心同太虚。"[2]在他看来，世界只是人的旅店，艺术要反映人的生命感受，归于太虚才是艺术体验之道。他反复嘱咐自己，要以"性印朗月，身同太虚"的观念

---

1 [元]倪瓒《清閟阁集》卷二，清《文渊阁四库全书》本。
2 [元]倪瓒《清閟阁遗稿》卷二，明万历刻本。

去做人、为艺。生命的短暂和色相世界的空幻，使他悟到禅家色空和道家寄客的智慧。他说"踏雪飞鸿迹飘渺"，要做一只在荒天中灭没的飞鸿，似有若无，无住无定，悠远地缥缈着。他有诗道："鸿飞不与人间事，山自白云江自东。"[1]灭没的飞鸿是寂寞的，但却是自由的。他的心，不是随形而迁，而是随影而迁；他的画，就是他所悟出的世界的影。

云林画有强烈的太虚感，似画非画，似色非色，似形非形，一痕、一影，无言地诉说着宁静而超越的世界。他笔下的山水，疏林特立，淡水平和，遥岑远岫，淡岚轻施，一切似乎都在不经意中。他用淡墨，轻轻地敷过，飘忽而潇洒，既不凝滞，又不飞动，笔势疏松而灵秀。他的皴法苔点，控笔而行，划过纸素，似落非落，如鸟迹点高空。云林为我们描绘的世界，没有一点粘滞，没有一点情感的波澜，留下的就是空虚寂寞的时空，迥绝人寰的时空。他的心灵既不为之哀惋，又不对之爱怜，他以"戚欣从妄起"的观念结撰这世界，生怕被爱恨之情粘滞了。南田以李白"落叶聚还散，寒鸦栖复惊"（《三五七言》）来评黄公望的画，其实移以评云林最是确当。将栖未栖，将聚还散，云林的笔墨似落非落，他的心灵也似往非往。云林的山水是道禅梦幻空花哲学的绝妙视象。

云林说，吴镇作画是"醉后挥毫写山色，岚霏云气淡无痕"，他同样醉心于这飘渺无痕的表达。现藏于台北故宫博物院的《江亭山色图》，如写一个依稀的梦境。一河两岸的构图有空茫感，一痕山影在远处绵延，把鉴赏者导入一个悠远的世界，疏林阑珊，逸兴高飞，山在溪中，溪围山在，山水都在流荡中，没有一个定在，似乎那树、那亭，都随水流荡着。画家以疏松之笔触，轻轻地划过绢素，像飞鸿轻点水面，哪里有一丝一毫的执着！一切浮动着，飘荡着，轻轻地飞旋着。明代以来，仿云林的人太多了，但很少能将云林写影的功夫学到；即使是像沈周、渐江这样的高手，他们

---

[1] ［元］倪瓒《清閟阁集》卷八，清《文渊阁四库全书》本。

● [元] 倪瓒
  江亭山色图
  王己千藏

  笔轻轻地敷过，飘忽而潇洒，既不滞涩，又不飞动，疏松灵秀，似落非落，得不粘不滞之美。

对云林的仿作,也稍隔一尘,难以追踪云林缥缈天际的韵味。南田说:"迂老(按,指云林)幽澹之笔,余研思之久,而犹未得也。香山翁云:予少而习之,至老尚不得其无心凑泊处。世乃轻言迂老乎?"(《南田画跋》)这无心凑泊处,正是其蹑影的功夫。

明李日华是一位有很高水平的鉴赏家,他论画,极重孤鸿灭没的境界,他用如幻的眼光打量世相,荡去欲望的占有,置入清新的把玩。他的题画诗极精妙,如:

竹光浮砚春云活,花气熏衣午梦轻。

云停雨歇翠茫茫,水落蒹葭未有霜。一片林香浑不辨,问村知是橘州傍。

溪影带云动,虚明荡我胸。渚花香入梦,沙树远支筇。

身似苍波一点鸿,飘萧云影恁西东。江南洞壑幽寻遍,松叶藤枝只此中。

梦回不信秋期近,水影蘋香正入窗。

他在一幅仿黄公望的画上题有"不是春山淡欲无,江空沙落眼模糊"之句,在空灵的观照中,山也淡淡,水也绵绵,沙净天阔,一切都迷离了。他又有题画诗道:"雁影迷离海气重,月痕初上水溶溶。不须更染芙蓉粉,只取秋来淡淡峰。"色与空不二,色相世界被淡淡的笔墨所取代,无色的世界照样有芙蓉缱绻、芍药芊绵。淡月无痕,平湖无痕,海边的雾气无痕,静谧的夜晚也无痕,此之谓无住。他有跋语道:"扁舟无去住,戏荡一溪云。"这无住的扁舟,映照的是他不粘不滞的心。

李日华将心灵置入无痕的世界中赏玩。他还有题画诗道:"落日万山紫,虚亭一叶秋。新诗吟未稳,注目数江鸥。"在傍晚微茫寂寞的时分,在江天空阔的清秋时节,艺术家傍着虚亭,沐浴着落日余晖,在内心组织着新诗,数着若隐若现的江鸥。如此静谧空灵,一切都流动着,诗在心中流,鸥在空中飞,叶在萧萧地飘,江水在无声地倾诉，在遥远的天际，一抹山影也在夕阳余晖中流动，一切都在微妙地"戏荡"。"山中无一事，石上坐秋水。水静云影空，我心正如许"——他的画就要表现出这样的韵味。

三、无色之色

中国艺术的空间意识中，有一种"无色而有五色之绚烂"的思想。

色空观念虽由佛学提出[1]，其实在先秦道家哲学中，就存在着一种类似佛教色空观念的思想。老子从他的自然无为哲学出发，对色的世界进行猛烈抨击："五色令人目盲，五音令人耳聋，五味令人口爽，驰骋田猎令人心发狂"（《老子》第十二章），其实就是提醒人们，色的世界（包括一切感官所及的对象）是表象，引发人知识的判断，启发人欲望的奔驰，遮蔽了人看真实世界的眼。只有具有超越声色的平淡素朴态度，方能触及大道本真。

唐代以来，禅宗在佛学色空哲学影响下，发扬老庄素淡哲学思想，高扬一种无色的哲学。禅宗认为："不揞你眼，你看什么？不堵你耳，你听什么？"无色是谓天下之本色，以色追色并不能带来真正的绚烂，而无色之色才是根本之色。中国艺术的空间观念，深受这一哲学思想影响。

1　中国古代的色空观念极为复杂，有不同的指谓，兹举其要者：第一，从现象与本体的角度来说，现象是真而不实的，它是绝对真理的显现。所以说现象是空，它的意义是本体所给予的。如王弼的本无说。第二，从心与物的关系看，物由心而生，心是根本，物是心的影像，所以从这个角度看，物是不真实的。它的意义是心给的，所以说是空的。第三，从因缘上看，万象都是因缘和合而成，其自身只是虚幻的表象，所以说是空的。如僧肇，他认为"万物之自虚，不假虚而虚物"，并非离开具体的事物，另有一个无、空，然后凭借这个无、空去否定万物，而是要领悟到"立处即真"，凡有物的地方就有空，空存在于万物之中，与物相即而不相离，这才是般若学之空义。第四，从心灵的状态来看，空就是将心灵中的染污荡涤掉，使内心不为外物所蒙蔽，这就是空。如支愍度"心无宗"的观点。第五，中观的空，它与一切空都不一样，是不二之空。它不是现象与本体、主观与客观、因缘、有无的空，这些都是分别见，都是分别的空。

执着于有色世界的表象，空幻不实，丧失本真。中国艺术在空间意识上，对无色之妙颇多注目。如在建筑艺术中，南国乡村传统的建筑多是"黑白世界"，粉墙黛瓦，在青山绿水之中，勾出淡淡的素影，有一种令人难忘的美。

中国艺术对无色意义的认识莫过于绘画中水墨的创造。传统绘画被称为"丹青""画缋"（先秦时称绘画为"画缋之事"），意思是，绘画是运用丹青妙色图绘形貌的造型艺术。六法中的"应物象形"和"随类赋彩"，谈的就是形和色。以形写形，以色貌色，成为中国早期绘画的基本原则。绘画是运用五色之妙来创作的。中唐以前，中国画追求镂金错彩的美，如顾恺之的作品色彩富丽，在追求线条的流动外，也追求色彩的流丽繁缛。但中唐之后，道禅哲学的流行，改变了这一发展方向。

唐代绘画的重要事件是水墨画的出现。水墨画是用墨在宣纸或绢上直接作画，没有绚烂的色彩。后来将以水墨为主要表现手段，加少量颜色的画也叫水墨画。水墨画的出现，在世界艺术史上的价值不亚于油画之于西方绘画。在唐代，水墨画的出现曾经引起画坛的震动，但谁也没有想到这样一种形式后来成为中国画的主要表现手段。水墨画在一定的程度上成为中国画的代表。

据说王维是中国第一位水墨画家，有的人干脆就将水墨画的发明权归于王维。在唐代，有很多画家为水墨画的创造作出过贡献，如当时一位叫张璪的画家，作画全用水墨，手执双笔，画出的画有烟霞流荡的气氛，成语"双管齐下"就出自此典。有一位叫王默的画家，创立了泼墨的方法，今天还有人用此法作画。他在画画之前，先喝得大醉，然后将宣纸铺好，手捧墨水往宣纸上泼，并用手在画面上直接涂抹。

水墨画作为重要的表现形式，也引发了理论上的思考。托名王维《山水诀》说，水墨"肇自然之性，成造化之功"。水墨不是一种简单的表现方法，而是返归世界真性的一种手段。因为在中国哲学中，无色的世界为世界的本色。中国艺术与其说要抛弃色彩，倒不如说要归于本真。

第七讲 灵的空间

☙ [明] 蓝瑛
溪山雪霁图
一纸淡淡的素影，
胜过色彩富丽的
灿烂。

无色的妙韵，唐代张彦远就已经注意到了，他提出"墨分五色"的思想："夫阴阳陶蒸，万象错布，玄化亡言，神工独运。草木敷荣，不待丹碌之采；云雪飘扬，不待铅粉而白。山不待空青而翠，凤不待五色而绰。是故运墨而五色具，谓之得意。意在五色，则物象乖矣。"[1] 墨本无色，何以有五色？乃在于"得意"。这个"得意"，我理解有两层意思：一是得色之本真；二是以意而得，在人的心灵中，绚烂的世界出现了。这样的无色世界，就是一个"灵的空间"。而以色追色，徒具表面之灿烂，其实不能真正表现世界，只能是"物象乖"。

清恽南田对色彩的质疑，就很有代表性。他说："作画至于无笔墨痕者化矣，而观者往往勿能知也。王嫱丽姬，人所美也，鱼见之深入，鸟见之高飞，麋鹿见之决骤。又孰知天下之正色哉！"（《南田画跋》）这段议论受《庄子》影响，南田强调，色的追求是无止尽的，也是无意义的。美是相对的，像西施，人人以为其美，但鸟见而飞，兽见而走。艺术要超越形式，追求心灵的本真之美。

笪重光《画筌》说："丹青竞胜，反失山水之真容；笔墨贪奇，多造林丘之恶境。……墨以破用而生韵，色以清用而无痕。轻拂秩于秾纤，有浑化、脱化之妙；猎色难于水墨，有藏青、藏绿之名。盖青绿之色本厚，而过用则皴淡全无；赭黛之色本轻，而滥设则墨光尽掩。粗浮不入，虽浓郁而中干；渲晕渐深，即轻匀而肉好。间色以免雷同，岂知一色中之变化；一色以分明晦，当知无色处之虚灵。"这一段关于用色的观点，南田和王石谷给予很高评价："此言一色中变化，已造妙境。至论及无色处，精微之理，几于入道。"[2] 笪重光反对青黄缕出、丹青竞胜的色彩观，主张清淡素朴。在用色和水墨之间，他以为水墨的表现力更强，所谓"猎色难于水墨"。而此一段论色，最终落在"当知无色处之虚灵"，无色之色是谓大色，无色之虚中有灵气飘卷。

---

1 ［唐］张彦远著，秦仲文、黄苗子点校《历代名画记》卷二，北京：人民美术出版社2016年版，第26页。
2 ［清］笪重光著，关和璋译解，薛永年校订《画筌》，恽格、王翚评，第8页。

第七讲 灵的空间

 [元] 黄公望
九峰雪霁图
用水墨居然能
创造出如斯通
灵透彻的世界，
真是不可思议。

如元代画家黄公望的《九峰雪霁图》，作于他八十岁之时，笔墨老辣中见温柔，不似王维平远的山势，而是画山峰林立——"九峰"者，多峰也。看此图，就像听一首神秘而庄严的音乐作品，山峰一一矗立，如苍茫天际中绽放的洁白莲花。山如冰棱倒悬，装点出一个玉乾坤。雪卧群山，画家没有画透亮的光影在琉璃世界中闪烁，而画山峰沐浴在雪的怀抱中，色调微茫，气象庄严静穆。山峦以墨线空勾，天空和水体以淡墨烘出，以稍浓之墨快速地勾点出参差的小树，山峰下的树枝如玉蕊摇曳，笔势斩截，毫无拖泥带水之嫌。这雪后静卧的群山，可以说不高，不远，不深，不亮，也不冷，通体透彻，玉洁冰清，不似凡间所有，却又不失亲切。而这通体透灵的琉璃世界，是用水墨营造出的，由此可见水墨不同寻常的表现力。

四、疾涩之道

中国艺术的空间意识，还追求形式之内所包孕的"势"[1]。

宋代山水画家郭熙，也是一位有很高造诣的理论家，他的《林泉高致》是中国艺术史上一篇广有影响的论作，不仅成为后世绘画之法式，而且对书法、园林、建筑等都产生了影响。郭熙有一段关于中国艺术的著名论述："山欲高，尽出之则不高，烟霞锁其腰则高矣。水欲远，尽出之则不远，掩映断其流则远矣。"意思是：你画山，要画出山的高峻，无须在画面上一直向高处延伸，这样是无法成功的。你在山腰画一片云飘渺，挡住山体，于是，欲露还藏，山高峻的气势就出来了。你画水，要画出水的绵延，但画面是有限的，要在有限的画面将水一直向前画去，也是无法做到的，你画一丛树林挡住流水，于是，水的远态就出来了。

---

[1] 对于"势"的问题，拙著《曲院风荷：中国艺术论十讲》有专门论述。为避重复，这里略述其意，不作详细论述。

郭熙所说的一"锁"一"掩",便形成了艺术的张势,于是便创造出一个回荡不已的空间。古人有画诀云"路欲断而不断,水欲流而不流"(托名王维语),断而不断,流而不流,深藏的也是这种抑扬顿挫的哲思。

笪重光《画筌》说:"宿雾敛而犹舒,柔云断而还续。危峰障日,乱壑奔江。空水际天,断山衔月。雪残春岸,烟带遥岑。"雾敛寒江、断山衔月等等,这些鲜活的意象,反映了中国艺术的独特追求,其根本要旨在欲露还藏、欲放还忍。如清晨的江畔,宿雾未收,晨光熹微,淡淡的轻烟笼罩在江面上,似现非现,别具风味。这里隐藏着无限的可能性,有吟味不已的美。

东晋顾恺之《论画》谈到魏末晋初人物画家荀勖的一幅作品《孙武》,有这样的评论:"二婕以怜美之体,有惊剧之则。若以临见妙裁,寻其置陈布势,是达画之变也。"图画一个故事:孙武初见吴王阖庐,吴王想试试他的用兵之法,出了个损招,让孙子指挥后宫美女,看看他如何用兵,分明是给他出难题。孙子领命后,就以吴王两个宠妃为队长。演练开始,第一通鼓敲响,但这些宫女们嬉笑不已,哪里听他的调遣,吴王在看台上也大乐。孙武说:"军令如山,再行如此,将治罪。"又敲了几通鼓,妇人还是大笑,队伍终究列不起来。于是孙武下令斩两个队长——吴王两个爱妃,吴王看孙武动真的,连忙下台求情,但孙武不答应,二妃最终被斩。这幅画画的就是二妇人被斩之前的惊恐娇柔之态。顾恺之评论这幅画说有"临见妙裁",意思是构思上有独到之处,这个妙裁,就是抓住了富有表现力的片刻,在形式内部形成强大的张力。莱辛在分析古希腊著名雕塑《拉奥孔》时,强调创造一个富于包孕的片刻的重要性。在古希腊神话中,传说拉奥孔犯了重罪,天神派遣一条恶蛇将他和两个儿子一起缠住咬死,《拉奥孔》的雕塑并没有选择被恶蛇咬后人物的痛苦呻吟来表现,而是表现极度痛苦前一个片刻的神情——惊恐和茫然。这样的表现更具包孕性。中国艺术家对"临见妙裁"的体会与此很相似。在西方,这种对包孕性的追求,是一种艺术手段;而在中国,潜藏的是我们民族独特的哲

● 乙瑛碑
将发未发，
似动非动，
笔笔有机锋。

学智慧。

《易传》有"易者，逆数"之说，逆，就是往复回环。中国艺术的形式构成深受"逆"向哲学的影响。清沈宗骞说："笔墨相生之道，全在于势。势也者，往来顺逆而已。而往来顺逆之间，即开合之所寓也。"（《芥舟学画编》）顺为劣，逆为优。逆，玩的是捉对厮杀的游戏，使形式内部激荡起来。绘画的笔墨与书法是相通的，在书法中，"逆"几乎成为书道不言之秘。清笪重光在《书筏》中说："将欲顺之，必故逆之；将欲落之，必故起之；将欲转之，必故折之；将欲掣之，必故顿之；将欲伸之，必故屈之；将欲拔之，必故厴之；将欲束之，必故拓之；将欲行之，必故停之。书亦逆数焉。"《易》在逆数，书道也在逆数。一开一合，一推一挽，一虚

- 爨龙颜碑

  控笔而行，优游不迫，深得疾涩之妙韵。

一实，一伸一屈，逆而行之，得往复回环之趣。

疾、涩二字，是东汉蔡邕论书势的重要心得。其《九势》云："凡落笔结字，上皆覆下，下以承上，使其形势递相映带，无使势背。转笔，宜左右回顾，无使节目孤露。藏锋，点画出入之迹，欲左先右，至回左亦尔。藏头，圆笔属纸，令笔心常在点画中行。护尾，画点势尽，力收之。疾势，出于啄磔之中，又在竖笔紧趯之内。掠笔，在于趱锋峻趯用之。涩势，在于紧駃战行之法。横鳞，竖勒之规。"这段话中，第一说的是结体，要上下构成彼此关联的结构，形成共生之势。如果松散而没有联系，则烂漫无收。第二是转笔，转折之中不要断势，势断则气脉不通。第三说的是藏锋，"欲左先右"一语，可以说是书法千古不变的法则。第四说的是藏头，锋正势圆，以中锋运笔。第五说的是护尾，要有回锋，笔尽势在。第六、第八说的是疾、涩之势。第七说的是掠笔，要有雁掠长空的飞势。如唐代徐浩所说："欧虞为鹰隼，欧之为鹰隼易知，虞之为鹰隼难知也。"（转引自刘熙载《艺概·书概》）最后一法说的是横画、竖画的规则，如鱼鳞，平中有不平，如勒马，放松乃有紧收之力。

上面所言疾涩之法，是传统书画用笔的重要法则。传王羲之在《记白云先生书诀》中提出"势疾则涩"，要于疾中求涩，在飞动中求顿挫，在疾、涩的交相变化中寻求最大的张力。刘熙载《艺概·书概》云："古人论书法，不外疾、涩二字。涩非迟也，疾非速也。"他将古代书论之奥秘，就概括为这两个字。

欧阳修谈到蔡襄书法时说："予尝戏谓君谟学书如泝急流，用尽气力，不离故处。"[1] 清吴历说："余学画二三十年来，如泝急流，用尽气力，不离旧处，不知二三十年后为何如。笔墨如此，况学道乎？绘学有得，然后见山见水，触物生趣，胸中了了，方可下笔。"[2] 这都是对疾涩之道的推展。

无论是逆而取势，还是迟而求涩，其理论依归都在"一阴一阳之谓道"的哲学。清人程瑶田《书势》说："昔人传八法，言点画之变形有其八也。问者曰：止于八乎？曰：止是尔！非惟止于是，又损之，在二法而已。二法者，阴阳也。"[3] 永字八法是中国书法的空间结构之法，这一大法最终被凝聚为阴阳二法，无阴阳，即无八法。阴阳二法，即为中国书法美学中的藏势之道。书道要斟酌疾涩顺逆之妙：疾为阳，涩为阴，疾涩之道就是阴阳之道；顺为阳，

---

1 ［宋］欧阳修著，李逸安点校《欧阳修全集》卷一百三十，北京：中华书局2001年版，第1979页。
2 ［清］吴历撰，章文钦笺注《吴渔山集笺注》卷五，北京：中华书局2007年版，第435页。
3 唐孙过庭《书谱》说："岂知情动形言，取会风骚之意；阳舒阴惨，本乎天地之心。"天地之心，就在于阴阳惨舒之变化。万物负阴而抱阳，书道法象，就要酌取自然中的阴阳运行之理。唐虞世南《书髓》说："然则字虽有质，迹本无为，禀阴阳而动静，体万物而成形。"得阴阳，即得万物之生命，从玄奥难测的道的领悟落实为艺术生命。东汉蔡邕《九势》说："夫书肇于自然，自然既立，阴阳生焉。"为什么要从自然开始？就在于摄得阴阳之气。有了阴阳，就产生了回互飞腾之势、相摩相荡之力。

逆为阴,顺逆之道蕴含阴阳之精神。

书道之秘只在阴阳。古往今来书家将阴阳之理贯彻于书势、书体结构、点画、墨线等一切方面。如在用笔上,方是阳,圆是阴;用墨上,燥为阳,湿为阴;结构上,实为阳,空为阴……从而形成了一开一合的内在运动之势。在字的空间结构上,朝揖、避就、向背、旁插、覆盖、偏侧、回抱、附丽、借换等,都是其表现。阴阳二法,就是变汉字相对静止的空间为运动的空间。有了阴阳,才有了回荡的空间。

中国艺术的空间意识强调阴阳互相荡的动势,重视无色的世界、空灵的世界以及如梦如影的世界,空间被虚灵化、节奏化,虚灵不昧方为真实生命,虚空的世界方有大美藏焉,活泼泼的世界中乃有生命的真精神。它说明,艺术的空间创造并非写形出相,而是为内在生命超越提供一个阶梯。

第 八 讲

四时之外

中国人有独特的时间观,我们在过程中看待生命,生命是一绵延的流,绵绵不绝,以时间统空间,世间的一切都在时间的流动中活了。中国人的时间观念中还有一种超越的思想,即所谓"荣落在四时之外",就是悬隔时间,截断时间之流,撕开时间之皮,到流动时间的背后,去把握生命的真实,拷问永恒的意义,思考存在的价值。它是中国哲学内在超越思想的重要表现形式之一,是中国美学中极富价值的思想。

一、撕开时间之皮

不为时使,是中国艺术形而上思考中的重要内容。董其昌说:"赵州云:'诸人被十二时辰使,老僧使得十二时辰。'惜又不在言也。宋人有'十二时中莫欺自己'之论,此亦吾教中不为时使者。"[1]

董其昌这段艺术哲思,受到禅宗赵州大师的启发。有一位弟子问赵州大师:"十二时中如何用心?"赵州说:"你被十二时使,老僧使得十二时。你问那个时?"[2]有人说,赵州说出的话像金子一样闪光,这句话就闪烁着金子的光辉。在赵州看来,一般人为时间(十二时辰)所驱使,而他是驱使时间的人。他如何驱使时间?他不是淡忘时间、控制时间,而是超然于世界之外。过去、现在、未来,佛学称为三际,就像他的谥号(真际)所显示的那样,他要建立一种真实的时间观,追求一种生命的"真际"。这样的时间观以超越具体时间为起点,以归复生命之本为旨归。

刘禹锡《听琴》(一作《听僧弹琴》)诗云:"禅思何妨在玉琴,真僧不见听时心。秋堂境寂夜方半,云去苍梧湘水深。"琴声由琴出,听琴不在琴;超越这空间的琴,超越执着琴声的自我,融入无边的苍莽,让琴声汇入静寂夜晚的天籁中,故听琴不在琴声。而夜将半,露初凉,心随琴声去,意伴妙悟长,此刻时间隐去,如同隐入静寂的夜晚,没有了"听时心",只留下眼前永恒的此刻,只见得当下的淡云卷舒、苍梧森森、湘水深深。诗中所说的"真僧不见听时心",就是对时间的超越,于此在把握永恒。

"意气不从天地得,英雄岂藉四时推"[3],这是禅门一副有

---

[1] [明]董其昌撰,印晓峰点校《画禅室随笔》卷四,第148页。
[2] [宋]赜藏主编集,萧萐父、吕有祥、蔡兆华点校《古尊宿语录》卷十三,第214页。
[3] [宋]赜藏主编集,萧萐父、吕有祥、蔡兆华点校《古尊宿语录》卷十,第166页。

◎ [明] 陈洪绶
　蕉荫丝竹图
　蕉荫下的丝竹
　声，声声传出
　永恒调。

名的对联。禅宗认为，要做一个"英雄"——一个真实的、本然的人，就必须做自己的主人；不要匍匐在万物之下、他人之下、既成的理念之下，更不要为知识、欲望所裹挟，要斩断时空的纠缠，从而高卧横眠得自由，不知有汉无论魏晋，才是真英雄。

时间性存在意味着一种表象的存在。对于中国艺术来说，艺术家不要做世界的陈述者，那是一种为时间所驱使的角色；而要做世界的发现者，即超然于时间之外的真实存在者。艺术的主要功能在于"发现"，而不在于记录。

在常人的意念中，时间是无可置疑的，人人都有一颗"听时心"。但中国哲学和艺术却对时间产生了怀疑。我们早已习惯于过去、现在、未来一维延伸的秩序，感受冬去春来、阴惨阳舒的四季流变，徜徉于日月相替、朝昏相参的生命过程。但对于赵州，对于中国很多艺术家来说，这些都是惯常的思维。正因这种意念根深蒂固，所以人们很容易被时间所驱使、碾压，成为时间的奴隶。人们用时间的眼去认识世界，世界的真实意义从人们的心灵中不知不觉遁去了。

时间性存在是一种情理的存在。在时间的帷幕上，映现的是人具体活动的场景，承载的是说不尽的爱恨情仇。时间意味着秩序、目的、欲望、知识等等，意味着无限的一地鸡毛，也意味说不完的占有和缺憾。"昔我往矣，杨柳依依，今我来思，雨雪霏霏"（《诗经·采薇》），"昔年移柳，依依汉南。今看摇落，凄凄江潭。树犹如此，人何以堪"（庾信《枯树赋》），时间记载了人们多少遗憾和缺憾、失落和茫然。中国艺术要撕开时间之皮，走到时间的背后，去寻找自我性灵的永恒安顿，摆脱时间性存在所带来的性灵痛苦。

中国画学中有"时史"的说法。清戴熙说："西风萧瑟，林影参差，小立篱根，使人肌骨俱爽。时史作秋树，多用疏林，余以密林写之，觉叶叶梢梢，别饶秋意。"（《习苦斋画絮》卷二）这则画跋涉及两种看世界的方法：一是时史之法，时史，就是世界的叙述者；二是对时史的超越。

这里所说的"时史"，就是元明人所说的"画史"。元代张雨评云林画说:"无画史纵横习气。"[1] 此一被董其昌许为洞见文人精神的评语,说的就是超越时间,洞见真实的创造。董其昌后来在评元人之作时常谈到这句话。他说:"云林作画,简淡中有一种风致,非若画史纵横习气也。"[2]

"时史"(或曰"画史"),是受时间限制的艺术家,他以写实的方式来表达,只能"碌碌抹绿涂红",不能超越物象,发现世界背后的真实。以写实为根本之法,即使画得再像,也只是表面的真实,这样的创作者只是世界的描画者,而不是世界的发现者。在很多文人艺术家看来,时史之人不能"妙合神解"——以心灵穿透世界的表象,契合大化的精神。他们有纵横之气,无天真幽淡之怀,斤斤于求似,念念于知识,时时不忘目的,处处隐藏斗心。

非时史的思维,是一种别样的胸次,它撕开时间之皮,感受生命的海洋深层的脉动。时史,所重在史,而艺术家所重在诗。没有诗,则没有艺术。真正的艺术不是陈述这个世界出现了什么,而是超越世界之表相,揭示世界背后隐藏的生命真实。艺术的关键在揭示。诗是艺术家唯一的语言。

我们看戴醇士的两则题画跋:"青山不语,空亭无人,西风满林,时作吟啸,幽绝处正恐索解人不得。"(《习苦斋画絮》卷八)他似乎以手轻轻地撕开时间,为我们展现了一个幽绝的世界,在这样的世界中,青山不语,空亭无人,偶尔风吹长林,作漫天的吟啸。无限的云山、空阔的原畴,在空亭中吞吐。他又说:"碕岸无人,长江不语,荒林古刹,独鸟盘空,薄暮峭帆,使人意豁。"(《习苦斋画絮》卷二)江岸无人,一片寂静,在幽寂中,但见得荒林古刹,兀然而立;在渺远的天幕下,偶见一鸟盘空,片帆闪动,正如空山无人,水流花开。在这里,空间被超越,喧嚣的世界远去;时间也被凝固,古木参差,古刹俨然,将人的心理拉向莽远的

---

[1] 严文儒、尹军主编《董其昌全集》第8卷,上海:上海书画出版社2013年版,第558页。
[2] [清]潘正炜《听帆楼书画记》卷三载董其昌山水扇页,其中第二幅仿云林山水题跋。

◉ 大明寺古藤
　盘山石壁云难度，
　古木苍藤不计年。

荒古。当下和莽古构成巨大的空白地带，通过古"榨取"人对现在的执着，否定现在时间的虚幻性，通过当下的直觉与渺远的过去照面，创造一种永恒就在当下、当下即是永恒的心灵体验。

戴醇士所描写的"幽绝处"，乃是一个新的世界。这个世界可用佛学香象渡河截断众流来比之。这个世界是"迥绝"的，"迥"说其远，是对"时史"的超越；"绝"说其断，断的是一切外在的拘限。艺术的"迥绝处"，就是截断众流。

这包括两方面，一从空间上说，是孤。孤和群相对，在中国哲学看来，群是人的看法，世界的联系性存在于人的意识之中，世界本身并没觉得与他物有联系，世界的本来面目就是孤。当然这孤并非孤独感。人的孤独感，出自人有所依待，但世界本身却没有这样的依待，它的孤是孤迥特立，而不是孤独感。

二从时间上说，是断。没有了时间之流，三际已破，静和寂就是截断时间后所产生的心理感受。静表面上与喧闹相对，而所谓"归根曰静"，意思是，在生命的深层，有永恒的宁静。静是一种超越的感觉。在宁静中，悬隔了世界的喧闹，悬隔了物质的诱惑，悬隔了悲欣的感受，所谓静绝尘氛，将自己与人活动的欲望世界隔开。"归根曰静"的思想说明：我们在静中体味到本真世界，在心灵的悬隔中完成了形而上超越；从林林总总的表象中撤身，与永恒照面。而永恒是一点也不玄妙的事。永恒就是放下心来，与万物同在。

关于寂，空寂，寂寞，寂寥，没有声响的寂寥，是一个"无声"的世界，其实不是没有声音，而是无听世俗之音的耳朵，世界照样是花开花落，云起云收。这寂寞就如同上面所说的孤独一样，与凡常的寂寞不同。凡常的寂寞，是一种无所着落感，无所着落，便去寻求，寻求之中，忽如置于荒天迥地，面对地老天荒，寂寞就如同那在古道西风中徘徊的游子。寂寞是有所求，有所往，有目的地，有一盏微弱灯光映照着的家园等待。这样的寂寞是表象的。

而在悬隔时间之后，万物自生听，太空恒寂寥。这寂寥不是心中有所期待需要安慰，心中有目的需要去跋涉，它无所等待，不求安慰，这里是一个永恒的定在，一个绝对的着落，是生命的永恒锚点。这寂寞，空空落落，却给人带来绝对的平和。正因此，寂寞之静，为中国艺术家所喜爱：空山无人，水流花开，是一种寂寞；一丸冷月，高挂天空，也是寂寞；皑皑白雪，绵延无尽，更是寂寞。

无住哲学，是中唐以来影响艺术发展的重要观念。它一方面强调随物迁化，另一方面强调不粘不滞。在佛教，时间没有实在性，故要超越。龙树中观八不有"不生亦不灭,不来亦不出"之说。《维摩诘经》说:"我观如来,前际不来,后际不去,今则不住。"三际皆断,超越时间。又说:"一切法生灭不住,如幻如电;诸法不相待,乃至一念不住。"一切法相,忽生忽灭,刹那刹那,都无暂住,都无定在,如梦如幻,如忽然电击,瞬间即过,无一丝停息。念念相住,则落时间罗网;一念不生,故而不住。《金刚经》也说:"过去心不可得,现在心不可得,未来心不可得。"僧肇注云:"过去已灭,未来未起,现在虚妄。三世推求,了不可得。"心法本来没有住处,所以时间也没有实在性。《金刚经》解释什么叫"如来"颇有意思:"如来者,无所从来,亦无所去,故名如来。"如来就是一种不粘滞于时空的无住心态。《坛经》更是以"无住"为立经之本,由此阐释它的无生法忍哲学。在禅宗看来,时间并没有动,而是"仁者心动",才会有时间流动的感觉。心中感到时间流动,就是为时间所使,就是时间的奴隶。不逐四时凋,"性"才能自在显现。禅宗中有一个智门莲花的公案,有人问北宋云门宗僧人智门:"莲花未出水时如何?"智门说:"莲花。"这僧又问道:"出水后如何?"智门说:"荷叶。"[1] 未出是过去,已出是现在,未出是隐,已出是显,隐即显,显即隐,即现在即过去,自性并没有改变,时间和空间的变化只是幻象。

在中国哲学中,超越时间,是克服人类存在脆弱性的重要途径。超越时间,也就是超越人的局限性。在庄子哲学中,人是在"转徙之徒"中挣扎的群类,"人生天地之间,如白驹之过隙。……已化而生,又化而死。生物哀之,人类悲之"(《庄子·知北游》),这是人无法摆脱的宿命。人想要保持性灵的平衡,唯有"解其天弢,堕其天袠"——去除套在人生命真实外面的套子(弢,读 tāo,弓衣;袠,读 zhì,剑套),解除时空的限制,才有生命的安顿处。

人生短暂,转瞬即逝,如白驹过隙,似飞鸟过目;是风中的烛光,倏忽熄灭;是叶上的朝露,日出即晞;是茫茫天际飘来的一粒

---

[1] [宋]圆悟克勤《碧岩录》卷三,《大正藏》第48册。

◎ 拙政园一角
流光容易把人抛，红了樱桃，绿了芭蕉。

尘土，转眼不见；衰朽就在眼前，毁灭势所必然，世界留给人的，是有限的此生和无限的沉寂，人生无可挽回地走向生命的终结。人与那个将自我生命推向终极的力量奋力回旋，这场力量悬殊的角逐最终以人的失败而告终，人悲壮的企慕化为碎片在西风中萧瑟。

与其痛苦而无望地挣扎，还不如忘却营营，所以在庄禅哲学中，消解时间的压迫给人带来的痛苦成为主旋律。陶渊明说，人"寓形百年，而瞬息已尽"（《感士不遇赋》），时间无情地"掷人去"，无穷的宇宙留给人的，就是这样的片刻（《饮酒》其十五："宇宙一何悠，人生少至百"）。作为时间的弃儿，人生"流幻百年中"（《过旧居》）。他又说，"黄唐莫逮，慨独在余"（《时运》），拯救自己的手就在自身，人不可能与时间赛跑，无限也不可于外在追求中获得。那么，就在当下，就在此顷，就在具体的生存参与中，达到永恒。"即事如已高，何必升华嵩"（《五月旦作和戴主簿一首》）——至高的理想就在当下的平凡参与中，就在此刻的领悟之中。

"流光容易把人抛。红了樱桃，绿了芭蕉。"（蒋捷《一剪梅·舟过吴江》）时间一刻不停地流淌，亘古如斯，而时间背后隐藏的不变因素同样亘古如常。青山不老，绿水长流，樱桃一年一年地红，芭蕉一度一度绿。沈周题画诗所谓"荣枯过眼无根蒂，戏写庭前一树蕉"[1]。天地自其变者观之，万物无一刻之停息；而自其不变者观之，山川无尽，天地永恒，春来草自青，秋至叶自红。中国艺术理论认为，与其去关心外在的流动，倒不如去关心恒常如斯的内在事实。对永恒的追求是中国艺术的一大特色。这永恒感是自然节律背后的声音，这声音，只有诗人之耳才能听到。

二、刹那永恒

苏州沧浪亭有一小亭，亭廊柱上题有一副对联："未知明年在何处，不可一日无此君。"亭子不大，景致也无特别之处，这副对联却令人难忘；只是放在这优雅的处所，格调似过于冷峻。前句是中国诗词中常见的感叹，如欧阳修《浪淘沙》词："把酒祝东风，且共从容，垂杨紫陌洛城东。总是当时携手处，游遍芳丛。　聚散苦匆匆，此恨无穷。今年花胜去年红。可惜明年花更好，知与谁同？"这是代未来预想，今年很好，当下很好，但来日如何，明年如何？明年不知流转于何处，时间转瞬即逝，人是未来宴席永

---

[1] ［明］沈周《自题绿蕉图》，见［清］卞永誉《式古堂书画汇考》卷五十五，清《文渊阁四库全书》本。

◉ 沧浪亭小亭

"未知明年在何处,不可一日无此君。"

远的缺席者。后一句引东晋王徽之对竹子的感叹，强调当下此在的感受。两句又有密切的情感逻辑：正因为我们无法把握未来，正因为必将缺席，我们更应该珍惜这当下的人生盛宴。这副对联有无奈，但更有惊悟。中国艺术强调，时间、空间带给我们的是拘限，超越时空，领略当下的圆融，才能尽享生之快乐。这里含有中国人对刹那永恒的思考。

禅家以"万古长空，一朝风月"为妙悟的最高境界[1]，一个悟道者，在一个静寂的夜晚，享受山间清风、湖上明月，由当下所见一月，想到万里长空，天下处处，都由这一月照耀，由此刻想到自古以来，无数人登斯山、临斯楼、望斯月，月还是以前的月，山还是以前的山，江湖还是以前的江湖。万古的时间和此顷，无限的长空和此在，就这样交织到一起。这里不是作短长之比、大小之较，也不是强调联想的广泛和丰富，而是在渺小和无垠、短暂和绵久间流转，作时空的遁逃，强调妙悟就在当下的事实。

被闻一多称为"泄露了天机"的初唐刘希夷（一说宋之问）《代悲白头翁》诗写道："古人无复洛城东，今人还对落花风。年年岁岁花相似，岁岁年年人不同。"诗中表达了在如水的时光中如何抓住一些影像的思考。张若虚《春江花月夜》以妙绝人寰的千古叩问震撼着人们的心扉："江天一色无纤尘，皎皎空中孤月轮。江畔何年初见月，江月何年初照人？人生代代无穷已，江月年年望相似。不知江月待何人，但见长江送流水。"而李白一首《把酒问月》传达了更为放荡的思考："今人不见古时月，今月曾经照古人。古人今人若流水，共看明月应如此。"

这些天才诗人几乎是在神秘的颖悟中，和合物我，齐同古今，万古同一时，古今共明月。虽短暂但并无局限，虽脆弱但并不能随意摧毁。诗人们在超越中占有了无限，与过去晤谈，与未来商兑。正像沈周画了一幅《天池亭月图》，题诗道："天地有此亭，万

---

[1] 此为唐代天柱崇慧禅师语，见［宋］普济著，苏渊雷点校《五灯会元》卷二，第66页。

古有此月。一月照天地，万物辉光发。不特为亭来，月亦无所私。缘有佳主人，人物两相宜……"[1]在颖悟中顿入永恒。

《二十四诗品·洗炼》说："流水今日，明月前身。"清张商言说："流水今日，明月前身，余谓以禅喻诗，莫出此八字之妙。"[2]这两句是互文，表面的意思是，今日所见之流水、水中之明月，就是亘古以前的流水明月。这是放至永恒处思考当下。而另一层意思是，过去之流水明月，就在今日此顷我的观照中，就在我的目前呈现。这是强调永恒就在当下。这里凸显的正是瞬间永恒的思想。

瞬间永恒是禅宗深刻的秘密之一，也是中国艺术的秘密之一。万古江山在目前，大道就在今朝，就在此刻，就在此刻所见的十五圆月。明代心学家陈白沙说："道眼大小同，乾坤一螺寄。东山月出时，我在观溟处。"[3]关键在于"我在"，此在并不因为过去而失去意义，目前不因为广远而丧失可观之处，此顷我在此处，我就是世界的中心，圆满而无缺憾，我在，世界因而有意义。

松尾芭蕉的诗写得清新雅净，意味幽永，他的一首俳句道："蛙跃古池中，静潴传清响。"芭蕉自言其"'古池'句系我风之滥觞，以此作为辞世可也"[4]。诗人笔下的池子，是亘古如斯的静静古池，青蛙的一跃，打破了千年的宁静。这一跃，就是顿悟。在短暂的片刻撕破俗世的时间之网，进入绝对的无时间的永恒中。这一跃中的惊悟，是活泼的，在涟漪的荡漾中，将现在的鲜活糅入过去的幽深中了。那布满青苔的古池，就是万古之长空；那清新的蛙跃声，就是一朝之风月。

我曾经模仿汉译芭蕉诗"当我细细看，呵，一棵荠花，开在篱墙边"（顺便说一句，这译文真好），将陶渊明的"采菊东篱下，

---

1 ［明］沈周《题天池亭月图》，见［明］汪砢玉《珊瑚网》卷三十七，清《文渊阁四库全书》本。
2 ［清］张埙《竹叶庵文集》卷九，清乾隆刻本。张埙，字商言，号瘦铜，江苏吴县人，乾隆三十四年（1769）进士。
3 ［明］陈宪章《浮螺得月》，孙通海点校《陈宪章集》卷五，北京：中华书局1987年版，第522页。
4 转引自彭恩华《日本俳句史》，上海：学林出版社1983年版，第17页。

悠然见南山"戏改为:"在东篱下采菊,悠然无意间,呵,我见到了南山。"陶渊明这句诗其实表现的就是这样的惊悟,在时间突围成功之后的惊悟。宋代临济僧人道璨将其改为"天地一东篱,万古一重九"[1],无限的时间都凝聚于当下重九的片刻,浩浩的宇宙都归于此在的东篱。无限和永恒在此消失了,这也是芭蕉的思路。

在禅宗中,刹那被用为觉悟的片刻,慧能说:"西方刹那间目前便见。"西方就在刹那,妙悟便在此刻。悟在刹那间,并非形容妙悟时间的短暂。[2] 在禅宗以及深受禅宗影响的中国艺术理论看来,一切时间虚妄不实,妙悟就是摆脱时间的束缚,而进入无时间的境界中。所谓"透入"(即悟入)之法界,则是无时间的境界。刹那在这里是一个"临界点",是时间和非时间的界限,是由有时间的感觉进入无时间直觉的一个"时机","迷来经累劫,悟则刹那间"(《坛经》)。

妙悟中刹那和一般时间有根本的区别:一般时间是过去、现在、未来的一个时间段落,是具体时间;但在妙悟中,刹那却不具有这种特点,它虽然可以联系过去,但绝不联系未来,它是一个"现在",是将要透入法界的"现在",是将要进入无时间的"现在"。因为悟入的境界是不二的、绝对的、非时非空的,所以刹那是由有时间到无时间的分界点。石涛说"在临时间定",这个"临时间",就是时间的临界点。所以,禅宗中说妙悟,是在"刹那间截断",在忽然的妙悟中,放弃对虚幻不真的色相世界的关注,放弃起于一念的可能性。刹那的意义在截断。刹那永恒,并非于短时间中把握绵长的时间,在妙悟中,没有刹那,也没有永恒,因

---

1 [宋]道璨《潜上人求菊山》:"具郎号菊山,秀色已衰朽。潜郎号菊山,清香满襟袖。天地一东篱,万古一重九。绝爱陶渊明,揽之不盈手。后人不识秋,多向篱边守。粲粲万黄金,把玩岂长久。西风容易老,回首已如帚。因潜忆具郎,有泪如苦酒。"(《柳塘外集》卷一,清《文渊阁四库全书》本)"天地一东篱,万古一重九"这联诗曾受到现代美学家宗白华的关注(《中国美学史论集》,第73页)。
2 《坛经》说:"迷来经累劫,悟则刹那间。"刹那是一个时间概念,在印度佛学中指极短的时间。《慧苑音义》卷上云:"时之极促名也。"《华严经探玄记》卷十八云:"刹那者,此云念顷,于一弹指顷有六十刹那。"在大乘空宗中,"刹那"一语常被用来形容存在的虚妄,所谓刹那刹那,都无暂住,都无故实。

第八讲 四时之外

◎ 如幻的芭蕉

为没有了时间。在刹那间见永恒,就是超越时间。

"无边刹境,自他不隔于毫端;十世古今,始终不离于当念",这是一句在禅门很有影响的表述。它的意思是:一念一切念,一月一切月,一时一切时,刹那就是充满,在时间空间上都没有残缺,也没有遗憾。佛法无边,真如无对,就在目前。临济义玄说:"有人解者,不离目前。"[1] 有僧问兴善惟宽禅师道在何处,惟宽说:"只在目前。"[2] 当下即可解会,西方只在目前。

瞬间就是永恒,当下就是全部。所谓当下,就是截断时间,当下并不是通往过去和未来的窗口,当下就是全部,瞬间就是永恒。妙悟只在"目前"。"目前"乃就空间言。"目前"不同于眼前,并不是一个区别此处和彼处的概念,并不强调视觉中的感知。"目前"在当今学界常常被误解为唯目所见,鲜活灵动。其实"目前"不

---

1 [宋]赜藏主编集,萧萐父、吕有祥、蔡兆华点校《古尊宿语录》卷四,第67页。
2 [宋]普济著,苏渊雷点校《五灯会元》卷三,第166页。

是眼中所"见",而是心中所"参",它是直下参取的。万象森罗在"目前",并非等于在眼前看到了无限多样的物。如果这样理解,那么人仍然没有改变观照者的角色,仍然在对岸,没有回到物之中。实际上,在"目前"中无"目",也无"目"所见之前,无"目前"之空间。

在一念的超越中,无时间,无空间,所以也没有当下,没有目前,没有无边,没有十世。刹那永恒,也就是没有刹那,没有永恒。目前便是无限,也就是没有目前,没有无限。因为彻悟中,没有时空的分际,一切如如;解除一切量的分别,哪里有时间的短长和空间的小大!

刹那永恒的境界,乃是任由世界自在兴现。在这样的境界中,我们见到一个自在彰显的世界,它不由人的感官过滤,也不在人的意识中呈现。水自流,花自飘,我也自在。世界并不"空",只是我的念头"空",我不以我念去过滤世界,而是以"空"念去映照世界,这就是"目前",就是"当下"。由此在的证会,切断时间上的纠缠和空间上的联系,直面活泼泼的感相,确立生活自身,看飞鸟,听鸡鸣,嗅野花之清香,赏飞流之溅落……以自然之眼看,以自然之耳听,如大梅法常以"蒲花柳絮"来说佛一样,就是这么平常。

三、静里春秋

清初大收藏家卞永誉(1645—1712)博物通古,每评画,多有识见。他评北宋范宽的《临流独坐图》,认为"真得山静日长之意"[1]。这个"山静日长之意",蕴含着中国艺术的一篇大文章。他突出了"静"在中国艺术中的地位。中国艺术极力创造的静寂意象,原是为了时间的超越,在静中体味永恒。

---

1 [清]卞永誉《式古堂书画汇考》卷四十一,清《文渊阁四库全书》本。

关于山静日长，历史上曾有热烈的讨论。它出自北宋唐庚（字子西）的一首《醉眠》诗："山静似太古，日长如小年。余花犹可醉，好鸟不妨眠。世味门常掩，时光簟已便。梦中频得句，拈笔又忘筌。"唐子西并不是一位太出名的诗人，但他这首诗却非常著名，描绘的是艺术家期望超越的境界。南宋罗大经写道："唐子西诗云：'山静似太古，日长如小年。'余家深山之中，每春夏之交，苍藓盈阶，落花满径，门无剥啄，松影参差，禽声上下。午睡初足，旋汲山泉，拾松枝，煮苦茗啜之。……出步溪边，邂逅园翁溪友，问桑麻，说粳稻，量晴校雨，探节数时，相与剧谈一饷。归而倚杖柴门之下，则夕阳在山，紫绿万状，变幻顷刻，恍可人目。牛背笛声，两两来归，而月印前溪矣。味子西此句，可谓妙绝。然此句妙矣，识其妙者盖少。彼牵黄臂苍，驰猎于声利之场者，但见衮衮马头尘，匆匆驹隙影耳，乌知此句之妙哉！"[1]他在唐子西的诗中识得人生况味，体会到独特的生命感觉，以自己的生命来印证此诗境。真是深山尽日无人到，清风丽日亦可人。

时间是一种感觉，阳春季节，太阳暖融融的，我们感到时间的流淌也慢了下来。苏轼有诗谓："无事此静坐，一日似两日。若活七十年，便是百四十。"（《司命宫杨道士息轩》）在无争、无斗、淡泊、自然、平和的心境中，似乎一切都是静寂的，一日有两日，甚至片刻有万年的感觉。正所谓懒出户庭消永日，花开花落不知年。

清代安徽画派画家程邃画山水喜用焦墨干笔，浑沦秀逸，自成一家。他是名扬天下的篆刻大家，融金石趣味于绘画之中，其画笔墨凝重，于清简中见沉厚。上海博物馆藏有他的山水册页十二开，是他八十四岁时的作品，风格放逸。其中一幅上有跋云："山静似太古，日长如小年。此二语余深味之，盖以山中日月长也。"这幅画以枯笔焦墨，揿酌隶篆之法，落笔狂扫，画面几乎被

---

[1] ［宋］罗大经撰，王瑞来点校《鹤林玉露》丙编卷四，北京：中华书局1983年版，第304页。

◉ [清] 程邃
千岩竞秀图
满纸风烟，
满眼躁动，
却有静寂的
期待。

塞满，有一种粗莽迷蒙、豪视一世的气势。它传达了艺术家独特的宇宙体验。表面看，此画充满了躁动，但却于躁中取静：读此画如置于荒天迥地，万籁阒寂中有无边的躁动，海枯石烂中有不绝的生命。

倪云林在题钱选《浮玉山居图》（今藏上海博物馆）诗中写道："何人西上道场山，山自白云僧自闲。至人不于物俱化，往往超出乎两间。洗心观妙退藏密，阅世千年如一日。"山静日自长，千年如一日，这就是云林理解的永恒。永恒感不是抽象的道、玄奥的终极之理，就是天自白云日自闲。心不为物所系，从容自在，漂流东西，就是永恒。明初王汝玉曾题云林画云："逍遥天地一闲身，浪迹江潮七十春。惟有云林堂下月，于今曾照昔年人。"[1] 云林超越乎两间，感受到人生代代无穷已、江月年年望相似的永恒精神。

中国哲学强调于极静中追求极动，从急速奔驰的时间列车上走下，走入静绝尘氛的境界，时间凝固，心灵由躁动归于平和，一切目的性的追求被解除，人在无冲突中自由显现自己。一切撕心裂肺的爱、痛彻心肺的情，种种难以割舍的拘迁，处处不忍失去的欲望，都在宁静中归于无。心灵无迁无住，不粘不滞，不将不迎，时间的因素荡然隐去，此在的执着烟消云散。此时此刻，就是太古；转眼之间，就是千年。千年不过是此刻，太古不过是当下。

沈周对山静日长的境界有很深体会，他有诗云："碧嶂遥隐现，白云自吞吐。空山不逢人，心静自太古。"[2] 他在《策杖图》（今藏台北故宫博物院）上题诗道："山静似太古，人情亦澹如。逍遥遗世虑，泉石是安居。云白媚崖容，风清筠木虚。笠屐不限我，所适随丘墟。独行因无伴，微吟韵徐徐。"沈周一生在吴中山水中徜徉，几乎足不出吴中，这样的地理环境对他的画也产生了影响。在太湖之畔，在吴侬软语的故乡，在那软风轻轻弱柳缠绵的天地，艺术也进入了宁静的港湾。吴门画派的静，原是与他们对永恒的追求有关。

"马蹄不到清阴寂，始觉空山白日长"[3]，这是文徵明的题画诗。作为明代吴门画派的代表画家之一，文徵明是一位具有很深哲思的艺术家，不同于那些只能涂抹形象色彩的画匠。他生平对道禅哲学和儒家哲学有较深的浸染。他的画偏于静，他自号"吾亦世间求静者"——他是世界上一个追求静寂的人。为什么他要追求

1　[明]汪砢玉《珊瑚网》卷三十四，清《文渊阁四库全书》本。
2　[明]汪砢玉《珊瑚网》卷三十七，清《文渊阁四库全书》本。
3　[明]文徵明《甫田集》卷三，明刻本。

静寂?因为在静寂中才有天地日月长。静寂不仅与外在世界的闹剧形成对比,静寂中也可对世间事泊然无着染,保持灵魂的本真。静寂不是外在环境的安静,而是深心中的平和。在深心的平和中,忘却了时间,艺术家与天地同在,与气化的宇宙同吞吐。他说,他在静寂中,与水底行云自在游。

《真赏斋图》是文徵明的代表作品之一。真鉴斋是他的朋友、苏州大收藏家华夏会客之所。文徵明八十岁时,画过此图,今藏上海博物馆。八年后,又重画此图,今藏中国国家博物馆。后者虽然笔法更加老辣,但二画形式上大体相似,表现的境界也大体相同。在他的暮年,似乎通过这样的图来思考宇宙人生。八十八岁所作这幅《真赏斋图》,画茅屋两间,屋内陈设清雅而朴素,几案上书卷陈列,两老者对坐相语。正是两翁静坐山无事,静看苍松绕云生。门前青桐古树,修篁历历,左侧画有山坡,山坡上古树参差,而右侧则是大片的假山,中有古松点缀,细径曲折,苔藓遍地。所谓老树幽亭古藓香,正其境也。

[明] 文徵明 真赏斋图
石顽松古,有一院的清凉。

中国艺术有追求静净的传统,这方面的理论很丰富。清恽南田甚至以"静净"二字来论画。他说:"意贵乎远,不静不远也。境贵乎深,不曲不深也。一勺水亦有曲处,一片石亦有深处。绝俗故远,天游故静。"[1] 什么叫作天游?天游,就是儒家所说的上下与天地同体,道家所说的浑然与造化为一。天游,就是放下心来与万物一例看,目所见,耳所闻,都非吾有,身如槁木,迎风萧寥,傲睨万物,横绝古今,真是不知秦汉,无论魏晋。在静中"天游",便有了永恒。

南田的画以静净为最高追求。上海博物馆藏有南田仿古山水册页十开,其中第十开南田自题云:"籁静独鸣鹤,花林松新趣。借问是何世,沧洲不可度。毫端浩荡起云烟,遮断千峰万峰路。此中鸿濛犹未开,仙人不见金银台。泠风古树心悠哉,苍茫群鸟从空来。"南田在画中感受到不知斯世为何世的乐趣。他又说:"十日一水,五日一石。造化之理,至静至深。即此静深,岂潦草点墨可竟?"他于此得永恒之生命精神。

---

[1] 吴企明辑校《恽寿平全集》中册,第327页。

四、乱里世界

中国艺术不但以静寂境界来超越时间,还以对人们习以为常秩序的破坏来实现这种超越。艺术家为了建立自己的生命逻辑,尽情地"揉搓"时间,打破时间节奏,嘲弄时间秩序,以不合时来说时,以不问四时来表达对时间的关注,以混乱的时间安排来显现他们的生命思考。禅宗有颂云:"时时日日,日日时时,七颠八倒,孰是孰非。"[1]七颠八倒就是这类时间观的特征。

一个僧人问北宋兴元府青剉山和尚"如何是白马境",此僧回答道:"三冬华木秀,九夏雪霜飞。"[2]这里就是四季颠倒,时间乱置。有个弟子问汝州归省禅师:"如何是论顿不留朕迹?"禅师回答道:"日午打三更,石人侧耳听。"[3]石人是没有耳朵的,同样三更不可能出现在日午,但这些在禅者的狂悟中却可以存在。有个僧徒问唐代池州鲁祖山教和尚"如何是高峰孤宿底人",此僧回答道:"半夜日头明,日午打三更。"[4]舒州龙门佛眼和尚还给弟子讲过"一叶落,天下春"的话题。古语有"一叶落,天下秋"的话,这里"秋"则变成了"春",一字之换,在禅者看来,换的是一种思维,一种新的生命观念。禅者重新设置传统的论题,就是要人们换一副衷肠,来关心理性背后的活泼泼世界,那长期以来被人们忽视的世界。

持这样非时间观念的人以为,寻常人心灵被时间"刻度化"了,或者用现代的术语说,被时间"格式化"了。人们被关在时间的大门之内,并不是时间强行将我们关在其中,而是我们对时间的过于沉迷所造成的。四时,十二月,二十四节气,七十二候,每日十二时辰,每个时辰中的分分秒秒,从中国文明发展的历史可以看

---

[1] [宋]赜藏主编集,萧萐父、吕有祥、蔡兆华点校《古尊宿语录》卷四十七,第965页。
[2] [宋]道原著,顾宏义译注《景德传灯录译注》卷二十,上海:上海书店出版社2009年版,第1522页。
[3] [宋]赜藏主编集,萧萐父、吕有祥、蔡兆华点校《古尊宿语录》卷二十三,第436页。
[4] [宋]道原著,顾宏义译注《景德传灯录译注》卷十二,第890页。

出,时间的划分越来越细,生命的展开被打上越来越细密的刻度,这一刻度只不过丈量出人生命资源的匮乏,彰显出人生命的压力。时间成了一道厚厚的屏障,遮挡着生命的光亮。所以在时间上"七颠八倒",就是捅破这一屏障,去感受时间背后的光亮。

中国艺术史上关于雪中芭蕉的争论就与此有关。佛经中就有"雪中芭蕉""火里莲花"[1]的比喻。明李流芳诗云"雪中芭蕉绿,火里莲花长"[2],谈的就是这件事。据宋沈括《梦溪笔谈》卷十七载:"书画之妙,当以神会,难可以形器求也。世之观画者,多能指摘其间形象、位置、彩色瑕疵而已,至于奥理冥造者,罕见其人。如彦远《画评》言:'王维画物,多不问四时,如画花,往往以桃、杏、芙蓉、莲花同画一景。'予家所藏摩诘画《袁安卧雪图》,有雪中芭蕉,此乃得心应手,意到便成,故造理入神,迥得天意。此难可与俗人论也。谢赫云:'卫协之画,虽不该备形妙,而有气韵,凌跨群雄,旷代绝笔。'又欧文忠《盘车图》诗云:'古画画意不画形,梅诗咏物无隐情。忘形得意知者寡,不若见诗如见画。'此真为识画也。"王维曾作《袁安卧雪图》,其中有雪中芭蕉的安排。另外,北宋诗人陈与义深解禅理,又有所谓夏日梅花的描写,其有诗云"雪里芭蕉摩诘画,炎天梅蕊简斋诗"(《题赵少隐青白堂三首》其三)。这些"七颠八倒"的做法,在艺术中多见。

对此,学界有两种观点。朱熹说:"雪里芭蕉,他是会画雪,只是雪中无芭蕉,他自不合画了芭蕉,人却道他会画芭蕉,不知他是误画了芭蕉。"(《朱子语类》卷一百三十八)宋黄伯思《东观余论》则不同意这种观点:"昔人深于画者,得意忘象,其形模位置,有不可以常法观者。……如雪与蕉同景,桃李与芙蓉并秀,或手大于面,或车阔于门。"王士祯《池北偶谈》以"大抵古人诗画,只取兴会神到"来释此。黄伯思、王士祯的观点是符合事实的,而朱熹的解说却有囿于"常法"之嫌。

---

1 《维摩诘经》卷八云:"火里生莲花。"
2 上海市嘉定区地方志办公室编,陶继明、王光乾校注《嘉定李流芳全集》,上海:上海古籍出版社2013年版,第23页。

惠洪《冷斋夜话》说："诗者，妙观逸想之所寓也，岂可限以绳墨哉！如王维作画雪中芭蕉，诗法眼观之，知其神情寄寓于物；俗论则讥以为不知寒暑。"[1] 从逻辑的角度看，雪中芭蕉之类的描写显然是荒诞不经的，但从"妙观逸想"的角度看，却又深有理趣。因为艺术是诗的，诗是心灵之显现，为了表达超越的用思，对时空的颠倒又并非"匪夷所思"。艺术家要通过破坏原有的时间逻辑，建立一种生命逻辑。

在中国古代，"不问四时"已然成为一种流行的艺术创造方式。如在中国绘画中，自然时间常常被画家"揉破"，唐代的张询画"三时山"[2]，将一天早、中、晚三时所见山景放到同一画面中来表现。宋代王希孟有《千里江山图》，在这幅壮阔的画面中，囊括了四时的不同山水形态，没有一个时间点，它要陈述的是画家面对山水的感觉世界。扬州个园中的四季假山更是一个典型。

在中国，搅乱时间节奏往往和艺术家的创造精神联系在一起。明末画家陈洪绶是一位有个性的画家，长于人物和花卉。他的画多是对人生命的感喟。其至友周亮工说，他不是一位画师，而是大觉金仙。所谓大觉金仙，就是光辉灿烂的觉者。陈洪绶的画具有很强的装饰味，当然，装饰的目的不在于形式的和谐美，而在于深心中的体验。他将这个戏剧化的人生放大了看，夸张了看，最喜欢的就是揉破时间的节序，将不同时间中出现的物象置于一处，表达他独特的思考。他的画似乎只对永恒感兴趣，他在永恒中思考着人生。

陈洪绶的人物画构图简洁而寓意深刻。他对人物活动具体场景的细节不感兴趣，几乎省略了绝大多数与人物活动相关的内容，往往精心选择几个重要的物品，如假山、花瓶，花瓶中所插的花也往往经过特别的选择，再经过夸张和变形，突出他要表达的内

---

[1] ［宋］惠洪、［宋］朱弁、［宋］吴沆撰，陈新点校《冷斋夜话・风月堂诗话・环溪诗话》卷四，北京：中华书局1988年版，第37页。
[2] 《宣和画谱》卷十载："张询，南海人。不第后流寓长安，以画自适。后至蜀中，因假馆于昭觉寺为僧，梦休，作早、午、晚三景图于壁间，率取吴中山水气象，用以落笔焉，谓之'三时山'。唐僖宗幸蜀，见之叹赏弥日。"

● [明] 陈洪绶
听吟图
幽古的清供中，梅花数朵，红叶一枝，梅花象征高洁，红叶象征岁月飘零，时光这样轻易地将人抛弃，而人却执着地流连生命的灿烂。

涵。陈洪绶的画中大量地出现雪中芭蕉式的描写，将不同时期的物品并置，时间和空间从来不是限制他的因素，他的画只在乎表达自己的体验世界。一切都是可以利用的。在陈洪绶画作反复出现的花瓶中，几乎总是少不了梅花和红叶，红叶时在秋末，梅花乃在冬末春初，但陈洪绶毫不在乎它们放在一起不符合时间的节序。他只在乎他所要表现的内涵，梅花象征高洁，而红叶象征着岁月飘零，时光是这样轻易地将人抛弃，人却执着地流连着生命的最后灿烂。花瓶锈迹斑斑，它从苍莽中走来。在这里，亘古和当下、深秋和春初，就这样揉搓到一起。如现藏于扬州博物馆的《听吟图》，是他甲申之后的作品。此图画两人相对而坐，一人清吟，一人侧耳以听。清吟者旁边以奇崛之树根奉着清供，幽古的花瓶中有梅花一枝、红叶几片，红叶和寒梅也放到了一起。听者一手拄杖，一手撑着树根。其画高古奇崛，不类凡眼。

五、古意盎然

陈洪绶用他的画传达对永恒的思考，他的画充满了苍古的意韵。其实，中国艺术具有一种普遍的"好古"气息，如在题跋中，经常使用古雅、苍古、浑古、醇古、古莽、荒古、古淡、古秀等来评价艺术作品。在中国画中，林木必求其苍古，山石必求其奇顽，山体必求其幽深古润，寺观必古，有苍松相伴，山径必曲，着苍苔点点。中国画中习见的是古干虬曲，古藤缠绕，古木参天，古意盎然。中国园林理论认为，园林之妙，在于苍古，没有古相，便无生意。中国园林多是路回阜曲，泉绕古坡，孤亭兀然，境绝荒邃，曲径上偶见得苍苔碧藓，斑驳陆离，又有佛慧老树，法华古梅，虬松盘绕，古藤依偎。在中国书法中，追求高古之趣蔚为风尚，古拙成了书法之最高境界。如此等等。

有的人说这是中国崇尚传统的文化风尚使然，其实是误解。这里所说的"古"，不是古代的"古"，崇尚"古"，不是为了复古，

🍃 艺圃一角

粉墙黛瓦白石间,有红叶一丛,艳艳绰绰,像个跳跃的精灵。

它和文必秦汉、诗必盛唐之类的复古思潮是不同的，那是以古律今，或者以古代今；而这里是无古无今，高古，是要通过此在和往古的转换而超越时间，体现的是中国艺术家对永恒的思考。

通过对"古"的崇尚达到对自然时间的超越，显现顿悟境界时间无对、不二的特点（古与"今"对）；由对"古"的崇尚达到对表象世界的超越，将人的兴趣点由俗世移向宇宙意识（古与"元"对）；由对"古"的崇尚达到对事物发展阶段的超越，将人的心灵从残缺的遗憾转向大道的圆融（古与"老"对）；由对"古"的崇尚达到对在在皆住的思维的超越，将茂古苍浑与韶秀鲜活相照应，打破时间的秩序，使得亘古的永恒就在此在的鲜活中呈现（古与"秀"对）。如此，中国艺术家在"古"上做出了大文章，"古"成了永恒的代名词。

《二十四诗品》有"高古"一品，其云："畸人乘真，手把芙蓉。泛彼浩劫，窅然空踪。月出东斗，好风相从。太华夜碧，人闻清钟。虚伫神素，脱然畦封。黄唐在独，落落玄宗。"

高则俯视一切，古则抗怀千载。高古，就是抗心乎千秋之间，高蹈乎八荒之表，就是超越之境。高说的是空间超越，古说的是时间超越。高与卑对，古与俗对。崇尚高古就是超越卑俗和此在。在此品中，作者强调，若要悟入，需要"虚伫神素，脱然畦封"，要从"封"——人所设置的障碍中超越而出。此时，好风从心空吹过，白云自在缱绻，我成了风、云，成了天鸡的伙伴，成了明月的娇客。所以此一境界独立高标，在时间上直指"黄唐"，在空间上直入"玄宗"，超越了时空，在绝对不二的境界中印认。

这种尚古趣味在世界艺术史上是罕见的，它源于一种深沉的文化之思。立足于当下的艺术创作，却将一个遥远的对象作为自己期望达到的目标；在此刻的把玩中，却将心意遥致于莽莽苍古：就是要在现今和莽远之间形成回味无尽的"回旋"。中国艺术家喜欢这样的"道具"：苍苔诉说的是一个遥远的世界；顽石如同《红楼梦》中的青埂峰上出现的远古时代留下的奇石一样，似乎透露出宇宙初开的气象；如铁的古树写下的是太古的意韵；而古藤表征的是那个难以把捉的永恒世界……这些特殊的对象，将人的心灵由当下

寄啸山庄一角
石老而润,叶嫩而妍,苍苔中的鲜丽。

拉下莽莽远古。此在是现实的,而远古是渺茫迷幻的;此在是可视的,而遥远的时世是迷茫难测的;俗世的时间是可以感觉的,而超越的神化之境却难以把捉。独特的艺术创造将人的心灵置于这样的流连之间,使之徘徊于有无之际,斟酌于虚实之间,展玩于古今变换中,而忘却古今。古人所谓"高蹈于八荒之表,而抗心乎千秋之间"正是言此。[1]这里的"抗",就是"回旋",一拳古石,勾起人遥远的思虑;一片湿漉漉的苍苔,提醒人曾经有过的过去。艺术家通过这样的处理,一手将亘古拉到自己的眼前,将永恒揉进了当下的把玩之中,从而"榨"尽人的现实之思,使心灵顿入永

---

[1] 此语多见于古籍中,如阮籍《大人先生传》:"有大人先生者,以天地为一朝,万期为须臾,日月为扃牖,八荒为庭衢。行无辙迹,居无室庐,幕天席地,纵意所如。"清杨廷芝《二十四诗品浅解》解"高古"一品云:"高则俯视一切,古则抗怀千载。"又解"旷达"云:"齐天地于一瞬,等嵩华于秋毫。"

恒的寂静。

南宋萧东之《古梅》诗有句云:"百千年藓着枯树,一两点春供老枝。绝壁笛声那得到,只愁斜日冻蜂知。"[1]这诗受到人们的喜爱,它传达的哲思与芭蕉的俳句"蛙跃古池中,静潴传清响"很相似,都是将当下此在的鲜活揉进往古的幽深之中去。

颇有意味的是,在中国艺术中,常常将"古"与"秀"结合起来。如清盛大士《溪山卧游录》评明末画家恽向山曰"苍浑古秀";周亮工《读画录》评陈洪绶画"苍老润洁",认为作画"须极苍古之中,寓以秀好";清王昱《东庄论画》认为作画应"运笔古秀"。在中国艺术中,可谓扁舟常系太古石,绿叶多发荒率枝,艺术家多于枯中见秀用思。如一古梅盆景,梅根形同枯槎,梅枝虬结,盆中伴以体现瘦、漏、透、绉韵味的太湖石,真是一段奇崛、一片苍莽,然在这衰朽中偶有一两片绿叶映衬、三四朵微花点缀,别具风致。正如苏轼所说的"生成变坏一弹指,乃知造物初无物"(《次韵吴传正枯木歌》),那些枯木兀然而立,向苍天陈说着它们也有一段灿烂的过去。就像禅宗古德所说的"雪岭梅花绽",无边的白雪,红梅一点,此即其境。

中国艺术家将衰朽和新生"残酷"地并置,除了突显生命的顽强和不可战胜之外,更重要的则在于传达一种永恒的哲思。他们打破时间的秩序,使得亘古的永恒就在此在的鲜活中呈现。艺术家在其中做的正是关乎时间的游戏。古是古拙苍莽,秀是鲜嫩秀丽;古记述的是衰朽,秀记述的是新生;古是无限绵长的过去,秀是当下即在的此刻。似嫩而苍,似苍而嫩,将短暂的瞬间揉入绵长的过去,即此刻即过去,也即无此刻无过去。同时,在苍古之中寓以秀丽,秀丽一点,苍莽漫山,一点精灵引领,由花而引入非花,由时而引入非时,由我眼而引入法眼,念念无住,在在无心。这正是中国艺术最精微的所在。

---

[1] 转引自[宋]刘克庄《后村集》卷一百七十四,亦见[明]杨升庵《升庵集》卷五十八,清《文渊阁四库全书》本。

第 九 讲

以小见大

中国哲学和艺术理论中,有一重要的思想,就是以小见大。恒河沙数,一尘观之;浩瀚大海,一沤见之;一拳石,可以知高山;一叶落,可以知劲秋;一朵微花低吟,唱出世界的奥秘;一枝竹叶婆娑,透出大千的消息。所谓一花一世界,一草一天国。

我国先秦时以大为美的思想占据主要位置。《诗经》赞扬的"硕人"之美,《孟子》的"充实之谓美,充实而有光辉之谓大",《公羊传》的"美,大之之辞也",《庄子》的"天地有大美而不言",等等,都是这方面有代表性的观点。先秦出土的青铜器显示,当时人们对恢宏阔大的美有浓厚的兴趣。秦汉思想中流行以大为美的风尚,只要看看秦始皇兵马俑和汉大赋就可知道。秦汉园林"笼盖宇宙"的气魄,司马相如《上林赋》极力渲染的"巨丽"之美,许慎《说文解字》关于"羊大为美"的诠释,等等,显现出这个时代的审美倾向性。魏晋南北朝承秦汉之余绪,随着哲学上玄远之风的流行,幕天席地的玄远之想席卷这个朝代,如刘伶《酒德颂》"以天地为一朝,万期为须臾,日月为扃牖,八荒为庭衢"的大人情怀,曹操《步出夏门行》"东临碣石,以观沧海"的宏阔气度,魏晋风骨的雄浑慷慨之气,等等,都使我们感觉到这个时代对风骨气势的推重。

重视小的趣味,发现小的智慧,在六朝时即露端倪。如南北朝后期庾信的一篇《小园赋》,将小的构置与人灵心超越的关系作了很好的解释。中唐以后,小的趣尚愈加显明。流连于小园,给人带来独特的享受;构图精致的工艺品受到人们的喜爱;绘画中以小见大的风气日渐流行;盆栽之妙更是典型的小中见大,栽来小树连盆活,缩得群峰入座青,其中蕴含着艺术家奇妙的用思;至如中国独有的篆刻艺术,于方寸中见乾坤,更突出了以小见大的审美观念。

哲学和艺术趣尚由大到小的转换,反映了中国人文化心理上的变化。重视当下直接的体验,推崇简约纯净的美感,高扬淡逸幽微的气象,等等,蔚然而成风气。文人意识崛起,山林境界为人们所推崇;隐逸文化流布,士人们返归于内成就心性的圆满,以近追远,以小见大,以平和的愉悦代替外在的争夺,以细腻的体验代替粗俗的官能享受。更有甚者,不必山川广远,在一勺池水中能驰骋广袤;不必流连巨丽风光,在一片叶中包含着世界的秘密;不必去追求官能的享受,那些都是过眼的烟云,而直接的生命体验才是真实。

大有大的气势,小有小的精微。以小见大思想的流布并非代表一种衰落的气象;流连于小的乐趣,也并不一定就是偏安和狭隘。在方寸之间优游回环，很难说就会失去生命进取的力量。小中也有心灵的大开合，有自在腾挪的空间，有优柔含玩的意味。在一定程度上可以说，以小见大，刚健之道也。茫然无觉者无小，只有追求提升自己、伸展自己心灵的人才会觉其小。

我这一讲选择三个角度，尝试对这一美学观念作一些具体分析。

一、心性的伸展

以小见大，反映了中国美学的内在超越思想。

在本书序言中，我提到张岱《湖心亭看雪》的短文，西湖大雪三天，张岱与友人相约到西湖湖心亭看雪。他们来到此亭，其时，"天与云、与山、与水，上下一白，湖上影子，惟长堤一痕、湖心亭一点，与余舟一芥、舟中人两三粒而已"，这里展示的，就是一种性灵伸展的境界。亭中的"我"是一点，这一点是小的，但当他融入茫茫世界，你能觉得他小吗？他在心灵的超越中拥有了世界。万物皆备于我，虽有一心，却有与万物浑然一体的气概。

苏州拙政园见山楼，是此园的主体建筑。"见山"二字取自陶渊明"采菊东篱下，悠然见南山"，其背后深涵着中国人的哲学智慧。在陶渊明这首诗中，诗人生活在一个偏狭的场所，物质是短缺的，地偏人少秋寂寞，无往来之车马，无喧闹之酬酢；但诗人的心灵又是充满圆足的。诗人如何实现这样的转变？就在于心灵的超越功夫。这是一种内在的超越，地虽小，但心中有了，天地自大，宇宙自广。空间虽然寂寞，但偶然的兴会、悠然的把玩，可以穿透世界，洞察千秋，贯通人伦。"见山"，就是见性灵之南山。

王维《终南别业》诗云："行到水穷处，坐看云起时。"这两句诗受到人们的喜爱，说的也是内在心灵境界的提升。谁人没有困窘处、为难处？但通达的心灵可以超越"穷"，在"穷"处升起生命的蔼蔼春云。有通达之心，外在世界又如何能固塞它的天地？

拙政园见山楼
悠然的把玩，偶然的兴会，见山楼前见性灵之南山。

杜甫《江亭》诗云："水流心不竞，云在意俱迟。"其中所涵有的哲学智慧同样给人以启发：当你融入世界时，白云轻起，流水淙淙，你的心和云儿缱绻，与清泉同流。

郑板桥曾谈到他的家居之乐："十笏茆斋，一方天井，修竹数竿，石笋数尺，其地无多，其费亦无多也。而风中雨中有声，日中月中有影，诗中酒中有情，闲中闷中有伴，非唯我爱竹石，即竹石亦爱我也。彼千金万金造园亭，或游宦四方终其身不能归享。而吾辈欲游名山大川又一时不得即往。何如一室小景，有情，有味，历久弥新乎！对此画，构此境，何难敛之则退藏于密，亦复放之可弥六合也。"[1] 十笏茅斋，何其小哉！然而在这闭塞的小小居

---

1 ［清］郑燮《竹石》，《板桥集》，清清晖堂刻本。

228

所里，他居然要弥合六虚，上下与天地同流。

　　无限就在有限之中。正像中国人的"宇宙"二字所呈现的，上下四方曰宇，往古来今曰宙，宇宙乃无限的时空。无边的世界妙意，就从"我"的宅宇中显现，宇宙不是纯然外在的时空，而是人心灵所构造的世界。中西哲学都重视有限和无限的问题，但却有很大的不同。在中国人看来，无限不是一个可以通过理性把握的事实，而是在心灵体验中切入的生命时空，无限就在一丘一壑、一花一草之中。没有脱离有限的无限，即有限即无限。外在的追逐并不能使人无限，西方哲学中那种外在追求无限的方式不同于这样的哲学思想。"见山"，不是眼睛看见山，而是心灵去发现一个宇宙，一个与心灵相与优游的宇宙。唐君毅所说的中国艺术的虚灵明觉，可以转虚为实，不需要西方那样凝神于一往超越的高卓和伟大，就在"内在"而具有，说的就是这种超越功夫。

　　中国人的以小见大，不是一个数量的问题。如果我们将它理解为从小处看大，由少中把握多，那是一种知识的态度。以小见大，不是量的广延。如从一池之水看大海中无量的水，由一粒沙子推知无数沙子，我们不能有这样的思路。在生命体验的世界中，没有大小多少之分，审美体验的世界是一个无量的世界。以小见大更不是微缩景观，现代城市景观中流行的微缩景观建筑，与此是全然不同的。那是量上的按比例缩小，而中国哲学的以小见大是心灵的超越。

　　清初有一位很有影响的诗人、刻书家张潮，他将读书的境界分为三个层次："少年读书，如隙中窥月；中年读书，如庭中望月；老年读书，如台上玩月。皆以阅历之浅深，为所得之浅深耳。"[1]

　　涨潮关于读书境界的描绘，可推而看人生境界的提升。心灵的拓展，也可以分为三层次：第一层次是隙中窥月，在窗户内看月，这是一般的境界，它没有改变山里人只知道山里事那种看世界的方式。第二层次境界扩大了，人步入庭院中，看到的世界不是洞

---

[1] ［清］涨潮《幽梦影》，武汉：崇文书局2017年版，第34页。

中之天，而是广阔的天地，心情豁然开朗，由洞穴中走出。第三层次是台上玩月，有登泰山而小天下的气势，有苞裹八极、囊括乾坤的境界，有"君问穷通理，渔歌入浦深"（王维《酬张少府》）的悠然。它站在世界的高台上，不是自高自大，而是心灵的优游回环。这是"万物皆备于我"的境界。

人不能同时存在于两个不同的空间，在浩浩历史长河中，人的生命只是短暂的片刻。生命的脆弱以及在时空上的短暂、渺小是人的宿命。从生命的外在存在来说，人与这世界上的其他动物应该没有太大的区别；但人有心灵，中国人说，人为五行之秀气，实天地之妙心，天地无心，以人的心灵为心，万物皆备于我。正是因为人有了这个心灵，狭隘可以转换成旷远，脆弱可以转变为坚强，渺小可以翻转为广大。

我国在先秦时就有"升高能赋"的说法，后演化为一重要的宇宙观念，这与以小见大的心灵超越有关。登高望远，目极千里，心为之动，所谓"登高望远，使人心瘁"（宋玉《高唐赋》）。稼轩词中有"少年不识愁滋味，爱上层楼，爱上层楼，为赋新诗强说愁"（《丑奴儿·书博山道中壁》）的描写，登楼和愁有这样密切的关系，登高会有触动，一种生命存在的触动。柳宗元在被贬期间曾登上柳州城楼，有诗道，"城上高楼接大荒，海天愁思正茫茫"（《登柳州城楼寄漳汀封连四州刺史》），由此获得安慰。王勃登滕王阁，有"天高地迥，觉宇宙之无穷；兴尽悲来，识盈虚之有数"（《滕王阁诗序》）的哲思。杜甫登上岳阳楼，有"吴楚东南坼，乾坤日夜浮"（《登岳阳楼》）的慷慨情怀，这是乱世中杜甫思想的重要支撑，他看世界、看人生、看苍生，总有一种"宇宙的视角"。登楼"登"出了性灵之高，在渺小的处所中"登"出了博大。

在登高中，诗人换了一个视角，也换了一种思维。诗人登高一望，眼中之景非平时之景，心中所思非平时所思，来到了一个与平时不同的世界。借登高之机，诗人捅破了两个世界间隔着的一层纸，由小世界跃入大宇宙。人之生，如陷于井中，四面湿壁，中间黑暗，井中之思，不免局促，暗中摸索，愈加苦艰；登高一望,如从暗室中伸出头来,透透气,四面打量,原来天地如此宽广。井中的思维、缝隙里的思维、洞穴里的思维,让这样的思维笼罩自己,哪来真实的自我!所以,登高诗中常常连带着对现存世界的否定,天涯之路在眼前延伸,时间画面在心中腾挪,生命维度也向前延展。千古风流,百年遭际,一起涌上心头,时间的眼透过历史的网,射向生命的深层。登高使人摆脱了"小"的宿命,超越了狭隘的思维,实现了心灵的超越,在小中见大,在狭窄处见幽深。

以小见大,可以说是人存在的觉醒。这样的思想,对艺术影响深远。中国艺术在一定程度上是灵魂超越之具,就是引人"见山"的。

明代艺术家王世贞是个博物学家。他家有弇山园,园并不大,其中有一小亭,坐落于丛树之中,四面花草扑地,绿荫参差,上有匾额曰"乾坤一草亭"。王世贞认为这个匾额中包含了神秘的意旨。八大山人还画过《乾坤一草亭图》。一个小草亭,为何扯上广袤无垠、神秘无比的乾坤?元代画家吴镇喜欢泛小舟于湖中,他说自己是"浩荡乾坤一浮鸥",一只小鸟,为什么又说是浩荡乾坤中的一只小鸟?唐代的禅师船子和尚有诗云"世知我懒一何嗔,宇宙船中不管身",他泛小舟于三湖九泖之上,小舟居然也成了一只"宇宙船"。

这里就有个以小见大的思维。宇宙、乾坤,说其大;小亭、小舟,言其小。在小亭中有囊括乾坤的期望,在小舟中有包裹江海的用思。小,是外在的物;大,是内在的心。从物上言之,何人不小!但从心上言之,心可超越,可飞腾,可身于小亭而妙观天下,可泛小舟而浮沉乾坤。行到水穷处,坐看云起时,水虽穷,路虽尽,但云起了,风来了,我是一片云,我是一缕风,在这样的心灵中,哪里还会有穷尽时!

乾坤中的一草亭,江海中的一浮鸥,宇宙船中的一个我,反映了人的生命境遇以及从这一境遇中突围的方式,反映了人深层的生命自信。每个人都是这世界的一个点,是渺渺宇宙的一个点。

八大山人就说自己是世界的一个点。他早年就有雪个、个山之号,自称"个山人",这个"个"是天地之一"个"、乾坤中之一"个"。个,也可解释为竹,雪个,即皑皑白雪中的一枝竹,白色天地中的一点青绿,八大山人喜欢这样的意象。他的友人曾为他画《个山小像》,图上有八大山人录其友人刘恸城的赞语:"个,个,无多,独大,美事抛,名理唾……大莫载兮小莫破。"八大告诉人们:我山人是天地之中的一个点,虽然是一点,却是大全,可以齐同世界;我独立,抛弃追求的欲望,唾弃名理的缠绕,便拥有了世界。他笔下的一朵小花、一枝菡萏、一羽孤鸟,都是一"个",一点,一个充满圆足的生命。

中国人认识到这个"小",但不小看这个"小"。其超越不是挣脱"小"而飞向大的道路,超越不是超越现实,相反是肯定现实的落脚点——人是宇宙中的一个点,一个坚实的点。这是中国人思想中非常有特点的部分。

中国艺术的小亭就是这样的高台。通透的小亭,八面空空的小亭,就是一个心灵的高台。所以中国人将心灵称为"灵台"。玩月的灵境,虽然如如不动,无边的世界就荡漾在他的心中。中国艺术家特别喜欢咏叹小舟,在河中荡漾,在开阔的湖面荡漾,在茫茫大海中荡漾,在无形的宇宙中荡漾,说它是"宇宙船"又有何不可?中国画家不是看一只鸟就画这只鸟,有一朵花就画这朵花的人。中国画的主流不是将画作为写实的工具,而是当作表达内在生命体验的工具。画的是亭子,所要表现的生命体验却不在亭子,又不离亭子。画家是将亭子放到宇宙之流中去展现,高明者其实都想到那高台上去玩月。

元代画家曹云西自题《秋林亭子图》云:"云山淡含烟,万影弄秋色。幽人期不来,空亭倚萝薜。"一个小亭孤立于暮色之中,寂寞的人在此徘徊,在此等待,多么宁静,多么幽寂,但是这里却充满了无边的生命活力:你看那万影乱乱,盎然映现一个奇特的世界;你看那藤蔓层层向上盘绕,饶有天然奇趣。中国艺术要把聚集在生命深层的活力掘发出来,在近于死寂的画面中,忽然有极微小而不易为人注意的物象点醒，一声蛙跃、一缕青苔、数片云霓、似隐似现盘旋的青萝等等，在沉默中响起了惊雷，在瞬间里洞见了永恒。

我们看倪云林的画，亭子是云林山水中的重要道具。倪云林喜欢画幽林亭子图，深秋季节，木叶尽脱，一亭翼然，古松兀立，这是云林山水的当家面目。现见云林的传世作品多有亭子。清恽南田说元人"幽亭秀木"，乃是人间绝妙音乐，所说的元人即指倪云林。"幽亭秀木"是云林山水的特征。

云林的《容膝斋图》，就包含着以小见大的智慧。图画的是陶渊明"审容膝以易安"的文意，以视觉语言表现以小见大的哲学思考。疏林之下，置一亭子，别无长物，远山如带，海天空阔。这幅画的画眼，就在这草亭。一个草亭置于荒天迥地之间，就是要将人以及人狭小的时间空间宿命，放到旷朗的宇宙（绵延无尽的时间和空间）中来审视。他要表现的思想是：人所占空间并不小，人自小之，故小；所占时间并不短，人自短之，故短。跳出洞穴的思维，一草亭就是一乾坤。心自广大，何能小之！小亭很小，仅能容身；世界之大，却能容心。云林就是将高渺的宇宙和狭小的草亭、外在的容膝和内在的优游放到一起，表现他的生命追求。

"江山万里眼，一亭略约之"，云林就有这样的心胸。明人有诗云："灵光满大千，半在小楼里。"[1]"半在小楼里"，描绘人处境的窘迫。"小楼"，形容人存在空间之狭小。"半"，意为人厕身世间，被"逼迫""挟持"到特定位置，偶然的生命像一片落叶飘入莽莽山林，如陶渊明所言，被"掷"入世界的角落。而"灵光满大千"，描写人的性灵在"大千"——无限时空中的腾迁，沐浴于一片神圣"灵光"中，臻于自在自圆足、无少欠缺的境界，所以说是"满"。

---

[1] 出自明初苏州感胜接待寺释有中（号濯庵）咏该寺的《八咏诗》，其中《含晖楼》诗云："朝挂扶桑枝，暮浴咸池水。灵光满大千，半在小楼里。"（[明]汪砢玉《珊瑚网》卷十三，清《文渊阁四库全书》本）"灵光满大千"，本就有佛教的因缘。宗白华《中国诗画中所表现的空间意识》引此诗，误为陈眉公所作（《中国美学史论集》，第72页）。

[元] 倪瓒
容膝斋图
一个小亭置于茫茫天地之间，那就是艺术家的容心之所。

◎ [元] 倪瓚
江亭山色图
台北故宫博物院藏
疏林廊落，野水遥
施，小亭兀然其
间，高芥的宇宙和
短暂的人生、绵延
的天地和人迫促的
宿命，就这样置于
你的面前。

一方面是局促压迫，一方面是充满圆融，两极之转换，即在心灵推展中，在生命体验的超越里。

大千是全，是无限，小楼是小，是有限，因为心灵的眼穿透这世界，小中有了大，缺中有了全，当下昭示着无垠的过去和未来，眼前环列着一个无限的大实在。云林的小亭对后世中国画产生了很深的影响，成为一种哲学的标志。清查士标有《江岸小亭图》，今藏加拿大安大略博物馆。此画水墨味极浓，构图简洁，画老树一棵，枝干尽秃，树下一亭，再画出似有若无的江面。上有一诗道："野岸小亭子，经时少客过。秋来溪水净，远望见烟萝。"虽处小亭，而烟萝在目。

清代画家石涛关于"一枝"的思考也饶有兴味。他在金陵时，有斋名"一枝阁"，后来又称自己为"枝下人"。这或许受到徐渭影响，徐渭也有"一枝"的斋号。

"一枝"之名出自《庄子·逍遥游》："鹪鹩巢于深林，不过一枝；偃鼠饮河，不过满腹。"在庄子看来，人是天地间的匆匆过客，人之生只是寄尘于世。天地再广，人居之，所占有的只不过一枝，而这一枝还是短暂地栖居。曹丕《大墙上蒿行》诗云："人生居天壤间，忽如飞鸟栖枯枝。"说得很忧伤，但却是事实。

庾信《小园赋》写的是他关于自己新得一处小园的思考。园不大，数亩蔽庐，寂寞人外，故称小园。他非常爱这个小园，水中有一寸二寸之鱼，路边有三竿两竿之竹，再起一片假山，建一两处亭台，就满足了。他说，他并没有感到缺憾："若夫一枝之上，巢父得安巢之所；一壶之中，壶公有容身之地。"在他看来，在这小园中散步，真像是爬上生命的"一枝"。

石涛在金陵时住的一枝阁，是靠近金陵名刹大报恩寺的一个小草屋，在山坡旁。亲见大报恩寺的西方传教士甚至说，这是当时世界上最辉煌的建筑，尤其是夜晚的灯光，可以照耀数十里。一枝阁，小到不能再小了，与金碧辉煌的大报恩寺形成强烈的对比。石涛为此曾觉感伤，甚至觉得难为情，但最终他以哲学的智慧战胜了这样的局促。

石涛在《一枝阁图卷》（今藏上海博物馆）上题了七首诗，写他这方面的思考。第一首道："得少一枝足，半间无所藏。孤云夜宿去，破被晚余凉。敢择余生计，难寻明日方。山禽应笑我，犹是住山忙。"最后一首写道："多少南朝寺，还留夜半钟。晓风难倚榻，寒月好扶筇。梦定随孤鹤，心亲见毒龙。君能解禅悦，何地不高峰？"

作为一个起居之地，一枝阁是小的、逼仄的，小到如同一个鸟巢，小到无法展开自己的画幅，小到不好意思请自己的朋友进来。但石涛由此悟出了"君能解禅悦，何地不高峰"的道理。心中有了方是真有，每个人的心里都有高峰和华屋。他曾书沈周诗句云："消遣一枝闲挂杖，小池新锦看跳蛙"——在狭小的空间中，照样可以如高台玩月。

石涛体会到：浩浩宇宙，人占有的只是片土；悠悠历史，人只是倏然的过客。无尽的心灵企望和窘迫的时空宿命，令人窒息，人何尝离开一个"缺"字！燕巢般的一枝阁，将人无可摆脱的历史宿命摆到了石涛面前。但石涛在艺术和哲学智慧的启发下，获得了解脱。他有印曰"得少惟趣"，就表达了他这方面的思考。

二、体验的真实

以小见大，说的不是一个物理的事实，而是体验的真实。

南宋山水画家马远的《寒江独钓图》，今藏日本东京国立博物馆。图画静谧的夜晚，淡淡的月色，空空荡荡的江面上有一叶孤舟静横，小舟上一人把竿，身体略略前倾，凝神专注于水面。小舟的尾部微翘，旁边则是几丝柔痕，将小舟随波闲荡的意味传达出来。这幅画是简的，简到不能再简了，只有一叶小舟、几丝柔痕，但表达的生命感受却是丰富的。画只是一个引子，它的后面有一个广阔的世界。夜深人静，冷月高悬，寂寞的秋江上悄无声息，气氛凄冷，一切的喧嚣都远去，一切争斗都荡尽，一切人世

[宋] 马远
寒江独钓图
寒江独钓，钓出一个自由旷远的世界。

的苦恼都在冷夜的屏障抵制下退去。一丸冷月，虽然孤独，却是与渔父相依为命的精灵，冷月砌下的清晖，对这孤独的人来说不啻一种安慰；迷濛的夜色，为这寂寞的人提供柔和的保护。小舟静静地向前，偶尔激起的流水声，像是与人絮语。忽而有夜鸟掠过，留下它悠长的叫声，更衬托出这江夜的空明和静寂。这幅画是山水画中以小见大的典范。显然，这个简略的画面所表现的不是一个物理事实，而是一个心理事实，一个生命体验的世界。

小是一种心灵真实，三五步走遍天下、六七人雄会万师，那是在人的心灵体验世界中所达到的。"空山不见人，但闻人语响。返景（影）入深林，复照青苔上"（《鹿柴》），王维这首小诗描写一个寂寞的山林，从物理空间看，它没有任何特别之处；但这诗不是写景诗，它是诗人当下领悟的生命空间，是一个与诗人生命密切相关的世界，于是这个小小的世界被赋予了特别的意义，它成了一个圆满的生命宇宙。

以小见大，最容易使人联想到的西方艺术理论概念就是典型，典型的核心是在特殊中体现一般，它的基本方法是概括，以少概括多，在有限中表现无限。但中国艺术理论的"以小见大"说的核心不是概括，而是体验，它不是类归，而是生命体验的世界。就像马远这幅《寒江独钓图》，它不是在简约的画面中概括很多钓者的生活，钓者根本不是"这一个"。它的命意其实根本就不在夜晚，不在钓者，不在钓鱼的事实本身，而在超出于此画面的荒寒孤寂的生命体验。它所呈现的是一个瞬间体验的心理事实，而不是一个有概括力的物理事实。更为不同的是，在以小见大的体验世界中，没有大和小、多和少、有限和无限，一切量上的推演都与生命体验世界不合。

中国古代艺术论中有"芥子纳须弥"的说法。此说本出佛门："芥子"，形容极微小的存在；"须弥"，即佛教中所说的妙高山，又称须弥山，是想象中的天国，既远且大，香气四溢，更是辉煌无比。远、大、光芒万丈的的妙高山，竟然被涵括在一颗芥子中，真是不可思议。中国艺术将"芥子纳须弥"作为一种重要的创作原则。宋楼钥有《题范宽秋山小景》诗道："山高最难图，意足不在大。尺楮渺千里，长江浸横翠。……近山才四寸，万象纷纳芥。欲识无穷意，耸翠更天外。"北宋艺术理论家董逌谈到范宽时，也从"芥子纳须弥"的角度来评价："当中立（按，范宽）有山水之嗜者，神凝智解，得于心者，必发于外。则解衣磅礴，正与山林泉石相遇。虽贲育逢之，亦失其勇矣。故能揽须弥于一芥，气振而有余，无复山之相矣。"（《广川画跋》卷六）

在这里，典型理论没有解释空间，芥子绝不是须弥的有限概括，它只是强调，艺术创造的根本不在体量的大小，而在真实的生命感悟。天地一芥子，不是于芥子中见天地之大，而是在真实的体验中，一芥子也是一个圆满的宇宙。

故宫博物院藏元代陆行直《碧梧苍石图》，是这位并不出名的画家的存世孤本。[1] 画湖石、梧桐、柏树，笔墨清润。湖石当中而立，

---

[1] 浙江大学中国古代书画研究中心编《元画全集》第一卷第二册，杭州：浙江大学出版社2013年版，第40图。

孔穴很多,就像岁月沧桑,留给人梦幻的记忆。陆行直题云:

"候蛩凄断,人语西风岸。月落沙平流水漫,惊见芦花来雁。可怜瘦损兰成,多情因为卿卿。只有一片梧叶,不知多少秋声。"此友人张叔夏赠余之作也。余不能记忆,于至治元年(1321)仲夏廿四日戏作碧梧苍石,与治仙(按,即陆留,上有陆留题跋)西窗夜坐,因语及此,转瞬二十一载,今卿卿、叔夏皆成故人,恍惚如隔世事,遂书于卷首,以记一时之感慨云。

张叔夏,即南宋大词人张炎(1248—约1319),其《清平乐》词中所说的"只有一片梧叶,不知多少秋声",虽然从古语"落一叶而知劲秋"化来,却表达出艺术家斯时斯地微妙的生命体验,俨然成为传统艺术的审美理想世界。

由一叶之落,推知秋之萧瑟,并非出自理性的推演,而是一种生命的感喟:又是一年秋来到,引起人凄婉的生命回旋。它的中心不在于由一叶落,想到很多很多叶子落,想到秋天来了季节更换这一科学事实,而在于将人放进这个世界中的生命悸动。一片梧叶知秋声,性灵也被置于秋风萧瑟之中。

苏轼评当时一位画家的折枝画说:"谁言一点红,解寄无边春。"(《书鄢陵王主簿所画折枝二首》其一)谁能在一朵微花中见出天地的无边春色?一点红色,就是无边的世界。画家并不是魔术师,他怎么可能点出一片春色?就在于画家以感人的笔触,创造一瞬间体验的生命世界。他画的是花,但意不在花,而在其背后丰富的体验世界,那里有无边的春意。禅宗中有"如春在花"的话头,春是一,花是万,万千花朵乃由春意生出。唐宋以来的艺术,尤其是文人艺术,注意的中心不在花,而在其背后的春意,那撒向天地的春意。这春意,就在你心中。

苏轼所评的折枝画,是中国画的重要形式,自中唐以来一直受到画家的喜爱。南宋时,折枝花卉几乎成为代表这个时代绘画之风的典型形式。画家们不去画满园春色,往往是花出一朵,叶出数枝,从画面一角欹侧而出,就是画的全部了。如马麟的一幅折枝,画家几乎吝啬到了极致,省略再省略,省略到只剩下一点暗示,一点淡红,几丝柔意。不是他们画不了繁华异卉,也不是他们没有时间去画复杂的对象,而是中国画家认为这就够了,一切的陈述都是多余。画家不是追求事物真实面貌的表现,所关心的是瞬间体验,将这一体验通过最简略的形式表现出来。马麟灼目而忧伤的折枝,是他那一时刻真实的体验。鉴赏者常常也会

沧浪亭一角
一勺水亦有曲处,一笋石亦有奇处。

为他的体验所感动,并非对他所画小花感兴趣,更不是从一朵花中看出很多花,而是由此小花中发现与自我相通的微妙生命体验。

美术史学者方闻在谈到元代艺术的特点时说:"元代文人艺术家摒弃了造形的写实主义,后来几代人也不再单纯追求事物真实的外貌,而立足于瞬息间个人心理的真实。……文人艺术家作品的成功既不在于精湛的技法,也不在动人的构思,而在于深刻的思想以及艺术家内在之我旨趣的天然流露。"[1] 这是很有见地的。

北宋文同(字与可)是一位画竹大师,与苏轼为友,有一次二人讨论画竹心得,苏轼写道:"予谓与可,竹长万尺,当用绢二百五十匹,知公倦于笔砚,愿得此绢而已。与可无以答,则曰:'吾言妄矣,世岂有万尺竹也哉。'余因而实之,答其诗曰:世间亦有千寻竹,月落庭空影许长。与可笑曰:'苏子辩则辩矣。然二百五十匹,吾将买田而归老焉。'因以所画筼筜谷偃竹遗予,曰:'此竹数尺耳,而有万尺之势。'"(《文与可画筼筜谷偃竹记》)他俩所讨论的问题,就是突破写实传统,重视体验的意趣。后人评文同的竹子,说他虽画一枝竹,却有十万丈夫的气势,说的就是这个道理。文同的竹画,改变了中国花鸟画发展的路径。

中国画有"咫尺万里"的说法。杜甫"咫尺应须论万里"(《戏题王宰画山水图歌》)的观点,成为中国画的纲领之一,画山水被视为"扫千里于咫尺,写万趣于指下"。黄山谷说:"江山寥落,居然有万里之势;老夫发白,对此使人慨然。"[2] 东晋时袁宏在建康为官,别友人,心中凄然万分,感叹道:"江山寥落,居然有万里之势。"山谷引这个典故,说"咫尺万里"的妙意,咫尺万里,并非望着有限的画面,联想无限的山水,咫尺万里在气势,在境界。这是由独特的生命体验铸就。画家的命意其实根本就不在山

---

1 〔美〕方闻《心印》,李维琨译,上海:上海书画出版社1993年版,第6页。
2 〔宋〕黄庭坚《跋画山水图》,《豫章黄先生文集》卷二十七,《四部丛刊》本。

水，鉴者又何必去延展山水！沈迈士说："中国画的特长即是能以'以小见大'的手法来表现广阔重叠的胜概的，这种手法自隋唐以来逐渐成长，趋于成熟，到北宋达到神妙的境界。"[1]说的就是这个道理。

中国园林有"壶纳天地"的说法，扬州个园中的四季假山前"壶天自春"四字，很能说明中国园林艺术追求的深意。如前所引，庾信在《小园赋》中，说他的小园就是一壶之地："一壶之中，壶公有容身之地。"《后汉书·方士传》载，东汉时有方士叫费长房，一天遇到一个老翁卖药，药摊上悬一壶，每天市罢，就跳到壶中，人称壶公。街上人都看不到他，只有费长房在楼上能看到，觉得很奇怪，就去拜见。这老翁知道他的来意，就对他说："你明天可再来。"第二天费长房去拜见，老翁和他一起都进入壶中。壶中妙不胜收，有华楼丽阁，又有美酒嘉肴，两人在里边尽情地享受。

中国艺术家其实就要做这样的"壶公"。这个"壶"是心灵之壶，在心灵的壶中融世界无边妙意，而不是将广大的物理世界凝入微小世界中。中国园林其实就是造这样的壶，壶虽小，天地却很宽；壶中似乎空空，却有庄严楼台、无边妙色。不必华楼丽阁，不必广置土地，引一湾清泉，置几条幽径，起几处亭台，便俨然构成一自在圆足的世界，可使人"小园香径独徘徊"了。园林家重点不在造一个物理空间供人住，供人"看"，而是造一个生命空间——生命之壶供人心灵"居"，即提供一个体验的世界。

中国园林在叠山理水间，处处可见这样的思想。如中式园林反对敞朗，独好偏阒。围墙隐约于萝间，若隐若现；山楼轻披藤蔓，愈牵愈长。梧阴匝地，槐影当庭，影影绰绰，妙意无穷。喜欢做隐而曲的游戏，愈闭处愈开，愈窄处愈宽。山穷水尽处，一折而豁然开朗；轩阁阻挡处，一开而通别院。空灵活络，玲珑优游。如潍

---

[1] 沈迈士《王诜》，见张安志等编著《历代画家评传·宋》，香港：中华书局1979年版，第17页。

◎ 个园一角

　　淡云含远意，壶天自春色。

坊的十笏园，有山野逸趣。此园以池水为主，堆积山石和环廊小亭来衬托假山气势。清沈复《浮生六记》说："若夫园亭楼阁，套室回廊，叠石成山，栽花取势，又在大中见小，小中见大，虚中有实，实中有虚，或藏或露，或浅或深。"正是行家之论。一切都在为人心灵的玩味提供空间。

对于造园家来说，园不在乎小，而在于通过独特的设计，使鉴赏者能够在其景致的引领下，汇入大化洪流。假山虽没有真山那样巨大的体量，却可通过石的通透、势的奇崛以及林木之葱茏、花草之铺地、云墙漏窗等周围环境，构成一个生机盎然的世界，从而表现心灵世界的回转。我们欣赏一个园林，看的不仅是它的景致，还包括看它与自己心灵的关系，读自己的心灵哲学，一片自然山水就是一幅心灵的图画。我们在谐趣园中，所"谐"出的不仅是外在景致的趣味，还有心灵的趣味。我们有悦耳悦目的感受，更有悦心悦意的性灵活动，觉得眼前的对象不仅可行可望，更可居可游，我愿与之同游。

三、月印万川，处处皆圆

以小见大，反映了中国美学当下圆成的观念。

"当我细细看，呵，一棵荠花，开在篱墙边。"松尾芭蕉的这首俳句，受到陶渊明"采菊东篱下，悠然见南山"的影响。在一个偏远的乡村小路上，在一处无人注意的篱笆边，诗人发现了一朵白色的野花，没有娇艳的颜色，没有引人注目的造型，没有奇特的香味，那样谦卑，那样温柔，诗人为这样的质朴和纯素而感动。对于此刻的芭蕉来说，一朵野花，就是一个大全，一个宇宙。从人的知识角度看，这朵野花和这角落一样微不足道，但这朵野花可不这样看，它并不觉得自己生在一个闭塞的地方，也不觉得自己渺小而微不足道。大和小、多和少、煊赫和卑微、灿烂和灰暗，那是人的眼光，是人的知识的眼光。而"以物为量"——不以人的知识的眼看世界，放弃人的知识的"量"，融入世界去，以世界之量为量，你就会有芭蕉那样的感动，也能像芭蕉那样在一朵微花之中，发现一个宇宙，一个有意义的世界。芭蕉又有俳句云："雪融艳一点，当归淡紫芽。"一朵淡淡的紫色小花，在白雪中飘摇。这是怎样的绿意，怎样的春色！芭蕉的智慧从中国的禅宗中来，反映的正是南宗禅的思想。

这是多么令人感动的小！它关乎传统以小见大哲学的另一理论要义：世界的意义即在世界本身。没有人则没有世界的意义，但在中国哲学看来，世界的意义不是被人"看"出来的，以人的理性、知识、功利的眼光看世界，这世界是人观察的对象，"我"成为主体，世界便成了与主体相对的客体，于是世界的意义不是世界本身所具有的，而是人的理性所赋予的。这样的世界的意义是一种虚假的影像。中国哲学有一种观点强调，世界的意义是在人的纯粹体验境界中"见"（现）出，所谓自在显现。

唐代的李翱是一位儒家学者，但对佛学很有兴趣。一次他去拜访禅宗的药山惟俨，见药山时，药山一言不发。李翱拿出他的哲学家腔调，开口便问："如何是道？"当时，药山的身前放着一瓶水，抬头看，天上正飘来一片云，药山便指指天，又指指案台上的水，说："云在天，水在瓶。"李翱豁然大悟。后来他写了两首诗，其中一首道："练得身形似鹤形，千株松下两函经。我来问道无余说，云在青天水在瓶。"[1] 这个故事要说明的是：道在不问，佛在不求，只要你回归自心，处处都是佛，青山自青山，白云自白云，一切都自在显现。当下圆成的生命，才是至高的圆满之境，它就是佛。

药山的手轻轻地一指，却指出了一条不同于理性的道路：云在青天，水在瓶，山在迤逦，鸟在高飞，无风萝自动，不雾竹长昏，前溪有清泉滑落，后山有微光缱绻，一切都自在圆成，万物自生听，太空恒寂寥……

---

[1] ［宋］道原著，顾宏义译注《景德传灯录译注》卷十四，第1004—1005页。

第九讲 以小见大

🕮 留园花街铺地

招风雨,幕云烟,伴春花秋月,收虫吟鸟鸣,小园香径自是一妙世界。

中国哲学有"月印万川，处处皆圆"的著名比喻，包含着丰富的内涵。它本由佛学提出，理学也接过了这个话头。在理学中，它所表现的是"理一分殊"的思想。[1] 而在佛学内部，华严宗自称为"圆教"，唐代武则天曾让华严宗大师法藏说华严之妙，法藏就以皇宫门口的狮子作比喻来说法："一一毛中，皆有无边师子（按，即狮子）；无边师子，入一一毛中。"也就是华严宗的"一即一切，一切即一"学说，一物即是圆满俱足，每一物都有其圆满的自性，所以每一物都是一个大全。华严宗"月印万川，处处皆圆"的圆教思想，隐约还是本现象本体之思路。[2]

南宗禅却与之不同，以大乘空宗的不二法门为根本思想，它

---

[1] 北宋杨时弟子陈几叟以"月落万川，处处皆圆"来论述理一分殊思想，陈淳《四书性理字义》释"理"说："总而言之，只是浑沦一个理，亦只是一个太极；分而言之，则天地万物各具此理，又各有太极，又都浑沦无缺失处。""譬如一大块水银，恁地圆，散而为万万小块，依旧又恁地圆。陈几叟'月落万川，处处皆圆'之譬，亦正如此。"在理学看来，万川之月，只是一月。然万万千个圆共有一圆，万川之月只有一月相照，一圆贯穿万川之圆，散在江湖各处的异在之圆联成一整体，这就叫"随处充满，无稍欠缺"，可谓大充满。正因万川之月，处处皆圆，故自此一月，可观全月；散在江湖的万千之月均由一月相照，故自任何一月均可窥见万千之月的内在生命，任何江湖的月都是一自在完足的生命，都是月之理的显现。天下一太极，而物物一太极，物物均有内在的理，内在的理又是共通的；自一物可观万物，自一圆可达万圆，物物绳绳相联，绵绵不尽。理学的"万川之月"之比，仍未脱量论。

[2] 南宗禅的"一即一切，一切即一"的圆融无碍思想，看似与天台、华严的圆教理论相同，其实有根本差异。华严宗自称"圆教"，在判教理论上，它将各种宗派分为小乘教、大乘始教、终教、顿教和圆教五种，华严宗则高居一重圆教之上。华严宗宗师法藏云："万象纷然，参而不杂，一切即一，皆同无性，一即一切，因果历然，力用相收，卷舒自在，名一重圆教。"一切事遍一尘中现，是谓卷；一尘遍一切处，是谓舒。一切现象归于法性真如，法性真如体现为一切现象，二者圆融无碍，故此为圆教。华严初祖杜顺将事理圆融作为止观五法门之一。他以珍珠为例说："一珠能现一切珠影，此一珠既尔，余一一亦然，既一一珠一时顿现一切珠，既尔余一一亦然。如是重重无有边际，即在重重无边际珠影，皆在一珠中炳然呈现，余皆不妨。"一珠显一切珠，一切珠又显一切珠，珠中有珠，以至无尽，佛教称之为"因陀罗网"。这就是一无量，无量一。华严宗此思想与禅宗的根本差异主要有二：其一，华严的一多互摄理论是建立在现象本体相融相即的理论上的。真如本体体现于一切现象中（舒现），一切现象中都体现真如本体（卷藏）。"一"是本体，"一切"是现象。华严宗的一多互摄理论中，"一"为单一，"万"为总体，自"一"观"万"，即是量的差异，一毛一切毛，一物一切物。南宗禅所破的正是这现象本体的分别智。其二，华严宗的圆教理论是奠定在承认事物差别基础之上的，世界上存在着千千万万有别的事物，每一物都有其自性，故而显示出其差异性，有别的事物中有共同的理。而禅宗则是彻底的平等观，它认为事物的差别是人的分别智造成的，物的存在本身并没有差别，并没有量的区别。

所谓"圆"的思想，其实就是当下圆成，西方就在目前，当下即是充满。希运《传心法要》说："深自悟入，直下便是，圆满具足，更无所欠。"圆满充融，无稍欠缺，就是大全。慧能的弟子永嘉玄觉《证道歌》说："一月普现一切水，一切水月一月摄。"禅门发现了一朵野花的价值。《碧岩录》说："一尘举，大地收；一花开，世界起。"在南宗禅这里，以小见大，其实并没有小和大，没有量上的分别，随处充满，无稍欠缺。

"月印万川，处处皆圆"，在禅宗，不是万千月亮都有一个月亮统领，那是就整体和部分而言，而是赋予每一个存在以其自身的意义。存在的意义不在其高度的概括性，如我们平常所说的在特殊中体现一般，存在的意义就在其自身。在这里没有有限和无限的区分，没有一般和特殊的总属关系，也没有全体和部分。南宗禅的世界观中，没有世界的全部，如果说全部的话，那每一个对象就是全部。"一即一切，一切即一"，在禅宗的无量之学中，一切和一都不能作量上观，没有个别和全体，没有大小和多少，意义在当下生成。

这样的思想对传统艺术产生重要影响。传统艺术哲学中的境界理论，其实就是建立在此基础上的。它重视体验的真实，一个小园、一朵浪花，就是全然的满足。王维《木兰柴》诗云："秋山敛余照，飞鸟逐前侣。彩翠时分明，夕岚无处所。"空灵廓落，夕阳将落未落之际，一片神秘的空灵，自在圆成，无稍欠缺。

月印万川的思维开辟了中国美学一种独特的思路，那就是此在即真实，即意义。这一点，我在"不二法门"一讲中已有涉及，这里不再多说。

第 十 讲

大巧若拙

西方传统园林中一般都有雕塑，主要是人物雕塑，内容又大都与宗教有关。但中国传统园林中却没有这样的雕塑，更不要说人物雕塑了（寺庙园林中佛道造像除外）。其实，中国传统园林中的假山，就是园林中的雕塑，这些曾经被西方传教士称为古怪破石头的假山，是中国艺术家精心构造的心灵影像。中国人认为，石不能言最可人，这些表面上看起来千奇百怪的假山，是枯槁、瘦硬的，而且是一些"僵死"的石头，几乎没有任何生命的信息，但是我们却爱之如金玉之城,视之为神灵降物。传说当初杭州花圃盆景园内立一处叫绉云峰的假山,当天几乎万人空巷,人们争相一睹。

这种文化现象背后突显的是中国人独特的哲学智慧:大巧若拙。中国人对枯藤、残荷、老木、顽石等的欣赏,书法家对老境的吟味,画家对枯笔焦墨的神迷,文人竞相以守拙为字号斋名,等等,其实都与这样的哲学有关。大巧若拙是中国美学一大问题。

可以说,东方人发现了枯槁的美感,在深山古寺、暮鼓晨钟、枯木寒鸦、荒山瘦水中,追求一种独特的韵味。这并非东方人的古怪审美趣味,而是东方人贡献给世界美学的重要理论滋养。拙道,即天道,大巧若拙中,体现了崇尚自然的中国美学精神。

一、拙的智慧

"大巧若拙"由老子提出。这是一个对中国人思维方式乃至美学、艺术产生深远影响的哲学观点。人之生活必然会追求巧,巧,即技巧、技能。老子所说的"大巧",却不是这种一般的巧,一般的巧是凭借人工技能可以达到的,而"大巧"作为最高的巧,是对一般的巧的超越,大巧就是不巧,故老子以"拙"来表达。

老子为什么将笨拙的状态作为最高、最完美的巧?这涉及老子关于天工和人为关系的思想。老子认为,最高的巧,就是不巧,不巧之巧,可以称之为"天巧"[1],自然而然,不劳人为。从人的技术性角度看,它是笨拙的,没什么"技术含量";但从天的角度看,它又蕴含着不可逾越的美感,是

---

[1] 唐韩愈《答孟郊》诗云"文字觑天巧","天巧",即老子所言之"大巧",是无巧之巧。

留园花步小筑在苔痕历历的枯藤石笋间，透出一种天趣。

道之巧，有纯全之美。在老子看来，一般意义上的技术之巧，其实是真正的拙劣，是小巧，是出自人机心的作为。机心出自算计，算计多来自伪饰，伪饰即是对自然而然的破坏。如果说它有什么巧的话，也是局部的巧、矫情的巧。这样的巧，与其说是巧，倒不如说是真正的笨拙，因为它笨拙到连生命的戕害都不顾了。老子执着于拙的境界，就是强调一种独立于人机心之外的自然本真状态。这是他的自然无为哲学的组成部分：拙就是不巧，不巧就是不作，不作就是不以人为，此即其所强调的"无为"。

庄子强调以道不以巧，突出了天工的地位。"巧"在他的哲学语汇中，也不是一个正面的词语。《庄子·达生》借关尹之口说："是纯气之守也，非知巧果敢之列。"（知巧，即智巧）《庄子·庚桑楚》说："圣人工乎天而拙乎人。"他强调自然而然，自然就是不巧，"覆载天地、刻雕众形而不为巧"（《庄子·大宗师》），天以不巧而得大巧。

◉◉ 谐趣园冬景

雪后的谐趣园,沐浴在一片神秘的安宁之中。

  道家大巧若拙的哲学表述,将两种截然不同的创造状态鲜明地呈现在人们面前:一是人工的、机心的、色相的、外在的状态;二是天工的、自然的、平淡的、天真的状态。前者是知识的,后者是非知识的;前者是破坏生命的,后者是滋养生命的;前者是造作的,后者是素朴的;前者以人为徒,后者与天合一;前者是低俗的欲望呈露,后者是高逸的超越情怀。

  老子大巧若拙哲学观以及由此带来的中国哲学和艺术的思考,有以下几点值得注意:

  第一,大巧若拙强调的是素朴纯全的美,自然天成,不强为,无机心,不造作,朴素而不追求浮华。这对后来的艺术和审美产生了深远影响。如《二十四诗品·冲淡》中所说的:"遇之匪深,即之愈希。脱有形似,握手已违。"不刻意求取,一刻意即落有为,一有为就破坏物我之间玲珑微妙的契会,破坏冲和淡雅的意致。放弃目的的、理智的、欲望的追求,也即放弃对"巧"的追求。诗人是以心去"遇"——无意乎相求,不期然相遇,而不是去"即"——孜孜以追求。因为一"即"就"希",渺然而不可见;一遇即"深",契合无间,意象融凝。拙,在老子看来,就是素朴。道家认为,素朴而天下莫能与之争美。

第二,大巧若拙突出了中国哲学师法造化的思想。中国哲学有两种倾向:一是师法造化,与天合一;二是迷恋人工技巧。老子黜人工技巧而重天工自然,这和中国哲学的主导倾向是吻合的。老子赋予天(自然)作为创造本体的特性,老子哲学中的天(或云自然)取代了原始宗教中的至上神地位,成为人文化创造永恒的范本。老子大巧若拙的思想,就是要回到天的角度来讨论问题,从天的角度寻找智慧的根源、生生的根源。

第三,大巧若拙突出了道家哲学在其源头就存在的"反智(此指知识,而不是智慧)"倾向。在老子看来,人企图运用知识改变世界,是一种愚蠢的文化冲动。老子强调拙,是因机心流行、文明发展所带来的伪饰而提出的。《老子》第十八章说:"慧智出,有大伪。"老子认为,文明的发展在一定程度上,就是追求巧的过程,而这巧往往是对人本真状态的破坏。《老子》第十二章说:"五色令人目盲,五音令人耳聋,五味令人口爽,驰骋畋猎令人心发狂,难得之货令人行妨。是以圣人为腹不为目,故去彼取此。"他倡导一种自然而然的哲学。老子时代的繁缛虚华当然无法与如今相比,但相对而言,那个时代也有了很高的文明,孔子就说过那是一个"郁郁乎文哉"(《论语·八佾》)的时代。文明所带来的虚荣奢华席卷着这一时期,声色犬马之乐、虚与委蛇之势、艳心荡魄之色,乃至繁缛的礼节、巧言令色的表达等等,破坏着人类真性的大厦。其实,这也可以说是"欲望的时代",一个"为目"的时代,重视人的欲望享受,将世界客体化、对象化,也异己化。老子反思这

◎ [明] 陈洪绶
　古木双鸠图
　　在枯木的槎枒间,
　啼叫春天。

样的"流行文化":这样的所谓文明,是不是符合人的真性?老子提倡的"为腹",如王弼所说"为腹者以物养己,为目者以物役己"[1],就是融于世界中,与世界相优游,不是靠机心去破坏这个世界,而是与世界同在,以"大是懵懂"的智慧滋养生命。

第四,大巧若拙作为一个哲学命题,是中国哲学中最早反思技术主义的代表性观点。中国文化有一种强烈的重机心、重权谋的特点(如兵法的发达),老子的这一思想在这方面起到一定的制衡作用。

《庄子》继承了老子这种反机心、重生命颐养的哲学。《庄子·胠箧》说:"铄绝竽瑟,塞瞽旷之耳,而天下始人含其聪矣;灭文章,散五采,胶离朱之目,而天下始人含其明矣;毁绝钩绳而弃规矩,攦工倕之指,而天下始人有其巧矣。故曰'大巧若拙'。"搅乱音律,销毁乐器,堵住师旷的耳朵,天下人才能保住本性的聪慧;抹掉纹饰,散乱五彩,遮住离朱的眼睛,天下人才能保住本然的灵敏;毁坏钩绳规矩,折断巧匠工倕的手指,天下人才能保有其本性的技巧。

在庄子看来,拙是从知识的跃跃欲试回到天全状态的懵懂,从人的欲望追求回到恬淡无目的,从外在的感官捕捉回到深心体悟。《孟子·尽心下》说:"梓匠轮舆,能与人规矩,不能使人巧。"意思与庄子也有共通处。规矩是知识,可以学而知,但天巧则无法通过学而知,必缘自心灵之洞悟才能求得,要从工具理性回到直接的生命体验。《庄子·天地》中那个著名的灌园叟不用机械的故事,就是这方面的典型。庄子认为,人类文明就是追求巧的过程,但在这一过程中常常会忘记,巧只是一种工具上的便利,并不能解决人心灵中根本的问题,物质的巧并不能代表生命的全部。

庄子提出技进乎道的观点,在拙中近于道。《庄子·养生主》说:"臣之所好者道也,进乎技矣。"在庖丁解牛的故事中,其神妙

---

[1] [魏]王弼注,楼宇烈校释《老子道德经注校释》,北京:中华书局2008年版,第28页。

技术的形成经历很长过程，而在他达到最高境界之时，其解牛简直成了一个艺术展示过程。技是知识的，是工巧的，而非天成。庄子讨论的是如何超越技巧，"技进乎道"，这个"进"，不是说"道"超过了技，对技有某种程度的提升，更不是说"道"是长期知识积累后的飞跃，他说的是对技的超越和消解。庄子强调，像庖丁有如此的手段，是放弃机心、走向自然的产物，是养生（养性）的产物，不是知识积累能够获得的。

《庄子·达生》有一段话说：

> 梓庆削木为鐻，鐻成，见者惊犹鬼神。鲁侯见而问焉，曰："子何术以为焉？"对曰："臣工人，何术之有！虽然，有一焉。臣将为鐻，未尝敢以耗气也，必齐以静心。齐三日，而不敢怀庆赏爵禄；齐五日，不敢怀非誉巧拙；齐七日，辄然忘吾有四枝形体也。当是时也，无公朝，其巧专而外滑消。然后入山林，观天性形躯，至矣，然后成见鐻，然后加手焉，不然则已。则以天合天，器之所以疑神者，其是与！

鐻，古代悬挂钟磬等乐器的木架。梓庆做鐻，人称有鬼斧神工之妙。怎样达到这样的妙？要在斋戒其心，物我两忘，放弃知识的努力，超越技术的考量，自然而然，与天相合。与其说他的这个能力是学来的，倒不如说是"养"出来的，是培植自我生命、达到内在的和融所实现的。

第五，老子守拙的哲学还是一种存在之道，它促进了人们关于人存在状况的思考。"拙"在道家语汇中，标示的是人的本性，人的本来面目，技巧是为了某种欲望而启动的破坏本性的行为，人的本性存在于"拙"的状态中，而不在巧中展示。

庄子认为，重视技巧、迷恋技巧，重视目的、为目的所驱使，是戕害生命之道。以下这则寓言就说了这个道理，同样来自《庄子·达生》：东野稷驾车去见庄公，他驾车技术精妙，进退就像绳子一样直，左右旋转如规一般圆。庄公看了大加赞赏，以为画图都比不上他，让他驾车打一百转。东野稷正在打转时，大臣颜阖来拜见庄公，他看到这种情况后，对庄公说："东野稷的马很快会累死的。"这个故事的意思是，不重道，不守自然天性，只会打转转，绕圈圈，在技巧上做文章，最后累死的可能就不只是马了。

正像谭嗣同《治言》中所说的："观乎龙门之凿，然后知大巧若拙。"他这句话有两层意思：一是龙门的凿痕，是造化的鬼斧神工，不是人为；二是如果想有龙门之跳，必须有守拙的功夫。聪明生意见，生机心，翻腾于欲海利河，必至沉沦。大智若愚，愚拙才是宝。古人所说的"与其巧持于末，不若拙戒于初"（陈继儒《小窗幽记》），就是这个意思。

第六，守拙更是一种人生境界。陶渊明不仅以诗垂范后世，而且也以其人格风标衣被百世。这并不在于他选择了退隐不为官，而在于他树立了一种本然素朴的精神风范。他有诗道："少无适俗韵，性本爱丘山。误落尘网中，一去三十年。羁鸟恋旧林，池鱼思故渊。开荒南野际，守拙归园田。"（《归园田居》）归去的是他生命的园田，这并不意味着农耕牧歌生活更适合他，而是自然率真的境界更适合他的生命栖居。在这里，他有"倚南窗以寄傲，审容膝之易安"的愉悦，领略到"木欣欣以向荣，泉涓涓而始流"的光华，生命在他看来就如朝阳初启。他感受到从来没有过的自由，所谓"云无心而出岫，鸟倦飞而知还"（《归去来兮辞》）。

拙作为一种人生境界，在中国诗人、艺术家那里具有极高的地位。杜甫有诗云"杜陵有布衣，老大意转拙"（《自京赴奉先县咏怀五百字》），又说"养拙江湖外，朝廷记忆疏"（《酬韦韶州见寄》）、"用拙存吾道，幽居近物情"（《屏居二首》其一）。孟浩然诗云："运筹将入幕，养拙就闲居。"（《送告八从军》）大巧若拙，明道若昧，糊涂中有聪明，痴心中有智慧，拙是一种远离纷争之道，是一种生命颐养的智慧。

二、枯槁之美

北宋文学家苏轼也是一位画家,他留存的画作很少,存世的唯一作品是《枯木怪石图》。这是一幅选材很怪的画,他不去画茂密的树木,却画枯萎衰朽的对象;不去画玲珑剔透的石头,却画又丑又硬的怪石。这件又丑又怪的作品在历史上曾引起广泛的讨论。黄山谷《题子瞻枯木》说:"折冲儒墨陈空堂,书入颜杨鸿雁行。胸中元自有丘壑,故作老木蟠风霜。"山谷认为,东坡画别有衷肠,别有世界,反映出东坡追求生命真实的思想倾向。东坡自己解释说:"散木支离得自全,交柯蚴蟉欲相缠。不须更说能鸣雁,要以空中得尽年。"(《题过所画枯木竹石三首》其二)[1]

东坡的怪木,就是庄子说的"散木",那种"支离得自全"的散木,表现的是大巧若拙的人生智慧:在丑中求美,在荒诞中求平常,在枯朽中追求生命的意义。东坡不仅将拙当作一种处世原则,还将它上升为一种美学原则。用他的话说,就是"外枯而中膏,似

[宋] 苏轼
枯木怪石图
在枯木和怪石中,追求葱茜和亲切。

---

1 蚴蟉(yòuliáo):蜿曲纠缠的幼虫。雁,此指鹅。

澹而实美"(《评韩柳诗》)、"发纤秾于简古,寄至味于澹泊"(《书黄子思诗集后》)。

从枯树来看,它本身并不具有美的形式,没有美的造型,没有活泼的枝叶,没有参天的伟岸和高大,此所谓"外枯"。但苏轼乃至中国许多艺术家都坚信,它具有"中膏"——丰富的内在蕴涵。它的内在是丰满的、充实的、活泼的,甚至是葱郁的、亲切的。为什么这样说呢?它通过自身的衰朽,隐含着活力;通过自己的枯萎,隐含着一种生机;通过自己的丑陋,隐含着无边的美貌;通过自己的荒怪,隐含着一种亲切。它唤起人们对生命活力的向往,在生命的最低点,开始一段新生命的里程。因为在中国哲学看来,稚拙才是巧妙,巧妙反成拙劣;平淡才是真实,繁华反而不可信任;生命的低点孕育着希望,而生命的极点就是真正衰落的开始。生命是一顿生顿灭的过程,灭即是生,寂即是活。

苏轼此画的命意是对活力的恢复。苏轼以"绚烂之极,归于平淡"[1],解读老子的"大巧若拙"观。从平淡处做起,在枯朽处着眼,自古拙中追求新生,这是中国美学和艺术理论的重要原则。

"大巧若拙"的拙,并不是一种枯寂、枯槁,而是对活力的恢复。老子认为,人被欲望、知识裹挟,已经失去看世界葱郁生命的灵觉;在拙中,人恢复了"婴儿"的状态——生命的真实,有一双明亮的眼睛,能发现世界的光明。庄子也说,在拙中,人恢复了生命的活力,就像"汝瞳焉如新生之犊而无求其故"(《庄子·知北游》),灵光绰绰。

在东坡那里,他看出了枯木虽无"生面"(不是一个活物),却具有"生理"的道理。他的枯木怪石看起来是僵死的,却有活泼泼的生命精神,他不仅于此表现"生理",更表现出"生意"。当时的一位儒家学者孔武仲,评价东坡的《枯木怪石图》,认为东坡枯木"窥观尽得物外趣,移向纸上无毫差",他将东坡枯木和赵昌

---

[1] 苏轼文集中有"渐老渐熟,乃造平淡。其实不是平淡,绚烂之极也"的表述,与此略异,此语转引自[元]王构《修辞鉴衡》卷一,清《文渊阁四库全书》本。

鲜明绰约的花鸟作比较:"赵昌丹青最细腻,直与春色争豪华。公今好尚何太癖,曾载木车出岷巴。轻肥欲与世为戒,未许木叶胜枯槎。万物流形若泫露,百岁俄惊眼如车。树犹如此不长久,人以何者堪矜夸!悠悠坐见死生境,但随天机无损加。却笑金城对宫柳,泫然流涕空咨嗟。"[1]在他看来,东坡枯木虽无赵昌花鸟鲜艳,但其中却自藏春意,得"万物流形"之理;通过东坡的独特处理,枯木也自具妙韵,从而"未许木叶胜枯槎"。

"未许木叶胜枯槎",这是中国艺术理论中一种重要的思想。中国艺术追求活泼泼的生命精神的传达,但并不醉心于活泼泼的景物的描写,而更喜欢到枯朽、拙怪中去寻找生意的寄托。元代理学家袁桷在题赵子昂《枯木竹石图》时说:"亭亭木上座,楚楚湘夫人。因依太古石,融液无边春。"[2]他在枯木中窥出了"无边春"——广大无边的生命精神。就像《周易》中"枯杨生华"的意象一样,枯木中有"春意",有活泼泼的生命精神。

清吴历说:"画之游戏、枯淡,乃士夫一脉。游戏者,不遗法度;枯淡者,一树一石无不腴润。"(《墨井画跋》)这将大巧若拙的哲学体会得至为精审,乃于枯淡中出腴润。

在绘画中,枯木的形象成为中国画的当家本色。正是因为以"生理"为上,所以许多表面看来并不"活泼泼"的对象,成了画家笔下的宠儿。一段枯木,枯槁虬曲,全无生意,而画家多好之。宋以来画史上以枯木名时的画家不在少数,沈括《图画歌》中说:"枯木关仝极难比。"关仝是北宋初年著名山水画家,他的枯木对后代影响很大。董其昌甚至说,山水画中无枯木,则不能出苍古之态。

艺术家在评论枯木时,多看出古拙苍莽中所藏有的活力和风韵。明唐志契说得好:"写枯树最难苍古,然画中最不可少。即茂林盛夏,亦须用之。诀云:'画无枯树,则不疏通。'此之谓也。"(《绘

---

1 [宋]孔武仲《子瞻画枯木》,[宋]孔文仲、孔武仲、孔平仲《清江三孔集》卷五,清《文渊阁四库全书》本。
2 [元]袁桷《清容居士集》卷十四,《四部丛刊》本。

第十讲 大巧若拙

◎ 个园一景
微花细朵，在幽深的古潭中，浅斟慢酌。

事微言》）中国画家知道，蓬勃的生命从葱茏中可以求得，从枯槁中也可以求得，且从枯槁中求得更见微妙，更能够体现出生命的倔强和无所不在。笔枯则秀，林枯则生，枯木点醒疏通了画面，也给观者强烈的心理冲击力。

在笔墨技巧上，中国艺术家对渴笔焦墨非常着迷。渴笔，又称干笔，与湿笔相对，于画面多用勾勒、皴擦，不用浓墨渲染。画诀中有"以渴笔取妍"的说法，就是于枯槁中求妍秀。北宋李成善用此法，他善淡墨，重勾勒，毫锋颖脱，气象萧疏，人称惜墨如金。元人画多用枯笔，其中以倪云林和黄公望为最。云林用笔瘦削枯硬，一片萧疏秀朗之气；大痴用笔细微，渴笔也是其常法。恽南田说："子久以意为权衡，皴染相兼，用意入微，不可说，不可学。太白云：'落叶聚还散，寒鸦栖复惊。'差可拟其象。"（《南田画跋》）

清程邃可以说是一位枯笔大师，他是一位篆刻名家，以篆刻的方法作画，追求苍浑、古朴、凝重的风格。他的画满纸躁动，

263

◉ 留园岫云峰

这个小小的角落,将苍浑和韶秀裹为一体。

却清新可爱。他常用大篆笔法，苍茫浑朴，极有韵味。如其《千岩竞秀图》（今藏浙江省博物馆），略参元代王蒙笔意，山峰巍峨，苔点富有变化；咫尺画面，气势开阔，布局平中见奇，意境沉郁萧森；既带有新安画派的特色，又表现出作者追求金石情趣的个性。当时的一位评论者王昊庐说："张璪有生枯笔，润含春泽；干烈秋风，惟穆倩得之。""干烈秋风"，可以说是程邃（字穆倩）画风的一个恰当概括。

三、艺之老境

中国艺术推崇老境，老境也是一种拙。或许可以说，老境是对婴儿活力的恢复，是对生命童稚气的回归。艺枯在润，艺老在嫩，在老中取嫩。老境并不是对沉稳、博学的推崇，而是有天成之妙境，有天籁之音声。

老，在中国美学和艺术中代表一种崇高的艺术境界。这和崇尚古拙平淡的美学风尚是密切相关的。老境并不意味着额头上的皱纹、两鬓的白发，而意味着成熟和天全、绚烂与厚重、苍莽和古拙。老境，就是一种枯树的境界。人怕老，但中国艺术却偏好老。在老境中，平淡、无色相、天真、淳朴、烂漫，衰朽中透出灿烂，平定中拥有智慧，去除规矩之后得到天和。如孔子所谓"从心所欲，不逾矩"（《论语·为政》），老境于稚拙中透出可爱，在平和中渗出潇洒。

古人有"画中老境，最难其俦"的说法，绘画的老境是很难达到的，但真正的艺术家一定会努力向此攀登。中国园林创作也以老境为尚，如清代的才子袁枚认为，他的随园最得老趣。

孙过庭在《书谱》中，提出了学习书法的三阶段说："若思通楷则，少不如老；学成规矩，老不如少。思则老而逾妙，学乃少而可勉。勉之不已，抑有三时；时然一变，极其分矣。至如初学分布，但求平正；既知平正，务追险绝；既能险绝，复归平正。初谓未及，

[明] 唐寅
立石丛卉图
枯石中的耿介，
杂卉中的烂漫。

中则过之，后乃通会。通会之际，人书俱老。""人书俱老"成为中国书法追求的崇高境界。老境是"达夷险之情，体权变之道"，是"思虑通审，志气和平，不激不厉，而风规自远"，真正达到了在淡泊中有至味，在老境中神融笔畅，翰逸神飞。

中国书法理论提倡生、拙、老、辣，反对熟、巧、嫩、甜，所体现的就是大巧若拙的哲学精神。在中国书学中，与"老"相近的概念很多。如中国书学提倡"生"，老就是一种生。中国书法家认为，生和熟是一对概念，开始是生，因为技法不熟悉；但当自己的技法熟悉之后，还应该回到生，这就是熟外之生。中国艺术最厌恶熟，认为熟就会俗，就有点甜，就有点腻，这样的书法有谄媚之态。如有的人说清人王文治的书法熟透了，有甜腻相，称其为"台阁体"。郑板桥有首题画诗谈自己画竹，和书法的用笔是一个道理："三十年来画竹枝，日间挥写夜间思。冗繁削尽留清瘦，画到生时是熟时。"所以写字要临帖，但写得太熟并不是好事，太熟可能就没有艺术个性，容易出不来，要能进去，又要能出来，才是最重要的。在绘画中也是如此，董其昌说："画须熟后生，字须熟外熟。"[1] 董其昌将艺术创作分为三阶段，他的熟外熟，就是熟外生。石涛题画跋说："董太史云：'画与字各有门庭，画可生，字不可不熟，画须熟后生，字须熟外熟。'余曰：书与画亦等。但书时用画法，画时用书法，生与熟各有时节因缘也。学者自悟自证，不必向外寻取也。"也是对熟外之生哲学的认同。

熟就是精巧过度，太注意雕琢，没有生气。中国艺术很强调偶然性，这里面包含着重要的思想。巧、熟往往是对偶然性的破坏。艺术中的创造是不重复的，也是不可逆料的，如风行水上，不期然相会，自然成文。《周易》有涣卦，上巽下坎，巽为风，坎为水，风行水上，自然成文，就是这个意思，不是刻意为之。

老是和嫩相对的。嫩是过分追求美，美固然很重要，但书法并

---

[1] 转引自［明］汪砢玉《珊瑚网》卷二十三，清《文渊阁四库全书》本。

● 泰山金刚经碑
浑穆博大,原从拙中领取。

非把字写得漂亮就是最好,能写漂亮是前提,还应该在漂亮之外,追求更高的境界,这就是自己的艺术个性。所以,清傅山提出:"宁拙毋巧,宁丑毋媚。"(《作字示儿孙》)刘熙载说:"丑到极处,便是美到极处。"(《艺概·书概》)像康有为的字并不美,却有很高的地位。他的审美观念是"重拙大",其书法就体现了这一思想。所以欣赏书法,要会欣赏其美,还要会欣赏其"丑",在"丑"的地方往往有书法家独特的创造。清代的书风受金石气的影响,追求拙的趣味。像郑板桥的六分半书就是"丑"的典型。其他如傅山的隶书、王铎的草书、刘墉的行书、金农的正书（漆书），以及对日本书法有重要影响的杨守敬的书法等。

四、天饰原则

以拙为尚，就是以天为尚。拙是一种天趣。

明计成《园冶》长期在中国失传，却在日本成为园林的"圣经"，被易名为《夺天工》。这三个字，倒是反映了中国园林的根本特色："巧夺天工"。园林的最高原则是"天工"，体现大自然的节奏，反映大自然的精神，园林家如同一个冶炼的高手，以心灵的熔炉熔冶大自然。用计成的话说，就是"虽由人作，宛自天开"。它道出了中国造园艺术中人与自然的关系。计成说"虽叨人力，全由天工"——园林是人的创造，不是在那里自然而然长出来的，一切园林都是人工的；但中国园林的人工，强调无人工刻画痕迹，做得就像自然固有的一样。一句话，做得就好像没有做过一样，这就是天工，这就是拙趣。

西方园林的设计者往往是建筑家，中国园林的设计者往往是画家。在西方传统园林中，建筑是主体；而在中国园林中，表现绘画的境界则是最高的原则。西方园林是建筑师的产品，中国园林则是诗人和画家的产品。西方传统园林是古典的、理性的、秩序的，中国园林是浪漫的。如法国凡尔赛宫的建筑和中国的颐和园，就是两种不同审美情趣下的作品。

中国园林是"天然图画"，园林设计家多是画家，或者虽然不是画家，也必须以体现出画意为根本。如园林中的便面（扇形窗子），就是将自然摄入。人所设计的园林，以显现大自然的图画为最高原则。园林效法自然，不是模仿自然之形，不取西方的模仿说，而是要得自然之趣，体现出自然的内在节奏。寂寂小亭，闲闲花草，曲曲细径，溶溶绿水，水中有红鱼三四尾，悠然自得，远处有烟霭腾挪，若静若动。自然之趣盎然映现其间，生生哲理随

◉ 瘦西湖曲桥
曲桥，细波，弱风，柔柳，皆是自然的轻吟。

处可见，使人得到美的享受、智的启迪。

西方园林是人工的，中国园林是自然的。人工，强调的是巧，也就是中国艺术家所说的行家的产品，在中国人看来，有匠气。中国园林是拙的、野的，是远离匠气的。在大巧若拙哲学看来，最高的巧是不巧，古拙、苍茫、野逸，才是最好的。如中国园林艺

术学家陈从周说:"白皮松独步中国园林,因其体形松秀,株干古拙,虽少年已具成人之概。"(《续说园》)又如中国园林水体中驳岸的设计,追求斑驳的天趣。苏州同里退思园的驳岸,就像那斑驳陆离的钟鼎,使我们如进入浑莽的太古之中,时间在这里凝固了。园林以斑驳陆离为高致。陈从周又说:"童寯老人曾谓,拙政园'薜

◉ 拙政园见山楼回廊
曲廊邃宇，浮香幽影，藏着一个玲珑的世界。

苔蔽路，而山池天然，丹青淡剥，反觉逸趣横生'。……此言园林苍古之境，有胜藻饰。而苏州留园华赡，如七宝楼台拆下不成片段，故稍损易见败状。近时名胜园林，不修则已，一修便过了头。"（《说园》）

  我们今天的景观园林建设，正在逐步放弃中国园林最基本的特色。我们在华丽和自然间游离，既难以达到西方的华丽，又放弃了本民族的自然。我们以华丽和人工割裂自然，以现代化的工具去切割传统。大道代替了曲径，高楼挤压着亭台，原有的园林在城市化的节奏中挣扎。即使颐和园、西湖也难逃这样的宿命。城市的过度开发，寸土寸金的现实，很难为这些荒野的玩意留下什么空间了。

  中国传统园林是城市山林，而今天的园林则进一步城市化。在传统中国园林中，园林虽是城市化的景观，但造园者向我们陈示的却是乡野的意味,这绝不是让我们不要忘记农村、野外,而是让我们从喧嚣中走出,从繁冗的外在秩序中走出,留连于幽雅、宁静,去体味原来属于世界的意味和节奏。

西方园林有一个内隐的原则,就是"人是自然的主人",重人工;中国园林强调"人是自然的一部分",与自然的密合成为造园的根本原则。在西方传统园林中,强调的是秩序、对称、整齐,符合古典主义的趣味;中国人的园林思想,则喜欢美丽的"无秩序",将园林构造视为大自然的一个单元,视为自然整体的一个部分,园林表现的是大自然的节奏。其实,中国人不是欣赏无秩序,中国人的秩序不是强行通过人为的节奏去改变自然,而是力求体现大自然的内在节奏,表面上的无秩序隐藏着深层的秩序。

西方园林将花木修剪得非常整齐划一,这样一来,人工的痕迹就太明显了;而中国园林注意天成,所谓"庭前草不除",是一条很有意味的原则。培根就将西方的园林说成"对称、修剪树木和死水池子",这样的东西缺少想象。而在中国园林中,树木不但

◎◎ 罗马朗特别墅(十六世纪)理性、秩序,是西方园林的灵魂。

不会修整得整齐划一，在树木的选择上也非常讲究。园林和苗圃有很大区别，高而直的树并非首选，倒是曲折的、萧疏的、虬结而富有变化的花木为造园家所喜爱，如龙爪树、古藤、萧疏的柳树、曲折有致的寒梅等。

第十一讲

华严境界

苏轼曾说,作艺如意造华严,造一片高严境界。华严慧海,渊深莫测,宋人汪革(字信民)有诗说:"要知真实地,惟有华严境。"[1]这里借其语,来讲中国美学和艺术理论中的境界说。冯友兰说,中国哲学中最有价值的部分是关于人生境界的学说。张世英将境界学说作为中国哲学天人合一学说的落实。中国美学是一种超越美学,对境界的追求成为它的重要特点。

---

[1] 转引自[清]黄宗羲《宋元学案》卷二十三,清道光刻本。

"境界"是中国哲学和美学理论中意义最为纷繁的概念之一。我们说，这个人很有境界，这片山林溪水很有境界，这件艺术品体现了一种独特的境界，等等，境界可用于人，可用于物，也可用于评价艺术作品。在评价人时，境界往往用来形容人格所显示出的胸襟、气度、风神，体现出一个人的处世态度和心理倾向等，与性格有关，但又有不同。它既不限于人的外在行为倾向，也不限于内在的心理性因素，是由人内在的胸襟气度所体现出的独特风神。在艺术中，如恽南田评元代画家方从义说："宇宙之内，岂可无此种境界！"（《南田画跋》）境界指方从义作品所体现出的风神气度，与作品的风格、内容、意味等术语的界定都有不同。

讨论中国美学的意境、境界、境、意象等范畴是一件很费力的事，却是研究中国美学无法回避的问题，中国美学的民族特色与这组概念密切相关。它们之间既有区别，又有联系，当代美学研究很注重这方面的研究，但由于这些概念含义复杂、意义纠缠，至今还有不甚明晰的地方。我认为，要弄清其含义，不仅要深入它的语源、中国美学的理论内涵寻求解释，还需要深入中国哲学的肌理去寻其端绪。

关于意境与意象的区别，学界多有分析，现在说说意境与境界的关系。在一定程度上，这两个概念意思是相同的。如我们说，这首诗很有意境，也可以说这首诗很有境界。画境，即画的意境，也可以说画的境界。意境和境界这两个概念都可以用来形容艺术意象的特征。

但这两个概念又有不同，境界可用来形容人的胸襟气象，意境则不能（我们不能说这个人很有意境）。境界用来形容一个人的心灵品位、境界的差等，反映了人的精神层次。冯友兰的四种境界说（自然境界、功利境界、道德境界、天地境界），就是有差等的境界，但不能说四种意境。意境一般是用来描绘艺术作品审美规定性的术语，特别注重情景交融所产生的意与境合的审美特征。而境界的使用范围则较广，有外境、物境、心境、艺境等。

这一讲主要限定在讨论境界说，不涉及意境说。这出于两个考虑：一是讨论中国美学思想，不能仅限于艺术作品的范围，故选择境界来讨论；二是境界说在中国传统美学中已经形成了比较丰富的理论，唐代这一学说已初具规模，而意境作为一个范畴到明清时才基本形成，明代之前意境根本没有作为一个普遍使用的美学概念出现。

一、境与世界

"境"（或境界）在唐代已经成为一个重要的理论范畴，这与中国哲学的基本特点有关。中国哲学不重知识论，而重存在论，重视将人的存在放到世界中去，寻求其意义；中国哲学视世界为一流动欢畅之生命全体，生命之间相联相摄，每个生命都是整体生命的一部分；中国人将艺术人生化，将人生艺术化，艺术与人生密切相关；中国传统思想十分重视人的修养，重视人的生命境界；等等。这些思想，都对境界理论产生了影响。

在汉语中，境与界可以对诠，境就是界。[1] 境、界既指划分的边际，也可指这个范围所包括的世界。佛经中的"世界"就有这样的含义。《楞严经》卷四说："世为迁流，界为方位。汝今当知：东、西、南、北、东南、西北、上下为界，过去、未来、现在为世。"境界，其实就是世界。由区域的划分，上升到人所生存的时空，这是一般意义上所说的境或境界。

哲学意义上的境、界与此有联系，也有区别。中国哲学中的境

---

[1] "境"的本字为"竟"，《说文》："竟，乐曲尽为竟。"音乐一章称竟，竟有终结义，由终结义引申为界限、划分，可以标示一定的范围，进而被用为边界、疆域、国境等意涵。"界"在古汉语中与"国"等意近，用以表示一定的区域。西汉史游《急就篇》"顷町界亩"颜师古注："田边谓之界。"《尚书正义》中有"以境界太远，始别置之"，这里境和界同义。境，可用为边境、境内、国境、梦境、神境、须弥之境等。界从田从分，意即划分地域。

界观，其实是从境界、世界的意思中提升出来的。但哲学意义上的境或境界，一般不是指具体的物理空间，而是人心所对之世界；不是认识之对象，而是体验之载体；不是实在之存有，而是虚灵之世界。

人生活在时空之中，或者说，人在世界中。每个人都有自己的世界，每个人的心灵都有自己的境界，有自己对生命意义和价值的判分，即使处于相同的时空中，内在的世界也各异。对宇宙之觉解、对生命之感悟、对人生之体验，使人形成了不同的境界。同在世界屋檐下，人却有不同的性格、不同的遭遇、不同的心情，因此，也会在心灵中形成不同的境界。境界是人的生命体验世界的凝聚。不同的境界会导致人有不同的行为方式。

从艺术创作来看，不同的心灵境界会创造出不同的艺术，不同的艺术作品可以显现出艺术家不同的胸襟气象。中国古人所说的"有一等之心胸，方有一等之艺术"，强调的就是心灵境界与艺术之间密不可分的关系。所以，我们说一个人的心灵境界，往往是说他心灵中的世界，这个世界是各异的，所以境界具有强烈的个性色彩；这个世界是有层次分别的，所以又存在人的境界有高低的说法。

境界这一术语之所以成为中国哲学美学中的一个重要范畴，很大程度上在于这个术语反映出人与外在世界所构成的关系，而这正是中国哲学关心的中心。人心灵中的境界（或云世界）是与外在世界相互作用下产生的心灵影像，每个人都有自己的心灵境界，每个人都会按照自己的知识结构、价值标准、审美眼光形成属于自我的境界。人对外在世界的感知，就是对外在世界的一种"划分"，人用意识的剪刀"切割"外在世界，从而拼合成自己的心灵影像。所以，境界可以说就是意识中的世界。

审美活动与人生相关，人格境界与审美境界密不可分，这可以分成三个层次来看：一是人格境界本身就是美学问题。二是人的美的创造（如艺术）又是与心灵中的境界分不开的。中国艺术反映的是人心灵的境界，一片山水就是一片心灵的境界，艺术本身

◎ [元] 盛懋 溪山清夏图

缭绕的云，回旋的山，清夏中消散的人，构成一清幽旷远的境界。

就是人生之显现。前引"空山不见人,但闻人语响。返景入深林,复照青苔上",体现的是审美境界,也是人生境界;"采菊东篱下,悠然见南山",正因为体现出人生之境界,才是一种美的境界。三是审美态度本身就是一种境界,如王羲之说,"吾卒当以乐死"(《晋书·王羲之传》),这种沉着痛快的人生格调,是一种审美态度,又是一种人生境界。

在中国古代体验哲学和美学中,境和境界使用很普泛,但归结起来,不外三层意义,都与"世界"义有关。一是心对之境,人意识指示的对象,即通常所说的外在世界。动物没有世界,因为有了人,世界才有意义,世界本身就标示着人与对象的关系。[1]境或境界一语反映的是人的意识所对之世界,它不是具体的存在物。在文人语汇中,境或境界常常指外境。如皎然诗云:"古磬清霜下,寒山晓月中。诗情缘境发,法性寄筌空。"(《秋日遥和卢使君游何山寺宿扬上人房论涅槃经义》)这里的"诗情缘境发"之"境",就是指外境。又如刘禹锡的"万境与群籁,此时情岂任"(《缺题》),柳宗元的"心境本同如,鸟飞无遗迹"(《禅堂》),其中的"境"都指外境。权德舆、叶梦得所说的"意与境会",司空图所说的"思与境偕","境"也指外境。

二指心中之境,人心灵所营构之世界。这与以上所言心对之境略有区别,心对之境强调所对之世界,心中之境强调心中营构之影像。如刘禹锡所说:"释子诗,因定得境,故清;由悟遣言,故慧。"(贺贻孙《诗筏》引)这里的"因定"所得之境,就是心境。皎然有诗云:"永夜一禅子,泠然心境中。"(《闻钟》)"蕉花铺净地,桂子落空坛。持此心为境,应堪月夜看。"(《送关小师还金陵》)"华轩何辚辚,为我到幽绝。心境寒草花,空门青山月。"(《酬李司直纵诸公冬日游妙喜寺题照昱二上人房寄长城潘丞述》)这里的

---

[1] 境为佛学术语,意为感觉作用之区域、对象,或为感觉活动之范围。眼、耳、鼻、舌、身、意六根所对为色、声、香、味、触、法六境,由于根与境的作用,产生感觉与知觉的认识,境即是人意识和感觉的对象。佛门以"境界"为外在对象,如《信心铭》云:"极小同大,意绝境界;极大同小,不见边表。"

"境"都指人心所创造的世界。心境是人在与外在世界的关系中创造的心灵影像,是一个内在自足的世界。《林泉高致》云:"及乎境界已熟,心手已应,方始纵横中度,左右逢原。"其中所谓"境界",就是心境。

唐代境界论所提出的取境说,就是心灵境界之创造。皎然《诗式》说:"取境之时,须至难、至险,始见奇句。成篇之后,观其气貌,有似等闲,不思而得,此高手也。有时意静神王,佳句纵横,若不可遏,宛若神助。不然,盖由先积精思,因神王而得乎?"[1]"取境"即造境,造心灵之境。王昌龄《诗格》说:"夫作文章,但多立意,令左穿右穴,苦心竭智,必须忘身,不可拘束。思若不来,即须放情却宽之,令境生。然后以境照之,思则便来,来即作文。如其境思不来,不可作也。"[2]"境思",不是情感,也不是思想,而是心中呈现的一种境界。

三是由象见境,即品鉴者心灵中产生的境界。主要有因人观境和由艺观境两种。

所谓因人观境,即由人的行为方式、言谈举止等所显现的境界,体现出人的精神美、人格美,反映出人的胸襟气象。倪云林曾有一副对联:"喟然点也宜吾与,不利虞兮奈若何。"前者说的是曾点游春事,后者说的是项羽兵败事,前者境界扩大,后者境界偏狭。孔子听了曾参父亲曾皙所说的"莫春者,春服既成,冠者五六人,童子六七人,浴乎沂,风乎舞雩,咏而归"(《论语·先进》)的话,喟然而叹,发出了"吾与点也"的向往之语,其中所体现的"圣贤气象",或者说圣人的境界,反映的不是知识,而是一个生命体对世界的态度,包括人的旨趣、风范、格调。

中国哲学重心性修养,中国文化重人的精神境界,有的人并不以知识享誉士林,而以境界映照清流,席卷古今。如临刑的嵇康,从容弹琴,一句"《广陵散》从此绝矣",不知感动了多少后来

---

[1] 〔清〕何文焕辑《历代诗话》,北京:中华书局2004年版,第31页。
[2] 〔日〕遍照金刚撰,卢盛江校笺《文镜秘府论校笺》南卷,北京:中华书局2019年版,第385页。

者。北宋哲学家周敦颐,被黄山谷称为"胸怀洒落,如光风霁月",其观莲之事被后人渲染,成了洁净情怀、高逸人格的代名词。有些事情本身并不大,但体现出的人格境界却颇有震撼力。像东晋一位官员阮裕在浙江剡溪为官时,有好车,人借皆给,有一人葬母,想借他的车,又不好意思开口,后来他知道了,叹道:"吾有车,而使人不敢借,何以车为?"遂焚之。[1]这"何以车为"体现了崇高的精神境界!元代回族诗人哲马鲁丁题钱选《竹林七贤图》云"仰天席地,优游自得""曲肱饮水,浴沂舞雩",说的就是人格境界。

境界是人生命的徽章。境界不同于知识、性格、气质等,是一个人的生命整体风貌,在其人生态度、人生取向等方面体现出来。

所谓由艺观境,因为艺术与人的精神气象密切相联,所以也被当作观察人的精神境界气象的窗口。如诗境、词境、画境等,都与人的心境有关。清笪重光说:"神无可绘,真境逼而神境生。"(《画筌》)这是画境。张璪的弟子刘商诗云:"虚空无处所,仿佛似琉璃。诗境何人到?禅心又过诗。"(《酬问师》)这是诗境。清包世臣说:"故知为右军以前法物,拟其意境,惟有香象渡河而已。"(《艺舟双楫》卷五)这是书境。

境界标示人的意识所对之世界、人心营构之世界以及因象所观之世界,这三者是相互联系的。就艺术创造而言,境有外境、心境和意境之区别,分别标示人心所对之世界、心灵构造之影像以及审美品鉴者心灵中之影像。与审美创造者相关之世界,指物境;审美创造者心灵构造之世界,指心境;鉴赏者再创造之世界,指意境。三个世界属于不同的层次,具有不同的意涵,但又相通。

中国哲学美学中人生境界与艺术境界相融,审美境界与生命世界合一,突出了以下特点:

其一,突出了人的境遇。人之对境,必有所感,有生存境遇之反应、之体会、之体验,有生理上的反应,有心理上的调适,有哲理上的超升。境唤起人生命体的活动,所谓对境起心,境反映

---

[1] 徐震堮《世说新语校笺》卷上,北京:中华书局1984年版,第20页。

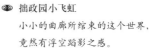 拙政园小飞虹
小小的曲廊所绾束的这个世界,
竟然有浮空蹈影之感。

的是一个生命体对世界的反应，它不是知识的把握，所带来的是灵魂的颤动，是道德上的人格境界、美学上的人生情调、哲学上的宇宙精神的反映。如"半亩方塘一鉴开，天光云影共徘徊。问渠那得清如许，为有源头活水来"（朱熹《观书有感二首》其一），此诗多被判为有境界，它是道德上的、美学上的，也是哲学上的境界。如"木末芙蓉花，山中发红萼。涧户寂无人，纷纷开且落"（王维《辛夷坞》），这是人格情怀的镜子，是审美情调的风标，也是哲学精神的凝聚。

其二，突出了世界的大全意。中国哲学美学强调境，其实强调的是一个完整的世界、自足的世界，一个当下所发现的活泼世界。世界不是知识的对象——知识的对象是局部的、外在的，而是智慧的对象，生命体验的对象，一个与自我内在生命相优游的对象。如杜甫的"四更山吐月，残夜水明楼"（《月》），我们感受到的是一个与生命相关的浑然整全的世界。境界所体现的绝不仅仅是一个时空概念，而且是一个活的世界。

其三，突出了世界的虚灵意。中国哲学美学重视境界，重视的是一个虚灵的世界，强调人心灵之融汇。不是去模仿实在世界——模仿论在中国哲学美学中并不占重要位置，而是以心灵去发现具体世界背后的风神气度，那个虚灵的世界。我们说诗境、词境、画境，说的就是虚灵的世界。我们说"无画处皆成妙境"，是说在空阔的画面中，有一个独特的世界存在，有独特的生命在流动。如前引皎然所说："诗情缘境发，法性寄筌空。"诗学中的造境学说，得"空王之助"，受禅的空灵精神启发。严羽说："盛唐诸人，惟在兴趣；羚羊挂角，无迹可求。故其妙处，透彻玲珑，不可凑泊。如空中之音，相中之色，水中之月，镜中之象，言有尽而意无穷。"（《沧浪诗话》）强调的就是非实在性。

其四，突出了以世界本身来显现世界的呈现方式。中国艺术发展到唐代，出现了以世界本身来显现世界的重要倾向。本书第二讲在分析禅宗的不二法门时已有交代。这里再举唐代诗人的例子，来说明任由世界自身显现的美学倾向。如严维《同韩员外宿云门寺》

云:"竹翠烟深锁,松声雨点和。万缘俱不有,对境自垂萝。"戴叔伦《晖上人独坐亭》云:"萧条心境外,兀坐独参禅。萝月明盘石,松风落涧泉。"司空曙《过终南柳处士》云:"云起山苍苍,林居萝薜荒。幽人老深境,素发与青裳。"白居易《秋游平泉赠韦处士闲禅师》云:"心兴遇境发,身力因行知。寻云到起处,爱泉听滴时。"皎然《宿山寺寄李中丞洪》云:"偶来中峰宿,闲坐见真境。寂寂孤月心,亭亭圆泉影。"寒山《碧涧泉水清》云:"碧涧泉水清,寒山月华白。默知神自明,观空境逾寂。"

上举严维诗展现了万缘都灭、心境俱空的境界,在这一境界中,竹影自动,松韵轻和,烟笼雾环,萝薜盘旋。这一静寂中有生命跃动的世界,不是诗人眼中之景,而是心中之境;诗人不言,而以境代言。萝薜不是纯然之物象,也不是诗人眼观之对象,更不是与诗人无关的外象,而是诗人如镜的心灵映照的境象。正像司空图《五月九日》诗中所说:"高燕凌鸿鹄,枯槎压芰荷。此中无别境,此外是闲魔。"诗人之心不在此境外,此境就是他的心灵。境在此扮演了"说话者"的角色,诗人作为陈述者退去,留下这一片心灵的镜影自在盘旋,诗人的心随千藤缠绕,随万影婆娑。在戴叔伦的萧条心境中,萝薜参差,月影乱乱,小径跳动着碎影,微风轻戏着涧泉……心也无,故没有所观之外境;物也无,故没有对视之机心。诗人参出一个自在显现的世界,他无须说什么,此境已代为言之。在皎然的透彻之悟中,心境全无,微花细草在低吟;空门独张,青山幽月来探看。

总之,境界不是认知的世界,而是人体知(即体验)的世界。境界理论凸显了中国哲学重视体验的倾向。由心对境,缘境入心,以境显境,境界是人在其中活动的优游的时域,所反映的不是人对世界的概念把握、知识累积,而是将人放入这个世界中的际遇、境况、体会,并由此而形成审美超越、人生感喟、人格启迪、气象熏陶等。人不是在世界之外认识这个世界,人就与这个世界同在,这世界就是人的语言。境是存在者的世界。

二、境作为媒介

在中国哲学美学中,存在着对三种不同的媒介:一是言,二是象,三是境。前两种媒介我们说得多,但我们很少将境作为媒介来看待。其实境也是一种媒介,是表达人的心灵世界所假借的一种方式,就是以境显意。不过它是一种特殊的媒介。

从三种媒介反映世界的不同方式看:言,是对世界进行描述。象,是以象征的方式表现世界,王弼认为《周易》的卦象符号具有"象征意",他说:"触类可为其象,合意可为其征。"(《周易略例·明象》)象是象其类,征是征其意,合而为象征,《周易》的卦爻系统是一种象征符号,这样的象征符号包含着哲理意义,可以由具体的卦象触类而推。如由坤的卦象想到大地、母亲、水牛等等,这是触其类;由坤之象又可联系到柔顺、守成、辅佐等等,这是征其意。而境可以说是一种以世界本身来显现世界的独特方式,是以心灵所创造的活的世界来显现意义。它不是描述,也不是象征。它是以体验的世界来呈露,其方式就是"呈露"。

在中国哲学美学中,一种主流观点是,言作为媒介有相当的局限,是需要超越的。这可以分为两种观点:一种强调彻底地抛弃语言;另一种强调语言虽然不能放弃,但必须努力克服语言的局限性。前者如老庄和禅宗。老子说:"希言自然。"(《老子》第二十三章)大自然不以语言来显示,而以自然浑朴的全美来显现。老子反对的"言"不是言说和记载语言的文字符号,而是语言背后所包含的知识、概念。老子哲学接触到语言和概念、知识之间的关系:语言是对世界的命名,是概念的凭依,而通过概念结撰的知识体系则奠定在对世界命名的基础上。世界是复杂的,人以为自己创设的一小打符号就可以囊括天地,是人不自量力的表现;如果不悟此道,以掌握知识的多寡来判分自己对世界的把握,则和大道背道而驰。后者如言不尽意说。我们所认识的世界是语言所描述的世界,语言是人不可须臾或离的,没有语言,也就没有人的活动本身。但语言的局限性又是非常明显的，它无法显现世界的丰富性，无法表达人对世界复杂微妙的心理体验，所以有"言不尽意"这一非常流行的说法。

以上两种观点虽有程度之差异，但本质上都是对语言的怀疑，都怀疑语言在真实和纯美方面的呈现能力，都强调超越语言。世界的意义何在？西方传统哲学重视语言的作用，认为语言决定了世界的意义，没有语言，也就无法表现世界的意义。但在中国，却存在一种根深蒂固的观点，就是语言恰恰是破坏世界意义的手段，像庄子所说的凿七日而混沌死，语言是需要超越的。

在很长时间里，象可以说是弥补语言局限性的一种替代方式。所谓言不尽意，故立象以尽意。《周易·系辞上传》说："书不尽言，言不尽意……圣人立象以尽意。"这里有一个逻辑环节，就是立象以尽意，是因为言不尽意所造成的缺陷难以克服，故采用此道。那么象就是超越语言局限性的一种方式，或者说象是为了超越语言而存在的。王弼在《周易略例·明象》中说："夫象者，出意者也。言者，明象者也。尽意莫若象，尽象莫若言。言生于象，故可寻言以观象；象生于意，故可寻象以观意。意以象尽，象以言著。故言者所以明象，得象而忘言；象者，所以存意，得意而忘象。"在王弼的意、象、言结构中，意是表达的对象，自身无法显现，须借象来表达；而象又是需要语言的帮助来显现的。言是象的媒介，象是意的媒介。这里存在两层超越，一是由象对言的超越，二是由意对象的超越，即所谓得象忘言，得意忘象。言和象都是捕鱼之筌，都是需要抛弃的媒介。

要表意，为何不直接以言去表达，而在言和意之间插入一个象的层次？虽然这是就特殊的对象易象而言的，但在中国哲学中具有独特的意义。象的特殊媒介地位因此被突显。象与语言相比，语言是界定的，但象却可以象征，具有很强的暗示性。如钱锺书所说："比喻有两柄而复具多边。盖事物一而已，然非止一性一能，遂不限于一功一效。取譬者用心或别，着眼因殊，指同而旨则异；故一事物之象可以孑立应多，守常处变。"（《管锥编·周易正义·

归妹》)就像《系辞传》所说的,"象也者,像此者也",易简,以极简单的符号,希图在极其有限的符号形式中,概括天下一切可见的事、不可见的事和可感的理、不可感的理。而中国美学的立象尽意、象外之象等学说,也确立了象在展现无限世界意义方面的特殊功能。刘勰在谈到意象的隐的特点时说:"夫隐之为体,义生文外,秘响傍通,伏采潜发,譬爻象之变互体,川渎之韫珠玉也。故互体变爻,而化成四象……辞生互体,有似变爻。"(《文心雕龙·隐秀》)就是就象的无限可延展性来谈的。

境虽在唐代之前已经成为一个哲学概念,但尚未成为一重要的美学概念,至唐才真正成为重要的美学概念。这是唐代美学的一个重要成果。

在唐代绘画理论中,境或境界被作为重要的品鉴概念,唐人出现了以境评画的理论倾向。唐代著名山水画家、水墨画的创始者之一张璪有《绘境》一书[1],如今已经失传,但在当时却有很大的影响。张璪提出的"外师造化,中得心源"的重要观点,可以作为整个中国艺术的纲领,这一纲领可能就出自这本书。所谓"绘境",可能就是讨论绘画的品格和境界,张彦远说此书多道人所未道之处,或许正是以境论画所带来的理论上的创新。"境"在这里显然是一个美学概念。

画有画境,书有书境,诗有诗境。在书法美学中,境或境界也被作为书法艺术的审美规定性而受到重视。如张怀瓘《文字论》说:"(苏晋)因谓仆曰:'看公于书道无所不通,自运笔固合穷于精妙,何为与钟、王顿尔远阔?公且自评书至何境界,与谁等伦?'仆答曰:'天地无全功,万物无全用,妙理何可备该?……'"[2]这里所说的书法达到"何等境界",是一个新颖的术语。

---

[1] 张彦远《历代名画记》卷八载张璪"尤工树石、山水,自撰《绘境》一篇,言画之要诀,词多不载。初毕庶子宏擅名于代,一见惊叹之,异其唯用秃毫,或以手摸绢素,因问璪所受。璪曰:'外师造化,中得心源。'毕宏于是阁笔"。郭若虚《图画见闻志》卷一、卷五和《宣和画谱》卷十等都记载张璪著有《绘境》一书。
[2] [唐]张彦远撰,武良成、周旭点校《法书要录》卷四,第131页。

境界论更多地表现在诗歌美学中。在唐代，以境评诗，诗以境显，诗以境而出高下，成为一种比较流行的风尚。王昌龄《诗格》[1]中提出诗有三境：一是物境，二是情境，三是意境。所谓"物境"，是指"欲为山水诗，则张泉石云峰之境，极丽绝秀者，神之于心。处身于境，视境于心，莹然掌中，然后用思，了解境象，故得形似"。所谓"情境"，是指"娱乐愁怨，皆张于意而处于身，然后驰思，深得其情"。所谓"意境"，是指"张之于意，而思之于心，则得其真矣"。其实，这三境主要针对三种不同的诗歌类型：一是以写物为主，二是以写情为主，三是以达意为主。这样的区分在此前的美学论述中，是从来没有过的。《诗格》对物境的理解尤多启发。如它说："置意作诗，即须凝心，目击其物，便以心击之，深穿其境。""搜求于象，心入于境，神会于物，因心而得。"所谓"处身于境"，由目到心"击"物，就是说与物相与优游，从而物我相凝，得莹然之境。唐人所说的"取境"概念，也是境界理论的重要方面。

在中国美学理论中，境与象有明显的联系，在一般意义上说，作为人认识之对象，境就是象，如"境象"。但二者之间又有根本区别。

第一，象一般指具体的实在对象，境则是一个世界，一个在心灵中构成的世界。清王又华《古今词论·毛稚黄词论》云："语境则咸阳古道，汴水长流。语事则赤壁周郎，江州司马。语景则岸草平沙，晓风残月。语情则红雨飞愁，黄花比瘦。"[2]事是事象，物是物象，如岸草平沙、晓风残月，都是具体的存在物。境并非具体的存在物，而侧重指外在对象在心灵中所构造的影像。故象较

---

[1] 关于王昌龄《诗格》，《四库全书》等斥其为伪作，今人也有论者否定王昌龄为作者。《诗格》文字见于中唐时期来华日僧遍照金刚《文镜秘府论》天卷"调声"、地卷"十七势""六义"、南卷"论文意"等称引，并称为王昌龄所作。另，遍照金刚《性灵集》卷四《书刘希夷集献纳表》："王昌龄《诗格》一卷，此是在唐之日，于作者边偶得此书。"皎然在《诗式》(成书于贞元五年[789])卷二也引录王昌龄之语。二人距王昌龄时代不远，所录当为可靠。在没有新的材料证明之前，以《诗格》为王昌龄所著为宜。
[2] 唐圭璋编《词话丛编》，第608页。

网师园之窗
疏影漏窗,
透出灵动。

实,境较虚;象侧重外在存在之特征,境则侧重指人心与外物形成之关系。

第二,象与境都包含心与物或情与景二者,境是人心灵之境界,而象也不是纯然外在的对象,也是人心中之象。但境与象的一个重大差异是,象是人经验中的对象,主要指人经验中的事实,如由坤卦对大地、母亲等的类推,由灼灼桃花引起对新嫁娘的讴歌,都有具体的指谓;即使由复杂的事象构成象征系统,作为象征之喻体,仍然是人们经验中的具体存在。中国美学中的比、兴,无论是以彼物比此物,或者先言他物以起兴,都不脱离具体的物象。而境是体验中的世界,所呈示的是人们所发现的世界。如从上文所引刘禹锡《听琴》诗看:"禅思何妨在玉琴,真僧不见听时心。秋堂境寂夜方半,云去苍梧湘水深。"淡云卷舒、苍梧森森、湘水深深,诗人为我们活化了一个世界。这个世界,就是一个"境",而不是"象"。它具有突出的体验性特征。

第三,唐代美学以境为重要的美学范畴,赋予其特殊的媒介地位,在于其反映了"让世界依其原样而自在呈现"的重要思想。境界理论是在禅宗影响下产生的,突出了以世界本身来直接显现世界的思想。境不在于表达，而在于显现，境与所显现之意义世界间的关系不是分离的，而是浑然为一的，即境即意。禅宗所奉行的不二法门的思想影响了境界理论的形成。它是对能所的彻底超越，是对老子以来以象见道学说的超越。在这个意义上，境可以说并不仅仅是媒介，它就是世界本身。

以象出境，乃中国传统美学的重要思想。东晋时顾恺之画谢鲲之像，就提出"此子宜置于丘壑中"。为什么要将他放到丘壑中？因为此人曾经说自己在庙堂之上处理政务不如庾亮，但"一丘一壑，自谓过之"。这里不能简单理解为诗情，其实强调的是人生境界，是心灵之"境"。顾恺之说画此人应该放到山水之中，正是为了表现出其潇洒不群的境界，只不过当时他并没有从境上来说。北宋时李伯时画陶渊明，说是不在于画出田园秋菊，而要在"临清流处"用心，这"临清流处"也是考虑境界的传达。

唐代诗坛有这样一句著名的话："诗思在灞桥风雪中驴子上。"（郑綮语）这正是从造境方面考虑，如此氛围最能出境界。灞桥，在西安东，二十世纪九十年代遗址被发现，那千年前令无数人断肠之地，浮出了历史的水面。那里曾是唐代西安人送别的地方，人称销魂桥。"乱云低薄暮，急雪舞回风"（杜甫《对雪》），孤独的游子在万般无奈中启程，放眼望，苍天茫茫，乾坤寥阔，只有一条瘦驴在彷徨。正所谓"人烟一饭少，山雪独行深"（钱起《送少微师西行》）。此情此景，怎能不勾起生存之叹，怎能不令人产生命运的恐慌？诗意的大门被这寂寞所撞开。

五代北宋时期中国花鸟画的发展，经历了一个由重写实到重意境的过程。黄筌的花鸟重视格法，以写实见长，及北宋初年崔白、崔悫、吴元瑜出，力去院体之法，"稍稍放笔以出胸臆"，即从重视外在的形貌转而重视心灵的传达。其心灵的传达就落实在"境"的表现上，即由重象转而重境，重视诗意的传达，这诗意就是境界。《宣和画谱》卷十八说崔悫作画："凡造景色必放手铺张，而为图未尝琐碎。作花竹，多在于水边沙外之趣，至于写芦汀苇岸，凤鹚雪雁，有未起先改之意，殆多得于地偏无人之态也。"这

◉ 拙政园香洲冬景
雪卧香洲,
有万般风致。

个"水边沙外之趣",正是一种境界的追求,它所克服的是黄筌等的"琐碎";这个"琐碎"就是没有由象上升到"境",物象虽很逼真,但没有在心灵的体验中构成一种境界,所以缺少打动人心的力量。又说:"不专于形似,而独得于象外者,往往不出于画史,而多出于词人墨卿之所作。盖胸中所得,固已吞云梦之八九。"画史之画,是形似之作;词人墨卿之作,则注重的是诗意,是心灵中的境界。

总之,一般来说,象是松散的,而境是在心灵的融会下整合为一相互联系相互激荡的世界;象偏重外在,境则偏重内在,侧重一种氛围的创造,一种独特的艺术世界的构建,如作花鸟重视水边沙外之趣,就是重视一种超越于外在对象的诗意氛围的创造;象的欣赏价值是单一的,虽然极尽形似,但缺少境的趣味,境乃是对象的超越,如戴本孝说:"至境那自人间来,偶然心手随时开。

天地古今言象外，寻行数墨何为哉！"[1]

当然，境与象又密不可分，境非象，但境也不离象，无象则无以出境。美学上的"境生象外"，是对二者关系的一个很好的说明。其一，境并非象，如果二者是同一概念，就不存在象外之境的说法；其次，境不离象，象是境赖以存在的基础，这里并非说境是多象，象是少象，境是组合之象，象是零散之象这样的区别，而是说境是由象所形成的特殊心灵境界。如"枯藤老树昏鸦。小桥流水人家。古道西风瘦马。夕阳西下，断肠人在天涯"（马致远《天净沙》），枯藤、老树、昏鸦、小桥、流水、人家、古道、西风、瘦马等等都是象，而这些象在诗人的体验世界中形成了特殊的境界，境由象起，这些人人都可见之象，在诗人的心灵中变成了绝妙的体验。这就是境生象外。象是人人可见的，境则是当下妙会的，永远没有重复。其二，我们说境是一个世界，并非就空间的意义上说，而是就体验而言。前引皎然诗云："偶来中峰宿，闲坐见真境。寂寂孤月心，亭亭圆泉影。"他在一个寂静的山林中闲宿，黝黑的山林、森然的古寺、孤独的月影、如梦如幻的深潭，都是象，他在这幽居中，在这些象中发现了一个独特的世界，即他所谓"真境"。其三，境是对象的超越。

正因此，我认为，象是对言的超越，境又可以说是对象的超越。由象到境的超越，转实为虚，由外至内，超越经验世界之事实，而进入体验的境界中。境就是对这种体验的世界的呈现。它反映的正是中国美学越来越以体验为中心的发展进程。

三、以境显理

中国古代美学的理论表述系统与西方有很大区别：西方美学与其哲学一样，多以清晰的概念、逻辑的推演为理论特点；而中国美

---

[1] ［清］戴本孝《云山四时长卷寄喻正庵》，《余生诗稿》卷十，清康熙刻本。

学的表达不重概念,却惯于使用大量的比喻、象征等手法来表达,用具体的事象来表达事理。如禅宗通过造境来传达哲理,这在西方是匪夷所思的。

在中国美学传统中,有一种名为"人物品藻"的风习,对中国美学产生了深远的影响。人物品藻是汉末以来社会生活中的重要事件,它重视人的神韵气度,人们习惯以感性化的比附来表现这种特点。《世说新语》中有大量的记载:"时人目王右军:'飘若游云,矫若惊龙。'"(《容止》)"有人叹王恭形茂者,云:'濯濯如春月柳。'"(同上)"王戎云:'太尉神姿高彻,如瑶林琼树,自然是风尘外物。'"(《赏誉》)"王公目太尉:'岩岩清峙,壁立千仞。'"(同上)

这种风气影响了六朝时的艺术批评,诗歌评论中也盛行此一风气。钟嵘《诗品》载:"汤惠休曰:'谢诗如芙蓉出水,颜诗如错采镂金。'颜终身病之。"好诗如弹丸出手。钟嵘评谢灵运:"譬犹青松之拔灌木,白玉之映尘沙……"评范云:"清便宛转,如流风回雪。"评丘迟:"点缀映媚,似落花依草。"从中均可看出人物品藻风气影响之痕迹。

在书法理论中,对书法的品评亦重视"神采""态度"。唐太宗说:"夫字以神为精魄,神若不和,则字无态度也。""学书之难,神彩为上,形质次之,兼之者便到古人。"[1]书法理论多通过比喻等方法,来描述这样的神采、态度,如:"索靖书如飘风忽举,鸷鸟乍飞"(袁昂《古今书评》),"韦诞书如龙威虎振,剑拔弩张"(同上),"师宜官书如鹏羽未息,翩翩自逝"(同上),"右谢公(安)纵任自在,有螭盘虎踞之势……桓玄如惊蛇入草,铦锋出匣"(李嗣真《书后品》),"(张弘)飘若云游,激如惊电,飞仙舞鹤之态有类焉"(《书断》),"(羊欣)撼若严霜之林,婉似流风之雪,惊禽走兽,络绎飞驰"(同上)。

---

[1] [宋]朱长文纂辑,何立民点校《墨池编》卷二,杭州:浙江人民美术出版社2019年版,第61、62页。

● 留园明瑟楼
水木明瑟，
楼阁清幽，
别是好风景。

又如唐代书法理论家李嗣真《后书品》评论张芝、钟繇、王羲之的书法："然伯英章草，似春虹饮涧，落霞浮浦；又似沃露沾濡，繁霜摇落。元常正隶，如郊庙既陈，俎豆斯在；又比寒涧豁豁，秋山嵯峨。右军正体，如阴阳四时，寒暑调畅，岩廊宏敞，簪裾肃穆。其声鸣也，（则铿锵金石；其芬郁也，则氛氲兰麝；其难征也，）则缥缈而似仙；其可睹也，则昭彰而在目。可谓书之圣也。若草、行杂体，如清风出袖，明月入怀。瑜瑾烂而五色，黼绣摛其七采。故使离朱丧晴，子期失听。可谓草之圣也。其飞白也，犹夫雾縠卷舒，烟空照灼。长剑耿介而倚天，劲矢超忽而无地。可谓飞白之仙也。又如松岩点黛，蓊郁而起朝云；飞泉漱玉，洒散而成暮雨。既离方以遁圆，亦非丝而异帛。"[1] 完全是一种境界呈现。

---

1 ［宋］朱长文纂辑，何立民点校《墨池编》卷六，第181—182页。

唐宋以来诗学领域中，还出现了一种"境界式批评"。在如《二十四诗品》这样的著作中，要表达的诗学思想，不是仅仅通过一个或几个意象来表达概念，而首先在于通过象以及象与象之间的关系来创造一种特殊的世界（境界），再通过这一世界传达它要表达的意思。它创造的不是意象或意象群，而是境界。如《二十四诗品·典雅》："玉壶买春，赏雨茅屋。坐中佳士，左右修竹。白云初晴，幽鸟相逐。眠琴绿阴，上有飞瀑。落花无言，人淡如菊。书之岁华，其曰可读。"

作者之所以采用这样的形式来论述诗学问题，关键不在于以意象来比喻说明，而在于通过诗境来说明。作者要说明的是一个理论问题，但它不以逻辑的表述来完成。因为在作者看来，逻辑的表述是残缺不全的，所以需要借助于诗的传达：通过诗所创造的特殊境界，以典雅的风物来凸显典雅的氛围，在典雅的氛围中传达典雅的意韵。诗情缘境生，而诗理也缘境发。作者之所以采取这样的路径，似乎也包含了这样的思想：言是不可信的，言无言，不言言，以概念去说，则是妄说，那不如"烦万象为敷衍"；不以言来说，那就以境来说，这就是他所说的"不着一字，尽得风流"（《二十四诗品·含蓄》）。何以不言而得风流？因为诗人"俱道适往，着手成春"（《二十四诗品·自然》），声色都是他的"惠"，风月都是他的"春"。

中国美学的境界理论确立了以生命本身来显现生命的原则，并通过境界来显现理。这里我们以《溪山琴况》[1]为例来谈。徐上瀛（约1582—1662）《溪山琴况》以"况"统其篇，定有寓意。音乐在古代艺术论中，有以"格""品""谱""鉴""笙"等命名者，但以"况"来命名罕见。徐氏以"况"命名，可能与以下两层意思有关：一有比况意，二有境况意。他论琴，不在琴的技法，那是有形的、可以说的，而重在琴的"道""韵"层面，在音与"意"合的"意"，在琴声中的韵味，在抚琴动操这一艺术行为本身所透出

---

[1] ［明］徐上瀛《溪山琴况》，清康熙十二年蔡毓荣刻本。

的境界。声难追摩，味难形知，所以，以象比写，传情出韵。徐上瀛之"琴况"，可以解作"琴之味""琴之境"。《溪山琴况》建立了中国音乐学的境界美学理论。它不仅在形式结构上仿《二十四诗品》，在根本旨趣上也与《二十四诗品》相同，以境界为尚。《溪山琴况》的"况"，是以精致玲珑的境界来喻说琴的风味，境界是《溪山琴况》的中心。此著确立了境界美感是音乐美的根源。苏轼说："若言琴上有琴声，放在匣中何不鸣？若言声在指头上，何不于君指上听？"（《题沈君琴》）琴之韵不在琴，不在指，而在心，所以前人说"心者道也，琴者器也"（朱长文《琴史·师文》）。正因琴以心为主，故以心统指，以指运琴，以琴出声调，以声调传风味。声调为琴家所创，但琴之美不能停留于声调，那难以言传却沁人心脾的风味境界，才是琴家追求的审美理想。琴以风味气韵为主，所以才说以心来弹琴；赏琴者以心来品味，所以说琴之美在风味气韵不在声调。

如其《和》况说："音从意转，意先乎音，音随乎意，将众妙归焉。"书画艺术中有"意在笔先"的纲领，此中所说的"意先乎音"，也可说是音乐创造的纲领。以意运琴，故能得"意之深微"。而此"意之深微"就是琴外之韵，调外之境，弦外之音。此况又说："其有得之弦外者，与山相映发，而巍巍影现；与水相涵濡，而洋洋惝恍。暑可变也，虚堂凝雪；寒可回也，草阁流春。其无尽藏，不可思议，则音与意合，莫知其然而然矣。"这种不可言传，难以声见的弦外之音，就是音乐的境界。它不可以声调寻求，不可以思议拟知，不可以道理见，如春天盎然的春意、冬日茫茫的雪韵，感人至深，令人玩味无尽。

音乐的境界乃众妙之根源。如其"远"况所说，琴不可技求，"盖音至于远，境入希夷，非知音未易知，而中独有悠悠不已之志。吾故曰：'求之弦中如不足，得之弦外则有馀也'"。如其评清境："试一听之，澄然秋潭，皎然寒月，浣然山涛，幽然谷应。始知弦上有此一种清况，真令人心骨俱冷，体气欲仙矣。"评古境："一室之中，宛在深山邃谷，老木寒泉，风声簌簌，令人有遗世独立之思。"评静境:"所谓希者,至静之极,通乎杳渺,出有入无,而游神于羲皇之上者也。约其下指工夫,一在调气,一在练指。调气则神自静,练指则音自静。如爇妙香者,含其烟而吐雾;涤芥茗者,荡其浊而泻清。取静音者亦然。雪其躁气,释其竞心;指下扫尽炎嚣,弦上恰存贞洁。故虽急而不乱,多而不繁,渊深在中,清光发外。有道之士当自得之。"等等。

四、境作为审美标准

在中国美学史和艺术史上,境界往往作为衡量审美价值和艺术水平的标准而存在。

作为艺术鉴赏者,我们常说这个艺术品很有境界(在这个意义上,和"意境"同义),这说明了两个问题:其一,境界是有差异性的,不同的作品有不同的境界;其二,境是有层次之别的,有的作品没有境界,有的作品有境界,有的作品境界高,有的作品境界低。由此二点,我们可以得出,境界是衡量审美对象规定性的一个标准。应该说,在唐代以来的中国美学中,这是一个重要的标准。在中国美学中,衡量审美对象的标准有很多概念,如韵、味、格调等等,这些都和境界有一定的联系,但境界是与这些概念都不同的一个标准。

作为审美标准的境到底有哪些基本内涵呢?用最通俗的话说,我认为,境具有三个规定性:一是有内容,二是有智慧,三是有意思。

(一)有内容

有内容,是说有境界的审美对象具有深刻的包孕性。用《文心雕龙》的一句话说,可以叫作"秘响傍通"——像悠扬的音乐,缕缕不尽,悠悠难绝。沈周题画诗有谓:"松风涧水天然调,抱得琴来不用弹。"为什么抱着琴来却不弹了?因为大自然就是绝妙的音乐,松风涧瀑就是一个音乐的世界。这样的诗就很有境界,用这样的诗境作画,非常有利于绘画境界的提升。

◉ [明] 陈洪绶
　花卉
　画以境出，
　几朵微花，
　也别有风韵。

第十一讲　华严境界

中国艺术以"隐"为要则，强调象外之象、言外之意、韵外之致、景外之景，要含不尽之意如在言外。如梅尧臣所说："含不尽之意，见于言外；状难写之景，如在目前。"（欧阳修《六一诗话》引）要超以象外，得其环中，强调不着一字尽得风流，无画处皆成妙境。言象是外显的，是在者；言象之外是内隐的，是不在者。在在者与不在者之间，在者只是一个引子，一个将品鉴者引入不在者的引子。不在者的世界愈广大，愈丰富，在者的显现就愈成功。在在者与不在者之间，不在者的重要性显然高于在者（当然并不是说在者微不足道）。海德格尔曾经说过，人活动于其中的是一个时间性的场地,或者叫作在场,一切在场的"时域"——时空存在,都是由过去与未来构成的真正现实的现在。每个人目前的境界,就像一个"枪尖",是过去与未来的集中点。在中国艺术的这一"引子"世界中,其实正强调的是其隐含性,艺术家所刻意经营的"引子"是一个最能显现无限丰富世界的"时位",它是一种凝聚,不仅在时空上凝聚过去与未来、凝聚无边的世界,而且在在者与不在者之间,也充满了一种意度回旋。在品鉴者,"引子"将隐去的世界引出,引出的世界与"引子"产生往复回环的关系,也就是中国美学所说的虚灵世界与质实世界的回旋关系。如王维这首《书事》小诗:"轻阴阁小雨,深院昼慵开。坐看苍苔色,欲上人衣来。"读这样的诗,感觉到无边的苍翠袭人而来,亘古的宁静笼罩着时空,蒙蒙的小雨、深深的小院、苍苍的绿色,构造成一个梦幻般的迷蒙世界,一位亦惊亦哦的静处者,几乎要被这世界卷去。简单的物事,为人们创造了一个无限回旋的世界。诗人为我们创造了一个好的"引子",为我们打开了通向迷蒙世界的别样通道。我们判断"引子"的好坏,往往就看它是否能调动品鉴者的想象力。"引子"成了品鉴者想象的刺激物,

蔡小石《拜石词序》说:"夫意以曲而善托,调以杳而弥深。始读之则万萼春深,百色妖露。积雪缟地,余霞绮天。此一境也。再读之,则烟涛汹洞,霜飙飞摇。骏马下坂,泳鳞出水。又一境也。卒读之,而皎皎明月,仙仙白云。鸿雁高翔,坠叶如雨。不知其何以冲然而澹,翛然而远也。"[1]这段话是论词境的,所涉三境说其实在中国艺术的境界理论中颇具代表意义。其中强调造境在于善"藏"善"托",境界是一个层深的结构,要在"曲"而"杳",如人从羊肠道进入深山,慢慢领略山中的奇幻世界。第一境通过繁花绽放、落英缤纷、清晖散落的一群意象,意在创造一个迷蒙奇妙、引人入胜的境界。如同人远远地望山,一个散发出无穷魅力但又暂时无法弄清的美的世界,使观者无限向往。第二境所选择的意

---

[1] 唐圭璋编《词话丛编》,第3293页。

象都富有力感和强烈震荡感,骏马奔腾,鸢飞鱼跃,瀑布三千尺,狂风卷巨浪,象征着观者深入这一世界,领略了无边的妙境,感受到巨大的性灵震荡,物摄我心,此乃是走入物我相合境界的前奏。第三境是花开花落,云卷云舒,清月孤圆,独鸟高飞,强调破除我执法执,解除物我之间的界限,观者的角色消失了,一个外在的观者变成了世界的参与者、体现者,我就是白云,就是清风,就是高飞的鸟,就是澄明的月,冥然合契也,从而进入第一义的上上之境。第一境是远望有奇景,第二境是深入觉震荡,第三境是寄心明月自往还。第一境是我为物吸引,第二境是观物识馨香,第三境是我融入物中,此境就是一个包含无边妙境的深深世界,一个非悉心领悟而不能至的无上宫殿。

我们说这样的不在者、这样的无边妙世界就是境界,或者叫作意境。它根源于象,又超越于象;境就是这象背后的世界。正是在这个意义上,中国美学的境界理论突出的一个思想,就是艺术创造的中心既不在"引子",也不在这"引子"背后所展现的全部世界(因为它没有一个终极表达对象),而在于所提供的一个想象空间。中国艺术的造境,既不为创造者所独有,也不会被品鉴者所穷尽,是一个永恒的可拓展的意韵空间。

(二)有智慧

叶朗在论意境时,强调意境必须具有哲理性意蕴,诚为笃论。他说:"所谓'意境',就是超越具体的有限的物象、事件、场景,进入无限的时间和空间,即所谓'胸罗宇宙,思接千古',从而对整个人生、历史、宇宙获得一种哲理性的感受和领悟。一方面超越有限的'象'('取之象外'、'象外之象'),另方面'意'也就从对于某个具体事物、场景的感受上升为对于整个人生的感受。这种带有哲理性的人生感、历史感、宇宙感,就是'意境'的意蕴。"[1]这里沿着这一思路再予申论。

中国艺术强调意境的努力其实是和反语言、反知识联系在一

---

[1] 叶朗《说意境》,《文艺研究》1998年第1期。

起的,对境界的追求是为了超越具体的言象世界:言象会导入概念,概念起则知识生。以知识去左右审美活动,必然导致审美的搁浅。以知识去概括世界,必然和真实的世界相违背,因为世界是灵动不已的,而概念是僵硬的,以僵硬的概念去将世界抽象化,其实是对世界的错误反映。

在西方哲学中,有所谓诗与思之别,以知识去说和以诗去说,是两种不同的途径,他们将呈现世界的任务交给诗。其实在中国,这样的思想也有漫长的历史,庄子哲学就强调天地有大美而不言,以知去言,只能得世界之小者,以自然去言,则能得天地之大全。而南禅的思路也与此类似:南禅接受道家之思想,其所谓青山自青山,白云自白云的道路,就是追求世界的原样呈现,如希运所谓世界"皎皎地说"。我们注意到,中国美学中境界论大致形成是在唐代,其形成与庄禅哲学有密切的关系,在禅门的皎然、寒山和接近于禅道的司空图、王昌龄、刘禹锡、张璪、刘商等是境界美学的中坚。他们以境去代替象,以境的言说方式去超越知识的言说,正是在诗与思之间向诗靠拢的反映。

知识是概括,境界是呈现,面对一个真实的灵动的世界,境界成了最合适的途径。境超越知,但并不意味放弃了智慧,它所超越的只是知识概念系统。思与诗二者在目的上颇有相似之处,都是为了显现世界的真实相。诗的途径非但没有放弃对智慧的追求,而且将对宇宙人生的穿透力作为其最高追求。也就是说,没有智慧的境界是一种低等境界,缺少宇宙人生感的境界也就显得单薄了。

如王维有一首五律说:"晚年惟好静,万事不关心。自顾无长策,空知返旧林。松风吹解带,山月照弹琴。君问穷通理,渔歌入浦深。"(《酬张少府》)这首诗写其晚年的悠闲从容、恬淡自适,一任自然,在山风清月间自在。诗的结尾忽有一问一答,问则以理语,答则以自然。何谓"穷通之理"?那唱着渔歌、渐渐消失在深深浦岸的小舟就是回答。南宋蔡梦弼《草堂诗话》卷二云:"横浦张子韶《心传录》曰:'读子美"野色更无山隔断,山光直与水相通",已而叹曰:"子美此诗,非特为山光野色,凡悟一道理透彻处,往往境界皆如此也。""这样的境界空灵阔远,虽不言理而理自在,触及人的生存境遇。杜甫"水流心不竞,云在意俱迟"(《江亭》),同样被人称为有理之作。南宋葛立方《韵语阳秋》在谈到"采菊东篱下,悠然见南山。此中有真意,欲辨已忘言"(《饮酒诗二十首》其五)时说:"渊明落世纷深入理窟,但见万象森罗,莫非真境,故因见南山而真意具焉。"

(三)有意思

境界作为一种审美标准,除了具有内容的包孕性、思致的深刻性之外,还必须有韵味,耐咀嚼,有一种亹亹难尽的美感。有境界之作摆脱了理智的拘束,任由世界自己呈现自己,让世界说。还应以美的方式来说,缺少美感的对象,就不能称为真正有境界;乏味地说、干瘪地说、单薄地说,都是一种说,但这样的说不能产生艺术的境界。

中国古代美学有喜欢用"味"来比喻美感的风尚。鼻之于香,舌之于味,是人的感觉器官对外在世界的感觉;但它们与视觉、触觉等不同的是,其感觉是无影无形的,而且又有悠长的回味空间,故而为谈艺者所乐道。《文心雕龙·隐秀》在论述隐秀的特征时,就提出"余味曲包"的重要观点。司空图在论述境界时,也以味来作比,他说诗之妙在"咸酸之外"。有境界之好诗应有"韵外之致""味外之旨"。有境界的作品往往韵味悠长,令人展玩不已。

第十二讲

饮之太和

人在世界中,是一种关系性存在。在中国哲学中,人所涉及的关系主要有四个方面:第一,是人与神的关系。一种神秘的不可解释的力量似乎在支配着人的命运,像孔子这样的智者,都有"畏天命""不语怪力乱神"的表白。第二,是人与自然的关系。那高高的天、绵延的地,那大地上的一草一木,都和人有密切的关系(中国哲学还在此关系中分离出另外一种关系,即人与宇宙之关系,关注的是人在宇宙中的位置)。前两者是就人这个总类而言的,在茫茫人群之中，还有自我，所以就有了第三种关系：我与群体的关系。人是群体动物，这不可避免的宿命，使群体关系成为人存在的根本关系之一。第四，是我与自身的关系。我的心灵也是个矛盾的群集，理性的我和感情的我、当下的我和经验中的我、欲望的我和社会的我等等，都构成内在的关系。这类关系很隐在，但是对人这个存在物来说，却是最根本的关系，人的其他关系最终都反映在这类关系上。

和谐，是处理这种种关系的一种理想。

根据四种不同的关系，中国传统哲学中的和谐理论可以分为四个方面，即神人以和、天人以和、人人以和以及自我之和。神人以和是宗教性的，它产生最早，是西周之前我国和谐思想的主要形态，所谓"神人以和""无相夺伦"[1]。人们在超自然的力量面前感到恐惧，神人以和的思想就是为了抚平这种冲突而提出的。人人以和，自西周以来成为和谐理论中最富活力的方面。它作为一种德性和谐的理论，后来成为儒家和谐理论的主要落脚点。儒家强调群体的和谐，主张通过中和原则建立一种合适的秩序。他们所建立的这种秩序，又往往从人与天地的和谐关系中寻找"天经地义"的力量。儒家的和谐思想的重大意义，乃在于超越早期社会"神人以和"的形式。原始宗教中的和谐，说到底是对神灵的一种敬畏，人匍匐在至上神、祖先神的神祇之下，充其量只能说获得支撑心理的力量，而根本谈不上内在情感和理性的协调、稳定。儒家和谐思想强调人的情感的悦适，人的内在生命与外在世界的协调。而道家的和谐虽也强调上下与天地同体，但落脚点却不在人处社会道德生活的秩序中，而在人的性灵自由。禅宗的和谐理论是后起的，它是在印度佛教般若学和道家哲学基础上形成的新型学说，主要强调自性、平等，

---

[1]《尚书·虞书·舜典》："帝曰：'夔！命汝典乐，教胄子。直而温，宽而栗，刚而无虐，简而无傲。诗言志，歌永言，声依永，律和声。八音克谐，无相夺伦，神人以和。'夔曰：'於！予击石拊石，百兽率舞。'"

从而获致彻底的和谐。我们说中国哲学的和谐思想,往往偏向于儒家学说,似乎和谐学说为儒家所独有,这是误解。道禅二家同样有非常丰富的和谐思想。这三种不同的和谐思想对中国美学与艺术都有很深的影响。

中国美学的和谐思想是个复杂的研究课题,本讲从儒道禅和谐美学的不同取向出发,谈谈中国和谐美学思想中的一些重要问题。

一、和与位

《中庸》说:"致中和,天地位焉,万物育焉。"这是传统和谐哲学的重要表述,虽是儒家的观点,但可由此扩而广之,看中国美学和谐思想的根本特点。它包括两方面的内容:一是致中和,天地位;二是致中和,万物育。

何谓"致中和,天地位焉"?这里将和谐与人的存在地位联系起来,是由中国哲学的特点所决定的。中国哲学有一至上的主体性原则,强调人的内在超越。西方哲学以知识为中心,中国哲学以生命为中心。在西方,由于以知识为中心,所以逻辑发达,形成了一套知识论体系。西方的哲学是一种"理智的游戏"。而在中国,哲学是一套身心修养之方,是一种心性游戏、生命游戏,而不是知识游戏。中国哲学中的和谐思想是其生命哲学的重要组成部分。

儒家和谐思想的根本在于,它是一种德性之和。仁是儒学的基础,也是和谐思想的内核。儒家致力于建设一个和谐的社会秩序,实现平章百姓、协和万邦、天下大同的社会理想,要上得天时,下得地利,中得人和。天地为大,唯人居之,是为三才,人所生存的自然空间和社会空间应是一个和谐的空间。所谓"致中和",能够使"天地位"——天地各得其所,大自然都获得基本的秩序感。天地如何得其位?它所强调的并非人在物理世界中与世界和谐相处,而是在人的生命体验中,在人的内在超越中,实现与天地人伦的和谐。

西方哲学中的和谐理论侧重探讨世界的规律，是一种知识论。在雅斯贝尔斯所说的轴心时代，古希腊和中国的哲学家在谈到美时，都涉及和谐问题。但中西哲学的重要差异也体现在这一理论上。在古希腊，形式和谐的理论占主导地位。毕达哥拉斯主张数的和谐，如其指出，音乐的美产生于高低、快慢、强弱的不同声音的和谐统一。亚里士多德则提出"秩序、匀称和明确"的和谐论，这也是从认识的角度谈形式和谐的理论。

中国哲学关心的不是知——科学把握的原则，而是"位"——人在天地中如何存在的可能性。前者是求知的，后者是求存的。天有天之位，人有人之位，他人有他人之位，我有我之位。位不是外在的时空，而是存在的可能性：如何存在，如何恰当地存在，如何获得一种最佳的存在样态。

故此，"致中和，天地位焉"可以理解为：

第一，天地各得其所，各有其位，如天尊地卑，故而各有其序，自成和谐之系统。天地是和谐的凝聚，其核心精神就是和谐。天地乃生生，生生而有条理，所谓"生而有则"，万有现象各得其所，山峙而川流，花开与花落，鸢飞而鱼跃，乃至于冬去春来，日往暮收，等等，都自然而然，有序有则。天地乃一大和，天地乃各得其位。人的文化创造要行天之道，就是要得天地之生生和谐精神。

第二，"礼只是一个序，乐只是一个和"（《河南程氏遗书》卷十八），和谐不是外在强加的秩序，而是人的内在德性修养所能达到的境界，是由人的内在生命生发的。故天地有位，合于天地之位，是奠定于人的生命世界之上的。只有人有位，才能合于天位。自明诚，自诚明，就是这个道理。归复于秩序，回复真实无妄之全体精神，才能各得其位。"致中和，天地位焉"，并非说天地之位是人所赋予的，天地本有其位——天地就是一个和谐的存在世界；而人各有位，才可加入天地的大和谐之中。由于人的德性差异，有的人游离了此位，便失去了天地中的和谐。儒家强调通过内在修养可以达到应有的"位",实现和谐。"致",就是人内在超越的功夫。

第三,正因为和是内在生命的和谐,所以和谐不是形式的,不像古希腊哲学落实在形式和谐上。像庄子,就将形式和谐与生命和谐对立起来。当然,先秦时期和谐理论并不完全排除形式上的和谐,如要"神人以和",必须有"八音克谐"的音乐,以及孔子的"尽善尽美"论等,就包括形式的和谐。但中国美学更重视的是生命和谐,侧重思考的是人在群体、自然、宇宙中的存在地位。秦汉以来,人与自然、人与群体、人与宇宙(此一问题并不能包括于人与自然的和谐关系中)、人与自身四种关系是中国和谐理论关注的重点;而属于认识论范围的审美主体与审美对象、感性对象的内容与形式、审美形式之间关系的协调等,则不是和谐理论关注的重心。

致中和,"万物育焉",也具有丰富的内涵。天地位,强调通过和谐合于天地;而万物育,则强调和谐是滋育生命的基础。二者之间也有逻辑关系,正因为天地人伦各得其位,所以有生生之活力,有"位"方有"生"。

《国语·郑语》载西周史伯云:"夫和实生物,同则不继。以他平他谓之和,故能丰长而物归之;若以同裨同,尽乃弃矣。"这是关于"和"与"生"关系的重要论述。没有和谐,就没有生命,这是中国人在感性经验基础上形成的哲学观念。大自然因和谐而生生不已,而人只有"和",才能契合自然之性,创化生生。"和实生物",儒家将"和"作为生命的基础。《乐记》说:"和,故百物皆化。""和,故百物不失。"这是和谐与滋养生命之关系很好的概括。二程说:"凡物参和交感则生,不和分散则死。"(《河南程氏遗书》卷六)和是万物之间的天然亲和力。朱熹认为"仁"心是"温和冲粹之气,乃天地生物之心"(《朱子语类》卷六),将和与生相联为一体,无和则无生。儒家将生、仁、春、和、元五者统一起来,仁是生的意思,和的意思,元的意思,也是大自然中春的意思。故要保合太和,以利生生。

自此可以看出中国哲学以儒家为主体的和谐思想，以人的心灵和谐为起点，以宇宙和谐为最终目的，强调能和己性则能和人性，能和人性则能和物性，能和物性则能和天地之性，实现宇宙的大和融。所以贯通宇宙和谐、个体和谐、群体和谐的不是形式法则，而是生命。中国哲学的和谐理论，是一种生命体验的和谐。

和谐是一种安顿身心的修养功夫，所以要从自心上做起。和谐不是外在的强制性规范，而是一种生命的功课。正是在此基础上，艺术的熏陶、美的境界，成为达到终极和谐的最受重视的方式。

中国古代有"乐从和""乐和声"的思想，《庄子·天下》说"《乐》以道和"，以和来概括音乐的特点。和谐理论常常和音乐相关。我们知道，上古时代诗、乐、舞一体，所谓"言之不足故嗟叹之，嗟叹之不足故永歌之，永歌之不足，不知手之舞之足之蹈之"（《诗大序》）。乐包含诗、乐、舞三者，故乐从广义而言，即后代人所说的艺术。谈和谐为何多落实于艺术（乐）？主要在于艺术的情感性特征。《乐记》就说："夫乐者乐也，人情之所不能免也。"艺术具有宣泄人情感的功能，是生命的张扬。就像需要食物和水一样，人也需要艺术来表达心灵、抚慰内心。"乐（音乐之乐）者，乐（快乐之乐）也"是先秦和谐理论的重要命题。[1] 艺术能使人的心灵愉悦，使人在愉悦中平衡冲突，在快感中获得美感享受，在美感享受中实现道德的愿望。艺术与其他形式的不同特点是，艺术要通过美的形式愉悦人心。声乐不同于一般说话，舞蹈不同于简单的动作，诗不同于一般的语言宣示，艺术是一种美的形式。

二、适度原则

孔子一生很少发火，但在谈到鲁国的一位大夫季平子的时候，

---

[1] 上古时，表示感官愉悦的字大多与音乐有关。如"喜"和"乐"原本是乐器，"戏"和"吴"（虞）是乐舞的象形符号，喜、乐、戏、吴等都可以涵盖在当时人所说的"乐"中，又都被引申为愉快的意思。

却火冒三丈，说出了"是可忍，孰不可忍"的重话。事情的起因是季平子在他的家中行乐舞，排了八行，每行八人，六十四人在庭院中跳舞，这就是所谓"八佾"舞的体制。按照礼制，天子八行，诸侯应是六行，大夫是四行，一般士人是二行。季氏是大夫，应该享用四行之舞，他却僭用天子的乐舞，所以孔子表示愤怒。

这个例子说明孔子十分注意礼制秩序，但同时也反映出孔子道德哲学中一个重要思想，就是适度原则。在儒家哲学中，和谐思想突出体现了这样的适度原则。"和"必得"中"，儒家和谐思想的准确表述是"中和"。

孔子以"叩其两端"来表达这样的道德关注。"过犹不及"是孔子的核心思想之一。《论语·子罕》云："子曰：'吾有知乎哉？无知也。有鄙夫问于我，空空如也，我叩其两端而竭焉。'"《中庸》提出"和而不流""中立而不倚"的原则，推崇一种不偏不倚的哲学。宋儒概括的儒家十六字心传——"道心惟微，人心惟危。惟精惟一，允执厥中"，就突出了"中"的地位。

在西方早期哲学中，其和谐思想也涉及适度原则。亚里士多德哲学就有对德行之善的规定，他举了大量的例子来说明中道的思想，比如"勇敢"处于"怯懦"（不及）和"鲁莽"（过）之间，"自信"处于"自卑"和"骄傲"之间，"慷慨"处于"吝啬"和"浪费"之间。但这样的思想没有儒家哲学表现得那样系统。

我理解，儒家哲学中的中和思想有三个要点：

一是中体和用。从哲学基础上看，儒家和谐美学思想当以"中和"二字为要。"中"是其体，"和"是其用。本立而道生，"中"在和谐思想中具有更重要的意义，或许可以这样说，只有在"中"的前提下，才能实现"和"。

《中庸》一篇，在儒学中占有特殊地位。所谓"中"，就是"不偏不倚，无过不及"。所谓"庸"，一般有二解：一释为"常"，以"中"为常道；一解为"用"，以中为体，中庸即"中体之用"，立足于体用之说，这也通。在两种解释当中，都突出"中"的核心地位。《中庸》说："喜怒哀乐之未发，谓之中；发而皆中节，谓之和。中也者，

[明] 唐寅 陶穀赠词图

此图画五代时一官员遇一美妓，听其乐，既心相爱悦又囿于礼节的窘迫神情。

天下之大本也；和也者，天下之达道也。致中和，天地位焉，万物育焉。"按照朱熹的解释，"中"是未发之性，无所偏倚，所以叫作中。儒家有以"中"为性的思想。"中"是天下之大本[1]，意思是天下之理都由此而出。所以这未发的"中"是道体，是天地之性。程伊川说："若致中和，则是达天理，便见得天尊地卑、万物化育之道，只是致知也。"（《河南程氏遗书》卷十五）"和"，乃已发之情，合节中度，无所乖戾。这是"中"体之用。以不偏不倚的和道协调天下，即无所不通。天地万物，本我一体，人心归于中和之道，那么天地万物无不顺，都能各得其位。儒家的中和思想是以人心灵的中节合度为前提，强调对情感的抑制，强调情理的协调。由此可见，中并非一种方法论上的原则，而是一种本体论思想。

二是养性于中。儒家的"中"与其内在道德性密切相关，是"在中"。"中"为本，也就是《中庸》中所说的以诚为本，"诚者，天之道；诚之者，人之道"，"中"是人的修养所能达到的最高境界，所以"中"包含的是人格修炼的哲学思想。"中"是性，人生而为人，并秉持此性；但外在的习染，使人并非都能谨守其"中"，也就会有对这一大本的偏离。确立了人人都有这个"中"的本，为通过修养而归复大本提供了可能性。

三是中节合度。执中守一，不是二物相对而取其中者，而是叩其两端，不过也不及。孔子以中庸为至道，他说："中庸之为德也，其至矣乎！民鲜久矣。"（《论语·雍也》）中庸中含有中道原则。儒家以"中"为本思想产生较早，《国语·周语下》云："夫有和平之声，则有蕃殖之财。于是乎道之以中德，咏之以中音，德音不愆，以合神人，神是以宁，民是以听。"其中就强调了中节合度。

这三个方面又是相通的：以中为体，养性于中，并从中而出中节合度的道德原则。

在《周易》中，这种中道原则体现极为明显。在易例中，"中"

---

[1] 董仲舒说："中者，天下之终始也；而和者，天下之所生成也。"

是一个发端久远、义理颇为深刻的规定。《易传》强调"保合大和"之气，强调和顺积中，而英华发外。以中道思想为根本，爻位说就突出"中"的地位。如兑卦《象传》曰："兑，说也。刚中而柔外，说以利贞，是以顺乎天而应乎人。"兑卦两兑重叠，有二阳居中，三上为阴爻，所谓柔顺主外，故有刚中和顺之道。大有卦《象传》曰："大有，柔得尊位大中，而上下应之，曰'大有'。其德刚健而文明，应乎天而时行，是以元亨。"此卦下乾上离，五阳一阴，一阴爻居五位，得中，一阴为五阳之主，故有柔得中位而上下应之之象。下卦为乾，有刚健之德；上卦为离，有文明之象；故曰刚健而文明。此正显示中和之大用。而同人卦体现了"和同于人"的道理，《象传》极重视此卦的中和思想："柔得位得中，而应乎乾，曰'同人'。……文明以健，中正而应，君子正也。唯君子为能通天下之志。"此卦下离上乾，一阴爻居下卦之中，又当位，故有柔得位得中之象。五爻为阳，此与二爻一样都当位得中，所以说此卦得"中正"之道。下卦离为阴，上卦乾为阳，上下相应；二五分别为阴阳，中位相应。所以此卦颇显相应协调之义，合度，合节，当位不差。此卦象传强调以中和之道，通天下之志，正《中庸》所谓"致中和，天地位焉"。

　　《易传》提出的"文明以止"的思想乃从情理的限制性上着眼。《易·贲卦·象传》云："贲，亨；柔来而文刚，故亨。分刚上而文柔，故小利有攸往，天文也；文明以止，人文也。观乎天文，以察时变；观乎人文，以化成天下。"此卦的象传谈天文和人文的关系，谈人文创造的原则，历来受到解易者的注意。此卦下离上艮，离为火，艮为山，故有山下有火（光明）之象，象征灿烂的人文创造。其中提出的人文创造的原则值得注意，即"文明以止"。何谓"文明以止"？下卦为离，离者丽也；上卦为艮，艮有止之德。"文明"说创造，"止"说的是符合一定的准则。也就是说，人文的创造必须符合一定的准则，必须中节合度。

　　艮卦《象传》说："兼山，艮；君子以思不出其位。"此卦两艮重叠，故曰兼山。强调抑制内心不和谐的情感，思虑不超越本位。

宋儒极赞此卦之思想，甚至说，一艮卦胜过一部《华严经》。宋杨万里《诚斋易传》归纳此卦三义，一是抑制邪恶，二是止于正道，三是止于本分。这正是儒家中和思想的体现。

儒家中和思想以中为基础，以和为大用，强调过犹不及，中节合度，正是为了化解冲突，在差异中寻求和谐。儒家并非都将此奠定在强制性的道德约束上，而致力于人的内在情感的和谐，由此实现中节合度。于此儒家提出了"反情和志"的思想。此语本由《乐记》提出，反情，返归人的本性，以使其心志调和。"中正平和"准则的提出，正是为了刈除过犹不及的偏向，消除与社会冲突的心理。乐，生于人心，情动于中，所以有显现的欲望；将声音表现出来，定会有喜怒哀乐的倾向，雅乐正声使人平正和谐，粗声淫曲使人逆意萌生。所以《乐记》强调，"先王慎所以感之者"，从人心易感而动的心理机制出发，寻求和谐美的落实，不累于物，不溺于情。

在儒家的中和思想中，有一种"而不"结构。《论语·八佾》云："子曰：'《关雎》，乐而不淫，哀而不伤。'"《论语·尧曰》云："子曰：'君子惠而不费，劳而不怨，欲而不贪，泰而不骄，威而不猛。'"其实，这已经化为中国艺术哲学中的一个习惯性思路。适度和谐原则在中国美学中的印迹是深刻的，如"主文而谲谏"的观点、"发乎情，止乎礼义"的观点等等。

这种适度原则，还体现为艺术形式上的中节合度。如前引唐孙过庭《书谱》说："至如初学分布，但求平正；既知平正，务追险绝；既能险绝，复归平正。初谓未及，中则过之，后乃通会。通会之际，人书俱老。"他的三段论贯彻了"过犹不及"的原则：学楷书，要趁年轻"未及"的时候，走平正的道路，出入法度，卷舒自如；法度是通向书法殿堂的台阶，但不是其终极，所以，他提出"务追险绝"的学习道路；但一味险绝，则会过之，需在纵横变化之后，又归于平正。

三、协调原则

中国美学和谐理论的另外一个表现形式,是一种协调的美。其中有三个要点:一是相互对待;二是在对待中产生相互协调、相互补充、彼此消长的关系;三是由此产生一种和谐的美。适度原则强调节制性,协调原则强调融合性。

《晏子春秋》中提出"和如羹焉",羹是由各种不同的味调和在一起,从而得到统一之味;"和"是各种有个性的东西各不失其个性,却能彼此和谐统一。

从和谐论产生初期的两个重要观点"以他平他谓之和""阴阳相应谓之和",就可看出这一特点。春秋时在哲学上曾展开过一场

[宋] 马麟 兰
宁静中的香芬,
营造一个和美
的世界。

和同之辩，"和"与"同"都是强调联系中的协调性，都是以事物之间相互关系为基础的，但"和"强调对立物的协调统一，"同"则是同类事物的协调性。比较完整的表达是前引《国语·郑语》中所记载的史伯的一段话："夫和实生物，同则不继。以他平他谓之和，故能丰长而物归之；若以同裨同，尽乃弃矣。……声一无听，物一无文，味一无果，物一不讲。"和同辨异被上升到存在的高度，和则生，同则灭。"以他平他谓之和"，强调"和"是在冲突的平定中产生，事物之所以相生，来自不同物之间冲突中的协调。而"以同裨同"，是同类事物相加，这种无差别的累积是对冲突的回避，是对人的关系性存在的漠视，没有从根本上回答人如何存在的问题，所以说"同则不继"。后来孔子以人的行为区别"同"与"和"，他所说的"君子和而不同"，就是看到了差异性协调的重要性。史伯所强调的"物一无文"的观点，乃是从关系性上考虑和谐存在的，而齐同则是单一之"一"，而非异类求和。

"阴阳相应谓之和"发端于五行相生相克的学说，并在《周易》中得到充分体现。"一阴一阳之谓道"，《周易》以阴阳相摩相荡为哲学之本，如《咸卦·彖传》曰："咸，感也。柔上而刚下，二气感应以相与。……天地感而万物化生，圣人感人心而天下和平。观其所感，而天地万物之情可见矣。"咸卦下艮上兑，三双同位爻相应，卦分刚柔，上下相应，感而化生万物。在易例中，有中、当、应、敌、承等，也体现了以他平他而求和的思想。刚柔相济方有和，同类相对则为敌。中国哲学异类求和的思想，反映的是以和谐化解冲突的理想追求。

《乐记》中的"大乐与天地同和"的思想，也是一种协调基础上的和谐。它一方面强调乐与天地同，音乐作为一种艺术与天地万物具有同构性；另一方面强调音乐创造必须契合大化流衍的节奏，天地的节奏就是音乐的节奏。大乐与天地同和为音乐之和奠定了一个本体论基石。礼在别异，乐在和同。礼在于秩序，在于差别，在差别的级次中，各得其位，各司其职，无相夺伦，这样便有了人伦秩序。乐不是漠视这样的差异，而是由差异中寻求和谐，它并不是使差异的秩序归于同一性,而是契合这一秩序,体会天尊地卑之类的秩序所显示的节奏,在快乐的体验中安于这样的差异(或者说这样的"性")。所谓"乐在敦和",就是由差异而追求协调。

儒家和谐思想发展到被称为新儒学的宋明理学阶段,更强调人的心灵境界的和谐,"穷理尽性,以至于命"的内在性灵的圆融被放到突出的位置。孔颜乐处,思孟精神,成了此期理学家所崇尚的对象。"和风庆云"的境界、色温气和的精神,受到理学的推崇。二程说:"中心斯须不和不乐,则鄙诈之心入之矣。"(《河南程氏遗书》卷二)和谐的心灵成了协和天地的基础。二程特别提倡"春"的精神,春的精神就是仁,就是和。二程说:"此其肃如秋,其和如春。如秋,便是'义以方外'也。如春,观万物皆有春意。尧夫有诗云:'拍拍满怀都是春。'"(《河南程氏遗书》卷二)养得心中一腔和气,"绥之斯来,动之斯和"(《论语·子张》),在和中"感而遂通天下之故"(《易·系辞上传》)。朱熹说,"仁,便是个温和底意思""仁是和底意"(《朱子语类》卷六),他认为修炼仁人之心,就是"保合太和"(《乾卦·象传》),养得胸中一团和气。

四、天和原则

道家的和谐美学主要不是为了达到人与自然的生态和谐,它不是一种生态美学观念,道家所致力于建立的是人与宇宙的和谐世界。道家所要建立的和谐是人与自身内在世界的和谐关系。道家的和谐美学境界是空灵的、淡远的。

道家哲学反对知识、反对理性,甚至蔑视形式美存在的一些基本规则。在道家看来,美丑、善恶都是人知识的分别,是无意义的。即使像自然美,庄子虽然表面上并不排斥,他说"山林欤,皋壤欤,使我欣欣然而乐欤",似乎对欣赏自然美有浓厚兴趣,但接下去的话却是:"乐未毕也,哀又继之。哀乐之来,吾不能御,其去弗能止。悲夫,世人直为物逆旅耳。"(《庄子·知北游》)美丑的分别、情感的纷纭，搅乱了人性灵的平和。所以，他强调要超越美丑的理性分别、超越好恶的情感取与，去体悟至乐，有至乐才能有至和，至和中有大美，所谓"原天地之美""天地有大美"，都是一种不以人的理性标准所支配的本然的美。依照有的论者所说的古典和谐美是一种均衡的、协调的、理性的、情感的美的观点，代表中国古典和谐美的典范是儒家的和谐美思想，那么，道家的天和思想只能说是一种"反和谐"思想，它丑而不美、荒诞而不理性、极端而无秩序，所表达的理想虽顶着"天和"的幌子，但却是在反对理性的基础上追求空无绝对的和谐。这样的和谐是不是有价值呢？

中国艺术中有一重要境界，就是"洞庭张乐地"。五代董源曾画有《潇湘图》，今藏故宫博物院，是董源生平代表作品。图空灵淡远，足以动高人之逸思，是一片平和心境的写照。董其昌说此图以"洞庭张乐地，潇湘帝子游"（谢朓《新亭渚别范零陵云》）二语为境。所谓"洞庭张乐地"说的是《庄子·天运》中的一个故事，这个故事反映了道家的和谐思想。这里谈道家的天和之美，就由这个故事谈起。

故事开始写道："北门成问于黄帝曰：'帝张《咸池》之乐于洞庭之野，吾始闻之惧，复闻之怠，卒闻之而惑，荡荡默默，乃不自得。'"

黄帝的回答分成三个部分，也即三"奏"。初"奏"使人"惧"，他说："吾奏之以人，征之以天，行之以礼义，建之以太清。夫至乐者，先应之以人事，顺之以天理，行之以五德，应之以自然，然后调理四时，太和万物。四时迭起，万物循生；一盛一衰，文武伦经；一清一浊，阴阳调和，流光其声；蛰虫始作，吾惊之以雷霆；其卒无尾，其始无首；一死一生，一偾一起；所常无穷，而一不可待。汝故惧也。"初闻自然之声，为什么听者恐惧？因为这是忘却物我、靠近自然、闻听至乐的第一阶段，此阶段是由"不和"而入"初和"。在这个阶段中，顺乎天，应乎人，得于心而适于性，心随万物起伏，意顺天道运行，忽然跌入宇宙无穷变化之中，首尾不见，无穷无尽，如置于荒天迥地之中，所以有恐惧之感。在庄子看来，这个"初和"，是人放弃外在理性的努力，放弃情欲的追求，在自然中感受和谐。道家认为，儒家的发乎情止乎礼义，并不能给人带来真正的和谐，充其量只能是心灵的走钢丝。

二奏使人心"怠"，即心情稍稍松弛，渐渐融入了这闻所未闻的音乐之中。此之谓"中和"。"初和"可以说尚在人境，而"中和"则入天境。黄帝说："吾又奏之以阴阳之和，烛之以日月之明；其声能短能长，能柔能刚；变化齐一，不主故常；在谷满谷，在坑满坑；涂却守神，以物为量。其声挥绰，其名高明。是故鬼神守其幽，日月星辰行其纪。吾止之于有穷，流之于无止。予欲虑之而不能知也，望之而不能见也，逐之而不能及也；傥然立于四虚之道，倚于槁梧而吟。目知穷乎所欲见，力屈乎所欲逐，吾既不及已夫！形充空虚，乃至委蛇。汝委蛇，故怠。"此境之妙在于空灵，听者闭目塞听，以物为量，大制不割，分别全无，一切知识、欲望、目的的追求都忘却了，目也不见，耳也不闻，心也无思，形同槁木，心如死灰，逍遥无为，且喜且吟，心灵"傥然立于四虚之道"，四面空空，呼造化之气，吸太虚之精，"止之于有穷，流之于无止"，与无穷相委蛇。这叫作"怠"境，是与天地相优游、与造化相浮沉的境界。"怠"境，就是空空落落，欲追问，而没有回答，欲寻觅，而无所追求，心灵无所之之，如飘在天空的游云。

三奏使心"惑"，此为至乐之境，大乐而无乐，忘己之人叫作入于天。黄帝说："吾又奏之以无怠之声，调之以自然之命，故若混逐丛生，林乐而无形；布挥而不曳，幽昏而无声。动于无方，居于窈冥；或谓之死，或谓之生；或谓之实，或谓之荣；行流散徙，不主常声。世疑之，稽于圣人。圣也者，达于情而遂于命也。天机不张而五官皆备，此之谓天乐，无言而心说。故有焱氏为之颂曰：'听之不闻其声，视之不见其形，充满天地，苞裹六极。'汝欲听之而无接焉，而故惑也。"至乐无乐，在这至高的境界中，音乐也无，喜乐也无，无声无息，无形无相，恍惚幽眇，人心无为而任化，以天地之心为心，故能充满天地，苞裹六极，无所不在，完全融入了大道之中。所以庄子说此境在"惑","惑故愚,愚故道,道可载而与之俱也"(《庄子·天运》);老子说"众人察察,我独闷闷"(《老子》第四章)。"察察"是清晰的理智的分别,"闷闷"是浑然天成,所在皆适,所在皆和。

初闻在人境,而告别人乐,再和谓天乐,三奏为忘乐之乐。

我注意到,道家和谐思想与儒家有一些相似的成分,比如,儒道二家谈和谐都将音乐作为重要的讨论对象,都承认音乐在和谐人心方面所扮演的重要角色。"乐从和"是儒家和谐美学思想的重要理论,而道家"天和"境界也和"天乐"密切相关,以上所举的"洞庭张乐地"即如此。庄子认为,有天乐,方有天和,天乐为至乐,大音希声,至乐乃是超越具体的音乐形式,它是自然的声音,咸取自己,各张其性,所谓"无声之中,独闻和焉"(《庄子·天地》)。另外,儒道两家论和谐,都强调与天地精神的联系。儒家强调"大乐与天地同和"(《乐记》),《乐记》并从具体的乐象上谈效法天地精神,所谓"其清明象天,其广大象地"(《荀子·乐论》)即言此。而道家的和谐思想,主要是围绕"天和"而展开的。

然而,儒道二家和谐思想又有明显的不同,主要表现在如下几个方面:

其一,人和与天和。人和侧重点在于道德的和谐,落实于群体之间的协调。天和则强调自然无为,任运物化,所谓"一龙一蛇,与时俱化,而无肯专为;一上一下,以和为量,浮游乎万物之祖"(《庄子·山木》)。如同上举"洞庭张乐地"的故事所说的,天和就是与物委蛇,放弃人工智巧,大智若愚,在混混默默之中,合于大道。天和是自然的和谐,齐物的和谐,平灭一切分别的和谐。人在静穆之中,自然无为,心斋坐忘后达到心灵的彻底平衡。在道家看来,儒家的和谐是一种人和。《庄子·天道》云:"夫明白于天地之德者,此之谓大本大宗,与天和者也;所以均调天下,与人和者也。与人和者,谓之人乐;与天和者,谓之天乐。"人和为均调天下,服务人伦,是一种秩序的和谐;道家主张自然的和谐,为了实现此种和谐,要超越知识和秩序,达到心灵的至乐状态。在

[明] 沈周
卧游图册之一
"白日千年万年事，待渠催晓日应长。"
沈周画的是一片天和的境界。

道家看来，儒家的和谐是以表相的和谐掩盖深层的冲突，所以说是"均调"，是协调的功夫；而道家所倡导的天和乃是"大本大宗"，是一种本原性的和谐。儒家所倡导的人和原则，是局部的、暂时的，而天和则是一种大全，是整体的和谐。其实，儒家也强调天和，但儒家的天和中的"天"，是所谓"生生而有条理"之天，也就是说它是人间秩序的印证者。这个天是人的道德秩序的折射，说是天的秩序，还是人的秩序。

其二，抑制之和与卫生之和。儒家的和谐以抑制为主要标志，谨慎地行中道，过犹不及，不偏不倚，强调谨慎地揣度，细心地衡量，以理节情，以礼节情，在愉快中消解个体欲望与大道原则的冲突，实现和谐。儒家的"反情和志""温柔敦厚""主文谲谏"等等都打上了"抑制"的深深烙印。在道家看来，这是一种虚假的和谐。它是群体的，而不是自我的；是压抑的，而不是自由的。而道家和谐论的根本就落实在自我和自由上。道家学派从老子开始，就为创造一种无压抑的文明而努力,其哲学指向非常明晰。老子就以"太上,不知有之"(《老子》第十七章)作为其最高的社会理想。庄子哲学的追求在自由,他是要将被理性剥夺的生命主宰权夺回来。

道家的和谐指向个体的心灵体验,而非造成一种均调的群体关系。道家强调,天和就是要实现人内在生命的真正平衡,是人的生理生命、心理生命和天地生命的大融合。庄子以"和以天倪"(《庄子·寓言》)来表达,"天倪"即人的自然生命之门。天和的原则是建立在"卫生之道"的基础上的,是"缮人之性"。《庄子·缮性》说:"夫德,和也。"庄子于此提出了"德和"的主张。"德和"显然不属于伦理道德的范围。所谓"德",意近于"性",指人的内在生命,如《庄子·庚桑楚》言:"生者,德之光也。"所谓"德充",就是论述"德充于内,物应于外,外内玄合,信若符命"(郭象注)[1]的道理。

在庄子哲学中,生命有三个层次:生理生命、心理生命和宇宙生命。生理生命是基础,生理与心理的和谐,是达到人与宇宙生命相契合的必然前提。生理、心理相和融,是庄子哲学的重要特色,用庄子的话说,就是"全汝形,抱汝生"(《庄子·庚桑楚》)。庄子的天和主张就奠定在生理、心理和谐的基础上,所谓"慎守汝身,物将自壮。我守其一,以处其和"(《庄子·在宥》),"若正汝形,一汝视,天和将至"(《庄子·知北游》)。庄子这一思想是受到老子影响的,《庄子·庚桑楚》引述老子之语云:"老子曰:'卫生之经,能抱一乎?能勿失乎?能无卜筮而知吉凶乎?能止乎?能已乎?能舍诸人而求诸己乎?能翛然乎?能侗然乎?能儿子乎?儿子终日嗥而嗌不嗄,和之至也;终日握而手不掜,共其德也;终日视而目不瞚,偏不在外也。行不知所之,居不知所为,与物委蛇,而同其波。是卫生之经已。'""卫生"即颐养生命,这是道家和谐理

---

[1] [晋]郭象注,[唐]成玄英疏,曹础基、黄兰发点校《南华真经注疏》卷二,北京:中华书局1998年版,第110页。

论的基础。稷下黄老学派非常重视由"卫生"所达到的和谐境界。如《管子·内业》说:"凡人之生也,天出其精,地出其形,合此以为人。和乃生,不和不生。"

儒道两家一着眼于群体,一着眼于个体;一重视外在群体关系的均调,一重视个体内在性灵的和融。道家抨击儒家和谐的非自由性、非生命性,认为是对人的德性的伤害,没有自由,只有压抑。朱熹说,礼在"限定裁节"(《朱子语类》卷十七),其实,乐又何尝不是"限定裁节"?在道家看来,这样的和谐也是一种压抑。身如槁木,心如死灰,心斋坐忘,无劳汝形,无摇汝精,这本身就是一种排斥,它是要将人的情感、欲望、理智等全部排除,从而进入自由的状态中。儒家的抑制是一种有节制的排除,而道家的抑制则是一种彻底的放弃,彻底的"黜"去。

其三,中和与冲和。儒家是守其中,不偏不倚,过犹不及,守中处和,强调适度原则。道家是守其一,万物齐同,物我齐同,逍遥无待。"一"就是进入无分别的境界,此境为空,为无,所以,正像上所举"洞庭张乐地"的故事所说的,进入悟道之境,如入四虚之地,四面皆空。所以,道家的和是空之和,无之和,也就是"冲和"。老子言道,说"道冲"——空空如也;他比喻道就像一个"橐籥"——天地就像一个大风箱,风在其中吹拂,气在其中漂游。他还把道比作"谷神"——像那空荡荡的山谷。

儒道两家不同的和谐观,都对后世中国美学有影响。虽然二者在后世有互补的情况,但源头上的重大差异,造成了其和谐美学理论的不同发展路向。

道家的和谐思想并非落实在人与自然的和谐。我们一般说的自然,往往从主体所观照的对象来看,即人所面对的世界,主要包括物象、事象,是外在的有形世界。而道家的自然是一种超越具体存在的精神世界,是一种精神宇宙。它并非要造就人与自然对象的和谐,有的研究者将庄子的思想看作一种生态美学思想,就存在这方面的误解。庄子所关心的和谐,是人与宇宙的和谐。

五、平和原则

在讨论和谐美学思想时，我们最容易忘记的是禅宗。其实禅宗有一套非常有特色的和谐理论，它对唐代以后美学的影响根本不亚于儒道两家。

禅宗提倡一种无冲突的和谐。儒家是立于天，天有尊卑，有冲突，有摩荡，创造就是新生替代旧生的过程，气化其实就是差异中的摩荡，儒家肯定这种冲突，在冲突中调整，从而实现和融；而禅宗并非由天及人，而是由人及天，认为一切冲突都是人内心的冲突，都是背离本真的冲突，强调回到自己的本来面目，在无冲突的境界中展现自己的真性。

有和尚问赵州："二龙争珠，谁是得者？"赵州说："老僧只管看。"[1]"只管看"，不是做一个世界的看客，而是不起一丝争执之心。这句话可以作为禅宗和谐思想的典型表述。禅宗神迷于无冲突的和谐境界。

不争之心，就是和心。唐代云峰文悦禅师给弟子举"有诤则生死，无诤则涅槃"上堂说法，他说："直得风行草偃，响顺声和，不求诸圣，不重己灵，无纤芥可留"[2]，即使如此，还有争议之心，唯达到无凡无圣、一味平等的大和境界，才有涅槃。风行草偃，响顺声和，鹤飞云空，去留无迹，如庄子所说的抑制功夫，在禅宗看来，犹有不足，还是一种分别见解，于念而不念，方是正途。唐代有一位禅师叫玄朗，是慧能弟子永嘉玄觉的朋友，他曾有一句著名的话："世上峥嵘，竞争人我。"（《召永嘉山居书》）证悟之后，就是由峥嵘的尘世，走入平和澄明之境。

禅心是一种无冲突之心、不争之心、所在皆适之心，虽无所求，无所得，无所辩，但一切圆融。平和如大海，不增不减；如太

---

1 ［宋］赜藏主编集，萧萐父、吕有祥、蔡兆华点校《古尊宿语录》卷十四，第232页。
2 ［宋］赜藏主编集，萧萐父、吕有祥、蔡兆华点校《古尊宿语录》卷四十一，第771页。

虚，廓然荡豁；如朗月，一片澄明。这就是禅家所说的"长空不碍白云飞"[1]。长空无际，白云自飞，哪里有一丝的滞碍。这是彻底的平和。人的心性于此得到绝对的自由。所谓"道妙峰孤顶，是一味平等法门，一一皆真，一一皆全，向无得无失、无是无非处独露"（《碧岩录》卷十三）。

十二世纪的雪窦禅师诗云："春山无限重，绿树碧层层。山下春水深，碧山映水中。独立无人境，谁得知其终。"雪窦描写了一种境界，在这一境界中，无人境，无我境，也无我相对的物境，一个破除我执法执的我，在世界之中徘徊，没有冲突，没有情感的波澜，也没有时间和空间的分际，不知何以为始，不知何以为终，只有山下的春水在流，山上的绿树重重，春山缅邈无尽，碧潭幽深澄澈，一个清澈的世界，一个澄明的世界，一个宁静的世界，一个自在兴现的世界。这就是禅宗（应该说南宗禅）创造的大和谐境界。唐代诗僧齐己《秋夜听业上人弹琴》云，"万物都寂寂，堪闻弹正声。人心尽如此，天下自和平"，所表现的就是这样的境界。

一位禅师这样写道："桥上峰无尽，桥下水悠悠。唯有苍白鹭，伴我此隐休。"寒潭雁迹，白鹭点高空，飘逸而无所滞碍。寒山《高高峰顶上》诗云："高高峰顶上，四顾极无边。独坐无人知，孤月照寒泉。泉中且无月，月自在青天。吟此一曲歌，歌终不是禅。"禅是孤独的，这孤独并非指处境、性情，而是指一剑倚天的境界，没有粘滞，划然无对，绝然无偶，不有不无。在这静谧的境界中，但见得孤月照寒泉，而潭中月非月，明月自在天，比喻尘世的一切如梦幻泡影，空虚不真。诗人在禅意盎然的境界中浮沉，他已经忘记了禅本身。禅就是这任运自在的生命呈露。

禅宗以平和为至境，它接受大乘空宗般若学思想，高扬平等哲学。平等观是禅宗哲学的基础。所谓"虽然迷悟别，平等一禅心。莫向云门觅，休从临济寻"[2]。《金刚经》说："是法平等，无有高下，

---

[1] ［宋］普济著，苏渊雷点校《五灯会元》卷五，第256页。
[2] ［宋］赜藏主编集，萧萐父、吕有祥、蔡兆华点校《古尊宿语录》卷四十五，第873页。

是名阿耨多罗三藐三菩提。"平等慧，是禅宗由大乘佛学中资取的重要思想。得平等法，就得无上正等正觉，平等觉是佛教最高的觉性。佛的智慧就是平等的智慧，诸佛如来法身平等，一切众生皆有佛性，世界的一切在本质上都是平等的，没有高下之分，差别是人的理性知识所造成的。

禅宗以了知诸法平等为最高境界，要念念行平等真心，以平等心为禅门的最高觉慧。禅宗的彻底平等观不仅体现在凡圣平等上，而且更强调有情世界、无情世界乃至大千世界的一切都是平等的。所谓"以平等慈度一切生，洒一法雨，润一切物"[1]；"情与无情共一体，处处皆同真法界"[2]。有一禅师云："慈心一切平等，真如菩提自现。若怀彼我二心，对面不见佛面。"[3] 禅宗道："天平等故常覆，地平等故常载，日月平等故四时常明，涅槃平等故圣凡不二，人心平等故高低无诤。"[4]

道家哲学要致远概，着远想，精神在超验的世界腾飞；禅宗却关注平常。禅宗以佛教的平等哲学为基础，提出了"平常心"的观念。《信心铭》中就提出："莫逐有缘，勿住空忍。一种平怀，泯然自尽。"所谓"有缘"，是指有可攀缘。"勿住空忍"是说不要强自压抑，使心念不生，只要能平等说一切法，不生高下、取舍、爱憎之见，便是"一种平怀，泯然自尽"了。"平怀"就是平常心。马祖道一对平常心阐释最为详密，他说："平常心是道。何谓平常心，无造作，无是非，无取舍，无断常，无凡圣。故《经》云：非凡夫行，非圣贤行，是菩萨行。"[5]

平常心不有不无，不断不常，超越二边，自由自在。平等与差别相对，要齐同一切，是法平等，无有高下。平常与造作相对，

---

1 ［宋］颐藏主编集，萧萐父、吕有祥、蔡兆华点校《古尊宿语录》卷四十二，第789页。
2 ［宋］颐藏主编集，萧萐父、吕有祥、蔡兆华点校《古尊宿语录》卷四十三，第824页。
3 ［明］瞿汝稷编撰，德贤、侯剑整理《指月录》卷二，成都：巴蜀书社2012年版，第30页。
4 ［宋］普济著，苏渊雷点校《五灯会元》卷十二，第752页。
5 ［明］瞿汝稷编撰，德贤、侯剑整理《指月录》卷五，第137页。

强调自然而然，不修不求，不动不静。平等觉和平常心用语有别，侧重点有所不同，但在根源上是一致的。

禅宗由平等哲学产生任运随缘思想，就像陶渊明所说的，"纵浪大化中，不喜亦不惧"（《形影神·神释》）。黄檗希运提出"任运腾腾"的思想，在禅门很有影响。他说："如今但一切时中，行住坐卧但学无心，亦无分别，亦无依倚，亦无住着。终日任运腾腾，如痴人相似……不起一切心，诸缘尽不生，即此身心是自由人。不是一向不生，只是随意而生。"[1] 行住坐卧，皆是道，皆是佛，终日任运腾腾，随缘自在，不粘不滞，无拘无束，既不住空，也不着有，饥来吃饭困来眠。德山慧远禅师说："枕石漱流，任运天真。不见古者道，拨霞扫雪和云母，掘石移松得茯苓。当恁么时复何言哉？诸禅德要会么？听取一颂：雪霁长空，迥野飞鸿。段云片片，向西向东。"[2] 永嘉玄觉在禅法上提出"随处任缘"，所在皆适，"触目无非道场"（《答朗禅师书》），强调随顺自然，随处领略平等法性。他的《证道歌》道："入深山，住兰若，岑崟幽邃长松下。优游静坐野僧家，阒寂安居实潇洒。""江月照，松风吹，永夜清宵何所为？佛性戒珠心地印，雾露云霞体上衣。"[3] 以山林的静谧托出大道的和融，所以永嘉的禅法颇具山林气象。看寒山的诗，也有这种境界："一住寒山万事休，更无杂念挂心头。闲书石壁题诗句，任运还同不系舟。"（《一住寒山万事休》）任运随缘，忘却营营。他又有诗道："云山叠叠连天碧，路僻林深无客游。远望孤蟾明皎皎，近闻群鸟语啾啾。老夫独坐栖青嶂，少室闲居任白头。可叹往年与今日，无心还似水东流。"（《云山叠叠连天碧》）正如禅宗那首著名的颂所说："春有百花秋有月，夏有凉风冬有雪。若无闲事挂心头，便是人间好时节。"[4] 哪里有什么特别，平平常常地

---

1 ［宋］赜藏主编集，萧萐父、吕有祥、蔡兆华点校《古尊宿语录》卷三，第44页。
2 ［宋］普济著，苏渊雷点校《五灯会元》卷十五，第981页。
3 ［明］瞿汝稷编撰，德贤、侯剑整理《指月录》卷六，第172、173页。
4 或谓唐代的赵州和尚所作，或谓北宋无门禅师之颂语。

做事，就是得道。

禅宗的和谐观与儒家有明显差异，儒家的和谐是理性的、知识的、社会的。禅宗的追求与道家和谐思想是相似的，但也有区别：道家和谐思想落实在自然哲学基础之上，它要通过宁静的参悟进入与天地和融的境界，强调人心性的自由；而禅宗的和谐理论是奠定在平等、平常的哲学基础之上的。二者的主要区别在于：道家的天和境界是在身如槁木、心如死灰的去我去物的境界中实现，而禅宗的平和是在打柴担水的日常生活中实现；一是绝灭后的和谐，一是凡常的和谐；道家侧重空灵，禅家侧重淡远。二者结合形成了中国艺术空灵淡远的传统。

六、艺术中两种和谐境界

最后简单谈谈中国艺术的两种和谐境界，即对立中的和谐与无冲突的和谐。

从中国美学发展大势看，在早期美学中，儒家和谐思想具有突出的地位，它偏重人与社会的和谐，如大乐与天地同和，和谐美主要体现在伦理方面。无论是中道原则还是协调原则，都是在对立中追求和谐，通过人内在心灵的调适，达到和谐人伦会归天地的目的。

魏晋以来，道家的天和原则影响日增。而唐代以后，和谐的美学思想显然发生了转变，在强调社会性和谐之外，更突出了人内在世界的圆融，人退回内心，平灭内在世界的冲突，通过心灵的颐养，养得一片怡然。道禅哲学的流行是这一美学思潮变化的根本原因。而儒家哲学发展到理学阶段，对道禅的和谐哲学也有所吸收。

北宋郭熙提出"三远"说，就与这样的美学风气转变有关。其《林泉高致》云："山有三远：自山下而仰山巅，谓之高远。自山前而窥山后，谓之深远。自近山而望远山，谓之平远。高远之色清明，深远之色重晦，平远之色有明有晦。高远之势突兀，深远之意重叠，平远之意冲融而缥缥缈缈。"

郭熙所谓高远、深远、平远的"三远"说立足于绘画的透视原理、构图原则等，同时也展现了三种境界。高远是仰视，目光由低处推向高空，推向茫茫天际，于是一山之景就汇入宇宙的洪流中，有限的空间获得了无限的意义，人的心灵因此也得到一种满足。深远可以称为"悬视"，我们的目光自下而上仰视上苍，又从上天而悬视万物，回到深深山谷、幽幽丛林、莽莽原畴，山川在悬视中更见其深厚广大。而平远是自近前向渺远层层推去，郭熙所谓"极人目之旷望也"，我们的心灵在广阔无垠的天地之间流动。这"三远"都表现了一种生命境界：化有限为无限，从静止中寻出流动，为人的生命创造一个安顿的场所。远的空间是由目光所巡视的，但是目光是有限的，而人的心灵是无限的，远的境界的真正完成是在人的心灵体验中进行的，远是人心之远。山水画创造远的境界是为了颐养自己的情性，也是为鉴赏者提供一个可以存养心灵的世界。

郭熙传世作品中，有高远、深远之作，但他更重视平远之作。这也反映了宋元以来绘画美学的审美风尚。平远之境在王维的画中就有了初步表现。《新唐书·王维传》云："山水平远，云势石色，绘工以为天机所到，学者不及也。"而被称为北宋山水第一的画家李成就以平远之画著称于世。郭若虚《图画见闻志》卷一说："烟林平远之妙，始自营丘。"郭熙一生师法李成，也继承了李成的平远之法，他根据自己的体验做出了新的创造，创作了新的平远之境。今天流传的郭熙作品大都以平远为当家面目。

郭熙为何不突出地发展高远和深远之境，而独钟平远？在我看来，是因为平远境界给人的情性所提供的东西是高远和深远之境无法比拟的。平远之境为中国画界所重，最为重要的是给人的性灵提供一个安顿之所，从而成为画家最适宜的性灵所居。在"三远"中，深远、高远之作并不多见，就是因为它们所体现的境界容易对人的心灵构成一种压迫。深远之作虽能合于中国画家的玄妙之思，但是过于神秘而晦暗的形式往往与主体产生一定的距离，主客之间在深远的境界中反而处于分离的状态。高远之作自下而上，这种视点处理易于表现大自然的高峻嶙峋、怪异奇特，主客之间的冲突厮杀是此境的基本特点，从而产生壮美感。而中国画家在绘画表现时会尽量回避这种冲突，高远虽为画中胜境，但自我性灵居之实难，难以避免一种痛苦的体验过程。而平远之境平灭一切冲突，主体和眼前的对象处于一片和融的关系之中，在不知不觉之中没入了对象，进入一种"无我之境"，淡岚轻施，遥山远水，牵引着自己的性灵作超越之游。

宋元意境与前此审美风格显然不同，山水的淡逸之风劲吹，幽深清远的园林艺术的发展，平和淡雅的诗学境界的风行，等等，形成独特的宋元风格。在这里我们看到火气、躁气渐渐淡去，压抑的美感让位于无冲突的美感，人与对象相互摩戛的作品少了，而表现一片天和境界的艺术蔚成风尚。王国维《人间词话》谈及无我之境和有我之境：有我之境，由"动之静时得之"，在冲突中寻求和谐；无我之境，于"静中得之"，即无冲突的和谐。宋元以来，无冲突的和谐显然占有高位。

如赵孟頫《水村图》，今藏故宫博物院，为其代表作品之一。董其昌认为此图"萧散荒率"，是平远的代表作品。图写江南水乡之景，并无复杂之景物，都是平常景观，远山，丛树，隐隐约约的小桥，平和淡荡的湖水，水中偶见苔荇，细径蜿蜒，自前向远方望去，真是"极目之旷望也"。画面中段，大片的水体，几近空白，成为性灵吞吐空间。树是低树，矮矮临风；山取其平，一抹淡痕。一切似乎都是不经意的、平常的、悠然的，笔致细腻温软，几乎淡尽了一切火气，激越的格调，转为平和的渔歌，压抑沉闷的色彩没有了，长天、云物、空景、明湖……有烟景，但并不朦胧；有暗色，但并不沉闷；水乡风起，并无冲天激浪；一切都不遮人眼目，一切都在人心灵把握中。这样的景色，写出一片胸怀，一片境界，一片天与人的对歌，一丝悠然的等待。

北宋以后，"潇湘八景"（山市晴岚、远浦归帆、平沙落雁、

◉ [元] 赵孟頫　水村图
子昂此图平和悠远的境界，颇能体现北宋以来很多艺术家的审美理想。

潇湘夜雨、烟寺晚钟、渔村夕照、江天暮雪、洞庭秋月）的流布，也从一个侧面反映出这种审美风尚的变化。"潇湘八景"风行于世的艺术现象，突出反映了中国艺术对宁静悠远境界的追求，在一定程度上，可以说，以"潇湘八景"为内容的艺术创造，开创了中国艺术的新时代，反映了中国艺术由外在世界走向心灵纵深的过程，突显了中国艺术自北宋以来更重视内在心灵体验的事实。和谐的中国美学规范，发展到此时，更重视人内在心灵的和谐。八景之妙在平和，在悠淡，在空明，在心灵的安顿。

中国艺术家对万物，对世界，几乎富有一种宗教性的情怀。享受世界的亲和是中国美学的重要思想。画家倪云林也是一位出色的诗人，对这一境界他深有体会。他作诗道："荷叶田田柳弄荫，孤蒲短短径苔深。鸢飞鱼跃皆天趣，静里游观一赏心。"[1] 其间荡漾着一种怡然的生命情调。表现人与世界的亲和感，沈周可说是一个代表，他笔下的山川风物，宁静而非喧嚣，洁净而非芜杂，飘远而非世俗，淡逸而非繁富，幽冷而非热烈。他的画总是那样平

---

1 [元] 倪瓒《清閟阁遗稿》卷八，明万历刻本。

和。他题自作之《云山图》云:"看云疑是青山动,谁道云忙山自闲。我看云山亦忘我,闲来洗砚写云山。"[1] 将平和的心灵融入云山之中。

---

1 [明]汪砢玉《珊瑚网》卷三十八,清《文渊阁四库全书》本。

第十三讲

妙悟玄门

如果将至美的世界比喻为音乐的话,那么这音乐需要特别的耳朵去谛听。庄子说:"无听之以耳而听之以心,无听之以心而听之以气。听止于耳,心止于符。气也者,虚而待物者也,唯道集虚。虚者,心斋也。"(《庄子·人间世》)

仅凭外在感官去认识是不行的,只能得其似;用平常的知识去分析也是不行的,那是在割裂这至高的"音乐";必须以"心"去谛听,由外在感官转而为内心体验。庄子认为,心也会造成缠绕,意志、情感、欲望等都会破坏心灵的纯粹性，所以他要超越心，而"听之以气"。"气也者，虚而待物者也"，"气"就是"虚"，就是空灵澄澈的生命，以空灵澄澈的生命去谛听这至高的音乐，一片气化，自然而然，和合无间。音为纯一不杂之音，心为精纯不二之心，从而"听"出一片真实生命的境界。这以气听天的境界，就是妙悟。

"妙悟"是中国美学的核心概念之一。作为一种审美认识活动，它不同于一般认识活动，也不同于西方哲学和美学中的直觉，而是一种渗透了东方哲学智慧的独特认识方式。

"妙悟"作为一个哲学概念，最早见于东晋僧肇的著作。[1]后来在中国佛教哲学中，这个概念使用较广泛，尤其于禅宗，妙悟成为其推宗的根本认识方式和存在方式。在艺术理论中，唐代已多使用这一概念，李嗣真《续画品录》说："顾生思侔造化，得妙悟于神会。"张彦远《历代名画记》说："凝神遐想，妙悟自然，物我两忘，离形去智。"而南宋严羽关于妙悟的学说最负盛名，他倡导的"一味妙悟""惟悟乃为当行，乃为本色"（《沧浪诗话》），在中国美学史上广有影响。明代董其昌提出南北宗说，以"一超直入如来地"（《画禅室随笔》）的妙悟方式为南宗所独具。清代石涛提出"一画"学说，其实就是推崇"唯论见地，不论功行"（同上）的妙悟论。[2]

---

[1] 其《涅槃无名论》说："然则玄道在于妙悟，妙悟在于即真。即真则有无齐观，齐观则彼已莫二。所以天地与我同根，万物与我一体。"（[东晋]僧肇著，张春波校释《肇论校释》，第209页）又，其《长阿含经序》说："晋公姚奭质直清柔，玄心超诣，尊尚大法，妙悟自然。"（[梁]僧祐《出三藏记集》卷九，北京：中华书局1995年版，第336页）

[2] 在古代哲学中，有不少与"妙悟"内涵相近的概念。如老子的"涤除玄鉴"，所谓"玄鉴"（或作"玄览"）就是妙悟。"涤除"，是荡尽心灵的尘埃，使内心洁净澄明。"玄鉴"，强调以此光明澄澈之心观物，也可以说以心灵的明镜去映物。又如"默照"（或称"玄照""观照""智照"），也与妙悟意义相近。

这一讲就来谈谈中国美学中这种独特的认识方式。这是一种体验方式，也是一种存在方式，不能仅仅从认识论上去认识。

一、妙悟是否为一种审美认识活动

妙悟是不是一种审美认识活动？妙悟是一种认识活动，但它有别于一般的认识活动，一般的认识活动是科学的、知识的，而妙悟是彻底超越知识和经验，超越个体的功利，从而对世界作纯然的观照。它是一种生命体验方式。

中国美学中有两种有关认识方式的理论。一是知，一是非知。在中国美学中，论者多肯定一个无法通过理性把握的世界的存在。平时我们认识的世界是能够通过语言来描述的，在人们的习惯中，无法用语言描绘的世界往往被视为非存在，或者干脆将其忽略。我们认识问题就以此为界限。但艺术可以说是微妙的，歌德曾说，艺术家是能感之人。所谓能感，就是艺术家以自己的微妙心灵去感受外在世界，产生微妙的体验，这些体验无法通过语言来表达。艺术的体验在语言之外。

晋陆机在《文赋》中就为我们描述了一个"来不可遏，去不可止"的突发性际遇，他将此命名为"应会"。这一"应会"的世界他无法说清，但却被置于极高位置。《文心雕龙·神思》篇专论艺术思维问题，刘勰在对神思现象进行一般性描述以后，突然笔锋一转，说到了一种"思表纤旨，文外曲致"的特殊体验世界，这一世界具有撼动人心的力量，但并非可以通过理智活动去究诘，他用"伊挚不能言鼎，轮扁不能语斤"来形容。他说，对于这样微妙的心理体验，艺术家必须"至精而后阐其妙，至变而后极其数"，它是一种超越一般理智、感性的思维，是一种不可以语言表诠的思维。刘勰不但肯定这一思维的存在，同时认为这种思维达至更高更神妙的层次。[1]

　　这两种思维若用《维摩诘经》的说法来区分，其一可叫作"识识"，这是一般认识方式，是凭借知识的认识；另一可叫作"智识"，这是智慧之知，以智慧观照。[2] 其实，《庄子》中对这两种认识方式就有比较细致的解说。《知北游》假托"知"为了"道"的问题云游四方，先问"无为谓"，"无为谓"没有回答，后来又去问狂屈，狂屈欲言又止，于是，这位自以为聪明、热衷于知识解答的"知"去请教"黄帝"。"黄帝"虽然没有达到"无为谓"那样的领悟层次，但他的评价却很精彩：黄帝以为，"无为谓"最高明，因为他"不知"；狂屈次之，虽然忘记了知，但没有彻底放弃"知"的欲望；而自己和"知"是最差的，因为都停留在"知"上。这里表达的思想就是庄子反复道及的"不知者知，知者不知"的思想，反映了庄子两种不同认识层次的观点。在《德充符》中，庄子说："一知之所知，而心未尝死者乎！"[3] 一知就是不知，是大全之知，是道之知。一知的根本特点就是无分别。分别是知识的、逻辑的，不分别是一种整全的认识。在《齐物论》中，庄子说："大知闲闲，小知间间。""闲闲"就是懵懂而无分别。庄子形容达到此一境界的心灵如同"天

1　西方有的学者认为，这是一种神秘主义，如弗里特乔夫·卡普拉（Fritjof Capra）在《物理学之道——近代物理学与东方神秘主义》（*The Tao of Physics: An Exploration of the Parallels between Modern Physics and Eastern Mysticism*）一书中认为，东方妙悟之法是神秘主义的方法。国内也有不少哲学家认为中国文化洋溢着神秘主义气息，妙悟就是神秘体验。冯友兰在《中国哲学史》"绪论"中说："凡所谓直觉、顿悟、神秘经验等，虽有甚高之价值，但不必以之混入哲学方法内，无论科学、哲学，皆系写出或说出之道理，皆必以严刻的理智态度表出之。"（《中国哲学史》，北京：中华书局1984年版，第4—5页）哲学是一种"学"，而直觉是一种不可说之神秘经验，所以他排除将直觉上升为哲学方法的可能性。他说："故谓以直觉为方法，吾人可得一种神秘的经验则可，谓以直觉为方法，吾人可得到一种哲学则不可。"（《中国哲学史》，第5页）其实对于中国古代的学者来说，这并非神秘的心理现象，它是一种真实存在，无法通过语言来表述。但不能用语言表述的世界并不就是神秘世界，以神秘经验来规范直觉并非恰当评价。
2　熊十力又有智知和慧知的区别之论，他所谓智知就是我们这里所说的智慧观照，所谓慧知则是中国传统哲学所说的识知。可参其《新唯识论》（文言文本），北京：中华书局1985年版。
3　成玄英疏云："一知，智也。所知，境也。能知之智，照所知之境。"［晋］郭象注，［唐］成玄英疏，曹础基、黄兰发点校《南华真经注疏》卷二，第196页。

[明] 陈洪绶
花卉
流水出复入，
苔华载沉浮。

府"——智慧之奥府，它是不道之道、不言之言、不辩之辩，倾之不尽，注之不满，具有不竭的智慧源泉。《庄子》中的"心斋""坐忘""物化""朝彻"等概念，都是在描绘这"不知"的神秘体验过程。庄子是堵住知识的路，开启妙悟之途。

当然，妙悟不同于一般的认识方式，并不必然决定它就是一种审美认识形式。但妙悟活动所具有的特点，恰恰具有审美认识活动的基本特性。妙悟是一种非科学、非功利、非知识、非逻辑的认识活动，是一种无目的的宁静参悟，又是在无目的中合于最高目的；妙悟活动符合审美的愉悦原则，它不追求功利的快感，而是一种以生命愉悦为最高蕲向的体验过程，其中由"适人之适""忘适之适"到"自适其适"的过程，就是超越一般快感而达至纯粹体验境界。妙悟活动合于审美活动的表象运动特征，它是一种再造生命形式的活动，不受表象的限制，超越表象，同时又不离表象，其根本目的是再造一种青山自青山、白云自白云的世界；妙悟活动也符合审美活动力求把握世界"质"的特点，强调摆脱知识的束缚，强调以生命的智性来创造，以期洞穿世界的"质"的特性；等等。妙悟具有一种类通于审美认识活动的特性。

中国文学艺术理论中的妙悟学说是受到哲学影响而产生的。在中国哲学中，佛家、道家强调妙悟为人们习知，而儒家也强调妙悟，元代哲学家刘埙说："惟禅学以悟为则，于是有曰'顿宗'，有曰'教门别传不立文字'，有曰'一超直入如来地'，有曰'一棒一喝'，有曰'闻莺悟道'，有曰'放下屠刀立地成佛'。既入妙悟，谓之'本地风光'，谓之'到家'，谓之'敌生死'。而老庄氏亦有所谓'致虚极，守静笃，虚室生白，宇定光发'，皆悟之义。儒家之学亦有近之者，颜之'如愚独乐'，曾之'浴沂咏归'，孟子之'自得'，《大学》之'自明'，以至如濂溪之'庭草不除'，明道之'前川花柳'，横渠之'闻悟'，亦悟之义。水心又提出'愤悱举隅'，与夫'四端''四海'诸说，以为近悟，是耶？非与？"[1]

董其昌将佛学和儒家的学说互证，认为儒家也是提倡悟的："余始参竹篦子话，久未有契。一日于舟中卧念香严击竹因缘，以手敲舟中张布帆竹，瞥然有省，自此不疑。从前老和尚舌头，千经万论，触眼穿透……其年秋，自金陵下第归，忽现一念三世境界，意识不行，凡两日半而复。乃知《大学》所云'心不在焉，视而不见，听而不闻'，正是悟境，不可作迷解也。"（《画禅室随笔》）

儒佛道三家所强调的妙悟活动和美学的妙悟说又有怎样的关系呢？我们不能说孔子的"默而识之"、庄子的"心斋坐忘"就是一种审美活动，我也并不能同意有的学者的观点，以为这些思想不期然而然与审美精神相合。我认为，对于中国哲学中的妙悟理论，可以从两个角度来判断其与美学的关系。一是其理论本身具有潜在的审美特质，而被美学理论所吸取，进而成为一个美学问

---

[1] ［元］刘埙《隐居通议》卷一，清"海山仙馆丛书"本。

题。这是重要的方面。中国美学的理论形态与西方有很大不同，系统的美学著作非常少见，大量思想散落在哲学、文学和艺术理论等著作中。就哲学中的妙悟学说而言，确实具有与审美认识活动共通的内涵，不仅其非知识、非逻辑、非功利等思想与审美活动相通，而且妙悟过程中的凝神注意、静观默照等也与审美活动类似，更有趣味、理想、判断方式上与审美活动的共通。正因此，它为美学和艺术理论直接取资就不足为奇了。中国美学中的妙悟理论是在儒道佛哲学导夫先路的基础上产生的，如前引张彦远在评价顾恺之时说"凝神遐想，妙悟自然，物我两忘，离形去智"，这是一个美学评价，他所言妙悟是一种审美认识活动。但这一评价基本袭用庄子之语，因此，我们不能说张彦远所说的就是一个美学问题，而庄子所说的与美学毫无关系。二是有些哲学家论述妙悟时的观点本身就具有美学价值。如王夫之《相宗络索》在讨论现量时说其"有现在义，有现成义，有显现真实义"，转述的是法相宗的量论思想，但他说的是一个美学问题，其现量唯有在妙悟中才能产生。正是在上述所论基础上，我认为，中国哲学中的妙悟问题，在一定程度上又是一个美学问题。

二、妙悟与其他审美认识活动之区别

妙悟作为一种审美认识活动，与一般审美认识活动又有显著不同。

朱光潜在谈到审美态度时，曾以认识古松为比喻，认为对待古松有三种态度：这古松是什么样的松树，有多少年份了，这属于科学的态度；这古松有什么样的用处，这是功利的态度；而第三种态度是对这两种态度的超越，我来看这松树，不在乎它是什么样的树、有什么样的用处，只在乎它给我带来的快乐，月光的沐浴、渌水的荡漾、晨雾的笼罩等等，都给人带来特殊的享受，这就是审美的态度。但妙悟与以上三种态度都不同，它不但摒弃了科学、功利的态度，也对一般审美态度予以超越，它是一种去除一切态度、情感倾向和意志的纯粹体验活动。我将其称为第四种态度。

这种独特的审美认知活动之独特性，首先表现在审美的目的上。中国美学为何在一般审美方式之外提出妙悟的审美方式，并且强调妙悟才是最根本的认识方式？我认为，这主要在于中国美学对审美认识活动赋予更多的内容：审美过程不仅是对美的把握，更重要的则是人生的历练，审美的深入和人生真实意义的揭示处于同样重要的位置，后者甚至具有更重要的意义。如竹子是中国画家喜欢表现的对象，无论是文同、倪瓒、吴镇还是郑板桥，都想在画面中创造出潇洒出尘的竹的形象，都想通过竹子表现其审美趣味和生活情操，表现其道德趋向，更重要的是，都想通过竹子获得自我深层的心灵愉悦，获得性灵的超越。此一艺术活动的意义不仅在于表达什么，同时也在于艺术活动本身，在于艺术活动的过程。创造不仅是为了观者（接受者），更是为了自己。中国艺术家强调艺术创造"为己陶胸次"的功能，艺术创造既是表达胸次的过程，也是陶淑胸次的过程。艺术家在过程中展现，也在过程中充满，获得快感。如许多艺术家津津乐道的艺术过程的描述，并非出自表演的目的，而在于过程中求得心灵的快慰。所以有人认为，艺术过程甚至比作品更重要，作品是给人看的，而过程是自己完成的。如水墨山水创造之初，唐代画家张璪就非常陶醉此一过程，亲见张氏作画的符载有这样的描述："是时座客声闻士，凡二十四人，在其左右，皆岑立注视而观之。员外居中箕坐鼓气，神机始发。其骇人也，若流电激空，惊飙戾天。摧挫斡掣，捣霍瞥列。毫飞墨喷，捽掌如裂。离合惝恍，忽生怪状。及其终也，则松鳞皴，石巉岩，水湛湛，云窈眇。投笔而起，为之四顾，若雷雨之澄霁，见万物之情性。"（《观张员外画松石序》）这里模仿庄子庖丁解牛的写作方法，演化成一个张生作画的场景，其关键在于"为之四顾"，为之踌躇满志，一副意满自得的样子。这正是艺术家追求的爽然境界，张生不仅为作画而满足，更为这过程而满足。观者的兴趣也不全在画家的作品，而更在这个充满趣味的过程。

这种审美与人生合一的追求，对审美过程提出了更特别的要求。妙悟正是适合这样的需要而产生的。一般审美认识活动虽然是审美，但也是知识获得的过程：审美创造就是它的"知识"，意象融凝就是它的"知识"；它有审美主体、审美对象，主体和对象在审美过程中展开丰富复杂的活动，从而达到审美的飞跃。但在妙悟中，没有审美主体，也没有对象，或者说妙悟的过程就是消解审美主体和客体使之合而为一的过程。妙悟不是一种无目的的活动，它有双重目的，即审美创造和性灵优游。但此一目的的追寻，正可以以道家哲学中的无为而无不为来表示。妙悟的过程就是无为，而在这无为中实现了有为的目的。

如唐孙过庭在《书谱》中说："心不厌精，手不忘熟。若运用尽于精熟，规矩谙于胸襟，自然容与徘徊，意先笔后，潇洒流落，翰逸神飞。亦犹弘羊之心，豫乎无际；庖丁之目，不见全牛……心悟手从，言忘意得。"通过"容与徘徊"的过程达到"翰逸神飞"。这"容与徘徊"就是无目的的活动，是心灵自由的展张，没有任何拘限的优游。因此，妙悟虽然是一种审美认识活动，但其内涵远远超出审美认识的范畴，与其说妙悟活动关心悟的结果，倒不如说其更注意妙悟的展开过程——妙悟说到底是一种性灵的游戏。即是说，妙悟不在于"悟后知"，而在于"悟中游"。云行水流，游戏自在，最是妙境。就像中国很多寺庙中，常常能看到的"得大自在"匾额一样，这是宗教境界，审美妙悟所要达到的境界也类于此：在妙悟中自在悠游，在妙悟中悠然自得。"目送归鸿，手挥五弦，俯仰自得，游心太玄"，"游"就是"得"，"得"就是"游"。目的就在过程中，过程的展开就是其目的。

中国哲学美学特别强调在悟中"游"。云游于天，鸟游于空，鱼游于水，在中国人的想象世界中，这些都没有大地上的拘束。人足踏于地，有山的阻碍，有水的限隔，更是实在的、感性的；而游则是不粘不滞，自在飘动，忽焉而东，忽焉而西，忽焉而淡，忽焉而浓，中国的艺术家要在空灵的世界中创造意义。所以，有鱼游，有云游，也有了心游。在如鸟斯飞、如鱼斯游的境界中，人获得了自由，获得了自己主宰自己的权力，更在游中，获得了伸展自己的机会。就像蜷曲在一个小小洞穴中的人，走出洞外，看到广阔的天地，蜷曲的身体得以伸直，狭隘的心空得到了伸展。游是自由的，烟霭飘渺，白云腾挪，清风骀荡，都是游心的象征。"夫乘天地之正，而御六气之辩，以游无穷者"（《庄子·逍遥游》），妙悟就如庄子这里所说的，是在无穷的无形的世界中游。

再从审美心理构成上看，一般审美认识活动的心理因素包括想象、情感、联想、意志、感觉、经验等等。一般审美认识活动是奠定在感觉基础上的，而审美妙悟则是超感觉的，它强调，在感觉基础上出现的情绪倾向将影响审美活动的纯粹性，妙悟是一种非喜非乐的体验活动。无论是道家的至乐境界、中国佛学的无喜无受的思想还是儒家的"吾与点也"之乐，都突出了超越感觉、超越简单快乐原则的特性。因为在妙悟理论看来，一切悲喜之"受"都是功利主义驱动的。如倪云林诗所云："戚欣从妄起，心寂合自然。当识太虚体，心随形影迁。"[1] 在妙悟之中，没有了"戚欣"，没有了功利取与。在对待经验的态度上，一般审美认识活动需要有经验的参与，日常经验在审美活动中起到积极作用；而审美妙悟活动是一种"截断众流"的活动，是妙高顶上一孤人、清幽夜幕一孤月，虽然它不是完全排除日常经验的作用，但在进入妙悟的当顷，则是一丝不挂，一切经验都退出。在对待情感的态度上，一般审美活动需要有情感的作用，情感是推动审美活动的至关重要的因素；但在妙悟活动中，不是以情感推动去认识对象，而是以"自性"（一种深沉的悟性）去推动认识。自性的世界是对情感世界的扬弃，有任何情感倾向性的介入，都无法进行真正的妙悟活动。妙悟不是"感时花溅泪"之类的当下移情活动。再从对待理的态度上看，一般审美认识活动虽然不是科学的认知活动，它重视感性对象本身，不是以逻辑去概括世界，不是以理性去分析世界，但审美意志在这种认识活动中仍然发挥不可忽视的

---

[1] ［元］倪瓒《清閟阁集》卷二，清《文渊阁四库全书》本。

作用，在审美过程中，理性的力量后退或缩小，但并不是"淡出"，它表现为对经验世界的组合、联想活动以及判断活动等不同的内容。正如叔本华谈到艺术直观时所说的："一切直观都是理智的。"[1] 而妙悟活动是无言无知的，以"不知"之心去"知"，是一种彻底的非理性非逻辑的活动。像禅宗对逻辑的嘲弄，就是为了突出这一特性。如此等等。

妙悟强调当下直接、单刀直入、截断众流，也就是中国艺术家所说的"一超直入如来地"。这和一般审美认识活动划然有别。中国美学说妙悟，"妙"是用来形容悟的方式的："妙"是对"悟"的规范，悟乃是妙之悟，非妙之悟不是真悟。妙悟之"妙"强调对语言的超越，终日言，未尝言，不知己之是己，不见物之为物，心境都空，以朗然明澈之心映照无边世界，让世界自在显现。所以妙悟之妙在于冥观，唯冥观，方可冥合；唯冥合，方可大道现前；在妙悟中纵浪大化，不喜不惧，不取不求，一任自然。

在佛学中，第一义之悟就是妙悟。第一义谛就是真谛，乃最高之真如，无上之空境。对于此一真谛，需有第一义智，第一义智乃是金刚不坏之智。对此第一义之真谛，必须由第一义智去悟，此第一义之悟的方式就是妙悟。第一义之悟是与知识求取完全对立的认识方式，故第一义谛又称无声谛，就是以宁静默然的妙悟会归于那第一义的空的世界，所以要远离知识文字概念。南宋严羽《沧浪诗话》说："悟有浅深，有分限，有透澈之悟，有但得一知半解之悟。"他所推崇的透彻之悟，就是所谓第一义之悟，也即是其所说之妙悟[2]，他借用佛学之喻形容为如镜中之月、水中之花、相中之色的纯悟境界。

---

[1] 〔德〕叔本华《作为意志和表象的世界》，石冲白译，北京：商务印书馆1982年版，第37页。

[2] 郭绍虞《沧浪诗话校释》说："即就沧浪所谓妙悟而言，亦可别为二义。一是第一义之悟，即沧浪所谓'学者须从最上乘，具正法眼，悟第一义'之说。又一是透澈之悟，即沧浪所谓'有透澈之悟，有但得一知半解之悟'之说。"（北京：人民文学出版社1983年版，第20页）我不同意郭先生的说法，严氏之"但得一知半解之悟"并非妙悟，所谓透澈（澈或作"彻"）之悟就是第一义之悟。

三、妙悟是一种慧的直觉

正因为具有审美悟入和人生证验的双重目的,所以,妙悟特别强调本心的恢复。在一般审美活动(如欣赏美的活动以及艺术创造)中,主要是由知识的判断、功利的判断等转为审美的判断;但在妙悟这种混合着特殊人生需求的审美活动中,所要求的是智慧之光的恢复,而不仅仅是审美心胸的拓展。妙悟的过程实际上就是发现智慧之光的过程。

人类的思维方式主要有三种:形象思维、逻辑思维和直觉思维。妙悟一般被视为直觉思维。在西方哲学和美学中,直觉问题一直是人们关心的重要问题之一。直觉被当作人类直观把握客观世界的独特思维形式。柏拉图就曾强调非理性的直觉思维的作用,他认为艺术创作往往来自这种非理性的力量,这种非理性的力量,他称之为灵感,灵感是神赐的,是一种神秘的力量。在近代非理性哲学的奠基者叔本华那里,这一思想得到了加强。叔本华强调:"直观是一切真理的源泉,是一切科学的基础。"[1] 他所说的直观是一种非理性的思维,是对事物直接的、整体的认识,是心灵中偶然降临的不能以理性解释的心理现象。他认为,艺术必须以直观来创造。柏格森认为哲学来自直觉,直觉是和逻辑完全不同的思维形式,他说:"所谓直觉,就是一种理智的交融,这种交融使人们将自己置于对象之内,以便与其中独特的、从而是无法表达的东西相符合。"[2] "无法表达"意思是理性无法达到。荣格将直觉看作一种先天的自发的能力,是主体完全无法把握的一种思维形式。现代西方哲学也给予直觉以极高的地位。在近现代西方自然科学发展中,强调直觉的作用早已为很多科学家所揭明。如爱因斯坦认为,科学的重大发明总是与直觉有关,他说:"从特殊到一般的道

---

1 〔德〕叔本华《作为意志和表象的世界》,石冲白译,第107页。
2 〔法〕柏格森:《形而上学导言》,刘放桐译,北京:商务印书馆1963年版,第3—4页。

路是直觉性的，而从一般到特殊的道路是逻辑性的。"[1]

妙悟具有西方直觉说的一些特性，但又有所不同。如果说妙悟是一种直觉思维，那它是一种独特的直觉，与西方哲学美学中的直觉理论相比，在认识的目的、动因以及具体的方式上等等都存在重大差异。妙悟活动作为中国美学的重要认识方式，与西方的直觉理论最根本的区别，在于妙悟所具有的独特的发动机制。

在西方的直觉理论中，直觉一般被看作反常态的非理性思维。对于这一非理性思维的形成动因，或以为是一种不可解释的神秘力量，或以为是神灵凭依的产物，或以为是人的性灵深处所潜藏的非理性本能，等等。而妙悟所强调的内在动力因素与此截然不同：妙悟是由"智慧"发出的，是一种"慧的直觉"[2]，妙悟的过程就是对"慧"的恢复。"慧"是人的本来面目，是人的自性。禅宗强调一切众生皆有佛性，庄子也强调人皆有"光"，有智慧的光芒。妙悟其实就是对灵魂中这种觉性的恢复。妙悟作为一种直觉活动，是对人本来面目的当下直接的觉悟，强调的是以定发慧，以慧（或庄子所说的"明"）来观照，所以是一种慧的直觉。这种直觉并非仅仅强调突然的偶然的发现，更强调对生命本来力量的发明，不仅是一种认识活动，也是一种回到生命原初的活动。它不是一种单纯的认知活动，而是一种内在的性灵超越，是对存在价值的肯定，对生命意义的确认。与其说这一活动是审美认识的深化，倒不如说是自我真性的张扬。所以，一般直觉属于认识论范畴，而慧的直觉则越出认识论的畛域，而包含宇宙本体论和心性论的内涵。更为重要的是，一般所说的直觉可分为感性直觉和理性直觉两类，前者强调通过直接知觉和直观想象与外在对象发生关系，后者则

---

[1] 《爱因斯坦文集》第 3 卷，北京：商务印书馆 2009 年版，第 490 页。
[2] 牟宗三提出"智的直觉"思想，对我很有启发。他在《智的直觉与中国哲学》一书中，指出康德哲学有两种直觉，一是感性直觉（sensible intuition），一是非感性直觉（non-sensible intuition），后者又称为"智的直觉"（intellectual intuition）。康德认为，人类具有的直觉能力是感性直觉，而智的直觉只有上帝才会有。但牟先生认为，康德那个派给神灵的智的直觉，其实在中国哲学中是很普遍的存在。因为在中国哲学中，智易与知识纠缠，而佛学中强调"慧"才是灵魂的觉性，是妙悟能够发动的力量，所以，这里名之为"慧的直觉"。

是通过直接的认识而发现对象的本质。而慧的直觉既不是立足于感性基础上的瞬间超越，也不是立足于理性基础上的忽然间对对象本质的把握，而是对灵魂深层的智慧力量的发现，对人的存在真实地位的发现。所以，妙悟不是静默的哲学，而是发明人内在本明（慧）的哲学。

道家和中国佛教哲学对知识的抨击，在学界常常被描绘为中国的"反智主义"传统[1]。其实这一说法并不确切。道佛的思想并非反对智慧，而反对的是人为的知识系统。因为在道家和中国佛学看来，知识系统是不可信任的。道佛所提倡的妙悟就在于通过概念理智的抑制，而发掘人的那些被遮蔽的真正的智慧。这一点对艺术来说是极为重要的，艺术最需要这种超越概念理智的独特智慧。

与西方直觉理论不同的是，这一灵魂深层的智慧力量不靠知识获得，也不靠神灵凭附的超自然力量，它是人与生俱来的生命觉性。它是一粒"种"，熏染能够改变其存在的状态，却不能灭没其根性。"悟"在汉语中，就有发现本来有的内涵的意思，悟就是悟出了原先的真实，是对人心灵中本来具有的特性的恢复。[2] 悟说到底就是人找到了长久丢失的生命钥匙。"庐山烟雨浙江潮，未悟千般恨未消。及至到来无一事，庐山烟雨浙江潮。"苏东坡的这首解道诗就道出了此一境界。就是这样平常，这样熟悉，悟就是似曾相识燕归来，生命的燕子归来了。

悟性作为妙悟的发动机制，具有三个特点：其一，悟性是"本来有的样子"；其二，悟性是人"应该有的样子"；其三，悟性是

---

[1] 在西方，有一种怀疑甚至反对知识、理性的倾向，被称为"反智主义"，英文是 anti-intellectualism。Intellect 一词有理解力、智力、理性的意思，表示人的智性范畴，来源于拉丁语 intellētus，此拉丁语词汇有领悟之义。有论者认为，中国文化中也存在着类似西方的反智主义传统，道佛哲学就是典型体现。持此论者如余英时，参见其论文《反智论与中国政治传统》（收入《中国思想的现代诠释》，南京：江苏人民出版社 2006 年版）。我认为，将中国哲学中反对知识、理性的思想称为反智主义并不确当，道家哲学和中国主要佛教流派反对的是知识和概念，而并不反对深层的理或智慧。

[2] 《说文·心部》："悟，觉也。从心吾声。"悟为形声字，从心，吾声。其实，吾亦表意，也就是《说文》所说的亦声亦义。"悟"这个字中含有"吾之心也"的意思，即悟由我心起，觉在我心觉，我心了了，方是真了。

第十三讲 妙悟玄门

[宋] 马麟
静听松风图
在空灵的妙悟中，谛听自然的妙音。

自我之"独特的样子"。所谓"本来有的样子",重在一个"本"字,强调悟性是一种原初的觉性,若要悟入,必回归本然,这个本然就是未被污染的真实心灵,也是人的自然之性。悟只有在这样的基础上才能展开。中国艺术家要"神与元化游",要"明物象之原",要回归创造的大本,就是就这个本来的样子而言的。所谓"应该有的样子",重在一个"真",悟性是人心灵自然而然的存在,是一种自在显现的境界,悟说到底就是生命的原样呈现。悟性是在解除"伪"的基础上形成的,它必须破除"我执""法执"。所谓"独特的样子",重在一个"孤",悟是一种"孤明",是一心独往,证验出生命的真实。

悟性是人生命的原发动力,是人心中的本明,它是一种智慧,而不是知识。妙悟就是以智慧的灵光照耀。在佛教中,妙悟被称为"智慧观照"。"当起般若观照"是禅宗中的习语。般若是智慧。佛教的"戒定慧"三学,戒是持戒律,定是禅定,慧即是这个般若智慧。慧能所谓"定即定其心,将戒戒其行。性中常慧照,自见自知深"[1],说的就是三学之间的关系。慧能弟子永嘉玄觉说:"非戒不禅(定),非禅不慧。上既修定,定久慧明。"[2]这"智慧"是藏于人的深心的。在大乘佛学看来,一切众生都有佛性,都有这个灵魂深层的本明,但是凡夫为种种虚妄所遮蔽,这一本明的世界隐而不见了(但并非不存在),重重的阴霾挡住了这一灵明。《大乘起信论》有"一心开二门"的说法,"一心"是指众生都具有如来藏自性清净心,这个清净心有两个特性,也就是"二门"——一方面有清净无漏的善性,另一方面也有染污有漏的恶性。妙悟就是恢复这一自性清净心。

《庄子》的观点与此颇相近。庄子认为悟道乃是"复其明"——恢复性灵的本明,人的内在世界本来充满了光明,但外在俗世却将这本明的光隐去了,悟道就是从无明走向道的光明,可以达于

---

1 [宋]普济著,苏渊雷点校《五灯会元》卷二,第102页。
2 同上书,第92页。

"朝彻"(《大宗师》),"遂于大明之上"(《在宥》),在心斋坐忘中使心灵宁定,从而拨亮心灵的明灯。《庚桑楚》中有一段话很精彩:"宇泰定者,发乎天光。发乎天光者,人见其人,物见其物。"说明了由悟而明、由明而悟的重要思想。静心(心斋坐忘)可以"定"(一种深沉的安宁,而不是与外在喧嚣相对的宁静),在这深沉的安宁中,"天光"自露。何谓"天光"?天光就是人性灵中的本明,就是觉性之光,就是道之光,是人与自然合一的深层契合点。这一层是由悟而明。而"发乎天光者,人见其人,物见其物",则是由明而悟,在智慧中观照,在智慧中一切都自在显现,我自在显现,物自在显现,我不以我念去干扰物,物不以具体感性的特征扰乱我的心。"见"是显现,而不是看见。天光照耀,智慧观照,并非知识观照,这是无分别、无对待的境界。这与南宗禅的"见性成佛"观念真有异曲同工之妙。

从语源上看,悟有觉的意思。悟即觉,觉即悟,合而为觉悟。[1]在汉译佛经中,以觉为悟,以不觉为迷,觉和迷相对。大乘佛学认为,人人都具有觉性,但凡夫俗子无始以来被妄念污染,处于迷妄之中,是为迷,或者叫作无明。迷妄无明之心昏暗一片,就如同长睡不醒。一悟之后,如同从无始以来的长梦中醒来,心中的觉性被佛灯点亮了。

唐代山水画家张璪提出"外师造化,中得心源",所谓回到"心源",心源就是心之源,心为万法之根源,所以说是心源。心源即真如,即般若,即智慧。"中得心源",就是在妙悟中回归真性,点亮智慧之灯,从而以智慧之光去照耀。因此,师造化,亦即是以心之真性契合万化之真性,以智慧之光照彻无边世界,不着一念,不挂一丝。由妙悟而归于智慧,以智慧来观照万物。明李日华《竹懒画媵》说"绘事必以微茫惨澹为妙境,非性灵廓彻者,未易证

---

[1] 《玉篇》云:"悟,觉悟也。"《孟子·万章上》云:"天之生此民也,使先知觉后知,使先觉觉后觉也。予,天民之先觉者也。予将以斯道觉斯民也。非予觉之而谁也?"赵岐注:"觉,悟也。天欲使先知之人悟后知之人。我先悟觉者也,我欲以此仁义之道觉悟未知之民。非我悟之,将谁教乎?"

入",正是此解。

在"智慧观照"中,观照是悟的展开,由智慧发出,无智慧即无观照,智慧为体,观照为用。熊十力释此"智"道:"是故体万物而不遗者,即唯此心。见心乃云见体。然复应知,所言见心,即心自见故。故是照体独立,而可名为智矣。"他在旁加注云:"心既是不物质化的,所以是个觉照精明之体而独立无倚的,因此把它名之曰智。"[1]所以当起智慧观照之"智慧"不是知识,知识理性实与真正的智慧相反。明紫柏真可说:"夫智慧之与聪明,大相悬绝。聪明则由前尘而发,智慧则由本心而生。故聪明有生灭,而智慧无依倚也,所以不生灭耳。"[2]黜聪明,才能得智慧,有智慧才能有真观照。

审美妙悟是发现智慧之光的过程。智慧之光和理性有矛盾,所以需要克服知识的束缚;智慧之光与欲望有矛盾,所以需要克服欲望的干扰;智慧之光与人之感受有矛盾,所以需要无苦乐感(大乐者无乐);智慧之光与人的经验世界有矛盾,所以需要自然而然自在兴现,需要一种圆觉的世界;智慧之光只能在非主非客的境界中发出其本明,所以必须解除主客的分别(这是最根本的一条)。

由此可见,妙悟作为审美直觉活动,是一种独特的直觉,它是"慧的直觉",或者说是"性的直觉",在直觉中发现自性,在自性中观照世界。它点亮一盏生命的灯,照彻无边世界。

四、妙悟的核心在回到世界中

妙悟在中国美学中的独特地位,是天人合一哲学在美学中的体现,这也是中西美学的重要差异之所在。妙悟强调的是从世界的对岸回到世界之中的现实。

妙悟实现了由观物到照物的转变。妙悟的"观"与一般审美

---

[1] 熊十力《新唯识论》(文言文本),第44页。
[2] [明]紫柏《心经说》,《紫柏老人集》卷十一,金陵刻经处本。

认识活动中的"观"有根本区别。在一般审美活动中，我是观者，物是对象，是我之所观者。当我们说物象的时候，就已经将物当作我的对象，与我对举而生，是我的世界中的现象。在审美妙悟的主张者看来，此一现象是一种非真实的存在，因为它存在于人的意念中，是被人意念改制的物象。物成为我心中的存在，物之存在不在其自身，物失去了自己的主宰，无法自在自由地显现，丧失了"自性"。它是非自然的，因为它无法自己而然，无法"法尔"自显。在非妙悟的世界中，作为审美主体的心灵也处于非真实的状态，它存在于世界的对面，似乎不是这世界中的存在，它高高地站在观者的角度去打量对象，将对象推到异在的位置上，处于身在世界中而心存世界外的尴尬之中。更有甚者，我和物还处于全面的"冲突"之中，物在我的"念"中生存，也在我的"念"中挣扎。在这种情况下，天光暗淡，天全丧失，物不见其物，人不见其人。有心观万物，万物改其性；有物撞我心，物我难相合。

在中国哲学中，妙悟是"一"，而非"二"，妙悟是不二之感悟。它是无分别、无对待之境界。无分别乃就知识言，以非知识为其要义。无对待是就存在的关系性而言，从天人关系、心物关系看，其旨在于冥能所，合心境（外境），去同异，会内外。

五代荆浩《笔法记》中有关于物的存在特性的精彩辨析，其中假托野叟和画家的对话，说明绘画之大法："曰：'画者，华也。但贵似得真，岂此挠矣。'叟曰：'不然。画者，画也。度物象而取其真，物之华取其华，物之实取其实，不可执华为实。若不知术，苟似可也，图真不可及也。'曰：'何以为似？何以为真？'叟曰：'似者，得其形，遗其气；真者，气质俱盛。凡气传于华，遗于象，象之死也。'"同样一个物（并非二物），却有似与真的区别（并非两种表现）。物有其形，又有其性。从形方面说，它是客观的，是世界中存在的现象，是人观之对象，是具体的个别的物象。但作为一个山水画家，如果仅仅停留在眼中所观的物象，那么只能说是对物的虚假的反映。作者提出，画山水要画出山水的性，这个性就是他所说的"须明物象之原"。这个"原"就是山水之性，是山水的"本

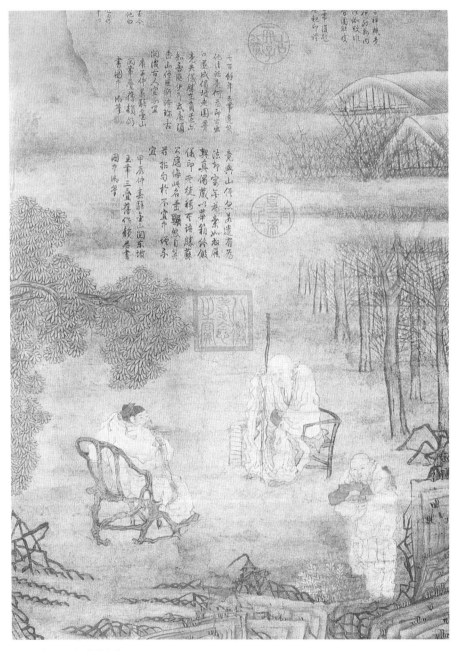

◎ [明] 崔子忠 苏轼留带图

一个美妙的故事，一扇妙悟的玄门。

来面目"。作为"性"和"原"的山水才是真实的存在，才是如如之境。画家所要表现的山水正是此一真山水。真山水不是作为我之对象存在的山水，它是自在显现的。要摆脱分别的虚假的感知，必诉诸妙悟。

荆浩在这里所要说的就是画出"如其自身存在"的物。朗照如如，如其真，如其性，如其实在。因为要"如"其"如"，人要有如如智，去观如如性。[1] 如如智，即为悟智；如如性，即为真性。如如智如何认识如如性，也就是说妙悟如何展开，中国哲学和美学称之为"观照"[2]。

这里所说的"观"，当然不是外观，不是眼耳鼻舌身对外在世界的接触，而是"徇耳目内通"（庄子语），是"内观"。它又是一种"反观"，这里的"反"不是反向的"反"，而是返回的"反"，返回到自己的生命真性。在虚假的意念中流连，带给人的是虚假的判断；以自己的"本来面目"去体验，就是中国艺术家所说的"物在灵府，不在耳目"（符载语）：从对外在对象的观照回到内在心灵的体验，由有念之心的体味回到无思无虑的心灵静寂状态。

与其说是"观"，不如说是"照"。"照"是整全的，不是从世界中切割出部分，以此部分去观照全体，以个别去概括世界。如"一月普现一切月"，并非存在一月和多月的关系，这样理解就落入了量论的陷阱；一月就是充满，就是全部。因此，"照"不作差别观。"照"就是捂起外观的眼，开启内观的心，去除心中的念，而显现智慧的心。"照"如一面明亮的镜，如一渊清澈的水。重视妙悟的古人喜欢使用镜子和水的比喻，意也正在于此。[3]

---

[1] "如如"，佛教术语，这里借用来说明审美妙悟的特性，并非意在佛性之如如也。
[2] 在中国当代美学界，"观照"常常被用为审美观察、审美认识，与古典美学中的"观照"一语了不相类。
[3] 如《庄子》中说："至人之用心若镜，不将不迎，应而不藏，故能胜物而不伤。"（《应帝王》）"圣人之静也，非曰静也善，故静也；万物无足以铙心者，故静也。水静则明烛须眉，平中准，大匠取法焉。水静犹明，而况精神！圣人之心静乎！天地之鉴也，万物之镜也。"（《天道》）以镜子般的心去观照"物"，就避免了"伤"物。物作为对象性的存在就是"伤"物，因为物不能"如其自身而存在"，而是被认识主体扭曲、"伤害"了。

在妙悟中，冥物我，合内外，物不在我心外，因此说以我心去照物只是方便的说法而已，因为此中已没有观照的主体和客体，物已不与心对待，哪来以心照物？如果说以心照物，也可以说以物照心，物我互照。所谓心印始归香象迹，妙悟全归无念中，照即是无照，即是镜照，即是空照，统合地照，自在地照。

第十四讲

形神之间

形神之辨是中国哲学的一大关键,也是中国美学的核心问题之一。

在中国哲学中,先秦时期易学中形上形下的道器之论、道家大象无形的思想以及这个时期对生命本身的哲学思考等,就已经触及形神问题的内核。形神问题是汉代哲学的主要问题之一,汉末以来出现的对形神问题的广泛讨论,形成了丰富的理论,直接影响到美学和艺术理论中形神问题的理论结构。中国美学中的形神思想在六朝时获得进一步推进,如"以形写神"和"传神写照"理论的出现。唐宋以来，美学中的重神轻形思想愈加明晰，这也影响到艺术的发展。而明清以来的"不似之似"说，斟酌于形神之间，是形神理论在此期的新发展。本讲谈几个相关问题。

一、以形写神

形神是汉代哲学的核心问题之一，在魏晋玄学中，这一问题占有重要地位。正如汤用彤所说："形神分殊，本玄学之立足点。"[1] 形神是当时清谈的重要辩题，关于神灭还是不灭，曾经引起长时间的热烈争论。但它作为一个哲学问题，并非汉代才有，在先秦诸子哲学中就已经被提出，当时有关人个体生命的哲学思考，是形神问题的逻辑起点。

《庄子》中将人的生命分为形和神两方面，《徐无鬼》说："劳君之神与形。"《在宥》说："女神将守形，形乃长生。"形与神二者，神为主，形为辅。《在宥》中有这样的话："无视无听，抱神以静，形将自正。必静必清，无劳女形，无摇女精，乃可以长生。目无所见，耳无所闻，心无所知，女神将守形，形乃长生。慎女内，闭女外，多知为败。"形的存在，取决于对神的养炼。

中国人将形、神的产生分别归于地和天。神来自天，形来自地；神为阳，形为阴；阴阳相合而为人。如《淮南子·精神训》说："夫精神者，所受于天也；而形体者，所禀于地也。故曰：'一生二，二生三，三生万物。万物背阴而抱阳，冲气以为和。'"元王逵说："天赋气，气之质无性情，雨、露、霜、雪，无性情者也；地赋形，形之质有性而无情，草、木、土、石，无情者也。天地交则气形具，气形具则性情备

---

[1] 汤用彤《魏晋玄学论稿》，《汤用彤全集》第4卷，石家庄：河北人民出版社2000年版，第33页。

焉。"[1] 天赋之以神，地赋之以形，天地交而人形神具备。神是元创力，形是化成力；神是主宰，形是辅成。地，是可见的世界；天，是不可见的。地有形，天微茫而难形。在这有形的世界背后，有一种不可知的神秘力量控制着世界，无象为象之主，无象为象之祖。

老庄哲学关于有无的学说，与形神问题密切相关。《庄子·天地》篇中有一个故事，说的是黄帝游山，有一天游到赤水北边，从那里登上昆仑山，向南一望，感到心情舒畅。回来后，发现掉了一颗玄珠，就派手下官员"知"去寻找，没有找到；后来又派"离朱"去找，也没有找到；有个大臣叫"吃诟"，说话不清楚，让他去找，也没有找到；最后他让宫中秘使"象罔"去找，象罔找到了。黄帝说："真奇怪！为什么象罔能找到呢？"

"知"是知识，用知识逻辑的途径寻求不能得道。"离朱"传说为黄帝时人，目力超人，能在百步之外看清针尖，这里指外在的观察，再好的眼睛也看不到，这说明道不可以感官致诘。庄子有"灭文章，散五采，胶离朱之目，而天下始人含其明矣"（《庄子·胠箧》）的话。"吃诟"，指语言，不言言，言无言，通过语言是无法追寻道的，故也不可得。"象罔"，也就是没有形迹，只有他找到了玄珠，此意为"大象无象"。

这则寓言告诉我们，道不可形迹，不可以理智追寻，不可以感官致诘，不可以语言追求。道空寂虚茫，是"象罔"——无象。《庄子·齐物论》说："若有真宰，而特不得其朕。可行已信，而不见其形，有情而无形。"有一个真实的主宰在，但又寻找不到它的一点迹象，它的确存在着，就在一切外在的形式中，只是见不到它的形状罢了。大象而无象，无象的世界，是世界的决定者。用庄子的话说就是"有形者象"为"无形者而定矣"（《庄子·庚桑楚》）。

《淮南子》认为，神本形末，有形受制于无形，神是一切有形世界的控制力量。它说："画西施之面，美而不可说；规孟贲之目，大而不可畏；君形者亡焉。"（《说山训》）画西施这样的美女，画得

---

[1] ［元］王逵《蠡海集·气候类》，《蠡海集》，明《稗海》本。

很漂亮,但并不能使人心相爱悦;画孟贲这样传说中的大力士,将身躯画得很强大,但缺少令人敬畏的英武之气。这样的画就不感人。为什么?就是缺少一个"君形者"——一个形的统治者,这个统治者就是神。这是说画,《淮南子》还说到音乐,《说林训》说,一个乐工,"使但吹竽,使工厌窍,虽中节而不可听,无其君形者也"。这个乐工吹竽吹得很熟,但是不好听,就是缺少韵味,缺少神气。《淮南子》的这些论述,在中国美学史上具有重要价值。

"以形写神""传神写照"观点的提出,是汉代以来哲学形神讨论在艺术上的落实。这些观点为东晋画家顾恺之所提出,他用另外一套语汇表现了对"君形者"的重视。顾恺之是一位人物画家,他的学说主要是针对人物画的。他的形神理论以神为主导,由重视人物的眼神,进而重视人物的神灵、活力和气质,他的创造性在于超越形似,将艺术表现的对象引向幽深远阔的生命世界。

谢安曾说顾恺之的画,自有人类以来从没有过,给予他极高评价。[1] 顾恺之的确是个有成就的人物画家,从他传世画迹摹本《女史箴图卷》《列女仁智图卷》《洛神赋图卷》《斫琴图卷》等中,就可看出其在人物画方面的高深造诣。他的传神理论据说来自其画画重人物眼神的实践经验。有记载说:"顾长康画人,或数年不点目精。人问其故,顾曰:'四体妍蚩,本无关于妙处,传神写照,正在阿堵中。'"(《世说新语·巧艺》)他认为画人物,眼睛最关键。他的"传神写照"的意思是,人的眼睛是心灵的窗户,可以看出人的精神气质,看出人内心的微妙体验,所以他要好好地琢磨。

《世说新语·巧艺》还记载了顾恺之另一个故事:"顾长康好写起人形,欲图殷荆州,殷曰:'我形恶,不烦耳。'顾曰:'明府正为眼尔。但明点童子,飞白拂其上,使如轻云之蔽日。'"他给殷州刺史殷仲堪画像,殷不同意,说他的眼睛中有个白点子,不好看。顾恺之说,这不打紧,我为您清晰地点出眸子,再用我擅长

---

[1] [唐]张彦远《历代名画记》卷五载:"谢安谓顾长康曰:'卿画,自生人已来未有。'"

的飞白笔法，在眸子上轻轻拂一下，就像太阳笼上一层淡淡的云，这样岂不更美？后面的话没有了，我们可以想见，这位刺史大概同意了他的做法。

顾恺之强调传神写照"正在阿堵中"（吴语方言，在其中），在人物的眼睛中，其实，他的意思是，又不全在阿堵中。如《世说新语·巧艺》中记载："顾长康画谢幼舆在岩石里。人问其所以，顾曰：'谢云："一丘一壑，自谓过之。"此子宜置丘壑中。'"

谢鲲，字幼舆，是一位才子，很小的时候就会弹琴，通《老》《庄》和《周易》。当时他为王敦所用，一次在拜见王敦时，席间有一位高人，是王澄。王澄听谢鲲谈吐高雅，简直就忘了王敦，和谢鲲一直谈下去，好像没有王敦这个人。谢鲲的邻家有个姑娘，姓高，貌若天仙，谢鲲想得到她，就去引逗她。这姑娘不喜欢他的轻佻，她当时正在织布，就将手上的梭子掷向他，打掉了他的两个门牙。当时人议论纷纷。谢鲲听到后，很无所谓，他说："牙掉了又有什么打紧，也不影响我长啸、唱歌。"其豁达如此。他当官的时候，也不大理政事，天天和阮孚、毕卓、王尼、阮放等人喝酒、清谈，到山林中旷游。他到京都去，晋明帝在东宫接见他，当时有一位大臣叫庾亮，有高名，晋明帝就问他："现在人们都喜欢将你和庾亮相比，你觉得你俩谁更胜一筹？"他说："端坐在庙堂，一本正经，我不如庾亮；但要说起一丘一壑的山林乐趣，我自认为是胜过他的。"

谢鲲乃气度不凡之辈。顾恺之认为，画这样有魅力的人，应该将他放到山水之间去表现——"宜置丘壑中"，这成为后世评人的重要用语：如果说某人应该放到山水之间，即意味着他情性高雅，风流倜傥。我们说"丘壑中人"、有"林下一种风流"，都是一种赞语。这与那只能坐于高堂的正经八百的形式相比，更多了人的灵性，多了一些意味。在这里，我们看到顾恺之人物画已经开始注意到人的风度境界的传达，注意调度背景，为这样的传达服务。顾恺之画谢鲲的画不见，元代赵孟頫曾画过一幅《幼舆丘壑图》，今尚存，着意表现这一境界。

● [元] 赵孟𫖯　谢幼舆丘壑图
翳然林水,自有林下一种风流。

顾恺之的思想经过唐代张彦远的剔发,到两宋时,成了流行的思想。北宋时期画坛曾经讨论画的背景问题,讨论的对象是花鸟画。五代时宫廷花鸟画家黄筌作画,虽然很像,却像禽鸟的标本图。所以有的画家提出要画出"水边沙外之趣",要将花鸟置于芦汀苇岸、雪筠寒溪之中,画出境界来。当时有一位画家叫崔悫,善于画败荷雪雁、寒枝孤禽,很有意味。"水边沙外"的境界,使他的作品超越了赫赫有名的黄筌。著名人物画家李公麟也看到了这一点,他画陶渊明诗意的《归去来兮图》,这是一个老画题,李公麟说我要画,就要画出陶的高远意味,仅仅画田园秋菊是不够的,那样显得有些局促,我要将他放到"临清流处",要以"水涓涓而长流,木欣欣而向荣"为他的背景。陶渊明是讲求平淡的,但他毕竟不是一位农夫,他的心灵有"纵浪大化中,不喜亦不惧"的境界,要将这样的境界表现出来。李公麟这一体会无疑是深刻的。花草的精神、山林的气象,都为表现人物心灵的气象和境界。

让我们再回到顾恺之。有一则关于顾恺之的故事:"顾长康画裴叔则,颊上益三毛。人问其故,顾曰:'裴楷俊朗有识具,正此是其识具。看画者寻之,定觉益三毛如有神明,殊胜未安时。'"(《世说新语·巧艺》)裴楷是西晋的尚书郎,人称裴令公,他和当

时的另外一个人物王戎齐名,当时人称"裴楷清通,王戎简要"(《世说新语·赏誉》)。阮籍不拘礼教,喜欢谈玄远的学问。他还是个纯孝之人,母亲去世时,他正在和人下围棋,下棋的人请求停止,阮籍不许,说要跟他赌这一局。一局终了,他喝了两斗酒,忽然大叫一声,吐血数升。葬母之时,他吃了一头蒸乳猪,又喝了两斗酒,来到母亲灵前,大声叫道:"穷矣!"又长啸一声,再吐血数升。裴楷前往吊唁,阮籍散发坐在地上,毫无礼貌,喝醉了,眼睛直视他,裴楷吊唁毕,离去。有人问裴楷:"大凡吊唁的礼节,丧主应该先哭,客人才行礼。阮籍既不哭,你倒哭起来了?"裴楷说:"阮籍是方外之士,所以他不崇礼节。我是俗中之士,所以依礼而行。"时人叹为两得。

顾恺之画的就是这样清通的人。他对裴楷的理解可谓深透,画裴楷的像,注意到他的神情、他的气度。裴楷本没有胡须,顾恺之无中生有地在他脸上画了很多胡须("三毛",形容很多胡须),这样便于表现其风神凛凛的气度。顾恺之突出的就是这样的"君形者"。

"手挥五弦易,目送归鸿难",是顾恺之又一句极有影响力的绘画感言。说顾恺之一生的艺术经验凝聚在此言中,也不为过。

嵇康曾有《赠秀才入军》诗云:"目送归鸿,手挥五弦,俯仰自得,游心太玄。"顾恺之就是由此诗举例,来谈人物画的特点的。画"手挥五弦",有具体动作,主要是形的描摹;而画"目送归鸿",画的是人物的眼睛,眼睛是心灵的窗户,透露的是人深心的感受,这属于神的方面,所以就比形难得多。但顾恺之认为,作为一个优秀的画家,不能停留在形的描摹上,必须上升到神,以神统形。这个"神",不仅是活的,神气活现的,更重要的是有一种高远的生命境界。所以,顾恺之的"以形传神"说根本不能理解为将画画得生动,而是要画出人的气度、风神,他的理论应和着魏晋清谈的思想,也适应着当时的人物品藻之风。

顾恺之"传神写照"的"神"的基本含义是眼神,西方绘画史上也有对眼神的强调。比顾恺之早生一百多年的古罗马思想家普罗提诺曾经说过:"肖像画家尤其需要抓住眼神,因为心灵在眼神中显露的比在身体的形态上显露的要多。"达·芬奇也说过:"眼睛是心灵的通道。"但是,顾恺之虽然注意人眸子的传达力,注意"目送归鸿"中所包含的深沉意味,然而正像前面所说的,其"神"并不全在眼神中。他的"传神",可以说是以"神"传"神"——以人物的眼神(包括其他点醒画面的特殊处理)表现人物心灵之"神",表达人的精神气质,人的性格特点,人超越于形似物质的神韵。正因如此,顾恺之不管多么关心人物眼神(或其他重要点的处理),都是"筌",都是工具,之所以说"目送归鸿难",最难处不在外表,而在此时的惊鸿一瞥负载了太多的内涵,那种潇洒飘逸、从容纵肆的宇宙担当,都贮积在这一瞥中。所以,顾恺之重视的不是人物的眼神,而是绘画的形象结构中所传达的精神意涵。正像他在评《嵇兴》一画时所说的"如其人"(《论画》),这个"如其人"才是他的最高追求。他的神,就是人物的器宇,人物的心灵境界,人物的气象。他要把作为人的生命体的控制者画出来,他要画出《淮南子》中所说的那个"君形者"。"君形者"在这里被赋予了新的内涵。

在顾恺之的时代,玄学重玄远的意韵,人物品藻也特别看中人的风度气质。顾恺之的理论受到这一哲学的直接影响。在时代风气的影响下，顾恺之传神之"神"，侧重指对人物精神世界的传达。如他评《伏羲神农》图："虽不似今世人，有奇骨而兼美好；神属冥芒，居然有一得之想。"（同上）在微茫的眼神中，表现了素朴的道的冥想，显现出高古之态。评《北风诗》图："美丽之形，尺寸之制，阴阳之数，纤妙之迹，世所并贵。神仪在心而手称其目者，玄赏则不待喻。"（同上）《诗经·周南·北风》主要内容是写在一个寒风凛冽、飞雪飘飘的天气里，二人携手同行，所谓"惠而好我，携手同行"，借此传达丰富的思想感情。他认为，据此诗所画出的画，形式特征完满，更重要的是画出了难以言传的微妙心灵感受，为他所激赏。这较之曹植在《画赞序》中仅从载道角度谈绘画的观点，显然向前推进了。

因要表达人物精神世界这一终极目的，顾恺之在画面的处理上将生动活泼的韵致提到了崇高地位。潘天寿说："顾氏所谓神者何哉？即吾人生存于宇宙间所具有之生生活力也。以形写神，即所表达出对象内在生生活力之状态而已。"[1]顾恺之在评画时很推崇这种生生之活力，如他评画重"画势"，评《壮士》图说："有奔腾大势，恨不尽激扬之态。"评《三马》图说："隽骨天奇，其腾罩如蹑虚空，于马势尽善也。"评《七佛及夏殷与大列女》图说："二皆卫协手传，而有情势。"（同上）

顾恺之"传神写照"说主要是针对人物画而言的，唐代以后，这一理论影响又从人物画扩展到其他画科中；进而从绘画理论中逸出，对整个中国艺术理论产生了影响，形成了中国美学中丰富的形神理论。

当顾恺之以其"以形写神""传神写照"理论享誉画坛之时，书法理论界也出现了形神关系的讨论。书法是一种抽象艺术，唐张怀瓘说书法是"无声之音，无形之相"（《议书》），无声而具音乐之和谐，无色而具绘画之灿烂。

中国人长期有汉字崇拜的心理，旧时中国的"敬惜字纸"风尚，

---

[1] 潘天寿《听天阁画谈随笔》，上海：上海人民美术出版社1980年版，第6页。

就是一例。传说苍颉造字，长着四只眼睛，所谓四目佻佻，比常人多了两只，这是用来洞穿天地的。他造出了汉字，天雨粟，鬼夜哭，感动不已。这个传说中所透露的就是对汉字的崇拜心理。而书法中也有这种故神其说的风习。传东汉书法家蔡邕在嵩山学书，一日他在屋中静坐，那是一个夜晚，他似睡非睡，朦胧之中看到一人，长得非常奇怪，那人授给他一本书，名为《九势》，对他说书道之秘尽在于此，话毕就消失了。他的女儿蔡文姬说，父亲写八分书的时候，有神授与笔法，笔法唯有两字，一曰疾，二曰涩，由此悟出了书法的奥秘。王羲之作《笔论》，传与子孙，诫之莫使人知，也凸显其神秘性。有关汉字乃至书法的神秘特性的传说，更从一个侧面反映了中国书法美学中一个坚定的思想，即书法不是简单的形式艺术，其中藏着天地之精神、宇宙之奥秘。如元代书法理论家郑杓所说："至哉，圣人之造书也，其得天地之用乎，盈虚消长之理，奇雄雅异之观，静而思之，漠然无朕，散而观之，万物纷错，书之义大矣哉。"[1] 对待这样的艺术，只有悉心去体悟，在神超形越中追求其高致。

作为体现中国艺术的代表形式，书法斟酌于形神之间，徘徊于有无之中。书法家以一管笔，界破虚空，界破这个世界，流出旺盛的生命感觉。超越形相，追求形式之外的韵味，成为书法艺术的根本特点。

东晋王羲之从他的尚意美学思想出发，提出书道重"风神"的思想。南朝齐王僧虔提出"神彩（采）"说，并将其与"形质"作为一对书学概念。其《笔意赞》云："书之妙道，神彩为上，形质次之，兼之者方可绍于古人。""形质"与"神彩"，即顾恺之所说的形与神。这里同样突出了"君形者"的思想，在形神二者之间，神彩高于形质，缺乏神彩，则无活趣韵味。神彩与形质密不可分，形质是神彩的基础，神彩是由形质中产生的，是对形质的超越，

---

[1] ［元］郑杓《衍极》卷三《造书篇》，见《历代书法论文选》，上海：上海书画出版社2014年版，第431页。

无形质则无神彩。

后代论书者多重神彩。唐太宗在《指意》中提出"夫字以神为精魄"的观点。唐张怀瓘指出:"以风神骨气者居上,研美功用者居下。"(《议书》)重神者为上,重形者为下,以形写神,神君于形。他又说:"深识书者,惟观神彩,不见字形。"(《文字论》)便将重视神彩作为书道的不言之秘。他认为,书法的神彩不是技巧可以得到,必须用心悟;不悟之人,墨池染黑,亦不得其门。书法在他看来,是一奇特的艺术,对于这"无声之音,无形之相"的艺术,必须有"独闻之听,独见之明"(《议书》)。

尚法的唐人对"神"普遍重视,法度没有淹没神彩,神彩作为书道命脉的地位没有被动摇。张旭观公孙大娘舞剑,得"书之神"。孙过庭《书谱》也提出"凛之以风神"的观点。凡此皆可见当时的审美倾向。南宋姜白石《续书谱》将风神作为书法追求的最高目标:"若风神萧散,下笔便当过人。"形质是次要的,没有风神,书法的形式再好也是不够的。而要使书法具有风神,是不容易达到的。

孙过庭在《书谱》中提出的"形质"和"情性"相配合的观点,其实就是形神结合的另外一种表述。他说:"真以点画为形质,使转为情性;草以点画为情性,使转为形质。""情性"和"形质"为一对范畴,这是讲正书的。清包世臣《艺舟双楫》对此有很好的解释:"书之形质如人之五官四体,书之情性如人之作止语默。"

情性就是书法这一生命体的生命根源,是其凛凛风神。孙过庭所谓真之情性在使转、草之情性在点画,是说真书之点画确定形式构架,而其妙韵在转折的起伏变化中;草势反之,草书飞动流转,环转不息,唯其点画处见沉稳,见无垂不缩、无往不收之妙,故点画成了决定草书韵致的关键。今天有论者认为孙过庭的"情性"说强调的是书法要表现具体的情感,将"情性"等同于"情感",可能是误解。意在笔先,书乃心学,书法不可能不表现人的情感,但这种表现与其他艺术不同,书法的表现是一种"显现",是一种抽象的模糊的显现,不表现具体情感内容,只具有某种情感趋向。这种情感趋向是通过书体线条组合形成的特有的风度气韵来显现的，即由书之"情性"来显现"情感"，这"情性"就是姜白石所说的"精神"、包世臣所说的"气质"，它就是一种生命。清刘熙载《艺概·书概》说："笔性墨情，皆以其人之性情为本。是则理性情者，书之首务也。"笔性墨情，根之于人之情性；此人之情性，即人对生命的体验。

韩愈有诗云："君诗多态度，霭霭春空云。"（《醉赠张秘书》）诗以"态度"律之，说明诗之姿态横生、气度超迈的特点。书学中也以"态度"评书。唐太宗《指意》谓："夫字以神为精魄，神若不和，则字无态度也。""态度"即书之姿态、风神、气韵。虞世南亦云："字有态度，心之辅也；心悟非心，合于妙也。"（《笔髓论·契妙》）这又从另外一个角度说明，"态度"是人的精神所透升上去的。在书学史上，论者多认为晋书多"态度"，因而"态度"一语又专指潇洒流动的气韵风神。

二、重神轻形

南田有画跋云："山林畏佳，大木百围，可图也。万窍怒呺，激謞叱吸，叫号宎咬，调调刁刁，则不可图也。于不可图而图之，唯隐几而闻天籁。"[1] 山水林木等是有形的，可以直接描摹，而像狂风怒号则是无形的，不可画，画家就要画这不可画的无形的对象。在中国艺术看来，无形的世界比有形的世界重要得多。

中国美学中重神轻形的思想，几乎伴随着形神理论同时产生。在《庄子》中，就已经透露出重神轻形的倾向。《德充符》一篇，

---

1 出自《庄子·齐物论》："夫大块噫气，其名为风。是唯无作，作则万窍怒呺，而独不闻之翏翏乎？山林之畏佳，大木百围之窍穴，似鼻，似口，似耳，似枅，似圈，似臼，似洼者，似污者；激者，謞者，叱者，吸者，叫者，譹者，宎者，咬者，前者唱于而随者唱喁，泠风则小和，飘风则大和，厉风济则众窍为虚，而独不见之调调之刁刁乎。"呺（háo）：呼啸。畏佳（cuī）：崔巍的反读。謞（xiào）：叫。宎（yào）：风入孔窍所发出的深沉声音。咬：哀切之声。调调、刁刁：风吹林木缓缓摆动貌。

集中谈了人的内在德性和外在形貌之间的关系，人有吸引力的地方或者说人真正的美不在外表，而在内在的德性。德性不是具体的道德操守，而是一种充盈的生命状态，一种充满圆融的生命精神。为了说明德重于形的道理，庄子讲了几个丑陋的人的故事，如申徒嘉、叔山无趾、王骀等，他们都是在外形上有所缺憾的人，但却具有充实的内在美；和他们相比，那些肢体健全的"美人"反而变得丑陋起来。

断足的申徒嘉和子产同在伯昏无人门下求学，子产在话语中流露出对申徒嘉形貌的不屑，申徒嘉的一番话让子产无地自容，他说："今子与我游于形骸之内，而子索我于形骸之外，不亦过乎！"在申徒嘉看来，游于形骸之内，就是通过内在的生命、德性相悦而相交，但子产的态度却是重视形骸之外，这便弃神而重形，所以受到诟病。

魏晋玄学的言意之辨，重在脱略形骸，志在高举，得意忘形，认为形粗而神精，故取神而遗形。阮籍就说："徒寄形躯于斯域，何精神之可察？"（《答伏义书》）显示出重神轻形的倾向。葛洪谈到这一风气时说，当时玄风大炽，忽略"论形之例"，而竞相为"精神之谈"（《抱朴子外篇·清鉴》）。这样的风气也影响到艺术领域。谢赫"六法"以气韵生动为第一，其他形式性因素都从属于气韵的传达。形式为实，气韵为虚；形式显之于外，气韵蕴之于内；形式是为显现气韵而存在的，气韵乃是画的决定因素。谢赫的"六法"说已经显露出轻视形似的倾向。到了唐代，此风愈烈。张彦远在《历代名画记》卷一"论画六法"中说："今之画，纵得形似，而气韵不生。以气韵求其画，则形似在其间矣。"唐代美学就有"重气韵而轻位置"的倾向，唐裴孝源《贞观公私画史》说："陈善见、王知慎之流，万得其一，固未及于风格，尚汲汲于形似。"五代荆浩《笔法记》提出"神妙奇巧"四阶级说："神者，亡有所为，任运成象。妙者，思经天地，万类性情，文理合仪，品物流笔。奇者，荡迹不测，与真景或乖异，致其理偏，得此者亦为有笔无思。巧者，雕缀小媚，假合大经，强写文章，增邈气象，此谓实不足而华有余。"这篇著名的论文，将"似"和"真"对立起来，认为"似"只是得其形，而"真"乃是任运成象，表现了气韵流荡的世界。北宋末年韩拙《山水纯全集》认为，凡作画，气韵第一，不可以斤斤于形似取代之；以形似求其画，则气韵顿失，画格自低。

北宋时，在理学影响之下，绘画中甚至出现了短暂的写实之风，但重神轻形之风没有丝毫衰减。《宣和画谱》就对"不专于形似，而独得于象外者"的创作给予很高的评价，如评赵昌花鸟云："若昌之作，则不特取其形似，直与花传神者也。"

文人意识的崛起，更对形似之风形成贬抑之势。欧阳修《盘车图》诗云："古画画意不画形，梅诗咏物无隐情。忘形得意知者寡，不若见诗如见画。"北宋苏轼在评赵昌等的画作时说："论画以形似，见于儿童邻。作诗必此诗，定非知诗人。"（《书鄢陵王主簿所画折枝二首》其一）画要画出神，诗要有言外之味，这可以说是中国艺术重气韵轻形似的最典型表述。以至到了元代的倪瓒强调："仆之所谓画者，不过逸笔草草，不求形似，聊以自娱耳。"（《答张藻仲书》）元汤垕甚至说："形似者，俗子之见也。"（《画鉴》）他所作《画鉴》一书，对流行于北宋以来的形似之风，作了全面的清理，强调"意足不求颜色似"的作画方法，将形似之作打入"末节"之流。他说："看画如看美人，其风神骨相有肌体之外者。今人看古迹，必先求形似，次及傅染，次及事实，殊非赏鉴之法也。"

唐宋以来的重神轻形之风，在美学理论上多有反映。逸、神、妙、能"四品"说，集中反映了中国艺术重神轻形的传统。这是一个起源于唐代，在北宋时期得到丰富的美学批评标准。它主要是在书画品评中出现的。张怀瓘《画断》提出神、妙、能三品的品评标准，以此来评画：能品是技巧上的精确；神品是神妙莫测，是最高的境界，是对技巧的超越；而妙品则是介于神奇的神品和技巧的能品之间。唐代朱景玄《唐朝名画记》在张氏的基础上，又加上了逸品，形成了著名的"四品"说，或称"四格"。

对逸、神、妙、能的内涵阐述最明晰的是北宋黄休复，他在《益州名画录》中第一次对"四品"作了具体论述：

[宋]赵佶
腊梅山禽图
用意在形之外，方有韵味。

画之逸格，最难其俦。拙规矩于方圆，鄙精研于彩绘。笔简形具，得之自然。莫可楷模，出于意表。故目之曰逸格尔。

大凡画艺，应物象形。其天机迥高，思与神合。创意立体，妙合化权。非谓开厨已走，拔壁而飞。故目之曰神格尔。

画之于人，各有本情，笔精墨妙，不知所然。若投刃于解牛，类运斤于斫鼻。自心付手，曲尽玄微。故目之曰妙格尔。

画有性周动植，学侔天功。乃至结岳融川，潜鳞翔羽，形象生动者。故目之曰能格尔。

逸、神二者属神的方面，妙（主要指笔墨精妙）、能二者属形的方面，神为重而形为轻。逸是超越规矩的，有一种野逸的风度、放旷高蹈的气势，自然而合于天然。"莫可楷模"，就是不合规矩，不求形似。恽南田说："不落畦径，谓之士气；不入时趋，谓之逸格。"（《南田画跋》）在一定程度上，逸格就是无格，没有任何规范可以限制，优游于法度之外，徘徊于有无之间，"拙规矩于方圆，鄙精研于彩绘"。又说："天外之天，水中之水，笔中之笔，墨外之墨，非高人逸品不能得之，不能知之。"（同上）逸品不可学，不可说，非工巧能得，超凡入圣，忽然而至，意不可测，充满了类似禅机的特性。逸品、神品是重视境界和气象的。

而能品则与之完全相反。逸品的最大特点是不可知，只可悟，而能品的最大特点是"可知"，是可以学取的。黄休复所谓"性周动植，学侔天动"，就是说归入能品之画是通过学而至的，并非如逸品不可学，不可思；这类画重视对象形象的描绘，在"似"上下功夫，虽然能画得"形象生动"，但缺少灵气，缺少感染力，作品的表面化倾向比较严重。

唐张彦远在《历代名画记》中，已经触及逸、神、妙、能"四格"说的核心思想。他提出的"五品"论，与"四格"说很相似。他说："夫失于自然而后神，失于神而后妙，失于妙而后精，精之为病也而成谨细。自然者为上品之上，神者为上品之中，妙者为上品之下，精者为中品之上，谨而细者为中品之中。余今立此五等，以包六法，以贯众妙。"五品依次为：自然—神—妙—精—谨细。精和谨细都属于形似技巧方面，它们被置于最下，其倾向性十分明显。

这样的观点对艺术创作有深刻影响，如中国画自两宋以来发生了很大变化，像五代时的徐熙野逸不重法度，只是少数，但到了两宋之后，逸笔草草不求形似蔚成风气，高明者自臻高致，至其末流，则演变为胡乱涂鸦，以色貌色、以形写形之风全然被抛弃，不从功夫中进入，而一味等待妙悟，其实阻碍了绘画的正常发展。清笪重光《画筌》说："画工有其形，而气韵不生；士夫得其意，而位置不稳。前辈脱作家习，得意忘象；时流托士夫气，藏拙欺人。是以临写工多，本资难化；笔墨悟后，格制难成。"王石谷、恽南田注云："资分格力，兼之者难，百年以来，不一二觏。故有童而习之，老无所得；或恃其聪明，终亏学力。此成家立名之所以不易也。"正所谓太似则呆板，不似为欺人。

  从理论上看，明清以来艺术理论中出现的"不似之似"说，对矫正过于轻视形式之弊是有助益的。石涛晚年有一题画诗写道："名山许游未许画，画必似之山必怪。变幻神奇懵懂间，不似似之当下拜。心与峰期眼乍飞，笔游理斗使无碍。昔时曾踏最高巅，至今未了无声债。"[1] 又有诗道："天地浑熔一气，再分风雨四时。明暗高低远近，不似之似似之。"[2] 石涛认为，绘画表现的最高原则是写"意"，而不是画"象"。"不似之似似之"，成了中国艺术的一条重要原则。中国艺术不是不似，也不是似，而是斟酌于似与不似之间，重点表现的是心灵熔铸的世界。在石涛等人看来，一味追求"似"，则会落形似之窠臼，徒有其形，缺乏韵味，这样的作品难称佳构；而片面追求"不似"，则易流于荒怪狂乱，缺少基本的法度，往往多欺人之作。妙在似与不似之间，既不具象，又不抽象，徘徊于有无之间，斟酌于形神之际。这一理论的关键并不在于像与不像，而在于如何对待"形"的问题。以神统形，以意融形，形神结合，乃至神超形越，方是一个艺术家所应做的。

三、形式之外

  元刘有定注郑杓《衍极》时记载了一个故事，说王献之一次在会稽山遇到一位异人，披着云霞，从天而降，左手持纸，右手持

---

[1] 此诗录自神州国光本《大涤子题画诗跋》卷一，又见程霖生《石涛题画录》卷一。款"清湘大涤子"。
[2] 此诗录自藏于香港虚白斋的《天地浑熔图》。款"清湘大涤子论画之作，时壬午秋八月，青莲草阁"。时在1702年。

笔，赠给献之。献之受而问道："先生尊姓大名，从何而来，所奉行的是何等笔法？"那人答道："吾象外为宅，不变为姓，常定为字，其笔迹岂殊吾体邪？"这个"象外为宅"，很有象征意义。中国艺术家其实大都是以象外为宅的。

清恽南田说："当谓天下为人，不可使人疑。惟画理当使人疑，又当使人疑而得之。"（《南田画跋》）这个"疑"真是说得好，艺术就是要使人有嚼头，有味道，里面有天地。他说，他作画，就是"聊写我胸中萧聊不平之气，览者当于象外赏之"（同上），就是这个意思：不能停留在形式上，对这个形式要生"疑"心，在"疑"中走向象外之世界。

象外为宅，艺道贵疑。东晋时期有一位著名的诗人郭璞，他有诗云："林无静树，川无停流。"他的朋友、诗人阮孚读了之后感叹道："泓峥萧瑟，实不可言；每读此文，辄觉神超形越。"（《世说新语·文学》）朋友的诗，将他的心灵带到渺不可知的世界中去了。清代的方士庶说，作画，要"于天地之外，别构一种灵奇"（《天慵庵笔记》）。艺术之妙，在具象之外，他评赵子昂一幅《秋猕图》，"人自一人，马自一马，有目者共见之，但其精神充足，溢于笔墨之外，又焉得见人人而告之"（同上）。看中国艺术，要有一双超越形象的眼。

在中国艺术中，有两个世界：一个是"可见"的世界，表现在艺术作品的画面、线条、语言形式等方面；另一个是"未见"的世界，那是一种看不见摸不着的世界，是作品的艺术形象所隐含的世界。从广义的角度看，前者是"象"，后者可以称为"象外之象"。

中国美学"象外之象"的学说，由形神理论衍生而出，但与形神理论又有不同。"以形写神""传神写照"理论侧重艺术品的创造，在艺术创造中斟酌形神二者，以形为基础，以神为引导，神为主，形为辅。而"象外之象"说则是就艺术鉴赏而言，强调的是在艺术鉴赏中，审美对象具有超出于形式之外的意味世界。

中国美学有象外之象、韵外之致、含不尽之意如在言外等等论述。象外之象是象的意义的决定者，是美的本源。有形的象只是一个引子，一个使鉴赏者走入艺术幽深世界的引子。中国美学重含蓄蕴藉，重象外之趣。唯有含蓄，才有象外之期待；唯有象外之趣，才能含蓄而不流于晦涩，深藏而能达显现。

《文心雕龙·隐秀》是一篇具有重要美学价值的论文。在这篇文章中，刘勰提出"秘响傍通"的思想。他说，文之妙在"隐"，"隐"不在于深藏不露，而在于最大限度展示艺术世界内在的魅力，使艺术的有限世界蕴含着无限的意味："夫隐之为体，义生文外，秘响傍通，伏采潜发，譬爻象之变互体，川渎之韫珠玉也。故互体变爻，而化成四象；珠玉潜水，而澜表方圆。"

刘勰在这里以《周易》的旁通、互体来说解象外之象理论，化四象（一卦通过互体所得之四经卦）为文学的象外之象，由变爻引出一个言简意丰的意味空间（如他说"辞生互体，有似变爻"）。《周易》的卦爻系统中就隐藏着一个象外之象的机制。周易"立象以尽意"，易之象，也即易的符号系统，有三级，阴阳是基本符号，由阴阳构成八卦，由八卦而形成六十四卦，是为别卦。八卦是由阴阳所构成的八种基本卦型，以概括宇宙中八个类；六十四别卦是八卦的展开，是"类"的延伸、"象"的扩大，是触类而长之，从而表现天下一切可见之象、可知之理。易卦爻符号是一种生命的代符，模拟宇宙间的生命变化，探测宇宙中生命之几微。周易是至简的，但在至简符号中，表现世界的无穷之事理。易道立象以尽意，象外而有象，含孕广大，易称之为"用晦"。

如豫卦，下坤上震，坤为地，震为雷，有春雷在大地上滚动之象，这是一个完整的生命意象，不是一个表示概念、情感的简单媒介。唐李鼎祚《周易集解》引郑玄注云："奋，动也。雷动于地上，而万物乃豫也。"春雷滚滚，万物化生，有天地悦豫之象；春雷滚滚，又有运动、震动的含义；春为生命的开始，又有上升的意义；而天逢春即雷即雨，又有顺的意义。这些意义既可以属天，又可以属人；既可以属于道德，又可以属于个人情感；既可以归于宗教，又可以启发哲学、美学思考。总之，意象本身具有独立价值意义。《周易》简约的符号中藏着一个意义的海洋。

易学之历史,在哲学中形成了象外之谈。在魏晋玄学中,象外之谈曾是很多清谈家喜好的话题。孙绰在《天台山赋》中说:"散以象外之说,畅以无生之篇。""极象外之谈"成为一时之时尚。这一思想在魏晋以来也进入艺术和审美领域,使得追求象外之趣成为中国美学的一个重要命题。南朝齐谢赫《画品》在评一位画家时说:"若拘以体物,则未见精粹;若取之象外,方厌膏腴,可谓微妙也。"智出于象外,枢得其环中。

至唐代,"象外之象"说已然成为美学中的重要思想,在各门艺术中均有影响。司空图说:"象外之象,景外之景,岂容易可谈哉?"(《与极浦书》)杜甫称张九龄"诗罢地有余"(《八哀诗》),又说"篇终结混茫"(《寄彭州高三十五使君适虢州岑二十七长史参三十韵》),即是就象外之象来说的。张彦远说:"意在笔先,画尽意在也,虽笔不周而意周也。"(《历代名画记》)南田将这称为"得笔先之机,研象外之趣"(《南田画跋》)。象外之趣,是艺术的根本。

中国艺术以"隐"为要则,强调象外之象、言外之意、韵外之致、景外之景,要含不尽之意于言外。如梅尧臣云:"含不尽之意,见于言外;状难写之景,如在目前。"(欧阳修《六一诗话》引)要超以象外,得其环中。又如苏轼说:"斯人定何人,游戏得自在。诗鸣草圣余,兼入竹三昧。时时出木石,荒怪轶象外。"(《题文与可墨竹》)强调不着一字,尽得风流,无画处皆成妙境。

我们看李商隐《锦瑟》诗:"锦瑟无端五十弦,一弦一柱思华年。庄生晓梦迷蝴蝶,望帝春心托杜鹃。沧海月明珠有泪,蓝田日暖玉生烟。此情可待成追忆,只是当时已惘然。"大意是:锦瑟没来由地为何有五十根弦,每一弦都传达出对往日黄金岁月的思念。庄子做梦曾翩翩然化为蝴蝶,望帝幽怨的春心死后化为杜鹃。沧海月明鲛人泣泪竟成玉珠,蓝田日暖有良玉煖煖生烟。这种悲欢离合的情感可以留待追忆,只是往事如烟一片惘然。这首诗向称难解,或以为自伤,或以为悼亡,或以为乃描写恋情之作。在艺术上,这是一篇写"幻境"的高妙之作,可以说一片惘然:无可奈何的意绪,无所之之的选择,不知答案的历史感叹,才下眉头却上

第十四讲 形神之间

◎ [明] 陈洪绶
 调梅图
 清香四溢的世界，寄托着画家的象外之思。

心头的追忆。诗人穿过历史的帷幕，超越天人的限隔，声声隐约，似诉平生之志；翩翩蝶飞，似展理想征帆。沧海桑田，茫茫远古就在此刻；一梦大千，浩浩九天就在脚下。这首诗在我看来，其要在写人生的幻、人生的叹，形式有尽，但意味悠长。

中国艺术品评强调"味"——品味、品赏。味的特点之一，就是其体验性，是超越于一般具象的认识方式。味的比喻强调审美体验的不可言说性，突出了审美对象应该具有亹亹不尽的美感，吟一首好诗，品一幅好画，就像品一道佳肴。传说商汤时有位贤相伊尹，本是一位采桑女的孩子，虽然家境贫寒，但却有识见，富良谋，尤其善于烹饪，他烹饪出来的肉味道特别，远近闻名。商汤五次派人去请他来辅佐治国，都遭到拒绝。最后他归于商汤，做了商的丞相。他以烹饪为比喻，谈治国的道理，得到汤的重用。据说他的烹饪艺术已近于道，有人向他求此妙方，他说只可意会，不可言传。这就是历史上的"伊挚不能言鼎"的传说。"伊挚不能言鼎"成为中国艺术的一个很高的境界。

西晋陆机《文赋》说："或清虚以婉约，每除烦而去滥。阙大羹之遗味，同朱弦之清汜。""大羹"，即太羹，古代祭祀时所用的肉羹，不加五味。"同朱弦之清汜"，意为在琴弦上演奏浮泛的乐曲。《礼记·乐记》曰："清庙之瑟，朱弦而疏越，一唱而三叹，有遗音者矣。大飨之礼，尚玄酒而俎腥鱼，大羹不和，有遗味者矣。"也是以肉味来比喻审美品鉴。

南朝宋钟嵘提出"滋味"说。他认为，好诗读起来应该有"滋味"，使"味之者无极，闻之者动心"（《诗品序》）。他说"词采葱蒨，音韵铿锵，使人味之亹亹不倦"（《诗品·上品》），这才叫好诗。《文心雕龙》说，文学应该"深文隐蔚，余味曲包"（《隐秀》），应该有"味飘飘而轻举，情晔晔而更新"（《物色》）的意味。

唐司空图甚至说："辨于味而后可以言诗。"（《与李生论诗书》）可见这"味"的重要性。苏轼接着司空图的话头，指出："信乎表圣之言，美在咸酸之外，可以一唱而三叹也。"（《书黄子思诗集后》）"美在咸酸之外"，美不是咸、酸，不是盐，不是醋，而是由油盐酱醋烹制出来的美味。美在具体的形式之外,形式是美的支撑,但形式本身并不是美之所在,而是创造美的质料。苏轼和司空图强调的美是"味",美虽然依托于形,但不能到形中去寻找,美在形式背后那恍惚迷离的意态,那令人涵玩不尽的韵味,一唱三叹,余味悠然。苏轼很喜欢用"灭没于江天之外"来表达,他在《又跋汉杰画山二首》中写道:"唐人王摩诘、李思训之流,画山川峰麓,自成变态,虽萧然有出尘之姿,然颇以云雾间之。作浮云杳霭,与孤鸿落照,灭没于江天之外。"这是多么令人神往的境界,美的艺术能带人超越凡尘,走向玄远的思虑。这就是它的味。

第十五讲

颐养情性

"胸中所养已浩大,尽付得丧于茫茫",这是明代艺术家沈周的一联诗,涉及中国美学的一个重要问题:养气说。中国美学重视生命体验的真实,强调用从容的心灵去感受世界的和融,审美生活的目的是人格境界的提升,也是人生意义的实现,因此将人的生命颐养置于崇高位置。本讲拟对这个问题作一些分析。

一、养气说的哲学基础

养气学说的形成,与中国人对自身小宇宙的认识有关。中国人将人的生命看得和自然中的存在一样,都是一个生命体,一个在气化世界中生生不已、循环往复的存在。人的生命体是一个小宇宙,是天地大宇宙的缩影。如汉代象数哲学将人的肉体构成和四时、二十四节气、日月的更替等联系起来,《黄帝内经》将人的生命体变化纳入宇宙变化的节奏中,强调人的生命体与外在宇宙的深刻联系。

中国人认为,人的生命体本身是一个整体,这里没有一个灵与肉分开的世界,生命体内部就是一个自足的循环系统。《淮南子·原道训》说:"夫形者,生之舍也;气者,生之充也;神者,生之制也。一失位,则三者伤矣。"生命是一个统合的整体。这里所说的"生之舍""生之充""生之制"的"生",指的是人的生命。人是一个"生",一个活生生的生命体。万物有生,人的身体也是一个"生",人之生与天地之生浮荡于一个整体中。在人这个生命体中,"形"指外在形体构成,是生命的宅宇,故曰"舍";人身体内部的气血流动,是鼓荡生命的动力,故曰"充";人的心神,是人生命的主宰,故曰"制"。形、气、神构成了人的生命整体。

与西方哲学将人的身体分成灵与肉不同,中国哲学强调生命的整体性,它在灵与肉之间,又加上"气"。"气"既不单纯属于精神性因素,又不单纯属于自然生理性因素,它是保持内在生命体运动的统合体,是生命整体性构成的关键性因素。它与精神和生理两种因素都有关。从生理性因素看,人之生,气之聚也,人的血气是生命存在的基础;没有这个基础,形无以立,神无以成,血气就是生机。从精神性因素看,人的精神活动是顺气而行,人有生命才能有神的活动,人的精神活动过程也就是气的运行过程。中国哲学对人生命整体性的认识,是与气分不开的。这是中国哲学与西方哲学的根本差异之一。

当然，中国哲学并不因强调气而忽视了"神"，"神"永远是人这个生命体的主宰。《淮南子》所谓"神者，生之制也"，就强调神的绝对主宰作用。《淮南子》这一观点与《孟子》是一致的。《孟子·公孙丑下》说："夫志，气之帅也；气，体之充也。夫志至焉，气次焉，故曰持其志，无暴其气。"《孟子》的"志"与《淮南子》的"神"有相近的内涵，泛指人的精神性因素。在《孟子》的表述中，志是人心之所之，即意向之所指，属于人的精神生命；气指构成生命体的物质材料，它活动于整个有机体中。从志的发动看，无气则人无由得生，志也无以得行；从人的存在状态看，无气，志缺少依凭，就会衰竭凝滞。气是志所以存、所由来的前提。而志高于气，志统帅气，统帅人的整体生命。

当然，神、志不仅高于形、气，而且还是决定人之为人的根本性因素。血气是生命体的基础，但也是一种干扰生命体的对抗性力量。人有血气，即有欲望；有欲望，就会求释放。晏子的"凡有血气，皆有争心"（《左传·昭公二年》）的著名表述，即是就血气所引起的欲望而言的。《论语·卫灵公》说："君子有三戒：少之时，血气未定，戒之在色；及其壮也，血气方刚，戒之在斗；及其老也，血气既衰，戒之在得。"所以血气需要导之以顺，才能将其变成生命体的有效力量；否则，人因血气而活，也可能因血气降而为禽兽。血气需要"治"，需要"理"，《韩非子·解老》说"民少欲，则血气治而举动理"，要以合于秩序的方式来治理人的血气；晏子说要"治血气"；荀子说要"治气养心"；等等。正是在这个意义上，人的神、志才是生命体的主宰，是生命的控制性因素。人的神、志是提升人到达真正的"人"的层次的导引性力量。儒家强调道德力量，而道家强调一种发自生命之性的超越精神，法家则从外在的强制性力量方面谈制约。

"人之异于禽兽者几希"，这是先秦两汉哲学讨论的重要问题。动物也有形和气，但是不是有神和志呢？《礼记·三年问》说："凡生天地之间者，有血气之属必有知，有知之属莫不知爱其类。"鸟

[元] 柯九思 竹
其外刚,其中空,
可以立,可以风,
吾与尔从容。

兽不愿失其群，丧其偶，也有本能的爱欲；但鸟兽这样的"知"充其量只能算是本能，不是一种理性的反思力量，它们没有提升生命的导引性力量，没有神、志。所以《礼记·三年问》接着说："故有血气之属者，莫知于人，故人于其亲也，至死不穷。"人之所以异于禽兽者，在于人可以神、志去"治"血气，使其合于"序"，合于"理"，从而将人从自然生命上升为精神生命，克服血气和精神的分离。

亚里士多德有灵魂等级的理论：植物有生长灵魂；动物除了这之外，还有动物性的感受性灵魂；而人除了上述两种灵魂外，还有理性的灵魂，人是理性的动物。西方哲学在很长时间里，都将理性的反思功能作为人区别于动物的关键因素。但中国人却有不同的看法：不是理性的反思力量，而是内在的性灵修养，才是使人脱离动物性，臻于生命圆融的途径。《荀子·王制》说："水火有气而无生，草木有生而无知，禽兽有知而无义；人有气、有生、有知，亦且有义，故最为天下贵也。"人独有的特征，不在于理性的能力，而在于正义感。"义"不是理性的功夫，而是提升性灵的道德力量。道家哲学认为这种所谓道德提升力量不可靠，强调一种妙悟的智慧，即通过"黜聪明，堕肢体"而回归自然本性。但无论是儒家还是道家，都强调内在修养的重要性。

中国哲学强调，人的生命是一个统合体，人的精神活动离不开血气的支持，精神生命不离生理生命。情感、意志等心灵活动都与人的血气相关。这是中国人独特的思维。汉字中表现人心理活动的字多以"心"为意符，思维是大脑的功能，包括人的记忆、知觉、思考等，但中国人却认为，思维离不开"心"，心为五脏之主，即离不开人的肉体生命。汉字的"思"由"囟"（头颅，指大脑）和"心"两部分所组成，是大脑和人的血气共同完成的。现代心理学早已证明，思维是人脑的属性，人的心脏乃内部器官的重要部门，但它与思维无关。为什么中国人会认为人的思维是由大脑和心脏共同发出的？钱穆说："中国人言学多主其和合会通处，西方人言学多言其分别隔离处。如言心，西方人指人身胸部，主血液流行之心房言。头部之脑,则主知觉与记忆。中国人言心,则既不在胸部,亦不在头部,乃指全身生活之和合会通处,乃一抽象名词。"[1]

钱先生此言的确道出了中西看待思维问题的根本差异,但似亦有未核处。中国人言心,并没有完全将它作为思维工具,而是在很早就认识到了心是五脏之一,为五脏之首。《黄帝内经·素问》说:"诸血者皆属于心,诸气者皆属于肺。"《淮南子·原道训》也说:"夫心者,五藏之主也,所以制使四支,流行血气,驰骋于是非之境,而出入于百事之门户者也。"心是生命有机体的重要组成部分,中国人正是在认识到心为五脏之主的同时,将心归于思维之主要部门的。

这一认识在西周时就已出现,甲骨文中只有"心"的象形字,"心"部字极少。到了金文,"心"部字大增,反映出人的思维认知的发展,与思维有关的字不归于脑,而归于心,如忠、德、志、恕、慈、忘、念、息等。横亘于这一语言现象背后的是,当时人们实际上具有这样的思想:心既是制使四肢、流行血气的重要器官,是维持人自然生命的根本,又是人情感、理智、直觉、记忆等所发之处,也就是说,心是自然和精神生命的融合。《淮南子》既认为心为五脏之首,是一自然器官,是形成自然生命的关键性构件,同时,其《精神训》又认为"故心者,形之主也;而神者,心之宝也",心又属于人的精神生命。也就是说,心既是形,又可属于神。从内气运转、血气畅通的角度看,心是形;从心可以上升为神的最高形式看,心又是神。

这突出地表明,中国人眼中的自身小宇宙,是以自然生命为基础的生命统一体,一个类通于外在大宇宙的生命统合世界。作为自然生命的外在形体构成(形)、内在气化运行(气)与作为精神生命的神不可分割,任何离开这个生命整体的分割方式都会撕裂这个整体,都是对生命的破坏。故人的自然生命不能脱离神,人

---

[1] 钱穆《现代中国学术论衡》,北京:生活·读书·新知三联书店2001年版,第70页。

● [清] 金农 梅

一枝古梅,蕴藏艺术家雅净坚贞的灵想。

的精神活动又是由人的生命整体发出的。这样的思路对中国文化影响深远。

中国哲学的中心不在向外的知识探求,而在内在生命宇宙的建立。我们面对外在世界时,不是侧重以理性把握和控制它,首先强调的是以生命契合这个世界,在一体的气中浮荡,以生命去回应这个世界。这是我们与古希腊以来的西方哲学的重大区别。

中国哲学和美学中出现的心物感应说就是在此基础上产生的,如《易传》中的"同类相感,同气相求"说,《乐记》中的"万物之理,各以类相动""民有血气心知之性,而无哀乐喜怒之常,应感起物而动，然后心术形焉"的思想，《黄帝内经》中关于人的小宇宙与外在大宇宙相应和的表达，《文心雕龙》关于人的小宇宙和大宇宙之间有同样的"生命节律"的论述[1]，等等。这些观点认为，宇宙是一个互相感动的世界——"感之时义大矣哉"。正因此，在神的导引下，人的小宇宙的和融，不仅是生命体存在的基础，也是融入这庞大宇宙气场的基础，更重要的是提升生命、超越卑微、走向生命圆融的进阶。中国哲学重视"养"的思想正落脚于此。

中国哲学的关键词是生命，关心的是生命的"养"，"养"得一片和融的心灵，就是生命的超越活动。中国哲学的主导倾向是，人不是一种理性动物，而是一种生命动物，是一种秉血气之性的动物，血气是人之性。法国思想家帕斯卡尔说，人是一根能思想的苇草，在中国没有这样的理论基础。中国人似乎更愿意说，人是一根"绝地通天"的苇草。

所以，中国人并不强调通过理性去征服世界，而是强调通过生命（气）去体验世界。唯有"养"，才能创造一个圆融的体验主体，克服人与外在宇宙的不相融因素，达到大小宇宙的大和谐。《文心雕龙·体性》论气说："气以实志，志以定言。""言"是人的文化创造，文化创造需由"志"来支配，志是人心理的总成，无"志"则无"言"。"志"并非来自知识积累，而是来自"气"——人的内在生命的支撑力量，调畅的、澄澈的生命世界，才会有充盈之志，而一腔幽暗的冲动，则会消弭人精神生命的深度。水静而明，火静而朗，点亮生命之灯，才能照彻无边法界。人的思维活动不能脱离自然生命基础，思维是在血气畅通、通体融洽的基础上发出，心理建立在生理之上，生理制约着心理发展，心理是生理的净化和升华，思维是生命的需求。

---

1 如《文心雕龙·物色》："是以献岁发春，悦豫之情畅；滔滔孟夏，郁陶之心凝；天高气清，阴沉之志远；霰雪无垠，矜肃之虑深。岁有其物，物有其容；情以物迁，辞以情发。"

二、养气说的基本理论构架

南朝时顾骏之是一位画家，曾建一木楼，作为自己的画室，常登楼作画，抽去楼梯，不让外人干扰，连妻儿都见不到他，为的是保持清净的用思。作画要选在天和气朗时，如果天气不好，他就不画。这被后代艺术家视为养气的典范。明董其昌说："'虚室生白，吉祥止止。'予最爱斯语。凡人居处洁净无尘溷，则神明来宅。扫地焚香，萧然清远，即妄心亦自消磨。古人于散乱时，且整顿书几，故自有意。"（《画禅室随笔》）"虚室生白，吉祥止止"，为庄子所言，可以说是传统艺术的八字真诀。外在环境清雅净爽，内在世界空廓无尘，这样艺术的神灵就会降临。董其昌由此悟出艺术活动要有一个良好的氛围，心灵超越必须身心和谐。

《淮南子·本经训》从道家思想出发，指出："故至人之治也，心与神处，形与性调。"神是心之宝，心为形之主，心之行在制使血气，使人内在世界盎然成一有活力的空间。调整人身心的理想境界，可达心神合一、形性合一。心既属自然生命，又属精神生命，心之超越，乃是实现自然生命和精神生命的高度统一（心与神处），将人的整体生命提升到一种阴阳不测、神化天行的境界。形与性的协调，谈的是人形体构成和自然本性之间的协调，也就是道家学派所强调的回归自然之性。神为心主，心为形主，心神合一，形性合一，进而心与形相融相契。心神合一是超越，形性合一是回归自然之性，神的超越与性的回归不二，此所谓和谐生命。这种大和谐的境界，不是"思"而致，也非"学"而成，而是"养"而致，也就是这里所说的，是"治"——治理血气、调畅身心的结果，这是"至人之治"——最高的养气境界。

《淮南子》的论述虽然反映的是道家思想，但其强调通过养气建立生命的大和谐境界（心神合一、形性合一），则是中国哲学中养气说的共同目标。

王阳明说："人人自有定盘针，万化根缘总在心。却笑从前颠倒见，枝枝叶叶外头寻。"（《咏良知四首示诸生》其三）这真像禅宗所说的,向外求功夫,总是痴顽汉。外在的知识索求被指为"颠倒",迷恋于知识获取的路径,在很大程度上是对生命的破坏。而一切的根源在心,对于心,我们还能有什么更好的途径?唯有"养"。中国哲学有极为丰富的养气学说,中国美学也因此形成了重养气的理论特点。这和西方美学是截然不同的。

原始儒家和道家对养气都有丰富的论述,它们的论述奠定了中国传统养气学说的基础。孟子的养气说堪称典型。它有三个要点:

第一,养气是生命境界的提升。孟子说"我善养吾浩然之气",何谓浩然之气?他这样解释:"其为气也,至大至刚,以直养而无害,则塞于天地之间。其为气也,配义与道,无是,馁也。是集义所生者,非义袭而取之也。"(《孟子·公孙丑上》)人之异于禽兽,不在于自然生命构成上比禽兽高明,而在生命境界的提升。养气是提升人的生命境界,克服卑微和渺小、克服欲望满足和一己狭隘的根本途径。"充实之谓美,充实而有光辉之谓大,大而化之之谓圣,圣而不可知之之谓神"(《孟子·尽心下》),和顺居中,而英华发外,刚健笃实,辉光乃新,养气能使包裹着欲望、知识等纠缠的心,臻于神化无形、浩乎沛然的宇宙和融境界,从而达到内圣而外王。

第二,养气不能脱离自然生命,克服自然生命和精神生命的分离是养气的关键。孟子将人的生命分为志和气两个层次,他的根本观点是志气统一论,气是人自然生命所行之根本,又是精神所行之依凭,志气一体,气以包志,志以提气。孟子提出的"养"的途径,就是通过"义""道"等的道德体认,提升净化人的自然生命,去除过分的生理欲望,超越人在生理上遇到的时空限制,使自然之气化行于道德之志中,达到生命的和谐和超越。

第三,通过养气合于天地之性。孟子的养气学说表现的是儒家胸次悠然、上下浑然与天地同体的境界。在这里,"浩然之气"和他所谓"夫志,气之帅也;气,体之充也。夫志至焉,气次焉"的"次焉"之气是不同的。与"志"相比,处于次要位置的"气"其实就是血气,血气是构成人生命体的自然基础,它使人活着,又使人"欲望地"活着，所以血气需要"治"，也就是通过养的过程使其得到提升。而孟子所说的至大至刚的浩然之气是由血气提升而至，是对血气的超越，将人的欲望导引到人伦秩序可以允许的阈限之内。这样的浩然之气"塞于天地之间"，养气实现了合天，合天就是合性。浩然之气，是充沛的内在生命，也是沛然流荡的宇宙精神。孟子将自然生命作为道德宇宙之基石，侧重消解人的内在生理欲望与外在道德规范的冲突。这样的气合于人之本性、合于人伦秩序（儒家将其解释为天条），也合于天地之精神。

孟子这里涉及三种生命：人的自然生命，人的精神生命，还有宇宙生命。三者合一之门径唯通过"养"才能达到。这"养"不仅是道德的功课，"义"和"道"不能简单当作道德的条目来理解，而应当作道德的情绪来体认。道德的情绪体认必须有内在生命的支撑力量，必由自然生理上做起，克服志气分离的状态，进而克服人的整体之气与宇宙之气的分离。

与孟子立足于生命超越，建立合规律道德宇宙的养气学说不同，道家养气学说立足于建立自然而然的生命节奏，实现超越人知识和秩序的生命大和谐境界。

道家看到了人的欲望对生命的破坏。老子提倡宠辱不惊、"贵大患若身"的哲学，《老子》第十三章说："何谓贵大患若身？吾所以有大患者，为吾有身。及吾无身，吾有何患？"受尊重和遭大患都在人的自身，人有生命，就会有欲望，邀名邀利之事就会不绝，人的内在生命常常会失去平衡。人的文化窘迫主要在于人的"生生之厚"——太把自己的生命当生命，太重视自己通过自然生命所能攫取的功利。老子认为，"以其不自生，故能生"（《老子》第七章），养生的根本途径，在于"无身""不自生"，即消解自然生命对一切外在的追逐，包括对知识、欲望、名声等的追逐，返归内在生命的自然颐养，这样的颐养才是带来生命和融的根本。

庄子哲学中的养气理论非常丰富。他所谓"德充""养生"云云，都是谈养气的问题。《养生主》开篇论养生之妙方："吾生也有涯，而知也无涯。以有涯随无涯，殆已！已而为知者，殆而已矣！

为善无近名，为恶无近刑，缘督以为经，可以保身，可以全生，可以养亲，可以尽年。"这段话将知识和生命比照而谈：生命有限，而知识无穷。以有限之生命，追无穷之知识，必然会被弄得疲惫不堪。求知不是生命所必需，而养生方是存在之基础。这里的"缘督以为经"乃庄学中的重要思想。王夫之《庄子解》卷三解释说："身前之中脉曰任，身后之中脉曰督。督者居静，而不倚于左右，有脉之位而无形质者也。缘督者，以清微纤妙之气循虚而行，止于所不可行，而行自顺以适得其中。""缘督以为经"讲的就是顺应人的生理生命，由经络学说谈人的内气之和平。庄子强调，放弃思虑中对知识的求取，强化血气中对生命的养育，保养生命之道，不是求知，而是养气、养生。正因此，由于有"心"——制使生命的器官——的羼入，"思"由外在的求取，归于内在的养育；由知识的获得，变而为精神的养练。在《庄子》中，求知、我思，被"养生""德充"这样的命题所取代。在儒家，养气强调"配义与道"，表现出对理（秩序）的倾心，如"理义之悦心，犹刍豢之悦口"（《孟子·告子上》），但在道家，这样的路径被排除了。

前引庄子所言，"无听之以耳而听之以心，无听之以心而听之以气。听止于耳，心止于符。气也者，虚而待物者也"，也涉及养气问题。养气具有巨大的功能。耳，是外在的感官求取，六根感受外在世界，所得到的是知识，必返归于内心；但这还不够，还是有限的、有待的，内在生命的对抗性因素并没有真正解除，必上升到"气"。这个"气"是一片澄明空阔的世界。气不同于自然血气，又不离血气，是对血气的超越，将因血气所产生的生命力从盲目的冲动中解脱出来，从而契合天地之气，所谓"静而与阴同德，动而与阳同波"（《庄子·天道》），万物一体，天下一气，生命于一气中浮沉。

儒、道养气说虽然有不同的侧重，但都以生命的圆融为最终旨归，以契合天地节奏为基本特点。养气是对人生命境界的培植。艺术是切入生命的，艺术家的创造过程其实就是生命体验过程，也是生命境界的培植过程。在中国，有一等之境界，方有一等之艺术，有通透之胸次，方有通透之艺术，这是艺术家的共识。艺术不是涂抹形式之具，而是心性修养之灵囿。如清沈宗骞说："画直一艺耳，乃同于身心性命之学。"（《芥舟学画编》）清沈德潜说："文以养气为归，诗亦如之。"（《说诗晬语》）"古井无渊源，千秋自涵养。日暮汲人来，洞然发清响"（唐吕从庆《傅婆井》），善养者就是要养出这样醇美的泉源。

艺术非形式之学，乃心性之学。立言为不朽之事，然而言从何来？在于心中之气。韩愈的"气盛言宜"说便是这方面典型的观点。要写出好文章，或者扩之于写出宇宙之大文章，必有胸中浩乎沛然之真气，所以一个为文者，一个要在天地间创造大事业的人，养气乃断断不可忽略之途径。"养其根而俟其实，加其膏而希其光"（韩愈《答李翊书》）——要做一棵大树，供天下人乘凉，长出智慧的硕果，供天下人品尝，就要好好培植你的根，养好生命的气，这样才有实现愿望的可能性。不断地朝生命之灯中添油，你的生命才会有不灭的光辉。

中国艺术理论强调，艺术是人整体生命境界的呈露，也是妙通天地之具。人涵养性情之正，才能妙通万物，契会天地。人因有灵心，故能窥通天地之妙，代天地立心。人的灵气唯有养而得，存而生。存养之道，就是要造就内在性灵的和融。这内在的和融之气乃是宇宙间的盛大之气。

养气是内在的，技巧是外在的，如果重外在技巧而忽视内在养练，就是本末倒置。明徐上瀛论音乐之境说："神闲气静，蔼然醉心，太和鼓鬯，心手自知，未可一二而为言也。太音希声，古道难复，不以性情中和相遇，而以为是技也，斯愈久而愈失其传矣。"（《溪山琴况·和》）养出心中的太和之气是根本，而习琴者多不领此秘，大多以外在技法代之，最终愈行愈远，琴道失落则在必然。北宋郭熙论画则重"进修之道"，这是一种生命修养之道，他说："世人止知吾落笔作画，却不知画非易事，庄子说画史'解衣盘礴'，此真得画家之法。人须养得胸中宽快，意思悦适，如所谓'易直子谅，油然之心生'，则人之笑啼情状，物之尖斜偃侧，自然布列于心中。不觉见之于笔下。"(《林泉高致》)这里取《乐记》的"易直子谅"之心为"进修之道"的根本:"易"是和易,直是顺畅,子是慈爱,谅是诚实。这样的养练能养出浩乎沛然之气,也养出和融喜适之气。

艺术乃是人整体生命的显现,养不是一种简单的道德功课,也不是槁木死灰式的等待,审美的飞跃与人的自然生命密不可分。前人有一副对联这样写道:"净几明窗,一轴画,一囊琴,一只鹤,一瓯茶,一炉香,一部法帖;小园幽径,几丛花,几群鸟,几区亭,几拳石,几池水,几片闲云。""六一"本是宋代文学家欧阳修的号,也是他生活的写照,所重就在养性——由养气到精神的超越。

传统艺术理论特别重视养气中的自然生命基础。孙过庭《书谱》强调,"神融笔畅"的境界,源自"神怡务闲"的性灵修炼。明项穆《书法雅言》说:"未书之前,定志以帅其气;将书之际,养气以充其志。"郭熙的儿子郭思记载他父亲作画时:"每乘兴得意而作,则万事俱忘。及事汨志挠,外物有一,则亦委而不顾。委而不顾者,岂非所谓昏气者乎?凡落笔之日,必明窗净几,焚香左右,精笔妙墨,盥手涤砚,如见大宾,必神闲意定,然后为之,岂非所谓不敢以轻心挑之者乎?"这位伟大的艺术家要在缕缕清香的氛围中进入构思佳境,这并非仅因他有爱清净、好安静的习惯,而更是为自己的生命力释放创造一个良好氛围,为沛然生命之气的蒸腾提供一个空间。传元代画家吴镇善用点法,但不轻易点之,常常对人说:"今日意思昏钝,俟精明澄澈时为之也。"(清吴历《墨井画跋》引)这正是《文心雕龙·体性》所说的"才力居中,肇自血气;气以实志,志以定言"。作为自然生命的血气是生命超越的基础,没有它的和融,一切都无从谈起。古人有所谓"与梅同瘦,与竹同清,与柳同眠,与桃李同笑,居然花里神仙;与莺同声,与燕同语,与鹤同唳,与鹦鹉同言,如此话中知己"(陈继儒《小窗幽记》引)的话,就是强调这种怡然的生命情调。

三、讨论三个与养气相关的问题

养气的理论直接影响了中国美学理论的构成，也影响了中国艺术的发展。这里谈三个相关的问题。

第一，中国艺术以生命整体的和谐为品评标准的问题。灵动的外在形象（形）、充盈的生命状态（气）和活泼的精神气质（神）三者完满的结合，便形成一个和谐的生命：神是生命的主宰，气是生命的流荡，形是生命的依托。在这一生命哲学的基础上，中国美学出现了一些在世界美学中堪称独特的思想。

在中国传统的艺术批评中，有一种"喻人式"的批评，就是拿人的身体来比喻艺术。其实，剖析其理论肌理便可知，这并不是简单地拿人来作比喻[1]，而是以人的整体生命特点为要求，将人对自身的认识扩展开去，在艺术中复演人自身的生命世界。

我们从"六法"说中就可以看出这一点。"六法"（气韵生动、骨法用笔、应物象形、随类赋彩、经营位置、传移模写）中的前四法谈绘画创造原则，"经营位置"谈构图，而"传移模写"类似六书中的转注、假借，是所谓"用字之法"。在前四法中，气韵第一，次言骨法，三、四两法都是形似之法。在绘画的创作原则中，突出气韵、骨力、形似三者。唐张怀瓘在评论顾恺之、张僧繇、陆探微三人的绘画特点时说："张得其肉，陆得其骨，顾得其神。"（《历代名画记》卷六引）肉、骨、神是三个不同的评论角度：肉是外形，骨是气骨，神是气韵。这三个角度恰好反映了谢赫"六法"形、骨、神三者并重的绘画思想。《历代名画记》卷一"论画六法"云："至于鬼神人物，有生动之可状，须神韵而后全。若气韵不周，空陈形似，笔力未遒，空善赋彩，谓非妙也。"在张彦远看来，画有六法，六法理论核心在形、骨、神三者。三者之中，骨与形都属于形式方面的因素，形是肉，形无骨不立，骨无肉不成，有骨

---

[1] 西方不少学者如李约瑟（Joseph Needham）、葛瑞汉（Angus Charles Graham）认为，中国人弱于抽象，善于在感性中思考问题，类比发达，这并不准确。中国哲学长于粘带生命的思考，而不是简单的打比方。

有肉方是形之成。骨与气有关，如谢赫《古画品录》评画重气力，他评江僧宝"用笔骨梗"，评夏瞻"虽气力不足，而精采有余"，评卫协"颇得壮气"。而气韵则为六法之首，属于神的方面，是神与气的结合，是真正的"生之制"。六法是强调生命整体呈现之法，其核心就是要创造一种气韵流荡的生命。六法不是外在的形似之法，活泼泼的生命精神是其内核。

书学中也有这种标准。立书如立人，一字一篇之成，犹如一个生机勃勃的人出现。于是骨立了，筋通了，血流了，气畅了。早期书论就强调书法筋、骨、肉等的融合。卫夫人《笔阵图》说："善鉴者不写，善写者不鉴。善笔力者多骨，不善笔力者多肉。多骨微肉者谓之筋书，多肉微骨者谓之墨猪。多力丰筋者圣，无力无筋者病。——从其消息而用之。"张怀瓘《书断》曾引羊欣论书语道："胡昭得其骨，索靖得其肉，韦诞得其筋。"作书，就是创造一个生命体。骨是人的形骸，血肉是有机体的内在运动，而这只是人的一部分，人还有通过有机体产生的独特的气质风神。书法全类于此，线条组织产生独特的势，这是血气的形成，而由这骨肉血气组成的完整生命体产生的凛凛风神，则标志着书法的最高理想——生命境界（韵）的形成。传统书学有重"血脉"的传统，就像人一样，上下贯通，旁通无碍，字得之而生。清冯班《钝吟书要》说：作字要于"血脉处而有笔意"。清朱和羹《临池心解》说："楷法与作行草用笔一理，作楷不以行草之笔出之，则全无血脉。"之所以论书称"血脉"，就在于视书法为一生气流荡的生命整体。苏东坡《论书》说："书必有神、气、骨、肉、血，五者阙一，不为成书也。"清王澍《竹云题跋》评《欧阳率更醴泉铭》时说："筋、骨、血、肉、精、神、气、脉八者全具而后可为人，书亦犹是。"都把生命整体精神作为书法的最高境界。清刘熙载《艺概·书概》说："辨草者，尤以书脉为要焉。""一笔书"的核心也是对血脉的强调。而绘画中的用笔之法也以生命整体呈现为其根本要求，如五代荆浩《笔法记》说："凡笔有四势，谓筋、肉、骨、气。笔绝而不断谓之筋，起伏成实谓之肉，生死刚正谓之骨，迹画不败谓之气。故知墨太质者失其体，色微者败正气，筋死者无肉，迹断者无筋，苟媚者无骨。"

"风骨"是中国美学的重要范畴之一，作为一个美学概念其真正形成在六朝时期。在汉魏以来品人论艺重视风骨的风气影响下，风骨一跃而成为反映六朝美学特点的核心概念之一。《文心雕龙》专列《风骨》一篇，对其作了理论总结。从刘勰的论述看，风骨是将品人延伸到论艺之中，是对一种刚健朗畅、风力遒劲的审美风格的强调。

风与骨都既属形，又属神。骨无风不立，风无骨不成。骨强调的是外在的力感，风强调的是内在的气力。这就像人的身体一样，骨是人的骨骼构架，是人之为人的"大轮廓"；风则是人的内在体气，是人内在流荡的生命，人的风神气度，是人的"小宇宙"。风与骨共同构成了人的形式，刘勰明确说，骨如"体之树骸"。骨无气人不活，气无骨人难立，风与骨也如此，二者丝丝紧扣，难以划然而分。风是骨之力，骨是风之实。刚健若无"实"（气），何来"辉光"；意气若无"力"，何来"骏爽"！

就"风"来说，它侧重指内在的情、气。刘勰说："怊怅述情，必始乎风""情之含风，犹形之包气""深乎风者，述情必显"。可见，风是与"情""气"两个概念相联的。风以动之，这是风的基本界定，风就是动人，有魅力，不乏味。如《周易》蛊卦（艮上巽下）所说的落山之风，是一种煽动人心的力量。而此动人之风，从艺术作品来看，来自充盈之情，所谓风由情孕，无情则无风。此情除了雅正等要求之外，必须为气所包举，也就是说必须由整体生命力量托出。所以"情与气偕"成为刘勰的一个重要论断。正是在此基础上，他援引前代"重气"之论，所谓"文以气为主""信含异气""时有齐气""有逸气""体气高妙"云云，意在说明，情不是一般的显露，而是要显现出一种气势，一种个性色彩，一种情感魅力。刘勰的"风""情""气""骨"四位一体的学说，反映了他总结前代学说所构成的特有理论构架，这是一种重视整体生命的理论。

第二，重品的问题。艺术的形式构造要表现整体的生命世界，同时又强调人的整体生命境界的呈现。中国哲学的养气说强调和顺积中、英华发外，德成于上、艺成于下，有德者必有言。牟宗三曾说中国古代很多哲学家都堪称为人典范，这与西方哲学有很大区别，西方哲学和哲学家的为人境界往往是分离的，而在中国二者结合紧密。中国艺术中形成的重品倾向是传统文化精神的体现。在中国，艺术不是独立于人精神之外的技术性操作，而是人的心灵境界的体现，人的品格——生命的品位是艺术成功的关键。古人有所谓"节义傲青云，文章高白雪，若不以德性陶熔之，终为血气之私，技能之末"（明洪应明《菜根谭》）的话，重品其实就是重生命世界中的"神"，以"神"净化提升血气之私、技能之末。南宋邓椿《画继》说："人品既高，虽游戏间，而心画形矣。"在他们看来，艺术是一种生命的游戏，要养得性情宽快悦适，以和融的生命与世界做游戏，这哪里是斤斤技法者所能梦见？

明李日华《紫桃轩杂缀》说："姜白石论书曰：'一须人品高。'文徵老自题其《米山》曰：'人品不高，用墨无法。'乃知点墨落纸，大非细事。必须胸中廓然无一物，然后烟云秀色与天地生生之气，自然凑泊，笔下幻出奇诡。"在李日华看来，欲人品高，必重德义，"士人以文章德义为贵，若技艺多一不如少一，不惟受役，兼以损品"（《竹懒墨君题语》）。又说："灵均作《离骚》，杂取香草，以示扶芳芟秽之意，绘家挥洒兰竹，亦是寓意。然非其人洁廉高韵，具嘘风漱雪之肠，即按谱为之，凡气终不断。"（同上）他将为艺者分为两类：一类是"按谱为之"，就是重视技法，如同王阳明所说的枝枝节节向外求，这样的人缺点不是凡俗气浓，而是生命的体验功夫不够，自我生命体内在世界的分离也导致与外在世界的隔膜；一类是"嘘风漱雪"，不求识量，但求德度，以空灵澄澈之欣赏去映照世界，于是天地生生之气便来自然凑泊——宇宙生命也以它为停泊之岸。

这使我想到石涛的一个重要观点："呕血十斗，不如啮雪一团。"这可以说是对中国艺术重视生命境界的概括，也是这位独创派大师一生绘画实践的总结。"呕血十斗",是技巧上的追求;"啮雪一团",是精神上的超升。呕心沥血,殚精竭虑,左斟右酌,反复琢磨,技巧当然是作画之必备;但一个成功的画家不能停留在技巧的追求上,而应超越技巧,由技而进于道。因为中国画强调的是"心印",绘画的空间形态是心灵的显现。绘画不是靠"学"而成,而是靠"养"而成。造就绘画成功的关键因素不是知识,而是智慧,是独特的精神境界。所以,养得一片宽快悦适的心灵,就像石涛所说的吞下一团洁白的雪,以冰雪的心灵——毫无尘染的高旷澄明之心去作画,才能自创佳构。

中国艺术理论在养气说的影响下,形成了推重洁情高韵的传统。清王昱《东庄论画》说:"学画者先贵立品。立品之人,笔墨外自有一种正大光明之概;否则,画虽可观,却有一种不正之气隐跃毫端。文如其人,画亦有然。"清松年《颐园论画》说:"书画清高,首重人品。品节既优,不但人人重其笔墨,更钦仰其人。……吾辈学书画,第一先讲人品。"

正是因为这一点,中国艺术界盛行因人品艺的风气,高德之人的作品必获好评,而修养不好的人即使所作为佳作,也难得好评。蔡京的书法很好,但是历史上却没有他的地位。董其昌因对赵子昂的民族气节问题有微词,硬是将他从"元四家"的位子上拉下来。松年《颐园论画》又说:"书画以人重,信不诬也。历代工书画者,宋之蔡京、秦桧,明之严嵩,爵位尊崇,书法、文学皆臻高品,何以后人吐弃之,湮没不传?实因其人大节已亏,其余技更一钱不值矣。"清张庚《浦山论画·论性情》说:"大痴为人坦易而洒落,故其画平淡而冲濡,在诸家最醇;梅花道人孤高而清介,故其画危耸而英俊;倪云林则一味绝俗,故其画萧远峭逸,刊尽雕华。若王叔明未免贪荣附热,故其画近于躁;赵文敏大节不惜,故书画皆妩媚而带俗气。若徐幼文之廉洁雅尚,陆天游、方方壶之超然物外,宜其超脱绝尘,不囿于畛域也。《记》云:'德成而上,艺成而下。'其是之谓乎!"

第三,到艺术中涵泳的问题。艺术作品是艺术家创造的世界,这不是一个与人生命无关的世界，它是人的整体生命的呈现，是人精神境界的体现，所以这样的世界不仅可供人欣赏，还为人的生命提供了一个优游的空间。像中国的园林创造，除了实用功能、欣赏功能之外，更重要的是生命安顿功能，园林是人优游含玩的空间。所以，中国传统思想对艺术品的看法与今人判若云泥，艺术品是艺术家创造的具有一定欣赏价值并具有市场价值的现代思维，与传统根本不合。中国人并不把艺术仅仅作为艺术品，而是将其作为和人身心密切相关的对象来对待，艺术品的价值端赖它与人生命相关的成分，艺术是用来养性的。艺术乃陶铸性情之具，清沈宗骞《芥舟学画编》说："画虽艺事，古人原借以为陶淑心性之具，与诗实同用也。"清刘熙载《艺概·书概》说，他作书在"为一己陶胸次"，艺术安顿艺术家的心灵，这样的艺术又是供人涵泳的。艺术的品鉴并非仅限于对美的欣赏，更重要的是，它是一种生命的对话，品鉴者在艺术家创造的世界中养气。

中国艺术强调"比德"，将艺术作品当作人品德的象征，"四君子""岁寒三友"等都是比德。如竹子象征节操、耿介等，像郑板桥所归纳的竹的特性与人相关的成分就是如此，他说："盖竹之体，瘦劲孤高，枝枝傲雪，节节干霄，有似乎士君子豪气凌云，不为俗屈。故板桥画竹，不特为竹写神，亦为竹写生。瘦劲孤高，是其神也；豪迈凌云，是其生也；依于石而不囿于石，是其节也；落于色相而不滞于梗概，是其品也。"元倪云林有《六君子图》，今藏上海博物馆。陂岸上画杂树六棵，以象征隐逸中的贤人之象。黄公望有题跋云："远望云山隔秋水，近看古木拥陂陀。居然相对六君子，正直特立无偏颇。"这也是比德的眼光。

但我们不能将这个问题简单化，将这样的艺术理解为某种道德概念的象征物，此一思路非常容易形成以下看法：中国艺术长于象征，中国人重视道德，中国文化是一种重品的文化，于是中国艺术精心构造了很多程式化的道德符号。这样的理解并不符合中国艺术的事实。

中国艺术是创造一个与人相关的生命世界。在很大程度上可以说，它不是一种象征型艺术、隐喻型艺术。中国艺术家精心创造的是一个完整的生命世界，一个可以相与优游的世界，它不是某种抽象道德的象征符号，而是与人的生命密切相关的世界。李日华在一幅竹画的跋语中说："其外刚，其中空，可以立，可以风，吾与尔从容。"（《竹懒墨君题语》）画家在这幅竹画中要表现刚强、独立和空灵的观念，但这只是表面的，更重要的是画家将自己的生命放入其中，与其一起从容吐吞，从而臻于生命的至乐之所。跋语中表达的不是简单的道德功课，而是性灵的追求。刚，才能遇强不屈；空，才能含容博大。至于"立"，义更弘深。孔子说："三十而立"（《论语·为政》），"仁者，己欲立而立人，己欲达而达人"（《论语·雍也》）。立者，挺立自我，八风不动，万事万物不足以挠我，自立于天地之间，徜徉于八荒之流，此之谓立也。而可以"风"者，精神四达而并流，无所不至，培风远行，纵怀高蹈，浑然与宇宙同体。"吾与尔从容"，则是大快活，上下与天地自由舒卷，这是一种诗意的人生境界。

明代画家项圣谟有《大树风号图》，今藏故宫博物院。图画寒冬季节，一大树当中而立，迎风呼号，树下立有一人，背对画面，挺然而立。构图极有特色，在中国画中不多见。窄长的幅面和广阔的空间给人以压抑、孤寂之感。其上自题一诗道："风号大树中天立，日薄西山四海孤。短策且随时旦莫，不堪回首望菰蒲。"此画表现的就是"当风而立"的境界。人面对风刀霜剑，巍然不动，如这大树，中正而不移，刚健而不陷。枝虽枯，而人的气魄不枯；树虽孤独，但大道不孤。画家不是画一棵大树，也不是简单地图解道德信条，而是创造一个与生命相关的世界。

[明] 项圣谟
大树风号图
大风呼号,
大树挺立世表。

第一版后记

这是我在北京大学教授中国美学课的讲稿,我尝试通过中国美学发展自身的逻辑,去接触它的核心问题,理出一个初步线索,并在教学过程中敷陈我的想法。课上了很多轮,这部讲稿也因此有多次修改的机会。现在这部讲稿就要面世,接受读者的检验,我为能有机会向更多的朋友求教而感到高兴。

我要感谢多年来听我这门课程的朋友们,他们不但忍受了课堂寂寞的时光,还赐予我很多智慧的卓见,他们是推动我这部讲稿不断完善的动力。感谢叶朗先生的指导和帮助,先生为国内治中国美学的卓然大家,他的学术对我有很大影响。感谢本书系的主编温儒敏先生,是他将我稚拙的作品纳入这套广有影响的丛书之中,使我获得一次很好的学习机会。感谢北大哲学系美学学科的同人们,我的每一点进步都与他们的切实帮助分不开。感谢责任编辑艾英、王立刚二位同道,他们为本书付出了很多辛劳和智慧,他们逐字逐句推敲文稿,核对原文,看着满布着他们审读笔迹的校稿,我心里充满了感激之情。我还要感谢北京大学出版社文史哲事业室的老师们,那是一个温暖而充满活力的集体,与他们每一次合作似乎都注定是愉快而令人难忘的。

2006 年 3 月 1 日

第二版后记

　　这本书初版于2006年，至今将近20年了。不少学校用作教材，也受到了广大读者的喜爱。非常高兴能获得这次再版的机会。书中的基本观点这次修订没有作大的变动，主要是对文字表述作了一些调整，改正了一些不当的表达，更换了部分插图，并重新核校了引文文献。

　　感谢北京大学出版社和责任编辑艾英老师一直以来对我的帮助，这次再版她又通读书稿多遍，做了细致的工作。感谢读者朋友的热情反馈，一些师友给我来信（如潘定武先生），指出书中一些需要修改的问题，对提高本书的质量功不可没。

2024年11月18日